21 世纪高等职业教育财经类规划教材

财务会计类

工业和信息化高职高专"十二五"
规划教材立项项目

审计原理与实务

Principles and Practice of Auditing

◎ 杨华 主编　　◎ 曹志华　宋志强 副主编

人民邮电出版社

北 京

图书在版编目（CIP）数据

审计原理与实务 / 杨华主编. -- 北京 ：人民邮电
出版社，2014.9（2018.1 重印）
  21世纪高等职业教育财经类规划教材. 财务会计类
  ISBN 978-7-115-33918-8

  Ⅰ. ①审… Ⅱ. ①杨… Ⅲ. ①审计学－高等职业教育
－教材 Ⅳ. ①F239.0

中国版本图书馆CIP数据核字(2014)第163758号

内 容 提 要

　　本书以培养学生的审计职业道德、专业知识和技能实践为核心，以工作过程为导向，以实际操作为主体、理论原理为辅助，采用"项目—模块"教学方式组织学习内容，主要内容包括三个项目——审计职业道德、审计专业知识和审计技能实践。每个项目又分为若干个模块，每个模块由"案例导入"、"相关知识"、"拓展阅读"和"自我检测"四部分组成。每学完一个项目后，可以通过"项目综合检测"进行复习、巩固。完成本书的学习后，可使用"期末综合检测"进行模拟考试。通过这样的学习和反复训练，学生不仅能够掌握审计的基本原理，而且能够掌握审计工作的实际操作方法，达到初级（助理）审计师的水平。

　　本书可作为高等职业技术学院会计类、财务管理类、审计类专业的教学用书，也可供有关企业审计岗位工作人员参考、学习、培训之用。

　　◆　主　　编　杨　华
　　　　副 主 编　曹志华　宋志强
　　　　责任编辑　李育民
　　　　责任印制　焦志炜

　　◆　人民邮电出版社出版发行　　北京市丰台区成寿寺路 11 号
　　　　邮编　100164　电子邮件　315@ptpress.com.cn
　　　　网址　http://www.ptpress.com.cn
　　　　北京中石油彩色印刷有限责任公司印刷

　　◆　开本：787×1092　1/16
　　　　印张：21　　　　　　　　　2014 年 9 月第 1 版
　　　　字数：515 千字　　　　　　2018 年 1 月北京第 4 次印刷

定价：45.00 元

读者服务热线：**(010)81055256**　印装质量热线：**(010)81055316**
反盗版热线：**(010)81055315**
广告经营许可证：京东工商广登字 20170147 号

　　审计原理与实务是从事审计工作岗位人员必须具备的基本知识和技能，也是高职院校会计类、财务管理类和审计类专业的一门重要的职业能力课程。本书以培养"审计人"为目标，详细介绍从事审计工作岗位必须具备的职业道德、理论知识和实践技能。

　　本书以审计工作过程为导向，采用"项目—模块"教学方式介绍注册会计师财务报表审计涉及的相关知识和技能，以一个初入审计职场的学生——李英祥的成长为例，将整本书串成一个完整的会计师事务所的典型工作案例。主要学习内容分布在"审计职业道德"、"审计专业知识"和"审计技能实践"三大项目中，每个项目由 3～5 个模块组成，每一模块包括"案例导入"、"相关知识"、"拓展阅读"和"自我检测"四部分内容。在"案例导入"部分，点出本模块重点的学习内容，让学生带着问题去进行理论知识或实践技能的学习；在"相关知识"部分给出完成该模块必须具备的知识与技能；在"拓展阅读"部分，重点介绍一些容易混淆的知识点和与审计相关的一些理论知识，以及审计科学发展的前沿，为读者进一步自我学习提供知识的延伸；在"自我检测"部分，围绕这一模块需要掌握的重点知识和技巧，精心编写了部分单选题、多选题和案例题，供读者检测学习效果。每个项目学习完成后，可通过"项目综合检测"加以巩固。整本书学习完毕后，可使用"期末综合检测"进行模拟考试。

　　通过本书三个项目的学习和实践，读者不仅能够掌握审计的专业知识和实践技能，而且能够掌握在审计过程中需要注意的职业道德和独立性原则，灵活开展审计专业技术工作。

　　本书的参考授课学时为 48 学时，练习学时为 12 学时。建议采用理论、实践一体化教学模式，各项目、模块的参考学时见下面的学时分配表。

学时分配表

项　　目	模　　块	课程内容	授课学时	练习学时
项目一 审计职业道德	模块一	审计环境	1	1
	模块二	注册会计师的法律责任	2	
	模块三	职业道德基本原则和概念框架	3	1
	模块四	审计业务对独立性的要求	4	
项目二 审计专业知识	模块一	审计目标与审计过程	2	1
	模块二	审计重要性、审计风险和错报	4	1
	模块三	审计证据	3	1
	模块四	审计抽样	4	1
	模块五	审计工作底稿和审计档案	1	
项目三 审计技能实践	模块一	接受业务委托和计划审计	3	1
	模块二	风险评估	5	1
	模块三	风险应对	3	1
	模块四	各类交易和账户余额的审计	10	2
	模块五	完成审计工作和编制审计报告	3	1
课时总计			48	12

　　本书由淄博职业学院"审计实务"省级精品课程团队集体编写，并得到淄博宏达矿业有限公司财务总监于晓兵先生（曾任职于中瑞华恒信会计师事务所）和山东税务师事务所所长林洪先生的大力支持。本书由杨华任主编，曹志华、宋志强任副主编，张英、于晓兵参编。具体分工如下：项目一的模块一、模块二，项目三，"项目综合检测"和"期末综合检测"由杨华编写；项目一的模块三、模块四由曹志华编写；项目二的模块一、模块二由宋志强编写；模块三、模块四由张英编写；模块五由于晓兵编写。

　　由于编者水平和经验有限，书中难免有欠妥和错误之处，恳请读者批评指正。

编　者
2014 年 7 月

目录

目录

项目一

审计职业道德

【学习目标】

1. 能够掌握注册会计师审计、政府审计和内部审计的异同;

2. 能够正确判断注册会计师承担各种法律责任的情形;

3. 能够正确判断对注册会计师职业道德基本原则产生不利影响的情形,运用职业道德概念框架解决职业道德问题;

4. 能够正确判断审计业务对独立性产生不利影响的情形,熟练运用独立性概念框架解决独立性问题。

 模块一　审计环境

 案例导入

　　李英祥是齐鲁财经职业学院大三的学生,2012 年 11 月通过了中和天成会计师事务所举行的顶岗实习学生选拔考试,即将到该事务所实习。中和天成会计师事务所于 2000 年依法成立,质量控制制度和内部管理制度健全并有效执行,执业质量和职业道德良好,设有 12 家分所,在人事、财务、业务、技术标准和信息管理等方面做到了实质性的统一。该事务所现有注册会计师 332 人,其中 176 人(159 人年龄在 65 岁以下)连续执业 5 年以上。该事务所是合伙制会计师事务所,净资产为 750 万元,累计赔偿限额与累计职业风险基金之和为 8 700 万元,2011 年取得审计业务收入 9 600 万元,有合伙人 27 人,半数以上合伙人最近在该事务所连续执业 3 年以上。李英祥要去实习了,临走之前主动找到审计课程的授课老师宋玲玲,和她聊聊,温故一下之前学过的审计知识,并请她帮忙解答一下疑惑:为什么会产生注册会

计师审计？什么样的会计师事务所具有审计上市公司资格？

 相关知识

一、注册会计师审计的起源、形成与发展

注册会计师审计起源于企业所有权和经营权的分离，是市场经济发展到一定历史阶段的产物。按发展历程来看，注册会计师审计起源于意大利的合伙制企业制度，形成于英国的股份制公司制度，发展和完善于美国发达的资本市场。

> **提示 1-1-1 合伙制企业和股份制公司**
>
> （1）合伙制企业，是指自然人、法人和其他组织依照《中华人民共和国合伙企业法》在中国境内设立的，由两个或两个以上的自然人通过订立合伙协议，共同出资经营、共负盈亏、共担风险的企业组织形式。合伙制企业一般无法人资格，不缴纳所得税，包括普通合伙制企业和有限合伙制企业。合伙制企业可以由部分合伙人经营，其他合伙人仅出资并共负盈亏，也可以由所有合伙人共同经营。
>
> （2）股份制公司，是指三人或三人以上（至少三人）的利益主体，以集股经营的方式自愿结合的一种企业组织形式。它是适应社会化大生产和市场经济发展需要、实现所有权与经营权相对分离、利于强化企业经营管理职能的一种企业组织形式。

（一）注册会计师审计的起源

注册会计师审计起源于 16 世纪的意大利。当时，地中海沿岸的商业城市已经比较繁荣，由于单个业主难以向企业投入巨额的资金，为适应筹集所需大量资金的需要，合伙制企业应运而生。尽管当时合伙制企业的合伙人都是出资者，但是并不是所有的合伙人都参与企业的经营管理，由此企业的所有权与经营权开始分离。那些参与经营管理的合伙人有责任向不参与经营管理的合伙人证明他们认真履行了合伙契约，正确计算和分配了利润，以保障全体合伙人的权利，进而保证合伙制企业有足够的资金来源得以持续经营发展下去。这在客观上产生了一个与任何一方均无利害关系的第三者能对合伙制企业进行监督、检查的需求。一批具有良好的会计知识、专门从事查账和公证工作的专业人员被受聘开始从事这一职业，注册会计师审计由此起源。这一时期，审计报告使用人主要是不参与合伙制企业经营管理的那些合伙人。

（二）注册会计师审计的形成

虽然注册会计师审计起源于意大利，但是在创立和传播注册会计师审计职业的过程中，英国发挥了重要作用。1844 年到 20 世纪初，是注册会计师审计的形成时期。

导致注册会计师审计形成的"催产剂"是 1721 年英国的"南海公司事件"。会计师查尔斯·斯耐尔对南海公司出具的"查账报告书"宣告了注册会计师的诞生。18 世纪下半叶，英国的资本主义经济得到了迅速发展，生产的社会化程度大大提高，企业的所有权与经营权进一步分离。企业主希望由外部的会计师来检查他们所雇用的管理人员是否存在贪污、盗窃和其他舞弊行为，第一批以查账为职业的注册会计师在英国开始出现。

这一时期英国注册会计师审计的主要特点有：（1）1862年，英国《公司法》确定注册会计师为法定的破产清算人，注册会计师审计的法律地位得到了确认；（2）审计的目的是查错防弊，保护企业资产的安全和完整；（3）审计的方法是对会计账目进行详细审计，即围绕会计凭证、会计账簿和财务报表的编制过程来进行审计；（4）审计报告使用人主要为企业股东等。

（三）注册会计师审计的发展

从20世纪初开始，全球经济发展重心逐步由欧洲转向美国，因此，美国的注册会计师审计得到了迅速发展，进而推动全球注册会计师职业的发展。

20世纪早期，美国经济形势发生了很大变化。随着金融资本对产业资本更为广泛的渗透，企业同银行的利益关系更加紧密，银行逐渐把资产负债表作为了解企业信用的主要依据，于是产生了帮助贷款人及其他债权人了解企业信用的资产负债表审计，审计方法也逐步从单纯的详细审计过渡到初期的抽样审计。

1929年到1933年，资本主义世界经历了历史上最严重的经济危机，大批企业倒闭，投资者和债权人蒙受了巨大的经济损失。这在客观上促使企业利益相关者（投资者、债权人等）从只关心企业财务状况转变到更加关心企业的盈利水平，产生了对利润表进行审计的客观要求。因此，美国注册会计师审计的重点从保护债权人为目的的资产负债表审计，转向以保护投资者为目的的利润表审计，相应地，审计报告使用人由债权人扩大到广大投资者。

第二次世界大战以后，美、英等经济发达国家通过各种渠道推动本国的企业向海外拓展，跨国公司得到空前发展。国际资本的流动带动了注册会计师职业的跨国界发展，形成了一批国际会计师事务所。与此同时，审计技术也在不断发展：抽样审计方法得到普遍运用，风险导向审计方法得到推广，计算机辅助审计技术得到广泛采用。

> **做中学 1-1-1**
>
> （多选题）随着审计的发展，审计报告使用人的范围不断扩大。下列关于注册会计师审计报告使用人的说法中，恰当的有（　　　　）。
>
> A. 注册会计师审计起源时期，审计报告使用人是全体合伙人
>
> B. 注册会计师审计形成时期，审计报告使用人主要是企业股东等
>
> C. 注册会计师审计发展前期，审计报告使用人主要是债权人
>
> D. 注册会计师审计发展后期，审计报告使用人由债权人扩大到广大投资者
>
> 【答案】B　C　D

二、注册会计师审计的性质

（一）审计的含义

审计（audit），是指由专职的机构和人员接受委托，依法对被审计单位的财政、财务收支及其经济活动的真实性、合法性、效益性和公允性进行审查、评价和鉴证，用以维护国家财政经济秩序、社会公共利益和投资者的合法权益，改善经营管理，提高经济效益，确定或解除被审计单位的受托经济责任的一项独立性的经济监督活动。

从审计的定义中可以看出，审计主体是审计人，即专职的机构和人员；审计客体是被审计人，即被审计单位；审计本质是一项具有独立性的经济监督活动。

┃ 做中学 1-1-2 ┃

（多选题）下列关于审计的说法中正确的是（　　）。

A. 审计本质是独立性

B. 审计主体是被审计人

C. 审计的方法是审查、评价和鉴证

D. 审计的依据是《审计准则》及其他相关会计、审计法律法规

【答案】C　D

（二）审计关系人

审计关系人，是指审计活动包括的三个基本要素，即审计委托人、被审计人和审计人。在审计活动中，财产所有者（审计委托人）委托专职的机构和人员（审计人）对其财产经营管理者（被审计人）进行审计时，那么，审计委托人、审计人和被审计人就形成一种审计关系。审计委托人是指依法授权或委托审计人实施审计活动的单位或人员，是第一关系人，是审计活动的发起者；被审计人是指受财产所有者委托的经营管理者，是第二关系人，是审计活动的接受者；审计人是独立于审计委托人和被审计人之外的第三关系人，是指依法批准设立的专门从事审计监督的机构和人员，是审计活动的执行者。三者之间的关系如图 1-1-1 所示。

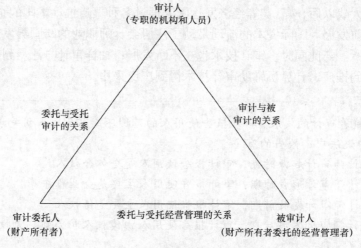

图 1-1-1　审计关系人之间的关系

在这三方面关系中，审计委托人与被审计人是委托与受托经营管理的关系，审计委托人委托被审计人经营管理其财产，被审计人接受委托经营管理财产并向审计委托人报告经济责任履行情况；审计委托人与审计人是委托与受托审计的关系，审计委托人委托审计人对被审计人进行审计，审计人受托对被审计人实施审计，向审计委托人报告审计结果；审计人与被审计人是审计与被审计的关系，审计人受托对被审计人进行审计，被审计人接受并配合审计。

┃ 做中学 1-1-3 ┃

（单选题）审计关系人不包括（　　）。

A. 审计委托人　　　B. 审计人　　　C. 被审计人　　　D. 中间人

【答案】D

（三）审计的类型

按照不同的标志，可以把审计划分成各种不同的类型。其中，按审计主体分类，可以分为政府审计、注册会计师审计和内部审计三类。

1．政府审计

政府审计，又称为国家审计，是指由政府机关实施的审计。我国政府审计的主体包括国务院审计署、县级以上各级政府设置的审计（厅）局、审计机关的派出机构及其审计人员。政府审计的性质是强制审计。没有强制性，政府审计工作便无法开展，审计结果也便失去存在的基础，进而影响政府审计乃至整个审计工作的质量，削弱审计在我国经济监督系统中较高层次的关键地位。

2．注册会计师审计

注册会计师审计，又称为民间审计、独立审计，是指由注册会计师受托有偿进行的审计活动。注册会计师审计的主体是会计师事务所和注册会计师，其性质是受托审计。注册会计师审计的风险高、责任重，因此审计理论的产生、发展及审计方法的变革都基本上是围绕注册会计师审计展开的。

注册会计师，是指取得注册会计师证书并在会计师事务所执业的人员，有时也指其所在的会计师事务所。国际四大会计师事务所通常是指普华永道（PWC）、毕马威（KPMG）、德勤（DTT）和安永（EY）。全球原有八大会计师事务所，经多次合并重组，形成著名的会计业五巨头，即安达信、普华永道、毕马威、德勤、安永。2001 年，"安然事件"导致安达信宣告破产，至此形成如今的"四大"格局。由中瑞华恒信会计师事务所、岳华会计师事务所合并而成的中瑞岳华会计师事务所是我国目前最大的会计师事务所。

政府审计和注册会计师审计都是外部审计，都具有较强的独立性，都可以利用内部审计的工作成果。但是政府审计和注册会计师审计的审计目标、审计标准不同，经费或收入来源不同，取证权限不同，对发现问题的处理方式不同。注册会计师与政府审计部门如果对同一事项进行审计，最终形成的审计结论可能存在差异，导致差异的最主要原因是审计的依据不同。

3．内部审计

内部审计，是指由本部门和本单位设立的专职审计机构所实施的审计。内部审计的主体为部门内部、单位内部审计机构和审计人员。内部审计根据本部门和本单位的经营管理需要自觉进行，这种审计具有显著的建设性和内向服务性，其目的在于帮助本部门或本单位健全内部控制，改善经营管理，提高经济效益。

注册会计师审计和内部审计的审计目标、独立性、接受审计的自愿程度、遵循的审计标准、审计的时间不同。

任何一种外部审计在对一个单位进行审计时，都要对其内部审计的情况进行了解并考虑是否利用其工作成果。这是由于：（1）内部审计是单位内部控制的一个重要组成部分；（2）内部审计和外部审计在工作上具有一致性（如审计内容、审计方法）；（3）利用内部审计工作成果可以提高审计效率，节约审计费用。

我国审计监督体系的组成及其独立性如表 1-1-1 所示。

表 1-1-1	我国审计监督体系的组成及其独立性
审计监督体系	独立性
政府审计	政府审计作为一种外部审计，独立性较强，是单向独立，它仅仅与被审计单位独立，与审计委托人不独立
注册会计师审计	注册会计师审计是外部审计，体现了双向独立，它独立于被审计单位和审计委托人，独立性最强
内部审计	相对于外部审计而言，内部审计的独立性较弱

做中学 1-1-4

（单选题）下列各项中，不属于注册会计师审计特点的是（   ）。

A. 受托审计　　　B. 强制审计　　　C. 有偿审计　　　D. 双向审计

【答案】B

（四）注册会计师审计的类型

随着经济社会对注册会计师业务的需求，注册会计师提供的服务领域越来越广，例如审计、审阅、其他鉴证业务和相关服务等业务，但审计业务仍然是注册会计师的核心业务。注册会计师提供的审计服务可以分为财务报表审计、经营审计和合规性审计。

1. 财务报表审计

财务报表审计，是注册会计师通过执行审计工作，对财务报表是否按照适用的财务报告编制基础（如《企业会计准则》）发表审计意见。经注册会计师审计的财务报表通常由被审计单位管理层提供给外部利益相关者（投资者、债权人等）使用，也可供管理层进行内部决策使用。本书主要介绍注册会计师的财务报表审计。财务报表审计工作循环过程如图 1-1-2 所示。

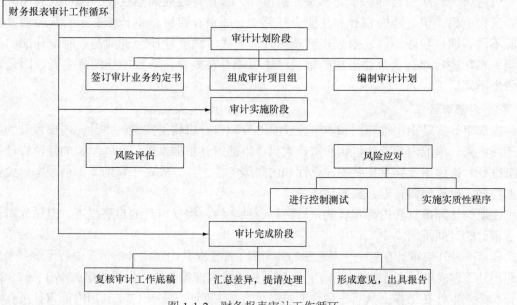

图 1-1-2　财务报表审计工作循环

2. 经营审计

经营审计，是注册会计师为了评价被审计单位经营活动的效率和效果，而对其经营程序和方法进行的审计。注册会计师在完成经营审计工作后，一般要向被审计单位管理层提出经营管理建议，类似于管理咨询。

3. 合规性审计

合规性审计，是注册会计师确定被审计单位是否遵循了特定的法律、法规、程序或规则，或者是否遵守将影响经营或报告的合同的要求，其结果通常报送给被审计单位管理层或外部特定使用者。

> **做中学 1-1-5**
>
> （单选题）下列关于财务报表审计的说法中，不正确的是（　　）。
> A. 财务报表审计的主体是注册会计师
> B. 财务报表审计的目的是对财务报表是否按照适用的财务报告编制基础发表审计意见
> C. 财务报表审计的结果可以由被审计单位管理层提供给外部利益相关者
> D. 财务报表审计完成后，注册会计师要向企业管理层提出改进经营管理的建议
> 【答案】D

（五）注册会计师审计方法的演进

注册会计师为了实现审计目标，一直随着审计环境的变化调整着审计方法。审计方法从账项基础审计发展到风险导向审计，都是注册会计师为了适应审计环境的变化而作出的调整。

1. 账项基础审计

19 世纪以前，由于企业组织结构简单、业务性质单一，注册会计师审计主要是为了满足财产所有者（审计委托人）对会计核算进行独立检查的要求、促使受托责任人（被审计人）在授权经营过程中做出诚实、可靠的行为，因而，注册会计师审计的重点在资产负债表，旨在发现和防止错误与舞弊，审计方法是账项基础审计。

账项基础审计，又称详细审计，是指对会计凭证、会计账簿和财务报表编制过程的详细检查。注册会计师通常花费大量的时间进行检查、核对、加总和重新计算。随着审计范围的扩展和组织规模的扩大，注册会计师开始采用审计抽样技术，只是抽查数量仍然很大，而且在抽查样本的选择上仍然以判断抽样为主。

> **提示 1-1-2**
>
> 判断抽样，又称立意抽样，是指根据调查人员的主观经验从总体样本中选择那些被判断为最能代表总体的单位作为样本的抽样方法。

2. 制度基础审计

19 世纪末，会计和审计步入了快速发展时期。注册会计师的审计重点从检查受托责任人（被审计人）对资产的有效使用转向检查企业的资产负债表和利润表，判断企业的财务状况和经营成果是否真实和公允。为了减轻注册会计师审计抽样的工作量，但又同时保证审计工作质量，注册会计师开始将审计视角转向企业的内部控制，特别是会计信息赖以生成的内部控制，从而将内部控制与抽样审计结合起来，产生了以控制测试为基础的抽样审计，即制度基础审计。从 20 世纪 50 年代起，制度基础审计在西方国家得到广泛应用。

3. 风险导向审计

20 世纪 80 年代以来，科学技术和政治经济发生急剧变化，对企业经营管理产生重大影

响，导致企业竞争更加激烈，经营风险日益增加，倒闭事件不断发生。这对注册会计师审计工作提出了更高的要求，注册会计师必须从更高层次，综合考虑企业的环境和面临的经营风险，把握企业面临的各方面情况，分析企业经济业务中可能出现的错误和舞弊行为，并以此为出发点，制订审计策略，审计风险模型应运而生。风险导向审计即是指注册会计师以审计风险模型为基础进行的审计。审计风险模型的出现，从理论上解决了注册会计师以制度为基础采用抽样审计的随意性，又解决了审计资源的分配问题，要求注册会计师将审计资源分配到最容易导致会计报表出现重大错报的领域。

注册会计师审计方法的演变如表1-1-2所示。

表 1-1-2　　　　　　　　　　　　审计方法的演变

审计方法	时　期	审计目标	审计技术	审计对象
账项基础审计	20世纪40年代以前	发现和防止错误与舞弊	对账、证进行详细检查	资产负债表
制度基础审计	20世纪50~80年代	验证财务报表的真实公允	以控制测试为基础的抽样审计	资产负债表和利润表
风险导向审计	20世纪80年代以后	验证财务报表的真实公允与查错防弊	以重大错报风险的评估与应对为基础的高效审计	财务报表和舞弊行为

边中学 1-1-6

（单选题）注册会计师在执行财务报表审计中，当前最主流的审计方法是（　　　）。

A. 账项基础审计　　B. 财务基础审计　　C. 制度基础审计　　D. 风险导向审计

【答案】D

（六）注册会计师的业务范围

注册会计师的业务范围包括鉴证业务和非鉴证业务（相关服务），如图1-1-3所示。

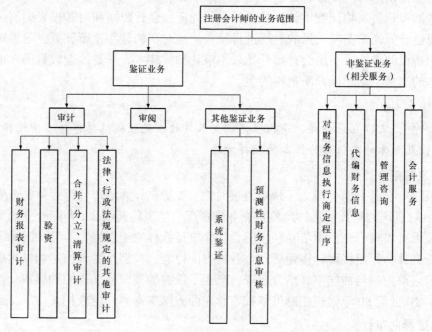

图 1-1-3　注册会计师的业务范围

1. 鉴证业务

鉴证业务，是指注册会计师对鉴证对象信息提出结论，以增强除责任方（被审计单位管理层）之外的预期使用者对鉴证对象信息信任程度的业务。鉴证对象信息是指按照标准对鉴证对象进行评价和计量的结果，如责任方按照会计准则和相关会计制度对其财务状况、经营成果和现金流量进行确认、计量和列报（包括披露）而形成的财务报表。鉴证对象是指鉴证对象信息所反映的内容。注册会计师从事的鉴证业务包括审计业务、审阅业务和其他鉴证业务。

鉴证对象信息是鉴证对象的载体，是鉴证对象的外在表现。通俗一点讲，鉴证对象是一个客观事实，而鉴证对象信息是以人类能理解的形式对鉴证对象某方面性质所做的描述。比如某个人的人品就可能成为一个鉴证对象，而大家对其人品的评价就是鉴证对象信息。在财务报表审计业务中，被审计单位财务状况、经营情况、现金流量是鉴证对象，而被审计单位的财务报表就是鉴证对象信息。

> **提示 1-1-3**
>
> 责任方，是指对财务报表负责的组织或人员，即被审计单位管理层。之所以称管理层为责任方，是因为管理层和治理层对编制财务报表承担完全责任。预期使用者，是指预期使用审计报告和财务报表的组织或人员，主要是指与鉴证对象有重要和共同利益的主要利益相关者（投资者、债权人等）。管理层也会成为预期使用者之一，但不是唯一的预期使用者（否则三方关系就成了两方）。

2. 非鉴证业务

非鉴证业务，又称相关服务，是指在业务范围内，注册会计师从事的除鉴证业务以外的其他业务。

鉴证业务与非签证业务的关系如图 1-1-4 所示。

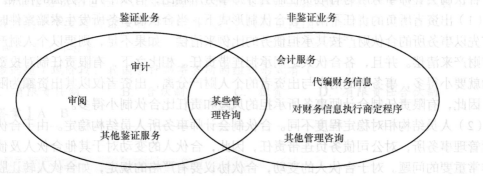

图 1-1-4 鉴证业务与非鉴证业务的关系

> **做中学 1-1-7**
>
> （多选题）下列说法中，正确的有（　　　）。
>
> A. 当鉴证对象为财务业绩或状况时（如历史或预测的财务状况、经营成果和现金流量），鉴证对象信息是财务报表
>
> B. 当鉴证对象为非财务业绩或状况时（如企业的营运情况），鉴证对象信息可能是反映效率或效果的关键指标

10. 关于注册会计师审计方法的演进过程的说法中，不正确的是（　　）。

A. 审计的方法从账项基础审计发展到风险导向审计，都是注册会计师为了适应审计环境的变化而作出的调整

B. 账项基础审计的重心是在资产负债表，旨在发现和防止错误和舞弊

C. 账项基础审计花大量的时间进行检查、对账，没有采用审计抽样技术

D. 制度基础审计阶段开始将审计视角转向企业的内部控制，将内部控制和抽样审计结合起来

二、多选题

1. 注册会计师进行财务报表审计时，是对财务报表是否按照（　　）发表审计意见。

　　A. 企业财务通则　　　　　　　　　B. 企业会计准则

　　C. 相关会计制度　　　　　　　　　D. 金融企业财务规则

2. 由于审计环境的变化，注册会计师一直随着审计环境的变化调整着审计方法，审计方法包括（　　）。

　　A. 制度基础审计　　B. 报表基础审计　　C. 账项基础审计　　D. 风险导向审计

3. 20 世纪三四十年代，注册会计师审计的主要特点有（　　）。

A. 审计的主要目的是查错防弊，保护企业资产的安全和完整

B. 审计对象是以资产负债表和利润表为中心的全部财务报表及相关财务资料

C. 以控制测试为基础使用抽样审计

D. 审计报告使用人是股东和债权人

4. 注册会计师进行年度财务报表审计时，应对被审计单位的内部审计进行了解，并可以利用内部审计的工作成果，这是因为（　　）。

A. 内部审计是注册会计师审计的基础

B. 内部审计是被审计单位内部控制的重要组成部分

C. 内部审计和注册会计师审计在工作上具有一定程度的一致性

D. 利用内部审计工作成果可以提高注册会计师的工作效率

5. 下列有关注册会计师审计的说法中，正确的有（　　）。

A. 政府审计比注册会计师审计更具有独立性

B. 注册会计师审计的独立体现为双向独立

C. 注册会计师审计实际上是提供一种有偿服务

D. 注册会计师在执行审计时可以利用内部审计的工作成果

三、案例题

案例一

【材料】凯特化工有限公司委托中和天成会计师事务所对其 2012 年度财务报表进行审计，经双方协商达成以下约定。

（1）中和天成会计师事务所接受凯特化工有限公司委托，对凯特化工有限公司按照《企业会计准则》编制的 2012 年 12 月 31 日的资产负债表、2012 年度的利润表、股东权益变动表和现金流量表以及财务报表附注（以下统称财务报表）进行审计。

（2）中和天成会计师事务所通过执行审计工作，对财务报表的下列方面发表审计意见：①财务报表是否按照《企业会计准则》的规定编制；②财务报表是否在所有重大方面公允反映凯特化工有限公司的财务状况、经营成果和现金流量。

（3）审计服务的收费按照《关于规范会计师事务所服务收费标准的通知》计费标准，并依据中和天成会计师事务所不同职务级别工作人员在本次审计工作中所耗费的时间为基础计算的。中和天成会计师事务所预计本次审计服务的费用总额为人民币贰拾柒万元。

（4）中和天成会计师事务所按照《中国注册会计师审计准则第 1501 号——对财务报表形成审计意见和出具审计报告》和《中国注册会计师审计准则第 1502 号——在审计报告中发表非无保留意见》规定的格式和类型，于 2013 年 3 月 12 日出具审计报告。

【要求】请指明以下内容：（1）审计主体；（2）审计客体；（3）审计依据；（4）审计目标；（5）审计内容。

案例二

【材料】李英祥的表姐张莉莉在一家单位担任会计，通过了会计师全国统一考试，取得证书后被单位聘任，工资提升了一大截，李英祥对此非常羡慕，向表姐咨询了一个问题：注册会计师就是会计师吗？

【要求】请你帮助张莉莉解答李英祥的疑惑。

模块二　注册会计师的法律责任

 案例导入

李英祥来到中和天成会计师事务所实习，受到主任会计师高志宏的热烈欢迎，分配他跟事务所的合伙人冯天海学习。李英祥参加了冯天海负责审计的盛大股份有限公司（以下简称盛大公司）2012 年度财务报表审计项目。审计项目组于 2013 年 3 月 5 日出具了标准审计报告。2013 年 4 月，该审计报告被指证存在虚假记载，同时被证实违反相关审计准则，最后被界定为"不实报告"。2013 年 3 月 15 日，投资者李凯阅读该审计报告后，因大量购买盛大公司股票而遭受重大经济损失，联合其他投资者将中和天成会计师事务所和盛大公司告上法庭，要求赔偿经济损失 300 万元。2013 年 7 月，法院判定中和天成会计师事务所没有按照审计准则的要求对盛大公司 2012 年财务报表实施必要的审计程序。李英祥问师傅冯天海，中和天成会计师事务所在这起诉讼中是否需要承担责任？如果承担责任，将如何赔偿投资者的损失？

 相关知识

一、注册会计师承担法律责任的依据及其认定

任何一种职业应承担的责任与其社会地位之间都有着直接的关系。某一职业的社会地位越高，其应承担的社会责任就越大，注册会计师社会责任的表现形式即为注册会计师的法律责任。

注册会计师的法律责任，是指注册会计师在承办业务的过程中，未能履行合同条款，或者未能保持应有的职业谨慎，或出于故意未按专业标准出具合格报告，致使审计报告使用人

遭受损失，依照有关法律法规，注册会计师或所在会计师事务所应承担的法律责任。注册会计师的法律责任是处罚性的，其目的是为了严肃注册会计师职业行为规范。

随着上市公司会计造假丑闻的不断披露，涉及注册会计师的法律诉讼日趋增多，注册会计师的法律责任问题成为会计理论与实务界讨论的热点问题。我国证券市场发展了二十多年，其间发生了多起上市公司会计舞弊的案件，而每一家上市公司的会计舞弊都有相应的会计师事务所予以协助，如琼民源—中华、红光—蜀都、郑百文—郑州、银广夏—中天、湖北兴化—立华等。在这些恶性案件中，注册会计师不但没有揭露上市公司的造假行为，反而参与造假，使这个本该保障会计信息真实的机构却成为上市公司进行会计造假的帮凶，因此注册会计师审计的独立性、公正性遭到了整个社会的质疑，严重影响到注册会计师行业的生存和发展。

（一）注册会计师承担法律责任的依据

注册会计师需要承担法律责任，通常是由被审计单位的经营失败所引发的，如果没有应有的职业谨慎，就会出现审计失败，审计风险就会变成实际的损失。经营失败，是指企业由于经济或经营条件的变化（如经济衰退、不当的管理决策或出现意料之外的行业竞争等）而无法满足投资者的预期。经营失败的极端情况是申请破产。被审计单位在经营失败时，也可能会连累注册会计师。审计失败，是指注册会计师由于没有遵守审计准则的要求而发表了错误的审计意见。如果注册会计师在审计过程中没有尽到应有的职业谨慎，就属于审计失败。审计风险，是指财务报表中存在重大错报，而注册会计师发表不恰当审计意见的可能性。注册会计师在执行审计业务时，应当按照审计准则的要求审慎执业，保证执业质量，控制审计风险。否则，一旦出现审计失败，就有可能承担相应的法律责任。

提示 1-2-1

经营失败与审计失败是两个不同的概念。经营失败的责任在于被审计单位管理层，审计失败的责任在于注册会计师。当被审计单位经营失败时，审计失败可能存在，也可能不存在。只有当被审计单位经营失败的同时也存在审计失败时，注册会计师才应对此承担审计责任。

提示 1-2-2

审计风险和审计失败都没有通过审计发现被审计单位存在的重大错报，导致注册会计师发表的审计意见错误。审计失败很可能导致注册会计师承担相应的法律责任，审计风险不导致法律责任。

做中学 1-2-1

（单选题）下列事项中，最能界定注册会计师冯天海是否存在过失的关键因素是（ ）。

A. 是否查出财务报表所有重大错报

B. 是否查出财务报表所有重大错误和舞弊

C. 是否按照审计准则的要求执行审计业务

D. 是否具有过失或欺诈行为

【答案】C

（二）对注册会计师法律责任的认定

1. 违约

违约，是指合同的一方或多方未能履行合同条款规定的义务。比如，会计师事务所在商定的期间内，未能提交纳税申报表，或违反了与被审计单位订立的保密协议等。当违约给他人造成损失时，注册会计师应负违约责任。

2. 过失

过失，是指在一定条件下，注册会计师没有保持应有的职业谨慎。当过失给他人造成损失时，注册会计师应负过失责任。过失按程度不同区分为普通过失和重大过失。

（1）普通过失，也称一般过失，对注册会计师而言是指没有完全遵循专业准则的要求。

（2）重大过失，是指注册会计师根本没有遵循专业准则或没有按专业准则的基本要求执行审计。

> **提示 1-2-3**
>
> 注册会计师是否存在过失，取决于其是否"非故意地"违反了审计准则的规定（明确的界定标准），不取决于是否没有发现存在的错误或舞弊（看过程不看后果）。如果注册会计师遵循了审计准则的规定，则不存在过失。如果注册会计师"非故意地"违反了审计准则的规定，则存在过失。如果违反了审计准则的非主要规定，属于普通过失；如果违反了审计准则的主要规定、基本规定或许多规定，则属于重大过失。

3. 欺诈

欺诈，又称舞弊，是以欺骗或坑害他人为目的的一种故意的错误行为。

对注册会计师法律责任的认定如图 1-2-1 所示。

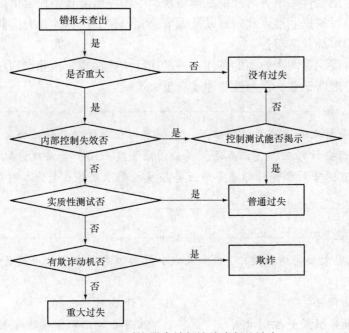

图 1-2-1 对注册会计师法律责任的认定

┃ 做中学 1-2-2 ┃

（多选题）注册会计师可能因为（　　　）而应承担法律责任。

A. 违约　　　　　　B. 过失　　　　　　C. 疏忽　　　　　　D. 欺诈

【答案】A B D

（三）注册会计师承担法律责任的种类

注册会计师因违约、过失或欺诈给被审计单位或其他利害关系人造成损失的，按照有关法律规定，可能被判承担行政责任、民事责任或刑事责任。这三种责任可单处，也可并处。

对会计师事务所而言，行政责任包括警告、没收违法所得、罚款、暂停执业、撤销等；民事责任主要是指赔偿受害人损失；刑事责任包括罚金、有期徒刑以及其他限制人身自由的刑罚等。

对注册会计师而言，因违约和普通过失可能使注册会计师承担行政责任和民事责任，因重大过失和欺诈可能使注册会计师承担民事责任和刑事责任。

二、我国注册会计师承担的民事法律责任

随着我国社会主义市场经济的不断发展，会计师事务所的民事法律责任问题逐渐引起社会各界的关注。2007年6月11日发布的《关于审理涉及会计师事务所在审计活动中民事侵权赔偿案件的若干规定》（以下简称《司法解释》），立足于妥当权衡社会公众利益与注册会计师行业利益，针对会计师事务所民事侵权赔偿责任作出若干重要规定。

（一）相关概念

1. 不实报告

不实报告，是指会计师事务所违反法律法规、中国注册会计师协会依法拟定并经国务院财政部门批准后施行的执业准则和规则以及诚信公允原则，出具的具有虚假记载、误导性陈述或者重大遗漏的审计业务报告。

构成不实报告需满足两个方面的条件：一是违反法律法规、执业准则和规则以及诚信公允原则；二是具有虚假记载、误导性陈述或者重大遗漏。

┃ 提示 1-2-4 ┃

不实报告的条件之一是违反法律法规、执业准则和规则以及诚信公允原则。其中，法律法规是指《注册会计师法》、《证券法》、《公司法》、《刑法》等法规；执业准则、规则指审计准则、职业道德守则和会计师事务所业务质量控制准则等；专业准则是对"执业准则、规则"的总称。

┃ 做中学 1-2-3 ┃

（多选题）在盛大公司诉讼案中，中和天成会计师事务所在审计中违反的法律法规可能包括（　　　）。

A. 注册会计师法　　　　　　　　　　B. 审计准则

C. 会计师事务所质量控制准则　　　　D. 注册会计师职业道德守则

【答案】A B C D

2. 利害关系人

利害关系人，是指因合理信赖或者使用会计师事务所出具的不实报告，与被审计单位进行交易或者从事与被审计单位的股票、债券等有关的交易活动而遭受损失的自然人、法人或者其他组织。

会计师事务所应当对一切合理依赖或使用其出具的不实审计报告而受到损失的利害关系人承担赔偿责任，与利害关系人发生交易的被审计单位应当承担第一位责任，会计师事务所仅应对其过错及其过错程度承担相应的赔偿责任。在利害关系人存在过错时，应当减轻会计师事务所的赔偿责任。

┃ 做中学 1-2-4 ┃

（多选题）李凯和其他投资者如果符合利害关系人的条件，则应当包括以下事项（　　）。

A. 该会计师事务所出具的盛大公司 2012 年的标准审计报告是不实报告

B. 有证据表明李凯和其他投资者与盛大公司发生了交易活动而且遭受了经济损失

C. 有证据表明李凯大量购买了盛大公司的股票，持股比例达到 3%

D. 有证据表明李凯和其他投资者因为与盛大公司发生了交易活动是阅读分析盛大公司对外公布的财务报表后作出的经济决策

【答案】A B D

3. 诉讼当事人的列置

（1）利害关系人未对被审计单位提起诉讼而直接对会计师事务所提起诉讼的，人民法院应当告知其对会计师事务所和被审计单位一并提起诉讼。

（2）利害关系人拒不起诉被审计单位的，人民法院应当通知被审计单位作为共同被告参加诉讼。

（3）利害关系人对会计师事务所的分支机构提起诉讼的，人民法院可以将该会计师事务所列为共同被告参加诉讼。

（4）利害关系人提出被审计单位的出资人虚假出资或者出资不实、抽逃出资，且事后未补足的，人民法院可以将该出资人列为第三人参加诉讼。

┃ 提示 1-2-5 ┃

（1）共同被告，是指利害关系人应当与会计师事务所一并起诉的一方，即除了会计师事务所以外还必须同时起诉的另一方。

（2）第三人也是被告中另一方，但弱于共同被告。将第三方列为被告并非是必须的，这个称谓表明该方对利害关系人的损失可能是间接的。

┃ 做中学 1-2-5 ┃

（单选题）会计师事务所诉讼案件中的民事主体不包括（　　）。

A. 被审计单位　　　　　　　　B. 分支机构所属事务所

C. 被审计单位设立的代办处　　D. 被审计单位的出资人

【答案】C

（二）会计师事务所的连带责任

连带责任，是指债务人为多数的情况下，债权人既有权请求所有的债务人清偿债务，也有权请求其中任何一个债务人单独清偿债务的一部分或者全部。

注册会计师在审计业务活动中存在下列情形之一，出具不实报告给利害关系人造成损失的，应当认定会计师事务所与被审计单位承担连带责任：

（1）与被审计单位恶意串通；

（2）明知被审计单位对重要事项的财务会计处理与国家有关规定相抵触，而不予指明；

（3）明知被审计单位的财务会计处理会直接损害利害关系人的利益，而予以隐瞒或作不实报告；

（4）明知被审计单位的财务会计处理会导致利害关系人产生重大误解，而不予指明；

（5）明知被审计单位的财务报表的重要事项有不实内容，而不予指明；

（6）被审计单位示意作不实报告，而不予拒绝。

分支机构在法律地位上属于会计师事务所的组成部分，其民事责任由会计师事务所承担。会计师事务所与其分支机构作为共同被告的，会计师事务所对其分支机构的责任承担连带责任。

微中学 1-2-6

（多选题）注册会计师冯天海可能因出具不实报告给利害关系人造成损失，导致中和天成会计师事务所被追究连带责任的情形有（　　　　）。

A. 与盛大公司恶意串通

B. 盛大公司示意作不实报告，给予严厉拒绝

C. 明知盛大公司的财务会计处理直接损害利害关系人的利益，而予以隐瞒或作不实报告

D. 明知盛大公司对重要事项的财务会计处理与国家有关规定相抵触，而不予指明

【答案】A　C　D

（三）会计师事务所的过失责任

注册会计师在审计过程中未保持必要的职业谨慎，存在下列情形之一，并导致报告不实的，应当认定会计师事务所存在过失，具体情形包括：

（1）负责审计的注册会计师以低于行业一般成员应具备的专业水准执业；

（2）制订的审计计划存在明显疏漏；

（3）未依据执业准则、规则执行必要的审计程序；

（4）在发现可能存在错误和舞弊的迹象时，未能追加必要的审计程序予以证实或者排除；

（5）未能合理地运用执业准则、规则所要求的重要性原则；

（6）未根据审计的要求采用必要的调查方法获取充分的审计证据；

（7）明知对总体结论有重大影响的特定审计对象缺少判断能力，未能寻求专家意见而直接形成审计结论；

（8）错误判断和评价审计证据；

（9）其他违反执业准则、规则确定的工作程序的行为。

会计师事务所在审计业务活动中因过失出具不实报告，并给利害关系人造成损失的，人民法院应当根据其过失大小确定其赔偿责任。

做中学 1-2-7

（多选题）2013 年 7 月，法院判定中和天成会计师事务所在盛大公司 2012 年财务报表审计中存在过失，下列情形中属于过失的有（　　）。

A. 中和天成会计师事务所委派低于行业一般成员应具备的专业水准人员执行盛大公司 2012 年财务报表审计

B. 审计项目合伙人冯天海在得知盛大公司 2012 年营业收入可能存在舞弊时，未追加必要的审计程序予以证实

C. 审计项目组在对总体结论有重大影响的特定审计对象缺少判断能力，未能寻求专家意见而直接形成审计结论

D. 审计项目组制订的审计计划存在明显疏漏

【答案】A B C D

（四）会计师事务所的减轻责任、免责和无效免责

1. 会计师事务所的减轻责任

利害关系人明知会计师事务所出具的报告为不实报告而仍然使用的，可酌情减轻会计师事务所的赔偿责任。

2. 会计师事务所的免责

会计师事务所能够证明存在下列情形之一的，不承担民事责任：

（1）已经遵守执业准则、规则确定的工作程序并保持必要的职业谨慎，但仍未能发现被审计单位的会计资料错误；

（2）审计业务所必须依赖的金融机构等单位提供虚假或者不实的证明文件，会计师事务所在保持必要的职业谨慎下仍未能发现虚假或者不实；

（3）已对被审计单位的舞弊迹象提出警告并在审计报告中予以指明；

（4）已经遵照验资程序进行审核并出具报告，但被审验单位在注册登记之后抽逃资金；

（5）为登记时未出资或者未足额出资的出资人出具不实报告，但出资人在登记后已补足出资。

做中学 1-2-8

（多选题）如果中和天成会计师事务所能够证明自己行为符合下列情形之一的，人民法院将可免除会计师事务所承担的民事责任（　　）。

A. 严格按照审计准则要求承接和执行审计并保持了必要的谨慎，但盛大公司管理层与治理层串通舞弊导致注册会计师未能发现盛大公司重大舞弊

B. 审计项目合伙人冯天海确认盛大公司银行存款是否存在时是通过银行询证函的回函予以确认的，事后发现该银行出具的是虚假回函

C. 审计项目组成员王晓慧负责对盛大公司存货监盘，由于部分存货资产存放于境外，

（4）以下对注册会计师是否存在过失的陈述中，不恰当的是（　　）。

  A. 过失是指注册会计师在一定条件下缺少应有的职业谨慎

  B. 普通过失是指注册会计师没有完全遵循执业准则的要求

  C. 重大过失是指注册会计师没有遵循执业准则的基本要求

  D. 注册会计师没有查出舞弊就是过失

（5）下列有关事务所是否承担法律责任的表述中，恰当的是（　　）。

  A. 如果事务所出具的审计报告中存在虚假记载、误导性陈述或者重大遗漏，并且给利害关系人造成了损失时，则应当承担连带责任

  B. 如果事务所出具的审计报告是不实报告，则应当承担连带责任

  C. 如果事务所出具的不实报告给利害关系人造成损失，除非能够证明自己没有过错，否则应当承担民事侵权赔偿责任

  D. 如果利害关系人明知事务所出具的审计报告是不实报告却仍然使用，应当免除事务所的赔偿责任

（6）如果利害关系人向人民法院提起诉讼，将事务所列为被告时，以下有关诉讼当事人列置的陈述中，不恰当的有（　　）。

  A. 如果利害关系人拒不起诉蓝翔公司，人民法院应当通知蓝翔公司作为共同被告

  B. 如果利害关系人提出蓝翔公司的出资人出资不足的，人民法院应当将该出资人列为第三人参加诉讼

  C. 如果被起诉的是事务所的分支机构，人民法院可以将事务所列为共同被告参加诉讼

  D. 如果利害关系人提出蓝翔公司的出资人出资不足，但该出资人事后已补足不足出资额，人民法院不应将该出资人列为第三人参加诉讼

（7）人民法院受理了利害关系人提起的诉讼，初步判断事务所承担相应的责任。下列有关赔偿责任的说法中正确的是（　　）。

  A. 如果利害关系人存在过错，应当减轻事务所的赔偿责任

  B. 事务所应当对所有使用了其不实审计报告的机构或人员承担赔偿责任

  C. 事务所承担的赔偿责任应以其收取的审计费用为限

  D. 事务所应当对与蓝翔公司发生交易的利害关系人承担第一顺位责任

案例二

【材料】中和天成会计师事务所的注册会计师王晓慧负责对东信股份有限公司（以下简称东信公司）2012 年度财务报表进行审计。2012 年，东信公司管理层通过与银行串通编造虚假的银行贷款资料，虚构了一笔银行借款。王晓慧实施了向银行函证等必要审计程序后，认为东信公司 2012 年度财务报表不存在重大错报，出具了无保留意见审计报告。在东信公司 2012 年度已审计财务报表公布后，股民郑楠购入了东信公司股票。随后，东信公司财务舞弊案件经媒体曝光，并受到证券监管部门的处罚，其股票价格大幅下跌。为此，郑楠向法院起诉注册会计师王晓慧，要求其赔偿损失。王晓慧以其与郑楠未构成合约关系为由，要求免于承担民事责任。

【要求】（1）为了支持诉讼请求，郑楠应当向法院提出哪些理由？

（2）指出注册会计师王晓慧提出的免责理由是否正确，并简要说明理由。

（3）在哪些情形下，王晓慧可以免于承担民事责任？

模块三　职业道德基本原则和概念框架

 案例导入

2012 年 12 月 28 日，中和天成会计师事务所首次承接了奥科股份有限公司（以下简称奥科公司）的 2012 年度财务报表审计业务，同日与奥科公司签订了《审计业务约定书》，该业务由合伙人冯天海具体负责。冯天海初步组成了审计项目组（包括注册会计师李泽方、王晓慧等）后召开了会议，李英祥作为审计助理参加了这次会议。冯天海在会议上反复强调审计项目组成员应当履行保密义务，警惕无意中向近亲属或关系密切的人员泄密的可能性。会后，李英祥问师傅冯天海：审计工作为什么要向近亲属或关系密切的人员保密？近亲属或关系密切的人员是指哪些人员？冯天海建议李英祥阅读一下《中国注册会计师职业道德守则第 1 号——职业道德基本原则》。

 相关知识

一、注册会计师职业道德的含义

注册会计师的职业性质决定了其对社会公众应承担的责任。注册会计师行业之所以在现代社会中产生和发展，是因为注册会计师能够站在独立的立场对企业管理层编制的财务报表进行审计，并提出客观、公正的审计意见，为财务报表使用者进行决策提供依据。为使注册会计师切实担负起神圣的职责，为社会公众提供高质量的、可信赖的专业服务，在社会公众中树立良好的职业形象和职业信誉，就必须大力加强对注册会计师的职业道德教育、强化道德意识、提高道德水准。

注册会计师职业道德，是注册会计师职业品德、职业纪律、专业胜任能力及职业责任等的总称，是注册会计师在执业过程中应遵循的行为规范。

二、职业道德基本原则

中国注册会计师协会会员（会计师事务所和注册会计师）为实现执业目标，必须遵守以下职业道德基本原则：诚信、独立性、客观和公正、专业胜任能力和应有的关注、保密、良好职业行为。

（一）诚信原则

诚信，是指诚实、守信。诚信是为人之道，是立身处世之本。诚信原则要求会员应当在所有的职业关系和商业关系中保持正直和诚实，秉公处事、实事求是。

会员如果认为业务报告、申报资料或其他信息存在下列问题，则不得与这些有问题的信息发生牵连：（1）含有严重虚假或误导性的陈述；（2）含有缺乏充分根据的陈述或信息；（3）存在遗漏或含糊其辞的信息。注册会计师如果注意到已与有问题的信息发生牵连，应当采取措施消除牵连。在鉴证业务中，如果注册会计师依据执业准则出具了恰当的非标准业务报告，则不被视为违反上述要求。

做中学 1-3-1

（单选题）项目合伙人冯天海在对奥科公司实施审计时发现其 2012 年度财务报表确认了虚假销售收入事项。如果冯天海没采取（　　　　）应对措施，会被视为违背了诚信原则。

A. 要求奥科公司管理层修改有问题信息

B. 要求奥科公司管理层调整财务报表

C. 在奥科公司管理层拒绝其建议的情况下，出具了恰当的非标审计报告

D. 没有给予必要的重视

【答案】D

（二）独立性原则

独立性，是指不受外来力量控制、支配，按照一定之规行事。独立性原则是对执业会员而不是非执业会员提出的要求。在执行鉴证业务（审计业务、审阅业务和其他鉴证业务）时，注册会计师必须保持独立性。因为财务报表使用者主要依赖上市公司对外发布的财务报表判断其投资风险，如果注册会计师不能与审计客户（被审计单位）保持独立性，而是存在经济利益、关联关系，或屈从于外在压力，就很难取信于社会公众。

独立性原则包括两层含义：（1）注册会计师执行审计和审阅业务以及其他鉴证业务时，应当从实质上和形式上保持独立性，不得因任何利害关系影响其客观性；（2）会计师事务所在承办审计和审阅业务以及其他鉴证业务时，应当从整体层面和具体业务层面采取措施，以保持会计师事务所和项目组的独立性。

（三）客观和公正原则

客观，是指按照事物的本来面目去考察，不添加个人的偏见。公正，是指公平、正直、不偏袒。客观和公正原则要求会员应当公正处事、实事求是，不得由于偏见、利益冲突或他人的不当影响而损害自己的职业判断。如果存在导致职业判断出现偏差，或对职业判断产生不当影响的情形，会员不得提供相关专业服务。

提示 1-3-1

专业服务，是指注册会计师提供的需要会计或相关技能的服务，包括会计、审计、税务、管理咨询和财务管理等服务。

（四）专业胜任能力和应有的关注

专业胜任能力，是指具备从事一定领域的工作或者可以处理好特定行业事项的一种能力。应有的关注，是指保持职业怀疑和应尽的职业谨慎。

专业胜任能力和应有的关注原则要求：（1）注册会计师应当通过教育、培训和执业实践获取和保持专业胜任能力；（2）注册会计师应当持续了解并掌握当前法律、技术和实务的发展变化，将专业知识和技能始终保持在应有的水平，确保为客户提供具有专业水准的服务；（3）在应用专业知识和技能时，注册会计师应当合理运用职业判断；（4）注册会计师应当保

持应有的关注，遵守执业准则和职业道德规范的要求，勤勉尽责，认真、全面、及时地完成工作任务；（5）注册会计师应当采取适当措施，确保在其领导下工作的人员得到应有的培训和督导；（6）注册会计师在必要时应当使客户以及业务报告的其他使用者了解专业服务的固有局限性。

（五）保密原则

保密，是指保护秘密不被泄露。会员能否与客户维持正常的关系，有赖于双方能否自愿而又充分地进行沟通和交流，不掩盖任何重要的事实和情况。会员与客户的沟通，必须建立在为客户信息保密的基础上。这里所说的客户信息，通常是指涉密信息。一旦涉密信息被泄露或被利用，往往会给客户造成损失。

注册会计师应当对职业活动中获知的涉密信息保密，不得有下列行为：（1）未经客户授权或法律法规允许，向会计师事务所以外的第三方披露其所获知的涉密信息；（2）利用所获知的涉密信息为自己或第三方谋取利益。

做中学 1-3-2

（多选题）在对奥科公司 2012 年财务报表实施审计的过程中，根据保密原则，注册会计师王晓慧不得有以下（　　）行为。

A. 利用所获知的涉密信息为自己谋取利益

B. 利用所获知的涉密信息为第三方谋取利益

C. 未经奥科公司授权向中和天成会计师事务所以外的第三方披露其所获知的涉密信息

D. 未经法律法规允许向中和天成会计师事务所以外的第三方披露其所获知的涉密信息

【答案】A B C D

注册会计师应当对拟接受的客户或拟受雇的工作单位向其披露的涉密信息保密。注册会计师应当对所在会计师事务所的涉密信息保密。注册会计师在社会交往中应当履行保密义务，警惕无意中泄密的可能性，特别是警惕无意中向近亲属或关系密切的人员泄密的可能性。注册会计师应当采取措施，确保下级员工以及提供建议和帮助的人员履行保密义务。在终止与客户的关系后，注册会计师应当对以前在职业活动中获知的涉密信息保密。如果获得新客户，注册会计师可以利用以前的经验，但不得利用或披露以前职业活动中获知的涉密信息。

提示 1-3-2

近亲属是指本人的配偶、父母、子女、兄弟姐妹、祖父母、外祖父母、孙子女、外孙子女。其中：配偶、父母、子女是主要近亲属；兄弟姐妹、祖父母、外祖父母、孙子女、外孙子女是其他近亲属。主要近亲属与其他近亲属对注册会计师独立性具有不同的影响。

做中学 1-3-3

（多选题）根据保密原则，以下人员可能属于注册会计师李泽方无意泄密对象的是（　　）。

A. 李泽方的父亲
B. 李泽方的姐姐

C. 中和天成会计师事务所的保安
D. 经常一起喝酒的关系密切的同学

【答案】A B D

在下列情形下，注册会计师可以披露涉密信息：（1）法律法规允许披露，并且取得客户的授权；（2）根据法律法规的要求，为法律诉讼、仲裁准备文件或提供证据，以及向监管机构报告所发现的违法行为；（3）法律法规允许的情况下，在法律诉讼、仲裁中维护自己的合法权益；（4）接受注册会计师协会或监管机构的执业质量检查，答复其询问和调查；（5）法律法规、执业准则和职业道德规范规定的其他情形。

在决定是否披露涉密信息时，注册会计师应当考虑下列因素：（1）客户同意披露的涉密信息，是否为法律法规所禁止；（2）如果客户同意披露涉密信息，是否会损害利害关系人的利益；（3）是否已了解和证实所有相关信息；（4）信息披露的方式和对象；（5）可能承担的法律责任和后果。

（六）良好职业行为原则

职业行为，是指人们对职业劳动的认识、评价、情感和态度等心理过程的行为反映，是职业目的达成的基础。良好职业行为原则要求会员应当遵守相关法律法规，避免发生任何损害职业声誉的行为。会员在向公众传递信息以及推介自己和工作时，应当客观、真实、得体，不得损害职业形象。

会员应当诚实、实事求是，不得有下列行为：（1）夸大宣传提供的服务、拥有的资质或获得的经验；（2）贬低或无根据地比较其他注册会计师的工作。

> 做中学 1-3-4
>
> （多选题）注册会计师冯天海的以下行为有损职业声誉（　　　）。
> A. 利用广告夸大宣传提供的服务、拥有的资质或获得的经验
> B. 向公众传递信息推介自己
> C. 在公共场合贬低或无根据地比较其他注册会计师的工作
> D. 向公众推介自己的职业领域工作范围
> 【答案】A　C

> 做中学 1-3-5
>
> （单选题）注册会计师李泽方的下列行为中，违反职业道德的是（　　　）。
> A. 按照业务约定和专业准则的要求完成委托业务
> B. 对执行业务过程中知悉的商业秘密保密，不利用其为自己或他人谋取利益
> C. 通过教育、培训和执业实践保持专业胜任能力
> D. 对其能够提供的服务、拥有的资质进行夸大宣传
> 【答案】D

三、职业道德概念框架

（一）职业道德概念框架的含义

职业道德概念框架，是指解决职业道德问题的思路和方法，用以指导注册会计师：（1）识别对职业道德基本原则的不利影响；（2）评价不利影响的严重程度；（3）必要时采取防范措

施消除不利影响或将其降低至可接受的水平。职业道德概念框架适用于会员处理对职业道德基本原则产生不利影响的各种情形。

在运用职业道德概念框架时，会员应当运用职业判断。如果发现存在可能违反职业道德基本原则的情形，会员应当评价其对职业道德基本原则的不利影响。在评价不利影响的严重程度时，会员应当从性质和数量两个方面予以考虑。如果认为对职业道德基本原则的不利影响超出可接受的水平，会员应当确定是否能够采取防范措施消除不利影响或将其降低至可接受的水平。

在运用职业道德概念框架时，如果某些不利影响是重大的，或者合理的防范措施不可行或无法实施，会员可能面临不能消除不利影响或将其降低至可接受的水平的情形。如果无法采取适当的防范措施，注册会计师应当拒绝或终止所从事的特定专业服务，必要时与客户解除合约关系，或向其工作单位辞职。具体内容如图 1-3-1 所示。

> ▌提示 1-3-3 ▌
>
> 可接受的水平，是指注册会计师可以容忍的对遵循职业道德基本原则所产生不利影响的最大程度。一个理性且掌握充分信息的第三方（如相关专家），在权衡注册会计师当时所能获得的所有具体事实和情况后，很可能认为该不利影响并不损害注册会计师遵循职业道德基本原则。

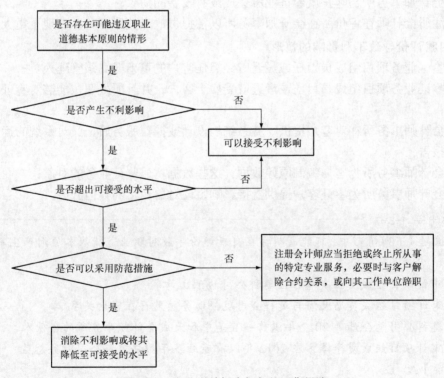

图 1-3-1　职业道德概念框架的工作思路

> ▌做中学 1-3-6 ▌
>
> （多选题）依据职业道德概念框架，以下属于注册会计师解决职业道德问题的思路和方法的是（　　）。

A．识别对职业道德基本原则的不利影响

B．评价不利影响的严重程度

C．评价不利影响对其法律责任的影响程度

D．必要时采取防范措施消除不利影响或将其降低至可接受的水平

【答案】A　B　D

（二）对遵循职业道德基本原则产生不利影响的因素

注册会计师对职业道德基本原则的遵循可能受到多种因素的不利影响。不利影响的性质和严重程度因注册会计师提供服务类型的不同而不同。可能对注册会计师遵循职业道德基本原则产生不利影响的因素包括自身利益、自我评价、过度推介、密切关系和外在压力。

1．自身利益导致不利影响的情形

（1）鉴证业务项目组成员在鉴证客户中拥有直接经济利益；

（2）鉴证业务项目组成员与鉴证客户存在重要且密切的商业关系；

（3）鉴证业务项目组成员正在与鉴证客户协商受雇于该客户；

（4）会计师事务所的收入过分依赖某一客户；

（5）会计师事务所担心可能失去某一重要客户；

（6）会计师事务所与客户就鉴证业务达成或有收费的协议；

（7）注册会计师在评价所在会计师事务所以往提供的专业服务时，发现了重大错误。

2．自我评价导致不利影响的情形

（1）鉴证业务项目组成员担任或最近曾经担任客户的董事或高级管理人员；

（2）鉴证业务项目组成员目前或最近曾受雇于客户，并且所处职位能够对鉴证对象施加重大影响；

（3）会计师事务所在对客户提供财务系统的设计或操作服务后，又对系统的运行有效性出具鉴证报告；

（4）会计师事务所为客户编制原始数据，这些数据构成鉴证业务的对象；

（5）会计师事务所为鉴证客户提供直接影响鉴证对象信息的其他服务。

做中学 1-3-7

（多选题）下列情形中，可能表明存在自我评价导致对职业道德基本原则产生不利影响的有（　　　　）。

A．审计项目组成员王晓慧担任奥科公司的独立董事

B．审计项目组成员冯天海与奥科公司现任财务总监存在密切关系

C．奥科公司总会计师 2012 年以前一直是中和天成会计师事务所的合伙人

D．审计项目组成员李泽方在 2012 年以前连续多年担任奥科公司财务总监

【答案】A　D

3．过度推介导致不利影响的情形

（1）在审计客户与第三方发生诉讼或纠纷时，注册会计师担任该客户的辩护人；

（2）会计师事务所推介审计客户的股份。

4. 密切关系导致不利影响的情形

（1）项目组成员的近亲属担任客户的董事或高级管理人员；

（2）项目组成员的近亲属是客户的员工，其所处职位能够对业务对象施加重大影响；

（3）客户的董事、高级管理人员或所处职位能够对业务对象施加重大影响的员工（简称"董、高、特"），最近曾担任会计师事务所的项目合伙人；

（4）注册会计师接受客户的礼品或款待；

（5）会计师事务所的合伙人或高级员工与鉴证客户存在长期业务关系。

做中学 1-3-8

（多选题）以下各项不属于因密切关系导致对职业道德基本原则产生不利影响的情形有（　　　）。

A. 鉴证业务项目组成员与鉴证客户存在重要且密切的商业关系

B. 客户的独立董事最近曾担任会计师事务所的项目合伙人

C. 鉴证业务项目组成员担任或最近曾经担任客户的董事或高级管理人员

D. 客户员工对所讨论的事项更具有专长，注册会计师不得不服从其判断

【答案】A C D

5. 外在压力导致不利影响的情形

（1）审计客户表示，如果会计师事务所不同意对某项交易的会计处理，则不再委托其承办拟议中的非鉴证业务；

（2）客户威胁将起诉会计师事务所；

（3）会计师事务所受到客户解除业务关系的威胁；

（4）会计师事务所受到降低收费的影响而不恰当地缩小工作范围；

（5）由于客户员工对所讨论的事项更具有专长，注册会计师面临服从其判断的压力；

（6）会计师事务所合伙人告知注册会计师，除非同意审计客户不恰当的会计处理，否则将影响晋升。

（三）应对职业道德基本原则不利影响的防范措施

防范措施，是指可以消除职业道德基本原则不利影响或将其降低至可接受的水平的行动或其他措施。应对职业道德基本原则不利影响的防范措施包括下列两类：（1）法律法规和职业规范规定的防范措施；（2）在具体工作中采取的防范措施。

1. 法律法规和职业规范规定的防范措施

（1）取得注册会计师资格必需的教育、培训和经验要求；

（2）持续的职业发展要求；

（3）公司治理方面的规定；

（4）执业准则和职业道德规范的要求；

（5）监管机构或注册会计师协会的监控和惩戒程序；

（6）由依法授权的第三方对注册会计师编制的业务报告、申报资料或其他信息进行外部复核。

经营的复杂程度，以及所在行业的情况；（2）了解专业服务的具体要求和业务对象，以及注册会计师拟执行工作的目的、性质和范围；（3）了解相关监管要求或报告要求；（4）分派足够的具有胜任能力的员工；（5）必要时利用专家的工作；（6）就执行业务的时间安排与客户达成一致意见；（7）遵守质量控制政策和程序，以合理保证仅承接能够胜任的业务。

提示 1-3-4

当利用专家的工作时，注册会计师应当考虑专家的声望、专长及其可获得的资源，以及适用的执业准则和职业道德规范等因素，以确定专家的工作结果是否值得依赖。注册会计师可以通过以前与专家的交往或向他人咨询获得相关信息。

提示 1-3-5

无论是接受客户关系，还是承接客户业务，都要评价是否会对遵循职业道德基本原则产生不利影响。接受客户关系是承接客户业务的先决条件，承接客户业务是接受客户关系的目的。不过，是否接受客户关系取决于客户是否诚信、正直；是否承接客户业务则取决于事务所的专业胜任能力。对不诚信、不正直的公司，不能接受其为客户。对于诚信、正直的客户，即使事务所具备专业胜任能力，也不一定就能承接其所有业务，如已经承接了客户的审计业务，就不能再承接为其代编财务报表的业务。

提示 1-3-6

质量控制，是指会计师事务所为确保审计质量符合审计准则的要求而制定和运用的控制政策与程序。

3. 客户变更委托

如果应客户要求或考虑以投标方式接替前任注册会计师，注册会计师应当从专业角度或其他方面确定应否承接该业务。如果注册会计师在了解所有相关情况前就承接业务，可能对专业胜任能力和应有的关注原则产生不利影响。注册会计师应当评价不利影响的严重程度。

由于客户变更委托的表面理由可能并未完全反映事实真相，根据业务性质，注册会计师可能需要与前任注册会计师直接沟通，核实与变更委托相关的事实和情况，以确定是否适宜承接该业务。

注册会计师应当在必要时采取防范措施，消除因客户变更委托产生的不利影响或将其降低至可接受的水平。防范措施主要包括：（1）当应邀投标时，在投标书中说明，在承接业务前需要与前任注册会计师沟通，以了解是否存在不应接受委托的理由；（2）要求前任注册会计师提供已知悉的相关事实或情况，即前任注册会计师认为，后任注册会计师在作出承接业务的决定前，需要了解的事实或情况；（3）从其他渠道获取必要的信息。如果采取的防范措施不能消除不利影响或将其降低至可接受的水平，注册会计师不得承接该业务。

注册会计师可能应客户要求在前任注册会计师工作的基础上提供进一步的服务。如果缺乏完整的信息，可能对专业胜任能力和应有的关注原则产生不利影响。注册会计师应当评价不利影响的严重程度，并在必要时采取防范措施消除不利影响或将其降低至可接受的水平。采取的防范措施主要包括将拟承担的工作告知前任注册会计师，提请其提供相关信息，以便恰当地完成该项工作。

前任注册会计师应当遵循保密原则。前任注册会计师是否可以或必须与后任注册会计师讨论客户的相关事务，取决于业务的性质、是否征得客户同意，以及法律法规或职业道德规范的有关要求。

注册会计师在与前任注册会计师沟通前，应当征得客户的同意，最好征得客户的书面同意。前任注册会计师在提供信息时，应当实事求是、清晰明了。如果不能与前任注册会计师沟通，注册会计师应当采取适当措施，通过询问第三方或调查客户的高级管理人员、治理层的背景等方式，获取有关对职业道德基本原则产生不利影响的信息。

> **做中学 1-3-12**
>
> （单选题）下列关于专业服务委托的说法中，不正确的是（　　　　）。
>
> A. 在接受客户关系前，注册会计师应当考虑客户的主要股东、关键管理人员和治理层是否诚信，以及客户是否涉足非法活动或存在可疑的财务报告问题等
>
> B. 注册会计师在承接前对专业胜任能力和应有的关注原则产生不利影响进行评价，并在必要时采取防范措施消除不利影响或将其降低至可接受的水平
>
> C. 如果应客户要求或考虑以投标方式接替前任注册会计师，注册会计师应当从专业角度或其他方面确定是否承接该业务
>
> D. 如果采取的防范措施不能消除不利影响或将其降低至可接受的水平，注册会计师需要考虑是否承接该业务
>
> 【答案】D

（二）利益冲突

注册会计师应当采取适当措施，识别可能产生利益冲突的情形。这些情形可能对职业道德基本原则产生不利影响。注册会计师与客户存在直接竞争关系，或与客户的主要竞争对手存在合资或类似关系，可能对客观和公正原则产生不利影响。注册会计师为两个以上客户（如蒙牛和伊利）提供服务，而这些客户之间存在利益冲突或者对某一事项或交易存在争议，可能对客观和公正原则或保密原则产生不利影响。

注册会计师应当评价利益冲突产生不利影响的严重程度，并在必要时采取防范措施消除不利影响或将其降低至可接受的水平。在接受或保持客户关系和具体业务前，如果与客户或第三方存在商业利益或关系，注册会计师应当评价其所产生不利影响的严重程度。

注册会计师应当根据可能产生利益冲突的具体情形，采取下列防范措施：（1）如果会计师事务所的商业利益或业务活动可能与客户存在利益冲突，注册会计师应当告知客户，并在征得其同意的情况下执行业务；（2）如果为存在利益冲突的两个以上客户服务（如蒙牛和伊利），注册会计师应当告知所有已知相关方，并在征得他们同意的情况下执行业务。如果客户不同意注册会计师为存在利益冲突的其他客户提供服务，注册会计师应当终止为其中一方或多方提供服务。

除采取上述防范措施外，注册会计师还应当采取下列一种或多种防范措施：（1）分派不同的项目组为相关客户提供服务；（2）实施必要的保密程序，防止未经授权接触信息，如对不同的项目组实施严格的隔离程序，做好数据文档的安全保密工作；（3）向项目组成员提供有关安全和保密问题的指引；（4）要求会计师事务所的合伙人和员工签订保密协议；（5）由

未参与执行相关业务的高级员工定期复核防范措施的执行情况。

如果利益冲突对注册会计师遵循职业道德基本原则产生不利影响，并且采取防范措施无法消除不利影响或将其降低至可接受的水平，注册会计师应当拒绝承接某一特定业务，或者解除一个或多个存在冲突的业务约定。

> ┃ 做中学 1-3-13 ┃
>
> （多选题）如果中和天成会计师事务所同时为存在利益冲突的奥科公司和东信公司提供服务，那么注册会计师应考虑采取的防范措施有（   ）。
>
> A. 委派不同的项目组
>
> B. 实施防止未经授权接触信息的程序
>
> C. 向项目组成员提供有关安全和保密问题的明确指引
>
> D. 由未参与客户业务的高级职员定期复核防范措施的运用情况
>
> 【答案】A B C D

（三）应客户的要求提供第二次意见

在某一客户运用会计准则对特定交易和事项进行处理，且已由前任注册会计师发表意见的情况下，如果注册会计师应客户的要求提供第二次意见，可能对职业道德基本原则产生不利影响。

如果第二次意见不是以前任注册会计师所获得的相同事实为基础，或依据的证据不充分，可能对专业胜任能力和应有的关注原则产生不利影响。不利影响存在与否及其严重程度，取决于业务的具体情况，以及为提供第二次意见所能获得的所有相关事实及证据。

如果被要求提供第二次意见，注册会计师应当评价不利影响的严重程度，并在必要时采取防范措施消除不利影响或将其降低至可接受的水平。防范措施主要包括：（1）征得客户同意与前任注册会计师沟通；（2）在与客户沟通中说明注册会计师发表专业意见的局限性；（3）向前任注册会计师提供第二次意见的副本。

> ┃ 提示 1-3-7 ┃
>
> 如果客户不允许与前任注册会计师沟通，注册会计师应当在考虑所有情况后决定是否适宜提供第二次意见。

> ┃ 做中学 1-3-14 ┃
>
> （单选题）如果注册会计师被要求提供第二次意见，应当评价不利影响的重要程度并在必要时采取防范措施消除不利影响或将其降低至可接受的水平。下列防范措施中不恰当的是（   ）。
>
> A. 征得被审计单位的同意后与前任注册会计师进行沟通
>
> B. 在与被审计单位的沟通函件中阐述注册会计师意见的局限性
>
> C. 向前任注册会计师提供第二次意见的副本
>
> D. 直接与前任注册会计师进行沟通，并向前任注册会计师提供第二次意见的副本
>
> 【答案】D

（四）收费

注册会计师审计是一项有偿的委托服务，会计师事务所在确定收费时应当主要考虑以下因素：（1）专业服务所需的知识和技能；（2）所需专业人员的水平和经验；（3）各级别专业人员提供服务所需的时间；（4）提供专业服务所需承担的责任。在专业服务得到良好的计划、监督及管理的前提下，收费通常以每一专业人员适当的小时收费标准或日收费标准为基础计算。

收费是否对职业道德基本原则产生不利影响，取决于收费报价水平和所提供的相应服务。注册会计师应当评价不利影响的严重程度，并在必要时采取防范措施消除不利影响或将其降低至可接受的水平。防范措施主要包括让客户了解业务约定条款，特别是确定收费的基础以及在收费报价内所能提供的服务、安排恰当的时间和具有胜任能力的员工执行任务。

在承接客户业务时，如果收费报价过低，可能导致难以按照执业准则和相关职业道德要求的规定执行业务，从而对专业胜任能力和应有的关注原则产生不利影响。如果收费报价明显低于前任注册会计师或其他会计师事务所的相应报价，会计师事务所应当确保在提供专业服务时，遵守执业准则和相关职业道德要求的规定，使工作质量不受损害并使客户了解专业服务的范围和收费基础。

或有收费，是指收费与否或收费多少取决于交易的结果或所执行工作的结果。或有收费可能对注册会计师遵循职业道德基本原则产生不利影响。不利影响存在与否及其严重程度取决于下列因素：（1）业务的性质；（2）可能的收费金额区间；（3）确定收费的基础；（4）是否由独立第三方复核交易和提供服务的结果。

除法律法规允许外，注册会计师不得以或有收费方式提供鉴证服务，收费与否或收费多少不得以鉴证工作结果或实现特定目的为条件。注册会计师应当评价或有收费产生不利影响的严重程度，并在必要时采取防范措施消除不利影响或将其降低至可接受的水平。防范措施主要包括：（1）预先就收费的基础与客户达成书面协议；（2）向预期的报告使用者披露注册会计师所执行的工作及收费的基础；（3）实施质量控制政策和程序；（4）由独立第三方复核注册会计师已执行的工作。

注册会计师收取与客户相关的介绍费或佣金，可能对客观和公正原则以及专业胜任能力和应有的关注原则产生非常严重的不利影响，导致没有防范措施能够消除不利影响或将其降低至可接受的水平。注册会计师不得收取与客户相关的介绍费或佣金。

注册会计师为获得客户而支付业务介绍费，可能对客观和公正原则以及专业胜任能力和应有的关注原则产生非常严重的不利影响，导致没有防范措施能够消除不利影响或将其降低至可接受的水平。注册会计师不得向客户或其他方支付业务介绍费。

做中学 1-3-15

（多选题）奥科公司与中和天成会计师事务所协商确定审计费用，中和天成会计师事务所收费时应当主要考虑的因素有（   ）。

A. 专业服务所需的知识和技能　　　　B. 所需专业人员的水平和经验

C. 各级别专业人员提供服务所需的时间　　D. 提供专业服务所需承担的责任

【答案】A B C D

（五）礼品和款待

如果客户向注册会计师（或其近亲属）赠送礼品或给予款待，将对遵循职业道德基本原则产生不利影响。注册会计师不得向客户索取、收受委托合同约定以外的酬金或其他财物，或者利用执行业务之便，谋取其他不正当的利益。

注册会计师应当评价接受款待产生不利影响的严重程度，并在必要时采取防范措施消除不利影响或将其降低至可接受的水平。如果款待超出业务活动中的正常往来，注册会计师应当拒绝接受。

做中学 1-3-16

（单选题）注册会计师接受客户的礼品或款待属于（　　）导致不利影响的情形。

A. 自我评价　　　　B. 密切关系　　　　C. 自身利益　　　　D. 外在压力

【答案】B

做中学 1-3-17

（单选题）下列行为不会对注册会计师遵循职业道德基本原则产生不利影响的是（　　）。

A. 接受客户赠送的一套房产

B. 夸大宣传会计师事务所提供的审计服务

C. 因法律诉讼向法庭提供审计工作底稿

D. 通过无根据的比较贬低其他注册会计师

【答案】C

职业道德概念框架运用的具体内容可归纳为表 1-3-1。

表 1-3-1　　　　　　　　　　　　　职业道德概念框架的运用

情　形	产生的不利影响	备　注
（一）专业服务委托		
接受客户关系时，客户存在的问题	对诚信原则或良好职业行为原则产生不利影响	
承接客户业务时，项目组不具备或不能获得执行业务所必需的胜任能力	对专业胜任能力和应有的关注原则产生不利影响	
客户变更委托时，注册会计师在了解所有相关情况前就承接业务	对专业胜任能力和应有的关注原则产生不利影响	
（二）利益冲突		
与客户存在直接竞争关系，或与客户的主要竞争对手存在合资或类似关系	对客观和公正原则产生不利影响	
为两个以上客户提供服务，这些客户之间存在利益冲突	对客观和公正原则或保密原则产生不利影响	
（三）应客户的要求提供第二次意见		
第二次意见不是以前任注册会计师获得的相同事实为基础，或依据的证据不充分	对专业胜任能力和应有的关注原则产生不利影响	
（四）收费		
在承接客户业务时，收费报价过低	对专业胜任能力和应有的关注原则产生不利影响	

续表

情　形	产生的不利影响	备　注
收取与客户相关的介绍费或佣金	对客观和公正原则以及专业胜任能力和应有的关注原则产生非常严重的不利影响	不可防范
为获得客户而支付业务介绍费	对客观和公正原则以及专业胜任能力和应有的关注原则产生非常严重的不利影响	不可防范
（五）礼品和款待		
客户向注册会计师（或其近亲属）赠送礼品或给予款待	对遵循职业道德基本原则产生不利影响	

 拓展阅读

【材料1】　　　　　审计项目组、合伙人、项目负责人

1. 审计项目组

审计项目组，是指会计师事务所为执行审计业务成立的项目组。会计师事务所有多个注册会计师，例如 A 和 B 都是会计师事务所成员，针对某审计客户而言，A 可能是审计项目组成员，B 可能不是审计项目组成员。

会计师事务所中能够直接影响审计业务结果的其他人员，也被视为审计项目组成员。会计师事务所中能够直接影响审计业务结果的其他人员通常包括：（1）对审计项目合伙人提出薪酬建议，以及进行直接指导、管理或监督的人员；（2）为执行审计业务提供技术或行业具体问题、交易或事项的咨询的人员；（3）对审计业务实施项目质量控制的人员，包括项目质量控制复核的人员。

2. 合伙人

（1）合伙人，是指在执行专业服务业务方面有权代表会计师事务所的个人，必须持有注册会计师证书，在会计师事务所执业。

（2）项目合伙人，是指会计师事务所中负责某项业务及其执行，并代表会计师事务所在业务报告上签字的合伙人。项目合伙人也是会计师事务所的股东之一。

在有限责任制会计师事务所里，项目合伙人是指主任会计师、副主任会计师或具有同等职位的高级管理人员。主任会计师是有限责任制会计师事务所的法定代表人，即所长。主任会计师对质量控制制度负责，对其制定及运行负责，但未必须亲自进行最终复核。

（3）关键审计合伙人，是指项目合伙人、实施项目质量控制复核的负责人，以及审计项目组中负责对财务报表审计所涉及的重大事项作出关键判断的其他审计合伙人。

（4）高级合伙人一般与审计项目无关，主要侧重于管理经营会计师事务所方面。

（5）其他合伙人还可能包括负责审计重要子公司或分支机构的项目合伙人。

3. 项目负责人

项目负责人，也称项目经理，是具体负责某一项目的注册会计师，不一定是合伙人，也属于签字注册会计师。主任会计师、副主任会计师、合伙人本身都必须具有注册会计师资格，他们也可以担任项目负责人。

【材料2】 董、高、特

1. 董事和独立董事

董事（简称"董"），是指由公司股东会选举产生的具有实际权力和权威的管理公司事务的人员，是公司内部治理的主要力量，对内管理公司事务，对外代表公司进行经济活动。占据董事职位的人可以是自然人，也可以是法人。但法人充当公司董事时，应指定一名有行为能力的自然人为代理人。

独立董事，是指独立于公司股东且不在公司内部任职，并与公司或公司经营管理者没有重要的业务或专业联系，并对公司事务作出独立判断的董事。

2. 高级管理人员

高级管理人员（简称"高"），是指公司的经理、副经理、财务负责人、上市公司董事会秘书和公司章程规定的其他人员。

3. 特定员工

特定员工（简称"特"），是指所处职位能够对客户会计记录或被审计财务报表的编制施加重大影响的员工。

 自我检测

一、单选题

1. 如果注册会计师依据执业准则出具了恰当的非标准审计报告，那么说明（　　　）。
    A. 该审计报告含有严重虚假或误导性陈述
    B. 其他信息中含有缺乏充分根据的陈述或信息
    C. 该审计报告是值得信赖的
    D. 该审计报告存在遗漏或含糊其辞的信息

2. 下列关于职业道德的说法中，正确的是（　　　）。
    A. 会计师事务所收费报价的高与低，一定不会对专业胜任能力和应有的关注产生不利影响
    B. 会计师事务所的高级管理人员可以担任审计客户的独立董事
    C. 注册会计师至少应口头承诺对在执行业务过程中知悉的客户信息保密
    D. 注册会计师在提供专业服务时，不应比较贬低其他会计师事务所

3. 注册会计师职业道德基本原则若干方面，其中（　　　）原则要求注册会计师在向公众传递信息时应当客观、真实、得体，不得损害职业形象。
    A. 诚信　　　　　　　　　　　　　B. 良好职业行为
    C. 专业胜任能力和应有的关注　　　D. 客观和公正

4. 关于保密原则的说法中，不正确的是（　　　）。
    A. 会员应当警惕向其近亲属或关系密切的人员无意泄密的可能性
    B. 变更工作时，会员可以利用以前的经验
    C. 在终止与客户的关系后，会员不再需要对所获知的信息保密
    D. 会员不得利用因职业关系和商业关系而所获知的涉密信息为第三方谋取利益

5. 下列情形中，会因过度推介对注册会计师执行业务产生不利影响的是（　　）。

　　A. 会计师事务所的收入过分依赖某一客户

　　B. 会计师事务所为鉴证客户提供的其他服务，直接影响鉴证业务中的鉴证对象信息

　　C. 在针对客户诉讼中为客户承担辩护

　　D. 客户的财务总监最近曾是会计师事务所的合伙人

6. 以下针对职业道德概念框架的解释，不正确的是（　　）。

　　A. 它是解决职业道德问题的思路和方法

　　B. 职业道德概念框架仅适用于注册会计师处理对独立性原则产生不利影响的各种情形

　　C. 在具体运用时，需要注册会计师的大量职业判断

　　D. 在评价不利影响的严重程度时，应当从性质和数量两个方面予以考虑

7. 下列说法中错误的是（　　）。

　　A. 承接客户业务时，项目组不具备或不能获得执行业务所必需的胜任能力，可能对专业胜任能力和应有的关注原则产生不利影响

　　B. 客户变更委托时，注册会计师在了解所有相关情况前就承接业务，可能对独立性、客观和公正原则产生不利影响

　　C. 注册会计师为两个以上客户提供服务，这些客户之间存在利益冲突，可能对客观和公正原则或保密原则产生不利影响

　　D. 会计师事务所收取与客户相关的介绍费或佣金，对客观和公正原则以及专业胜任能力和应有的关注原则产生非常严重的不利影响，导致没有防范措施能够消除不利影响或将其降低至可接受的水平

8. 下列关于专业服务收费的说法中，不恰当的是（　　）。

　　A. 在专业服务的谈判中，注册会计师可以以其认为适当的收费报价

　　B. 如果注册会计师报价过低，可能导致难以按照适用的执业准则和相关职业道德要求执行业务，将会对专业胜任能力和应有的关注产生不利影响

　　C. 如果注册会计师收取与客户相关的介绍费或佣金，将对客观性、专业胜任能力和应有的关注产生非常严重的不利影响

　　D. 如果注册会计师为获得某一新客户而支付数额较小的介绍费，对职业道德基本原则的遵循没有不利影响

9. 下列描述中，正确的是（　　）。

　　A. 注册会计师只要在审计过程中保持了公正无偏的态度，在作出专业判断和发表审计意见时不依赖和屈从于外界的压力和影响，没有主观偏袒任何一方当事人，即可被认为恰当地遵守了独立性原则

　　B. 会计师事务所推介审计客户的股份将产生外在压力的不利影响

　　C. 前任注册会计师在与现任注册会计师讨论客户事项前应当征得客户的书面同意

　　D. 会计师事务所的商业利益或活动与客户存在利益冲突，注册会计师应该拒绝接受委托或解除业务约定

10. 下列说法中正确的是（　　）。

　　A. 注册会计师在执业过程中，需要保持实质上的独立性，形式上的独立性并不一定需要保持

B. 注册会计师可以采用对其能力进行广告宣传的方式承揽业务

C. 会计师事务所绝对不得以或有收费的形式为客户提供鉴证服务

D. 在审计过程中，注册会计师应当保持职业怀疑态度，运用专业知识、技能和经验，获取和评价审计证据

二、多选题

1. 审计项目组应当采取（　　　）防范措施，以应对其缺乏专业胜任能力和应有关注的不利影响。

A. 了解客户的业务性质、经营的复杂程度，以及所在行业的情况

B. 了解相关监管要求或报告要求

C. 就执行业务的时间安排与客户达成一致意见

D. 利用专家的工作

2. 注册会计师在审计上市公司财务报表时，违反了保密原则的有（　　　）。

A. 未经公司授权将该公司债务担保的重要变化提供给会计师事务所

B. 未经公司授权向法庭提供审计工作底稿证实自己已遵循职业准则

C. 未经公司授权将其拟收购另一公司的收购方案提供给客户的一主要竞争对手

D. 未经公司授权向媒体披露其所获知的该公司偷税漏税的行为

3. 下列情形中，会产生外在压力不利影响的有（　　　）。

A. 会计师事务所受到客户解除业务关系的威胁

B. 注册会计师接受客户的贵重礼品

C. 注册会计师被事务所合伙人告知，除非同意审计客户的不恰当会计处理，否则将不被提升

D. 会计师事务所受到因降低收费而不恰当缩小工作范围的压力

4. 在接受某一新客户前，注册会计师应当确定接受该客户关系是否对职业道德基本原则的遵循产生不利影响，此时注册会计师应当采取的防范措施有（　　　）。

A. 分派足够的具有专业胜任能力的员工

B. 获取客户对改进公司治理或内部控制的承诺

C. 了解相关行业和业务对象

D. 对客户及其所有者、管理层、负责公司治理或业务活动的部门进行了解

5. 会计师事务所在确定年报审计业务收费时，通常以（　　　）为计算基础。

A. 审定的营业收入总额的合理比例　　　　B. 注册会计师适当的小时收费标准

C. 错报总额的适当比例　　　　　　　　　D. 注册会计师每日收费标准

三、案例题

案例一

【材料】中和天成会计师事务所承接奥科公司 2012 年度财务报表审计业务，假定存在以下情况。

（1）事务所以明显低于前任事务所的审计收费承接了业务，并且通过与前任事务所和当

地相同规模的其他会计师事务所进行比较，向奥科公司保证，在审计中能够遵循执业准则，审计质量不会因降低收费而受到影响。

（2）在签订审计业务约定书后，事务所的注册会计师葛云鹏受聘担任了奥科公司的独立董事。按照原定审计计划，葛云鹏为该审计项目的负责人。为保持独立性，事务所在执行该审计业务前，将葛云鹏调离审计小组。

（3）奥科公司因为产品质量问题与新城公司发生经济纠纷，项目组成员吴丽华担任奥科公司的辩护人。

（4）注册会计师李泽方被主任会计师高志宏告知，当与客户意见不一致的时候要谨慎处理，否则将得不到加薪的机会。

【要求】请就上述四种情况判断是否对注册会计师遵循职业道德基本原则产生不利影响，如果产生不利影响，属于何种类型，并简要说明理由。

案例二

【材料】东信公司是中和天成会计师事务所的常年审计客户。2013 年 3 月 12 日，事务所出具了东信公司 2012 年度审计报告。在审计过程中，事务所遇到下列与职业道德相关的事项。

（1）注册会计师葛云鹏担任东信公司 2012 年度财务报表审计项目合伙人，在得知东信公司拟收购北海公司的计划后，成功推荐事务所为该收购项目提供尽职调查服务。葛云鹏因此在年度业绩考核中获得了加分和奖金。

（2）在一次聚会上，葛云鹏与其好友齐海华讨论了东信公司收购北海公司计划的可行性。1 个月后，东信公司公告了该收购计划。

（3）审计项目组成员王云芳的丈夫在东信公司担任财务总监。

（4）审计项目组成员刘丽娜曾在东信公司人力资源部负责员工培训工作，于 2011 年 3 月离开东信公司，加入中和天成会计师事务所。

（5）2012 年 8 月 25 日，事务所接受东信公司委托，提供内部控制设计服务。

【要求】针对上述五个事项，逐项指出事务所及审计项目组成员是否违反职业道德基本原则，并简要说明理由。

模块四 审计业务对独立性的要求

 案例导入

2013 年 1 月 3 日，中和天成会计师事务所奥科公司审计项目组再次召集会议，项目合伙人冯天海主持会议，注册会计师李泽方、王晓慧、周国强等人出席会议，李英祥作为审计助理列席了会议。因为奥科公司审计业务工作量较大，这次会议主要是确定注册会计师周国强能否加入审计项目组，因为周国强的叔叔是奥科公司的总经理。冯天海认为周国强可以参加审计项目组，因为叔叔只是旁系亲属，并不能算近亲属；而注册会计师李泽方则认为周国强不可以参加审计项目组，因为周国强和其叔叔关系密切，对独立性有不利影响。为此，李英祥产生疑问：什么是审计独立性？审计项目组成员不能和审计客户的管理人员存在家庭关系吗？什么情形会影响审计独立性？注册会计师王晓慧建议李英祥翻看一下《中国注册会计师职业道德守则第4号——审计和审阅业务对独立性的要求》。

 相关知识

一、独立性概念框架

（一）独立性的内涵

独立性包括实质上的独立性和形式上的独立性。

1. 实质上的独立性

实质上的独立性，是一种内心状态，使得注册会计师在提出结论时不受损害职业判断的因素影响，诚信行事，遵循客观和公正原则，保持职业怀疑态度。

2. 形式上的独立性

形式上的独立性，是一种外在表现，使得一个理性且掌握充分信息的第三方，在权衡所有相关事实和情况后，认为会计师事务所或审计项目组成员没有损害诚信原则、客观和公正原则或职业怀疑态度。

> **做中学 1-4-1**
>
> （单选题）以下关于独立性的说法错误的是（   ）。
>
> A. 实质上的独立性是一种内心状态
>
> B. 形式上的独立性使得一个理性且掌握充分信息的第三方完全信任注册会计师
>
> C. 在执行审计业务时只需要保持形式上的独立即可
>
> D. 对客观原则的遵循要求审计项目组成员、会计师事务所与审计客户保持独立
>
> 【答案】C

（二）独立性概念框架的内涵

独立性概念框架，是指解决独立性问题的思路和方法，用以指导注册会计师：（1）识别对独立性的不利影响；（2）评价不利影响的严重程度；（3）必要时采取防范措施消除不利影响或将其降低至可接受的水平。

在运用独立性概念框架时，注册会计师应当运用职业判断。如果无法采取适当的防范措施消除不利影响或将其降低至可接受的水平，注册会计师应当消除产生不利影响的情形，或者拒绝接受审计业务委托或终止审计业务。如图1-4-1所示。

在确定是否接受或保持某项业务，或者某一特定人员能否作为审计项目组成员时，会计师事务所应当识别和评价各种对独立性的不利影响。如果不利影响超出可接受的水平，在确定是否接受某项业务或某一特定人员能否作为审计项目组成员时，会计师事务所应当确定能否采取防范措施以消除不利影响或将其降低至可接受的水平。

在确定是否保持某项业务时，会计师事务所应当确定现有的防范措施是否仍然有效；如果无效，是否需要采取其他防范措施或者终止业务。在执行业务过程中，如果注意到对独立性产生不利影响的新情况，会计师事务所应当运用独立性概念框架评价不利影响的严重程度。

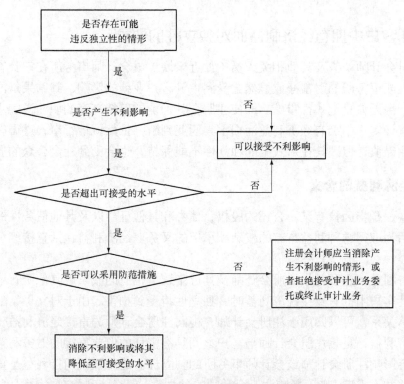

图 1-4-1 独立性概念框架的工作思路

二、注册会计师保持独立性的期间

业务期间是指审计业务期间，也可以叫作审计期间。业务期间自审计项目组开始执行审计业务之日起，至出具审计报告之日止。如果审计业务具有连续性，业务期间结束日应以其中一方通知解除业务关系或出具最终审计报告两者时间孰晚为准。注册会计师应当在业务期间和财务报表涵盖的期间（会计期间）独立于审计客户。

提示 1-4-1

会计期间与审计期间构成了会计师事务所和注册会计师与审计客户（被审计单位）保持独立性的期间，即会计期间+审计期间=注册会计师保持独立性的期间。

做中学 1-4-2

（单选题）中和天成会计师事务所于 2012 年 12 月 28 日开始接受委托，承接奥科公司 2012 年财务报表审计业务，当日在审计业务约定书中双方达成一致条款，约定审计报告出具时间是 2013 年 3 月 7 日。事务所于 2013 年 3 月 10 日提交了审计报告，则下列审计业务期间的起点至终点的时间节点恰当的是（   ），事务所应保持独立性的期间是（   ）。

A. 2012 年 1 月 1 日至 2013 年 3 月 7 日

B. 2012 年 12 月 28 日至 2013 年 3 月 7 日

C. 2012 年 1 月 1 日至 2013 年 3 月 10 日

D. 2012 年 12 月 28 日至 2013 年 3 月 10 日

【答案】D   C

三、在审计客户中拥有经济利益时对独立性的要求

如果注册会计师个人及其他相关人员（如近亲属）或会计师事务所在审计客户中拥有经济利益，个人或事务所的财富净值显然会受到审计客户业绩的影响，其结果是注册会计师很难能够客观、毫无偏见地执行审计。即使注册会计师能够保持高度的职业道德水平以及在实质上未因在审计客户中拥有经济利益而损害其职业判断，依然诚信行事，遵循客观和公正原则，保持职业谨慎，但因其在形式上的独立性不能保持，也会受到社会公众的质疑。

（一）经济利益的含义

经济利益，是指因持有某一公司的股权、债券和其他证券以及其他债务性的工具而拥有的利益，包括为取得这种利益享有的权利和承担的义务。经济利益包括直接经济利益和间接经济利益。

直接经济利益，主要是指注册会计师及其近亲属所拥有的股票或其他所有者权益。注册会计师在审计客户中拥有直接经济利益时，独立性将受到损害。由于对父母、配偶、子女的利益存在继承关系，可以归属于注册会计师，视同注册会计师的直接经济利益。

间接经济利益，是指注册会计师与客户之间具有密切的但非直接的财务利益关系，重大的间接利益会影响注册会计师或会计师事务所的独立性。此处强调间接利益是重大的，如果间接经济利益并不重要，则不影响注册会计师的独立性。但经济利益在多大程度上属于重大，现在尚无具体标准，实务上需要根据具体情况界定。

在审计客户中拥有经济利益，可能因自身利益导致不利影响。不利影响存在与否及其严重程度取决于下列因素：（1）拥有经济利益人员的角色；（2）经济利益是直接的还是间接的；（3）经济利益的重要性。

（二）对独立性产生不利影响的情形

1. 会计师事务所、审计项目组成员或其主要近亲属在审计客户中拥有直接经济利益或重大间接经济利益

如果会计师事务所、审计项目组成员或其主要近亲属在审计客户中拥有直接经济利益或重大间接经济利益，将因自身利益产生非常严重的不利影响，导致没有防范措施能够将其降低至可接受的水平。因此，会计师事务所、审计项目组成员或其主要近亲属不得在审计客户中拥有直接经济利益或重大间接经济利益。

2. 审计项目组某一成员的其他近亲属在审计客户中拥有直接经济利益或重大间接经济利益

如果审计项目组某一成员的其他近亲属在审计客户中拥有直接经济利益或重大间接经济利益，将因自身利益产生非常严重的不利影响。

不利影响的严重程度主要取决于下列因素：（1）审计项目组成员与其他近亲属之间的关系；（2）经济利益对其他近亲属的重要性。

会计师事务所应当评价不利影响的严重程度，并在必要时采取防范措施消除不利影响或将其降低至可接受的水平。

　　防范措施主要包括：（1）其他近亲属尽快处置全部经济利益，或处置全部直接经济利益并处置足够数量的间接经济利益，以使剩余经济利益不再重大；（2）由审计项目组以外的注册会计师复核该成员已执行的工作；（3）将该成员调离审计项目组。

　　▌做中学 1-4-3 ▌

　　（单选题）审计项目组成员王健林，拥有奥科公司价值 600 万元的债券，针对独立性的影响，可采取的防范措施有（　　）。

　　A. 将王健林调离审计项目组

　　B. 由项目组之外的其他注册会计师复核王健林所执行的工作

　　C. 没有任何防范措施可以将这种不利影响降低至可接受的水平

　　D. 王健林拥有的经济利益不重大，可不采取防范措施

　　【答案】C

　　3. 会计师事务所、合伙人或其主要近亲属、员工或其主要近亲属从审计客户处获得直接经济利益或重大间接经济利益

　　如果会计师事务所、合伙人或其主要近亲属、员工或其主要近亲属，从审计客户获得直接经济利益或重大间接经济利益（如通过继承、馈赠或因合并而获得经济利益），而根据规定不允许拥有此类经济利益，则应当采取下列措施：（1）如果会计师事务所获得经济利益，应当立即处置全部经济利益，或处置全部直接经济利益并处置足够数量的间接经济利益，以使剩余经济利益不再重大；（2）如果审计项目组成员或其主要近亲属获得经济利益，应当立即处置全部经济利益，或处置全部直接经济利益并处置足够数量的间接经济利益，以使剩余经济利益不再重大；（3）如果审计项目组以外的人员或其主要近亲属获得经济利益，应当在合理期限内尽快处置全部经济利益，或处置全部直接经济利益并处置足够数量的间接经济利益，以使剩余经济利益不再重大。在完成处置该经济利益前，会计师事务所应当确定是否需要采取防范措施。

四、与审计客户或其高级管理人员存在商业关系时对独立性的要求

（一）商业关系的含义

　　会计师事务所、审计项目组成员或其主要近亲属与审计客户或其高级管理人员之间，由于商务关系或共同的经济利益而存在密切的商业关系，可能因自身利益或外在压力产生严重的不利影响。这些商业关系主要包括：（1）在与客户或其控股股东、董事、高级管理人员共同开办的企业中拥有经济利益；（2）按照协议，将会计师事务所的产品或服务与客户的产品或服务结合在一起，并以双方名义捆绑销售；（3）按照协议，会计师事务所销售或推广客户的产品或服务，或者客户销售或推广会计师事务所的产品或服务。

　　▌做中学 1-4-4 ▌

　　（多选题）2013 年 2 月，中和天成会计师事务所与奥科公司协商，将事务所的服务与奥科公司的计算机软件以双方名义进行捆绑销售，这种商业关系可能因（　　）产生不利影响。

　　A. 自身利益　　　B. 外在压力　　　C. 自我评价　　　D. 密切关系

　　【答案】A　B

（二）对独立性产生不利影响的情形

会计师事务所不得介入此类商业关系；如果存在此类商业关系，应当予以终止。如果此类商业关系涉及审计项目组成员，会计师事务所应当将该成员调离审计项目组。如果审计项目组成员的主要近亲属与审计客户或其高级管理人员存在此类商业关系，注册会计师应当评价不利影响的严重程度，并在必要时采取防范措施消除不利影响或将其降低至可接受的水平。

会计师事务所、审计项目组成员或其主要近亲属从审计客户处购买商品或服务，如果按照正常的商业程序公平交易，通常不会对独立性产生不利影响。如果交易性质特殊或金额较大，可能因自身利益产生不利影响。会计师事务所应当评价不利影响的严重程度，并在必要时采取防范措施消除不利影响或将其降低至可接受的水平。防范措施主要包括：（1）取消交易或降低交易规模；（2）将相关审计项目组成员调离审计项目组。

▌做中学 1-4-5 ▌

（单选题）中和天成会计师事务所从奥科公司购买其公开对外发售的商业写字楼作为新开设的事务所分部办公室。以下情形中，会对独立性产生影响的有（　　）。

A. 事务所购买写字楼的商业条款和条件与其他顾客购买同样写字楼的条款和条件类似

B. 事务所从奥科公司购买的写字楼占事务所资产总额的1%

C. 事务所从奥科公司购买的写字楼占事务所资产总额的5%

D. 奥科公司向事务所出售的该写字楼占其当年销售额的30%（数额重大）

【答案】D

五、与"董、高、特"存在家庭和私人关系时对独立性的要求

如果审计项目组成员与审计客户的董事、高级管理人员、特定员工存在家庭和私人关系，可能因自身利益、密切关系或外在压力产生不利影响。不利影响存在与否及其严重程度取决于多种因素，包括该成员在审计项目组的角色、其家庭成员或相关人员在客户中的职位以及关系的密切程度等。

如果审计项目组成员的主要近亲属是审计客户的董事、高级管理人员或特定员工，或者在业务期间或财务报表涵盖的期间曾担任上述职务，只有把该成员调离审计项目组，才能将对独立性的不利影响降低至可接受的水平。

▌做中学 1-4-6 ▌

（多选题）中和天成会计师事务所承接了奥科公司2012年度财务报表审计业务，审计项目组成员齐凯翔与奥科公司出纳马海涛是大学同学（关系友好），则（　　）。

A. 将齐凯翔调离审计项目组，可以消除不利影响或将其降低至可接受的水平

B. 此时将对独立性产生重大不利影响，事务所应当拒绝承接该业务

C. 合理安排齐凯翔的职责，使该成员不处理与其奥科公司出纳职责范围内的事项，可以消除不利影响或将其降低至可接受的水平

D. 这种情况下并不会对独立性产生影响

【答案】A　C

六、为审计客户提供非鉴证服务时对独立性的要求

随着企业经济活动的国际化和多元化，会计师事务所向客户提供非鉴证服务迅速发展为一种世界趋势。会计师事务所向审计客户提供非鉴证服务，可能对独立性产生不利影响，包括因自我评价、自身利益和过度推介等产生的不利影响。非鉴证服务包括管理层职责、编制会计记录和财务报表、法律服务、招聘服务等。

（一）承担管理层职责

会计师事务所应当根据具体情况确定某项活动是否属于管理层职责。下列活动通常被视为管理层职责：（1）制定政策和战略方针；（2）指导员工的行动并对其行动负责；（3）对交易进行授权；（4）确定采纳会计师事务所或其他第三方提出的建议；（5）负责按照适用的会计准则编制财务报表；（6）负责设计、实施和维护内部控制。

会计师事务所承担审计客户的管理层职责，将对自我评价、自身利益和密切关系产生非常严重的不利影响，导致没有防范措施能够将其降低至可接受的水平。会计师事务所不得承担审计客户的管理层职责。

▌做中学 1-4-7 ▐

（多选题）如果由注册会计师承接下列（　　　　）业务，则可能表明注册会计师承担了审计客户的管理层职责。

A. 编制以电子形式存在的、用以证明交易发生的原始凭证

B. 为编制财务报表选择恰当的会计政策

C. 更改会计分录

D. 为编制财务报表作出会计估计

【答案】A B C D

（二）编制会计记录和财务报表

编制财务报表是管理层的责任，会计师事务所向审计客户提供编制会计记录或财务报表等服务，随后又审计该财务报表，将因自我评价产生不利影响。

（三）法律服务

法律服务，是指为客户提供商业性的法律服务，如为起草合同、诉讼、并购提供法律意见和支持，以及向客户内部的法律部门提供帮助。会计师事务所向审计客户提供法律服务，可能因自我评价和过度推介产生不利影响。

（四）招聘服务

会计师事务所为审计客户提供人员招聘服务，可能因自身利益、密切关系或外在压力产生不利影响。会计师事务所应当评价不利影响的严重程度，并在必要时采取防范措施消除不利影响或将其降低至可接受的水平。任何情况下，会计师事务所都不得承担管理层职责，聘用决策应当由客户负责作出。

会计师事务所通常可以提供下列服务：（1）审查申请者的专业资格；（2）对申请者是否适合相关职位提出咨询意见；（3）对候选人进行面试；（4）对候选人在财务会计、行政管理或内部控制等职位上的胜任能力提出咨询意见。

如果属于上市公司的审计客户拟招聘"董、高、特"，会计师事务所不得提供下列招聘服务：（1）寻找候选人，或从候选人中挑选出适合相应职位的人员；（2）对可能录用的候选人的证明文件进行核查。

七、与审计客户发生雇佣关系时对独立性的影响

（一）审计项目组成员加入审计客户

如果审计客户的董事、高级管理人员或特定员工，曾经是审计项目组的成员或会计师事务所的合伙人，可能因密切关系或外在压力产生不利影响。

（1）审计项目组前任成员或前任合伙人担任审计客户的重要职位且与会计师事务所保持重要联系，将产生非常严重的不利影响，导致没有防范措施能够将其降低至可接受的水平。

（2）前任合伙人加入的上市公司成为审计客户，会计师事务所应当评价对独立性不利影响的严重程度，并在必要时采取防范措施消除不利影响或将其降低至可接受的水平。

（3）审计项目组某一成员拟加入审计客户，将因自身利益产生不利影响。会计师事务所应当制定政策和程序，要求审计项目组成员在与审计客户协商受雇于该客户时，向会计师事务所报告。防范措施主要包括：①将该成员调离审计项目组；②由审计项目组以外的注册会计师复核该成员在审计项目组中作出的重大判断。

（二）向审计客户临时借出员工

如果会计师事务所向审计客户借出员工，可能因自我评价产生不利影响。会计师事务所只能短期向客户借出员工，并且借出的员工不得为审计客户提供禁止提供的非鉴证服务，也不得承担审计客户的管理层职责。

防范措施主要包括：（1）对借出员工的工作进行额外复核；（2）合理安排审计项目组成员的职责，使借出员工不对其在借出期间执行的工作进行审计；（3）不安排借出员工作为审计项目组成员。

（三）审计项目组成员最近曾任审计客户的"董、高、特"

如果审计项目组成员最近曾担任审计客户的董事、高级管理人员或特定员工，可能因自身利益、自我评价或密切关系产生不利影响。

如果在被审计财务报表涵盖的期间，审计项目组成员曾担任审计客户的董事、高级管理人员或特定员工，将产生非常严重的不利影响，导致没有防范措施能够将其降低至可接受的水平。会计师事务所不得将此类人员分派到审计项目组。

如果在被审计财务报表涵盖的期间之前，审计项目组成员曾担任审计客户的董事、高级管理人员或特定员工，可能因自身利益、自我评价或密切关系产生不利影响。不利影响存在与否及其严重程度主要取决于下列因素：（1）该成员在客户中曾担任的职务；（2）该成员离开客户的时间长短；（3）该成员在审计项目组中的角色。会计师事务所应当评价不利影响的

严重程度,并在必要时采取防范措施将其降低至可接受的水平。防范措施包括复核该成员已执行的工作等。

(四)兼任审计客户的董事或高级管理人员

如果会计师事务所的合伙人或员工兼任审计客户的董事或高级管理人员,将因自我评价和自身利益产生非常严重的不利影响,导致没有防范措施能够将其降低至可接受的水平。会计师事务所的合伙人或员工不得兼任审计客户的董事或高级管理人员。

做中学 1-4-8

(单选题)如果中和天成会计师事务所的主任会计师高志宏兼任审计客户的独立董事,则( )。

A. 可以采取适当的防范措施将对独立性的不利影响降低至可接受的水平

B. 可以承接业务

C. 没有防范措施能够将其降低至可接受的水平

D. 可以请项目组以外的成员复核其工作

【答案】C

八、与审计客户长期存在业务关系时对独立性的要求

审计客户是上市公司的情况下,执行其审计业务的关键审计合伙人任职时间不得超过五年。在任期结束后的两年内,该关键审计合伙人不得再次成为该客户的审计项目组成员或关键审计合伙人。在此期间内,该关键审计合伙人也不得有下列行为:(1)参与该客户的审计业务;(2)为该客户的审计业务实施质量控制复核;(3)就有关技术或行业特定问题、交易或事项向项目组或该客户提供咨询;(4)以其他方式直接影响业务结果。

在极其特殊的情况下,会计师事务所可能因无法预见和控制的情形而不能按时轮换关键审计合伙人。如果关键审计合伙人的连任对审计质量特别重要,并且通过采取防范措施能够消除对独立性产生的不利影响或将其降低至可接受的水平,则在法律法规允许的情况下,该关键审计合伙人在审计项目组的时限可以延长一年。

做中学 1-4-9

(单选题)2012 年 12 月 28 日,奥科公司聘请中和天成会计师事务所审计其 2012 年度财务报表,并与事务所签订了七年的年度财务报表审计业务,冯天海是该审计项目的关键审计合伙人,在不存在其他方面因素影响独立性的情况下,冯天海能够审计奥科公司的财务报表最长至( )年。

A. 2016   B. 2017   C. 2018   D. 2019

【答案】B

九、确定审计收费时对独立性的要求

(一)逾期收费

如果审计客户长期未支付应付的审计费用,尤其是相当部分的审计费用在出具下一年度

审计报告前仍未支付，可能因自身利益产生不利影响。

会计师事务所通常要求审计客户在审计报告出具前付清上一年度的审计费用。如果在审计报告出具后审计客户仍未支付该费用，会计师事务所应当评价不利影响存在与否及其严重程度，并在必要时采取防范措施消除不利影响或将其降低至可接受的水平。可采取的防范措施包括由未参与执行审计业务的注册会计师提供建议，或复核已执行的工作等。

做中学 1-4-10

（多选题）奥科公司是中和天成会计师事务所常年审计客户，事务所继续接受委托审计其 2013 年度财务报表，在完成审计工作时，奥科公司所欠 2012 年度审计费用仍未支付，此时（　　　）。

A. 事务所应当要求奥科公司在 2013 年度审计报告出具前付清 2012 年度的审计费用

B. 如果在 2013 年度审计报告出具后审计客户仍未支付 2012 年度审计费用，会计师事务所应当评价不利影响存在与否及其严重程度，并在必要时采取防范措施消除不利影响或将其降低至可接受的水平

C. 不会对独立性产生不利影响

D. 奥科公司在出具 2013 年度审计报告之前仍未支付，可能因自身利益产生不利影响

【答案】A B D

（二）或有收费

会计师事务所在提供审计服务时，以直接或间接形式取得或有收费，将因自身利益产生非常严重的不利影响，导致没有防范措施能够将其降低至可接受的水平。会计师事务所不得采用这种收费安排。

在向审计客户提供非鉴证服务时，如果会计师事务所采用其他形式的或有收费安排，不利影响存在与否及其严重程度主要取决于下列因素：（1）可能的收费金额区间；（2）是否由适当的权威方确定有关事项的结果，并且该结果作为或有收费的基础；（3）非鉴证服务的性质；（4）事项或交易对财务报表的影响。

会计师事务所应当评价不利影响的严重程度，并在必要时采取防范措施消除不利影响或将其降低至可接受的水平。防范措施主要包括：（1）由审计项目组以外的注册会计师复核相关审计工作，或在必要时提供建议；（2）由审计项目组以外的专业人员提供非鉴证服务。

做中学 1-4-11

（单选题）下列描述中，属于或有收费的是（　　　）。

A. 以未审财务报表总资产为基准确定收费

B. 可以根据审计项目组成员审计过程中预计花费的审计时间为基础确定收费金额

C. 在确定收费时考虑专业服务所需的知识和技能

D. 以最终审计客户是否能够依据已审财务报表取得贷款为基础，确定收取的费用

【答案】D

独立性概念框架的运用如表 1-4-1 所示。

表 1-4-1　　　　　　　　　　　　　　独立性概念框架的运用

情　　形		可能对独立性产生不利影响的因素	备注
1. 在审计客户中拥有经济利益时	（1）会计师事务所、审计项目组成员或其主要近亲属在审计客户中拥有直接经济利益或重大间接经济利益	自身利益	不可防范
	（2）审计项目组某一成员的其他近亲属在审计客户中拥有直接经济利益或重大间接经济利益	自身利益	
2. 会计师事务所、审计项目组成员或其主要近亲属与审计客户或其高级管理人员存在商业关系时		自身利益或外在压力	
3. 审计项目组成员与审计客户的董事、高级管理人员、特定员工存在家庭和私人关系时		自身利益、密切关系或外在压力	
4. 为审计客户提供非鉴证服务时	（1）会计师事务所向审计客户提供编制会计记录或财务报表等服务，随后又审计该财务报表	自我评价	
	（2）会计师事务所向审计客户提供法律服务	自我评价和过度推介	
	（3）会计师事务所为审计客户提供人员招聘服务	自身利益、密切关系或外在压力	
5. 与审计客户发生雇佣关系时	（1）审计项目组前任成员或前任合伙人担任审计客户的重要职位且与会计师事务所保持重要联系	密切关系或外在压力	不可防范
	（2）审计项目组某一成员拟加入审计客户	自身利益	
	（3）会计师事务所向审计客户借出员工	自我评价	
	（4）在被审计财务报表涵盖的期间，审计项目组成员曾担任审计客户的"董、高、特"	自身利益、自我评价或密切关系	不可防范
	（5）在被审计财务报表涵盖的期间之前，审计项目组成员曾担任审计客户的"董、高、特"	自身利益、自我评价或密切关系	
	（6）会计师事务所的合伙人或员工兼任审计客户的董事或高级管理人员	自我评价和自身利益	不可防范
	（7）会计师事务所承担审计客户的管理层职责	自我评价、自身利益和密切关系	不可防范
6. 确定审计收费时	（1）审计客户长期未支付应付的审计费用，尤其相当部分的审计费用在出具下一年度审计报告前仍未支付	自身利益	
	（2）会计师事务所在提供审计服务时，以直接或间接形式取得或有收费	自身利益	不可防范

 拓展阅读

【材料】　　　　　　　　　　　　　管理层和治理层

1. 管理层

管理层，是指对被审计单位经营活动的执行负有管理责任的人员或组织。管理层负责编制财务报表，并受到治理层的监督。最具有代表性的管理层职务是经理、副经理，以及相当于副经理职位的财务总监、总会计师等其他高级管理人员。管理层在治理层的监督下，对编制财务报表负有直接责任。

2. 治理层

治理层，是指对公司的战略方向以及管理层履行经营管理责任负有监督责任的人员或组织。治理层有责任监督管理层编制财务报告的过程。对于股份有限公司而言，其治理层一般为董事会、监事会。董事会一般设有若干专门委员会，其中审计委员会的职责中通常包括与注册会计师的沟通。

在许多情况下，治理层成员参与管理层的工作。与注册会计师审计联系最为密切的是管理层、治理层对财务报表的责任。

 自我检测

一、单选题

1. 李泽方是一名执业的注册会计师，则下列人员不属于李泽方的主要近亲属的是（　　）。

    A. 妻子　　　　　　B. 父亲　　　　　　C. 弟弟　　　　　　D. 儿子

2. 在以下所列示的各种情形中，导致相关的注册会计师不能加入奥科公司 2012 年度财务报表审计项目组的是（　　）。

    A. 注册会计师任晓梅的弟弟持有奥科公司 20 万元的债券，在任晓梅加入奥科公司审计项目组前，任晓梅的弟弟将债券全部处置掉了

    B. 注册会计师张泽城的母亲 3 年前从奥科公司按市场利率借入 5 万元购房，此笔款项已到期

    C. 注册会计师王春红于 2012 年 3—4 月份曾任奥科公司财务总监，后因工作职业规划跳入中和天成会计师事务所

    D. 注册会计师丁晓东的哥哥自 2013 年 1 月起担任奥科公司总经理的行政秘书

3. 中和天成会计师事务所于 2012 年 8 月 1 日开始接受委托，承接东星公司 2012 年度财务报表审计业务，在审计业务约定书中双方达成一致条款，约定审计报告出具时间是 2013 年 3 月 5 日。中和天成会计师事务所于 2013 年 3 月 5 日提交了审计报告，则下列审计业务期间的起点至终点的时间节点恰当的是（　　）。

    A. 2012 年 8 月 1 日至 2013 年 3 月 5 日　　B. 2012 年 12 月 31 日至 2013 年 3 月 5 日

    C. 2013 年 1 月 1 日至 2013 年 3 月 5 日　　D. 2012 年 1 月 1 日至 2013 年 3 月 5 日

4. 中和天成会计师事务所于 2008 年 12 月 1 日开始接受委托对南海公司 2008 年财务报表进行审计，双方约定 2013 年 3 月 18 日对 2012 年财务报表出具审计报告并且决定在 2013 年 9 月 1 日后双方终止审计业务关系。中和天成会计师事务所在审计南海公司财务报表时，应保持独立性的期间是（　　）。

    A. 2008 年 12 月 1 日至 2013 年 3 月 18 日　　B. 2008 年 1 月 1 日至 2013 年 3 月 18 日

    C. 2008 年 1 月 1 日至 2013 年 9 月 1 日　　D. 2008 年 12 月 1 日至 2013 年 9 月 1 日

5. 2013 年 1 月，注册会计师路丽萍在审计奥科公司期间从奥科公司购买了大量的打折商品，以下说法正确的是（　　）。

    A. 注册会计师的行为将会因为外在压力对独立性产生不利影响

    B. 注册会计师的行为是正常、公平交易，不会对独立性产生不利影响

C. 注册会计师的行为相当于是变相收受审计客户的贿赂，对独立性产生了不利影响

D. 注册会计师将会因为自我评价对独立性产生不利影响

6. 如果会计师事务所从某一审计客户收取的全部费用占其收入总额的比重很大，则对该客户的依赖及对可能失去该客户的担心将产生（　　　）导致的不利影响。

A. 自身利益　　　B. 自我评价　　　C. 过度推介　　　D. 密切关系

7. 下列情况中，不影响会计师事务所独立性的是（　　　）。

A. 会计师事务所的办公用房是从某被审计单位优惠租用的

B. 审计客户要求会计师事务所提供评估服务，以帮助其履行税务报告义务或满足税务筹划目的，评估结果不对财务报表产生直接影响

C. 会计师事务所的一名注册会计师是某审计客户的独立董事

D. 会计师事务所为某上市公司提供财务报表审计服务的同时，还为其编制财务报表

8. 如果会计师事务所、审计项目组成员或其主要近亲属在审计客户中拥有直接经济利益或重大间接经济利益，将产生最直接的不利影响是（　　　）。

A. 自身利益　　　B. 自我评价　　　C. 过度推介　　　D. 密切关系

9. 以下属于注册会计师代行被审计单位管理层职责的事项的是（　　　）。

A. 沟通对会计准则或财务报表披露要求的运用

B. 解决账户调节问题

C. 沟通与财务报表相关的内部控制的有效性

D. 选择和运用恰当的会计政策

10. 下列情况中，对注册会计师执行审计业务的独立性影响最大的是（　　　）。

A. 注册会计师的母亲退休后担任被审计单位工会的文艺干事

B. 注册会计师的配偶现在是被审计单位开户银行的业务骨干

C. 注册会计师的一位朋友拥有被审计单位的股票

D. 注册会计师的妹妹大学毕业后在被审计单位担任现金出纳

二、多选题

1. 如果审计项目组成员与审计客户的董事、高级管理人员，或所处职位能够对客户会计记录或被审计财务报表的编制施加重大影响的员工存在家庭和私人关系，可能对独立性产生的不利影响有（　　　）。

A. 自身利益　　　B. 自我评价　　　C. 密切关系　　　D. 外在压力

2. 会计师事务所、审计项目组成员或其主要近亲属与审计客户或其高级管理人员之间，由于商务关系或共同的经济利益而存在密切的商业关系，可能对独立性产生的不利影响因素有（　　　）。

A. 自身利益　　　B. 自我评价　　　C. 外在压力　　　D. 良好职业行为

3. 东信公司 2012 年度财务报表审计项目组中，下列几位注册会计师的独立性可能会受到不利影响的有（　　　）。

A. 王大齐目前持有东信公司少量股票，价值 2 000 元

B. 李海兰的妹妹在东信公司下属子公司担任会计主管

C. 周晓洲按照正常的商业条件从东信公司购买了价值 3 000 元的商品

  D. 田素勤的大学校友（不经常联系）在东信公司担任会计

  4. 2012 年 12 月，中和天成会计师事务所在确定东信公司 2012 年度财务报表审计项目负责人时，下列人员中，独立性不会受到影响的有（ ）。

  A. 注册会计师朱国栋 2004 年 1 月前，在东信公司担任人力资源主管

  B. 注册会计师周国强的妻子现任东信公司的主管会计

  C. 注册会计师王晓慧于 2010 年 1 月在东信公司从事出纳工作，2010 年 4 月加入中和天成会计师务所

  D. 注册会计师李泽方拟于 2013 年 7 月加入东信公司担任财务总监

  5. 独立性概念框架用以指导注册会计师（ ）。

  A. 识别对独立性的不利影响

  B. 评价不利影响的严重程度

  C. 保持专业胜任能力

  D. 必要时采取防范措施消除不利影响或将其降低至可接受的水平

三、案例题

案例一

  【材料】中和天成会计师事务所承接奥科公司 2012 年度财务报表审计业务，假定存在以下情况。

  （1）项目组成员赵英丽的父亲持有奥科公司发行的可转让债券 1 万元，项目组成员路珂珂的姐姐持有奥科公司发行的股票 1 万元，但都拒绝转让。为保持独立性，冯天海要求事务所指派项目组以外的其他注册会计师复核赵英丽和路珂珂的工作。

  （2）注册会计师杨森 2009 年以前曾担任奥科公司信用管理部门负责人。冯天海认为杨森在会计期间及业务期间之前已离开奥科公司，以前在奥科公司的任职经历不影响其作为项目组成员的独立性，并拟安排杨森审计奥科公司应收账款项目。

  （3）项目组成员王慧云曾是奥科公司的监事会成员。2010 年，王慧云查处并向股东大会报告了奥科公司现任总经理的财务舞弊行为。因公司董事会最终没有采纳其提出的总经理任免建议，王慧云于 2010 年年末从奥科公司辞职后加入事务所。

  （4）在业务期间，恰逢奥科公司招聘财务总监。事务所接受委托指派不参与该项审计业务的主任会计师高志宏通过检查专业证书、测试专业问题等方式从数十名应聘人员挑选出一名候选人。

  【要求】针对上述事项，分别指出是否对审计项目组的独立性构成不利影响，并简要说明理由。

案例二

  【材料】中和天成会计师事务所承接奥科公司 2012 年度财务报表审计业务，在审计过程中，审计项目组遇到下列与独立性有关的事项。

  （1）审计项目组成员王海卿的哥哥在奥科公司财务部从事会计核算工作，但非财务部负责人。王海卿认为无须回避。

  （2）审计项目组成员李丽华的父亲，在奥科公司担任董事。

（3）审计项目组成员徐逸风在 2012 年 3 月曾担任奥科公司财务部门主管。

（4）中和天成会计师事务与奥科公司签订的审计业务约定书约定：审计费用 50 万元，当年支付 40%，剩余部分第二年审计完成时一起支付。

（5）在审计过程中，奥科公司要求审计项目组成员协助调整会计分录。

【要求】针对上述事项（1）～（5），分别指出是否对审计项目组的独立性构成不利影响，并简要说明理由。

项目二

审计专业知识

【学习目标】

1. 能够正确判断管理层的认定与注册会计师确定的审计目标的合理性；
2. 能够灵活运用审计风险模型，正确计算审计重要性水平；
3. 能够正确判断审计证据的可靠性，以及注册会计师为实现审计目标确定的审计程序的恰当性；
4. 能够熟练应用传统变量抽样方法，在控制测试和细节测试中正确使用审计抽样；
5. 能够正确对审计工作底稿进行归档，熟悉审计档案的保管期限。

模块一　审计目标与审计过程

 案例导入

2013 年 1 月 5 日，在排除了对职业道德基本原则和独立性的不利影响后，中和天成会计师事务所奥科公司审计项目组进行了审计工作分工。项目合伙人冯天海具体负责实施该项目，项目组成员包括注册会计师李泽方、王晓慧、朱国栋和审计助理李英祥等。李英祥主动找到李泽方，询问自己将要负担的工作，表示为做好工作打算先复习一下将要用到的审计专业知识，李泽方对他这种主动学习的态度表示非常赞赏，告诉李英祥将会带领他到现场收集审计证据，请他复习一下涉及管理层认定的相关知识，熟悉整个审计过程。

 相关知识

一、审计目标的含义和类型

审计目标，是指在一定历史环境下，审计人员通过审计实践活动所期望达到的境地或最终结果。在注册会计师财务报表审计工作中，审计目标包括财务报表审计总目标（总体审计目标）和与各类交易、账户余额和披露相关的具体审计目标两类。二者的关系如图 2-1-1 所示。

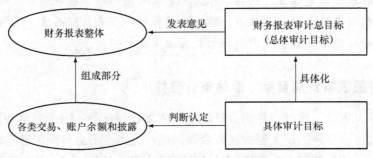

图 2-1-1　总体审计目标和具体审计目标的关系

审计目标的确立是由审计环境决定的。因为审计是特定历史环境下的产物，其目标必然受到各种因素的影响和制约，并且随着这些因素的发展变化而发生改变，在不同的时期、不同的环境中，审计目标具有不同的特征，如表 2-1-1 所示。一般来说，各类审计目标都必须满足其服务领域的特殊需要。审计目标的确定，除受审计对象（被审计人）的制约以外，还取决于审计委托人对审计工作的要求。

表 2-1-1　　　　　　　　　　　　　　审计目标的演变

审计目标	时　　间	审计报告对象	审计目的	审计对象	审计方法	备　　注
英国详细审计	1721 年—19 世纪末	股东	查错防弊	凭证、账簿	详细审计	1721—1843 年为任意审计阶段
美国资产负债表审计	20 世纪初—30 年代	股东、债权人	偿债能力、信用状况	资产负债表主要账户	抽查、判断抽样	金融资本对企业的渗透
利润表审计、财务报表审计	20 世纪三四十年代至今	现实与潜在的利益相关者	发表公允审计意见	会计报表及经济业务活动	广泛采用抽样审计并开始实施审计程序	经济危机导致对盈利、公允性的关注

二、财务报表审计总目标与执行审计工作的前提

（一）财务报表的含义

财务报表，是指依据某一财务报告编制基础对审计客户（被审计单位）历史财务信息作出的结构性表述，旨在反映某一时点的经济资源或义务或者某一时期经济资源或义务的变化。财务报表通常是指整套财务报表（资产负债表、利润表、所有者权益变动表、现金流量表等），有时也指单一财务报表。

提示 2-1-1

历史财务信息，是指以财务术语表述的某一特定上市公司的信息，这些信息主要来自特定公司的会计系统，反映了过去一段时间内发生的经济事项，或者过去某一时点的经济状况或情况。

【提示 2-1-2】

适用的财务报告编制基础，是指法律法规要求采用的财务报告编制基础；或者管理层和治理层在编制财务报表时，就被审计单位性质和财务报表目标而言，采用的可接受的财务报告编制基础。通常是指会计准则和相关法律法规的规定。

（二）财务报表审计总目标（总体审计目标）

执行财务报表审计工作时，注册会计师的总体审计目标是：（1）对财务报表整体是否不存在由于舞弊或错误导致的重大错报获取合理保证，使得注册会计师能够对财务报表是否在所有重大方面按照适用的财务报告编制基础编制发表审计意见；（2）按照审计准则的规定，根据审计结果对财务报表出具审计报告，并与管理层和治理层沟通。

财务报表审计总目标对注册会计师的审计工作发挥着导向作用，它界定了注册会计师的责任范围，直接影响注册会计师计划和实施审计程序的性质、时间和范围，决定了注册会计师如何发表审计意见。

注册会计师作为独立第三方，运用专业知识、技能和经验对财务报表进行审计并发表审计意见，旨在提高财务报表的可信赖程度。审计只能提供合理保证，不能提供绝对保证。虽然财务报表使用者可以根据财务报表和审计意见对被审计单位未来生存能力或管理层的经营效率、效果作出某种判断，但审计意见本身并不是对被审计单位未来生存能力或管理层经营效率、效果提供的保证。

提示 2-1-3

绝对保证，是指注册会计师对财务报表整体不存在重大错报提供百分之百的保证。而合理保证，是一个与绝对保证相对应的概念，是一个与积累必要的证据相关的概念，它要求注册会计师通过不断修正的、系统的执业过程，获取充分、适当的证据，对鉴证对象信息整体提出结论，提供一种高水平但非百分之百的保证。

提示 2-1-4

（1）审计程序的性质，是指审计程序的目的和类型（检查、观察、询问、函证等）。

（2）审计程序的时间，是指何时实施审计程序，或审计证据适用的期间或时点。

（3）审计程序的范围，是指注册会计师实施特定审计程序的数量。

做中学 2-1-1

（多选题）关于注册会计师财务报表审计总目标，下列说法中，恰当的有（　　　）。

A. 合理保证财务报表整体不存在错报和舞弊

B. 合理保证财务报表整体不存在重大错报

C. 出具审计报告，并与相关行业监管部门沟通

D. 出具审计报告，并与管理层和治理层沟通

【答案】B　D

（三）执行审计工作的前提

财务报表是由被审计单位管理层在治理层的监督下编制的。管理层和治理层认可与财务报表相关的责任，是注册会计师执行审计工作的前提，构成注册会计师按照审计准则的规定执行审计工作的基础。

执行审计工作的前提，是指管理层和治理层认可并理解其应当承担的下列责任，这些责任构成注册会计师按照审计准则的规定执行审计工作的基础：（1）按照适用的财务报告编制基础编制财务报表，并使其实现公允反映（如适用）；（2）设计、执行和维护必要的内部控制，以使财务报表不存在由于舞弊或错误导致的重大错报；（3）向注册会计师提供必要的工作条件，包括：①允许注册会计师接触与编制财务报表相关的所有信息（如记录、文件和其他事项）；②向注册会计师提供审计所需的其他信息；③允许注册会计师在获取审计证据时不受限制地接触其认为必要的内部人员和其他相关人员。

> **做中学 2-1-2**
>
> （单选题）关于执行审计工作的前提，下列说法中，不正确的是（　　　）。
>
> A. 管理层和治理层认可并理解其对财务报表的责任是注册会计师执行审计工作的前提
>
> B. 如果管理层和治理层不认可其对财务报表的责任，则表明执行审计工作的前提不存在，注册会计师不能承接该审计业务委托
>
> C. 管理层和治理层对财务报表责任的认可和理解是注册会计师能否承接并执行财务报表审计业务的前提
>
> D. 执行审计工作的前提是管理层和治理层承诺编制的财务报表不存在任何错误或舞弊
>
> 【答案】D

（四）管理层和治理层的责任

管理层和治理层理应对编制财务报表承担完全责任。财务报表审计不能减轻被审计单位管理层和治理层的责任。尽管在审计过程中，注册会计师可能向管理层和治理层提出调整建议，甚至在不违反独立性的前提下为管理层编制财务报表提供协助，但管理层仍然对编制财务报表承担责任，并通过签署财务报表确认这一责任。

（五）注册会计师的责任

对财务报表发表审计意见是注册会计师的责任。注册会计师作为独立的第三方，对财务报表发表审计意见，有利于提高财务报表的可信赖程度。为履行这一职责，注册会计师应当遵守相关职业道德要求，按照审计准则的规定计划和实施审计工作，获取充分、适当的审计证据，并根据获取的审计证据得出合理的审计结论，发表恰当的审计意见。注册会计师通过签署审计报告确认其责任。

> **做中学 2-1-3**
>
> （单选题）关于管理层、治理层和注册会计师对财务报表的责任，下列说法中，正确的有（　　　）。
>
> A. 注册会计师对财务报表承担全部责任

B. 管理层对财务报表的编制直接负责

C. 注册会计师对财务报表承担审计责任

D. 管理层和治理层对编制财务报表承担完全责任

【答案】D

（六）执行审计工作的基本要求

注册会计师执行审计工作的基本要求为：按照审计准则的要求，遵守与财务报表审计相关的职业道德要求，保持职业怀疑，运用职业判断，获取充分、适当的审计证据，以将审计风险降至可接受的低水平，使其能够得出合理的结论，作为形成审计意见的基础。

1. 审计准则和相关法律法规

审计准则是注册会计师进行审计工作时必须遵循的行为规范，是审计人员执行审计业务，获取审计证据，形成审计结论，出具审计报告的专业标准。

审计准则是把注册会计师执行审计工作中一般认为公正妥善的惯例加以概括归纳而形成的原则。它虽不具备法律的强制力，但是注册会计师在从事审计工作时必须遵循。审计准则作为一个整体，为注册会计师执行审计工作以实现总体审计目标提供了标准。审计准则规范了注册会计师的一般责任以及在具体方面履行这些责任时的进一步考虑。每项审计准则都明确了规范的内容、适用的范围和生效的日期。

注册会计师在执行审计工作时，除遵守审计准则外，还需要遵守相关法律法规的规定。审计准则并不超越规范财务报表审计的相关法律法规。如果相关法律法规与审计准则之间存在差异，仅按照相关法律法规的规定执行审计工作，将不会被视为自动地遵守了审计准则。

2. 相关的职业道德要求

注册会计师受到与财务报表审计相关的职业道德要求的约束。因此，注册会计师应当遵守与财务报表审计相关的职业道德要求，包括遵守有关独立性的要求。相关的职业道德要求通常是指《中国注册会计师职业道德守则》中与财务报表审计相关的规定。根据《中国注册会计师职业道德守则》，注册会计师应当遵循的职业道德基本原则包括：（1）诚信；（2）独立性；（3）客观和公正；（4）专业胜任能力和应有的关注；（5）保密；（6）良好职业行为。

3. 职业怀疑

职业怀疑，是指注册会计师执行审计业务时的一种态度，包括采取质疑的思维方式，对可能表明由于错误或舞弊导致错报的迹象保持警觉，以及对审计证据进行审慎评价。在审计工作中，注册会计师应当保持职业怀疑，认识到可能存在导致财务报表发生重大错报的情形。为得出审计结论，注册会计师不应使用管理层声明替代应当获取的充分、适当的审计证据。

职业怀疑要求对下列情形保持警觉：（1）存在相互矛盾的审计证据；（2）引起对作为审计证据的文件记录和对询问的答复的可靠性产生怀疑的信息；（3）表明可能存在舞弊的情况；（4）表明需要实施除审计准则规定外的其他审计程序的情形。

注册会计师有必要在整个审计过程中保持职业怀疑，以降低下列风险：（1）忽视异常的情形；（2）当从审计观察中得出审计结论时过度推而广之；（3）在确定审计程序的性质、时间安排和范围，以及评价审计结果时使用不恰当的假设。

职业怀疑对于审慎评价审计证据是必要的。审慎评价审计证据包括：质疑相互矛盾的审计证据、文件记录和对询问的答复，以及从管理层和治理层获得的其他信息的可靠性。

▌做中学 2-1-4 ▐

（单选题）2013 年 1 月 17 日，注册会计师李泽方在执行审计业务过程中识别出的情况使其认为文件记录可能是伪造的，则下列处理方法中不恰当的是（　　　）。

A. 直接认定财务报表存在舞弊，解除业务约定

B. 向第三方（如被审计单位的相关客户）询证，获取证据排除文件是否属于伪造

C. 利用专家的工作，进一步证实文件真伪

D. 质疑管理层的诚信与正直，考虑是否存在舞弊

【答案】A

4. 职业判断

职业判断，是指注册会计师根据审计准则和相关法律法规，充分考虑审计客户现实与未来的经营环境和特点，运用自身专业知识、经验、技能，通过分析、比较、计算等方法，客观、公正地应对审计工作过程中的事项。职业判断是注册会计师专业胜任能力的表现。在审计工作时，注册会计师应当运用职业判断。

职业判断对于作出下列决策尤为必要：（1）确定重要性和评估审计风险；（2）为满足审计准则的要求和收集审计证据的需要，确定所需实施的审计程序的性质、时间安排和范围；（3）为实现审计准则规定的目标和注册会计师的总体审计目标，评价是否已获取充分、适当的审计证据，以及是否还需执行更多的工作；（4）评价管理层在应用适用的财务报告编制基础时作出的判断；（5）根据已获取的审计证据得出结论，如评估管理层在编制财务报表时作出的估计的合理性。

评价职业判断是否适当可以基于以下两个方面：（1）作出的判断是否反映了对审计和会计原则的适当运用；（2）根据截至审计报告日注册会计师知悉的事实和情况，作出的判断是否适当，是否与这些事实和情况相一致。

注册会计师需要在整个审计过程中运用职业判断，并作出适当记录。对此，审计准则要求注册会计师编制的审计工作底稿，应当使未曾接触该项审计工作的有经验的专业人士了解在对重大事项得出结论时所做的重大职业判断。如果有关决策不被该业务的具体事实和情况所支持或者缺乏充分、适当的审计证据，职业判断并不能成为作出决策的正当理由。

▌做中学 2-1-5 ▐

（多选题）在计划和实施审计工作时，注册会计师应当运用职业判断。下列情形中，职业判断尤为必要的有（　　　）。

A. 确定重要性和评估审计风险

B. 确定所需实施的审计程序的性质、时间安排和范围

C. 评价是否已获取充分、适当的审计证据以及是否还需执行更多的工作

D. 评价管理层在应用适用的财务报告编制基础时作出的判断

【答案】A B C D

5. 审计证据和审计风险

为了获取合理保证，注册会计师应当获取充分、适当的审计证据，以将审计风险降低至可接受的低水平，使其能够得出合理的结论，作为形成审计意见的基础。审计证据对于支持审计意见和审计报告是必要的。审计证据在性质上具有累积性，主要是在审计过程中通过实施审计程序获取的。

6. 审计的固有限制

注册会计师不能对财务报表不存在由于舞弊或错误导致的重大错报获取绝对保证。这是由于审计存在固有限制，导致注册会计师据以得出和形成审计意见的大多数审计证据是说服性而非结论性的。审计的固有限制源于财务报告的性质、审计程序的性质和在合理的时间内以合理的成本完成审计的需要，如表 2-1-2 所示。

表 2-1-2　　　　　　　　　　　　　审计的固有限制

	审计的固有限制	解　释
1	财务报告的性质	管理层编制财务报表需要作出判断，许多财务报表项目涉及主观决策、评估或一定程度的不确定性，并且可能存在一系列可接受的解释或判断
2	审计程序的性质	注册会计师获取审计证据的能力受到实务和法律上的限制
3	在合理的时间内以合理的成本完成审计的需要	注册会计师处理所有信息是不切实际的，追查每一个事项也是不切实际的

做中学 2-1-6

（多选题）项目合伙人冯天海在向奥科公司管理层解释审计的固有限制时，下列说法中，正确的有（　　　　）。

A. 审计工作可能因被审计单位高级管理人员的舞弊行为而受到限制

B. 审计工作可能因审计收费过低而受到限制

C. 审计工作可能因项目组成员素质和能力的不足而受到限制

D. 审计工作可能因财务报表项目涉及违反相关法律法规而受到限制

【答案】A　D

三、认定与具体审计目标

（一）认定的含义

认定，是指管理层在财务报表中做出的明确或隐含的表达，注册会计师将其用于考虑可能发生的不同类型的潜在错报。认定与具体审计目标密切相关，注册会计师的基本职责就是确定被审计单位管理层对其财务报表的认定是否恰当。

认定是管理层在财务报表中做出的表达，注册会计师识别的错报源于管理层认定中不恰当的表达，因此，管理层的认定在先，注册会计师考虑错报在管理层认定不恰当之后。

当管理层声明财务报表已按照适用的财务报告编制基础进行编制，在所有重大方面作出公允反映时，就意味着管理层对财务报表各组成要素的确认、计量、列报以及相关的披露作出了认定。管理层在财务报表上的认定有些是明确表达的，有些则是隐含表达的。例如，管理层在资产负债表中列报存货及其金额，意味着作出下列明确的认定：（1）记录的存货是存在的；（2）存货以恰当的金额包括在财务报表中，与之相关的计价或分摊调整已恰当记录。同时，管理层也作出下列隐含的认定：（1）所有应当记录的存货均已记录；（2）记录的存货都由被审计单位拥有。

认定与审计目标的关系如图 2-1-2 所示。

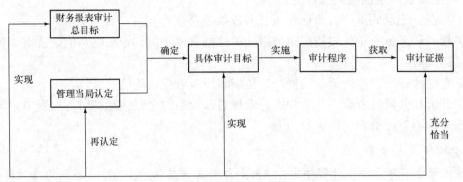

图 2-1-2 认定与审计目标的关系

做中学 2-1-7

（多选题）对 2012 年 12 月 31 日奥科公司期末存货 100 万元有以下 4 种"明确或隐含的表达"，下列说法正确的是（　　　）。

A. 明确的表达资产中所记录的存货 100 万元是存在的，没有虚假

B. 明确的表达资产中所记录的存货是 100 万元，不多也不少

C. 隐含的表达资产中应当记录的 100 万元存货均已记录，没有漏记

D. 隐含的表达资产中记录的存货 100 万元均由其拥有，没有被抵押

【答案】A B C D

（二）认定的类别

认定具体分为以下三类：与所审计期间各类交易和事项相关的认定（主要涉及利润表）、与期末账户余额相关的认定（主要涉及资产负债表）、与列报和披露相关的认定。

1. 与所审计期间各类交易和事项相关的认定

（1）发生：记录的交易或事项已发生，且与被审计单位有关。

（2）完整性：所有应当记录的交易和事项均已记录。

（3）准确性：与交易和事项有关的金额及其他数据已恰当记录。

（4）截止：交易和事项已记录于正确的会计期间。

（5）分类：交易和事项已记录于恰当的账户。

做中学 2-1-8

（单选题）注册会计师朱国栋发现奥科公司将 2012 年 12 月 31 日已经发生的一笔赊销业务收入记在了 2013 年 1 月 3 日的营业收入账上的确凿审计证据，则朱国栋最关注的是与

这笔业务有关的（　　　）认定。

    A. 分类　　　　　B. 准确性　　　　　C. 截止　　　　　D. 计价和分摊

【答案】C

2. 与期末账户余额相关的认定

（1）存在：记录的资产、负债和所有者权益是存在的。

（2）权利和义务：记录的资产由被审计单位拥有或控制，记录的负债是被审计单位应当履行的偿还义务。

（3）完整性：所有应当记录的资产、负债和所有者权益均已记录。

（4）计价和分摊：资产、负债和所有者权益以恰当的金额包括在财务报表中，与之相关的计价或分摊调整已恰当记录。

做中学 2-1-9

（单选题）下列各项审计程序中，注册会计师王晓慧认为（　　　）不能为应付账款的完整性认定提供审计证据。

    A. 向供应商寄发应付账款询证函

    B. 检查应付账款余额是否有相关原始凭证的支持

    C. 检查资产负债表日前一个月入库的存货是否记录在本年度

    D. 取得供应商对账单，并将对账单与被审计单位财务记录进行调节

【答案】B

3. 与列报和披露相关的认定

（1）发生以及权利和义务：披露的交易、事项和其他情况已发生，且与被审计单位有关。

（2）完整性：所有应当包括在财务报表中的披露均已包括。

（3）分类和可理解性：财务信息已被恰当地列报和描述，且披露内容表述清楚。

（4）准确性和计价：财务信息和其他信息已公允披露，且金额恰当。

（三）具体审计目标

具体审计目标，是财务报表审计总目标的具体化，必须根据财务报表审计总目标和被审计单位管理层认定来确定。认定是确定具体审计目标的基础，注册会计师通常将认定转化为能够通过审计程序予以实现的审计目标。针对财务报表每一项目所表现出的各项认定，注册会计师相应的确定一项或多项审计目标，然后通过执行一系列审计程序获取充分、适当的审计证据以实现审计目标。

与认定相对应，具体审计目标分为：（1）与所审计期间各类交易和事项相关的审计目标；（2）与期末账户余额相关的审计目标；（3）与列报和披露相关的审计目标。

1. 与所审计期间各类交易和事项相关的审计目标（见表2-1-3）

表 2-1-3　　　　　　　与所审计期间各类交易和事项相关的审计目标及其举例

	财务报表认定	由认定推导的审计目标（需要注册会计师确认）	针对的具体问题	举例
1	发生	已记录的交易是真实的	财务报表要素的高估	管理层把不曾发生的销售交易列入了财务报表，则违反了该目标

续表

	财务报表认定	由认定推导的审计目标（需要注册会计师确认）	针对的具体问题	举　例
2	完整性	已发生的交易确实已经记录	财务报表要素的低估	管理层漏记了一笔交易，则违反了该目标
3	准确性	已记录的交易是按正确金额反映的	金额计算与钩稽关系	发出商品的数量与账单上的数量不符，或开账单时使用了错误的销售价格，则违反了该目标
4	截止	接近于资产负债表日的交易记录于恰当的期间	交易所属的会计期间	本期交易推到下期，或下期交易提到本期，则违反了该目标
5	分类	被审计单位记录的交易经过适当分类	事项涉及的会计科目	将现销记录为赊销（即将"库存现金"记为"应收账款"），则违反了该目标

2. 与期末账户余额相关的审计目标（见表2-1-4）

表 2-1-4　　　　　　　　与期末账户余额相关的审计目标及其举例

	财务报表认定	由认定推导的审计目标（需要注册会计师确认）	针对的具体问题	举　例
1	存在	记录的金额确实存在	财务报表要素的高估	将不存在的某顾客的应收账款列入了对该顾客的应收账款，则违反了该目标
2	权利和义务	资产归属于被审计单位，负债属于被审计单位的义务	对资产的权利与对负债的义务	将他人寄销商品列入被审计单位的存货中，或将不属于被审计单位的债务记入账内，则违反了该目标
3	完整性	已存在的金额均已记录	财务报表要素的低估	存在某顾客的应收账款，在应收账款明细表中却没有列入该顾客的应收账款，则违反了该目标
4	计价和分摊	资产、负债和所有者权益以恰当的金额包括在财务报表中，与之相关的计价或分摊调整已恰当记录	金额计算与钩稽关系	存货账面数量与实物数量不相符，或金额的计算错误，则违反了该目标

3. 与列报和披露相关的审计目标（见表2-1-5）

表 2-1-5　　　　　　　　与列报和披露相关的审计目标及其举例

	财务报表认定	由认定推导的审计目标（需要注册会计师确认）	针对的具体问题	举　例
1	发生以及权利和义务	披露的交易、事项和其他情况已发生，且与被审计单位有关	应当包括的已包括	将没有发生的交易、事项，或与被审计单位无关的交易和事项包括在财务报表中，则违反了该目标
2	完整性	所有应该包括在财务报表中的披露均已包括	不应当包括的没有包括	应当披露的事项没有包括在财务报表中，则违反了该目标
3	分类和可理解性	财务信息已被恰当地列报和描述，且披露内容表述清楚	披露公允、金额准确	将一年内到期的长期负债列为非流动负债，则违反了该目标
4	准确性和计价	财务信息和其他信息已公允披露，且金额恰当	描述恰当、表达清楚	财务报表附注中没有对原材料、在产品和产成品等存货成本核算方法作出恰当的说明，则违反了该目标

做中学 2-1-10

（多选题）注册会计师李泽方在审计奥科公司财务报表中的存货项目时，能根据计价和分摊认定推论得出的审计目标有（   ）。

　　A.　确认存货账面数量与实物数量相符，金额的计算正确

　　B.　当存货成本高于可变现净值时，已依据可变现净值调整

　　C.　确认年末存货是否抵押

　　D.　年末存货计价方法由个别认定法改为先进先出法，已确认方法变更对当期利润的影响

　【答案】A　B　D

四、审计过程与审计目标的实现

　　审计过程，是指审计工作从开始到结束的整个过程。确定审计目标后，注册会计师就可以开始收集审计证据，以实现财务报表审计总目标和各项具体审计目标。审计过程具体包括以下 5 个步骤：接受业务委托、计划审计工作、实施风险评估程序、实施进一步审计程序、完成审计工作和编制审计报告。

（一）接受业务委托

　　会计师事务所应当按照执业准则的规定，谨慎决策是否接受或保持某客户关系和具体审计业务。在接受新客户的业务前，或决定是否保持现有业务或考虑接受现有客户的新业务时，会计师事务所应当执行一些客户接受与保持的程序，以获取如下信息：（1）考虑客户的诚信，没有信息表明客户缺乏诚信；（2）具有执行业务必要的素质、专业胜任能力、时间和资源；（3）能够遵守相关职业道德要求。

　　一旦决定接受业务委托，注册会计师应当与客户就审计业务约定条款达成一致意见。对于连续审计，注册会计师应当考虑是否需要根据具体情况修改审计业务约定条款，以及是否需要提醒客户注意现有的审计业务约定书。

（二）计划审计工作

　　计划审计工作十分重要。如果没有恰当的审计计划，不仅无法获取充分、适当的审计证据，影响审计目标的实现，而且还会浪费有限的审计资源，影响审计工作的效率。一般来说，计划审计工作主要包括：（1）开展初步业务活动；（2）制定总体审计策略；（3）制订具体审计计划等。

　　计划审计工作不是审计业务的一个孤立阶段，而是一个持续的、不断修正的过程，贯穿于整个审计过程的始终。

（三）实施风险评估程序

　　风险评估程序，是指注册会计师为了解被审计单位及其环境，以识别和评估财务报表层次和认定层次的重大错报风险（无论该错报由于舞弊或错误导致）而实施的审计程序。

　　风险评估程序是必要程序，了解被审计单位及其环境为注册会计师在许多关键环节作出

职业判断提供了重要基础。了解被审计单位及其环境实际上是一个连续和动态地收集、更新与分析信息的过程，贯穿于整个审计过程的始终。一般来说，实施风险评估程序的主要工作包括：（1）了解被审计单位及其环境；（2）识别和评估财务报表层次以及各类交易、账户余额和披露认定层次的重大错报风险，包括确定需要特别考虑的重大错报风险（即特别风险），以及仅通过实施实质性程序无法应对的重大错报风险等。

┃ 做中学 2-1-11 ┃

（单选题）以下有关对风险评估程序的理解中，不恰当的是（　　　）。

A. 注册会计师如果不实施风险评估程序，则无法评估财务报表层次和认定层次重大错报风险

B. 注册会计师实施风险评估程序获取的审计证据为其在许多关键环节作出职业判断提供了重要基础

C. 注册会计师实施的风险评估程序仅用于计划审计工作阶段

D. 注册会计师实施的风险评估程序贯穿于整个审计过程

【答案】C

（四）实施进一步审计程序

注册会计师实施风险评估程序本身并不足以为发表审计意见提供充分、适当的审计证据，还应当实施进一步审计程序。进一步审计程序相对于风险评估程序而言，是指注册会计师针对评估的各类交易、账户余额和披露认定层次重大错报风险实施的审计程序，包括控制测试和实质性程序。注册会计师在评估财务报表重大错报风险后，应当运用职业判断，针对评估的财务报表层次重大错报风险确定总体应对措施，并针对评估的认定层次重大错报风险设计和实施进一步审计程序，以将审计风险降至可接受的低水平。

1. 控制测试

控制测试，是指用于评价内部控制在防止或发现并纠正认定层次重大错报方面的运行有效性的审计程序。

2. 实质性程序

实质性程序，是指用于发现认定层次重大错报的审计程序，包括对各类交易、账户余额和披露的细节测试以及实质性分析程序。

（1）细节测试。细节测试，是对各类交易、账户余额和披露的具体细节进行测试，目的在于直接识别财务报表认定是否存在错报。细节测试被用于获取与某些认定相关的审计证据，如存在、准确性、计价等。

（2）实质性分析程序。用作实质性程序的分析程序称为实质性分析程序。实质性分析程序仍是分析程序，主要是通过研究数据间关系评价信息，用以识别各类交易、账户余额和披露及相关认定是否存在错报。实质性分析程序通常更适用于在一段时间内存在可预期关系的大量交易。

┃ 提示 2-1-6 ┃

在审计过程中，实施控制测试不是必须的，而实施实质性程序则是必须的。

（五）完成审计工作和编制审计报告

注册会计师在完成财务报表进一步审计程序后，还应当按照有关审计准则的规定做好审计完成阶段的工作，并根据所获取的各种证据，合理运用专业判断，形成适当的审计意见，编制审计报告。

 拓展阅读

【材料1】　　　　发生认定、准确性认定及截止认定的区别与联系

（1）发生认定强调"入账资格"。违背发生认定的交易或事项尚不具备"入账资格"，记了多少冲减多少，无须检查金额的正确性。下列情况表明违背发生认定：①尚未发生完毕就登记入账，如在不满足收入确认条件时就确认为收入；②记录的交易与被审计单位无关，如虚构销售交易。

（2）准确性认定强调"金额"（前提是没有违反发生认定）。违背准确性认定的交易或事项记录"金额"不正确，但其"入账资格"不存在问题。一般是在确认不违背发生认定的基础上才进一步确认是否违背了准确性认定，如期末存货没有按成本与可变现净值孰低法计量，没有计提跌价准备。

（3）截止认定强调的是"期间"。违背截止认定意味着入账的会计期间不正确，包括提前入账和推迟入账。提前入账本质上也属于不具备入账资格，但它与发生认定有着很大的不同，表现在：①违背截止认定包括将本期应当入账的交易事项推迟到下期入账，违背发生认定不包含这一情况；②虚构交易、事项属于违背发生认定，但不属于违背截止认定。后者仅仅是入账期间不正确，但并未虚构交易、事项。

【材料2】　　　　　　　　我国审计准则

由中国注册会计师协会修订的 38 项审计准则（以下简称《新审计准则》）已于 2012 年 1 月 1 日施行，如表 2-1-6 所示。《新审计准则》实现了与国际审计准则的持续全面趋同，是注册会计师行业实施国际趋同战略取得的又一项重大成果，为加快推进行业国际化发展提供了重要的技术支撑。《新审计准则》吸收借鉴了国际审计准则的最新成果，并充分考虑了我国审计实务中面临的一些新的需要解决的问题。

表 2-1-6　　　　　　　　　　　　《新审计准则》的具体内容

CSA 1101 注册会计师的总体目标和审计工作的基本要求	CSA 1314 审计抽样
CSA 1111 就审计业务约定条款达成一致意见	CSA 1321 审计会计估计（包括公允价值会计估计）和相关披露
CSA 1121 对财务报表审计实施的质量控制	CSA 1323 关联方
CSA 1131 审计工作底稿	CSA 1324 持续经营
CSA 1141 财务报表审计中与舞弊相关的责任	CSA 1331 首次审计业务涉及的期初余额
CSA 1142 财务报表审计中对法律法规的考虑	CSA 1332 期后事项
CSA 1151 与治理层的沟通	CSA 1341 书面声明
CSA 1152 向治理层和管理层通报内部控制缺陷	CSA 1401 对集团财务报表审计的特殊考虑

续表

CSA 1153 前任注册会计师和后任注册会计师的沟通	CSA 1411 利用内部审计人员的工作
CSA 1201 计划审计工作	CSA 1421 利用专家的工作
CSA 1211 通过了解被审计单位及其环境识别和评估重大错报风险	CSA 1501 对财务报表形成审计意见和出具审计报告
CSA 1221 计划和执行审计工作时的重要性	CSA 1502 在审计报告中发表非无保留意见
CSA 1231 针对评估的重大错报风险采取的应对措施	CSA 1503 在审计报告中增加强调事项段和其他事项段
CSA 1241 对被审计单位使用服务机构的考虑	CSA 1511 比较信息：对应数据和比较财务报表
CSA 1251 评价审计过程中识别出的错报	CSA 1521 注册会计师对含有已审计财务报表的文件中的其他信息的责任
CSA 1301 审计证据	CSA 1601 对按照特殊目的编制基础编制的财务报表审计的特殊考虑
CSA 1311 对存货等特定项目获取审计证据的具体考虑	CSA 1603 对单一财务报表和财务报表的特定要素、账户或项目审计的特殊考虑
CSA 1312 函证	CSA 1604 对简要财务报表出具报告的业务
CSA 1313 分析程序	CSQC 5101 质量控制准则

 自我检测

一、单选题

1. 在财务报表审计中，有关管理层对财务报表责任的陈述中不恰当的是（　　）。
   A. 选择和运用恰当的会计政策
   B. 保证财务报表不存在重大错报以减轻注册会计师的责任
   C. 根据企业的具体情况，作出合理的会计估计
   D. 选择适用的会计准则

2. 在注册会计师所关心的下列各种问题中，能够实现截止目标的是（　　）。
   A. 应收账款是否已经按照规定计提坏账准备
   B. 年后开出的支票是否未计入报告期报表中
   C. 存货跌价准备是否已抵减
   D. 是否有固定资产用作抵押

3. 在注册会计师针对下列各项目分别提出的具体目标中，属于完整性目标的是（　　）。
   A. 实现的销售是否均已登记入账
   B. 关联交易类型、金额是否在附注中恰当披露
   C. 将下期交易提前到本期入账
   D. 有价证券的金额是否予以适当列示

4. 注册会计师在审计应付账款余额时，下列属于管理层明示性认定的是（　　）。
   A. 存在　　　　　B. 完整性　　　　　C. 权利和义务　　　　　D. 分类与可理解性

5. 以下关于管理层、治理层和注册会计师对财务报表审计责任的表达不恰当的是（　　）。

A. 管理层和治理层对编制财务报表承担完全责任

B. 注册会计师对财务报表的编制不承担责任

C. 注册会计师审计后如果财务报表存在重大错报应承担完全责任

D. 审计后财务报表存在重大错报由管理层和治理层承担编制责任，注册会计师承担审计责任

6. 注册会计师证实某项资产是按历史成本入账还是按公允价值入账，主要是为了证实资产的（　　）认定。

  A. 存在   B. 完整性   C. 计价和分摊 D. 准确性

7. 注册会计师实施的下列审计程序中，能够证明固定资产存在认定的审计程序是（　　）。

A. 结合固定资产清理科目，抽查固定资产账面转销金额是否正确

B. 实地检查固定资产

C. 获取已提足折旧继续使用固定资产的相关证明文件，并做相应记录

D. 检查借款费用资本化的计算方法和资本化金额，以及会计处理是否正确

8. 注册会计师一般会将发生认定作为重点证明的认定项目的是（　　）。

  A. 应付账款 B. 营业收入 C. 预收款项 D. 预付款项

9. 注册会计师为查明导致公司会计报表严重失实的错误与舞弊，应主要实施（　　）。

  A. 分析程序 B. 控制测试程序 C. 实质性程序 D. 穿行测试程序

10.（　　）必须运用在审计实施阶段。

  A. 了解内部控制 B. 重要性 C. 分析程序 D. 实质性程序

二、多选题

1. 以下说法中正确的有（　　）。

A. 审计目标包括财务报表审计总目标以及与各类交易、账户余额和披露相关的具体审计目标

B. 财务报表审计能够提高财务报表的可信赖程度

C. 在财务报表审计中，被审计单位管理层和治理层与注册会计师承担着不同的责任，不能相互混淆和替代

D. 审计目标界定了注册会计师的责任范围，决定了注册会计师如何发表审计意见

2. 关于职业怀疑态度，下列说法中正确的有（　　）。

A. 职业怀疑态度不能假设管理层的诚信毫无疑问，为了稳妥起见，先要怀疑其是不诚信的

B. 如果从不同来源获取的审计证据或获取的不同性质的审计证据不一致，可能表明其中某项或某几项审计证据不可靠，因此，注册会计师应当追加必要的审计程序

C. 注册会计师通过不断修正的、系统的执业过程，获取充分、适当的审计证据，对财务报表整体发表审计意见，它提供的是一种高水平的绝对保证

D. 注册会计师不应将审计中发现的舞弊视为孤立发生的事项

3. 为实现对完整性认定相关的审计目标，注册会计师应考虑与下列（　　）项目的低估有关。

A. 应付账款　　　　B. 应收账款　　　　C. 管理费用　　　　D. 预付款项

4. 下列具体审计目标中，仅与各类交易和事项相关的认定有（　　　）。

A. 发生　　　　B. 计价和分摊　　　　C. 准确性　　　　D. 截止

5. 在接受业务委托前，会计师事务所应该获取（　　　）信息。

A. 客户的诚信程度　　　　　　　　B. 专业胜任能力

C. 执行业务所需时间和资源　　　　D. 执行业务必要的素质

三、案例题

案例一

【材料】2013 年 1 月 10 日，审计项目组在奥科公司的审计工作过程中，发现下列事项，注册会计师冯天海和项目组讨论最可能被证实的认定。

（1）对于下列应收账款认定，通过实施函证程序，认为最可能证实的是（　　　）。

A. 计价和分摊　　　　B. 分类　　　　C. 存在　　　　D. 完整性

（2）对于下列存货认定，通过向生产和销售人员询问是否存在过时或周转缓慢的存货，冯天海认为最可能证实的是（　　　）。

A. 计价和分摊　　　　B. 权利和义务　　　　C. 存在　　　　D. 完整性

（3）对于下列销售收入认定，通过比较资产负债表日前后几天的发货单日期与记账日期，冯天海认为最可能证实的是（　　　）。

A. 发生　　　　B. 完整性　　　　C. 截止　　　　D. 分类

【要求】请帮冯天海和项目组做出正确的专业判断。

案例二

【材料】项目合伙人冯天海和注册会计师李泽方在对奥科公司 2012 年度财务报表进行审计时，发现该公司期末账户余额及各类交易和事项可能存在下列导致重大错报的情况：

（1）在销售交易中（针对主营业务收入），发出商品的数量与账单上的数量不符；

（2）期末存货的盘点可能存在较大的差错；

（3）准备持有至到期投资摊余成本计算可能存在较大的差错；

（4）可能存在未入账的应付账款；

（5）长期借款中可能有一部分在年内将要到期；

（6）在销售交易中，将现销记录为赊销。

【要求】根据上述 6 个事项，完成表格 2-1-7。

表 2-1-7　　　　　　　　　　　　　管理层认定与审计目标

序　号	管理层的认定	审计目标
（1）		
（2）		
（3）		
（4）		
（5）		
（6）		

模块二 审计重要性、审计风险与错报

 案例导入

2013 年 1 月 10 日，注册会计师李泽方向项目合伙人冯天海汇报了需要考虑的与重要性相关的问题，具体情况如下：（1）李泽方决定在制定总体审计策略时，初步确定财务报表整体的重要性和特定类别的交易、账户余额和披露的重要性水平，据以评估重大错报风险；（2）为防止出现未发现错报和不重大错报汇总后变成重大错报的情况，在评估风险和设计进一步审计程序时，李泽方使用的实际重要性水平相当于计划的重要性水平的 90%。冯天海对李泽方提出的第（1）事项表示赞同，但是反对他提出的第（2）个事项。李英祥对此不解，问注册会计师王晓慧为什么第（2）个事项存在问题。王晓慧告诉他：一般情况下，实际执行的重要性为财务报表整体重要性的 50%～75%。如果将实际执行的重要性水平定得比较高，就可能影响审计质量。

相关知识

一、审计重要性的含义及重要性水平的确定

（一）审计重要性的含义

随着审计方法由详细审计转变为抽样审计，审计重要性在注册会计师审计中运用得越来越频繁。审计重要性是指：（1）如果合理预期错报（包括漏报）单独或汇总起来可能影响财务报表使用者依据财务报表做出的经济决策，则通常认为错报是重大的；（2）对重要性的判断是根据具体环境作出的，并受错报的金额或性质的影响，或受两者共同作用的影响；（3）判断某事项对财务报表使用者是否重大，是在考虑财务报表使用者整体共同的财务信息需求的基础上作出的。审计重要性在量上表现为审计重要性水平。审计重要性水平是财务报表中包含的错报能否影响特定财务报表使用者在特定情况下对财务报表全面反映公允性的整体理解。

审计重要性概念的运用贯穿于整个审计过程。在计划审计工作时，注册会计师应当考虑导致财务报表发生重大错报的原因，并应当在了解被审计单位及其环境的基础上，确定一个可接受的重要性水平，即首先为财务报表层次确定重要性水平，以发现在金额上重大的错报。同时，注册会计师还应当评估各类交易、账户余额和披露认定层次的重要性，以便确定进一步审计程序的性质、时间安排和范围，将审计风险降至可接受的低水平。在确定审计意见类型时，注册会计师也需要考虑审计重要性水平。

审计重要性虽然是注册会计师做出的专业判断，但是其判断考虑的角度却是财务报表使用者。注册会计师在判断被审计单位会计报表中的错报或漏报是否重要，是以是否影响财务报表使用者的判断或决策为依据的，而不是从被审计单位管理当局或注册会计师的角度考虑的。所以，注册会计师在做出审计重要性的判断之前，必须在充分了解财务报表使用者的基础上评估财务报表使用者对被审计单位会计报表错报或漏报的容忍程度。

┨ 做中学 2-2-1 ┠

（单选题）在审计过程中，在（   ）必须恰当运用审计重要性概念。

A. 计划阶段和实施阶段

B. 计划阶段、实施阶段和完成阶段

C. 编制审计计划时和评价审计结果时

D. 实施阶段和完成阶段

【答案】B

┨ 做中学 2-2-2 ┠

（多选题）关于审计重要性的含义，下列说法中正确的是（   ）。

A. 如果合理预期错报可能影响财务报表使用者依据财务报表做出的经济决策，则通常认为错报是重大的

B. 判断某事项对财务报表使用者是否重大时，应考虑错报对个别财务报表使用者的影响

C. 对审计重要性的判断是根据具体环境做出的

D. 对审计重要性的判断受错报的金额或性质的影响，或受两者共同作用的影响

【答案】A C D

（二）重要性水平的确定

在计划审计工作时，注册会计师应当确定一个可接受的重要性水平，以发现在金额上重大的错报。注册会计师在确定计划的重要性水平时，需要考虑对被审计单位及其环境的了解、审计目标、财务报表各项目的性质及其相互关系、财务报表项目的金额及其波动幅度。同时，还应当从性质和数量两个方面合理确定重要性水平。

1. 确定重要性水平考虑的方面

（1）从性质方面考虑重要性。在某些情况下，金额相对较少的错报可能会对财务报表产生重大影响。例如，一项不重大的违法支付或者没有遵循某项法律规定，但该支付或违法行为可能导致一项重大的或有负债、重大的资产损失或者收入损失，就应认为上述事项是重大的。

（2）从数量方面考虑重要性。

① 财务报表整体的重要性。由于财务报表审计的目标是注册会计师通过执行审计工作对财务报表发表审计意见，因此，注册会计师应当考虑财务报表层次的重要性。确定重要性需要运用职业判断。通常先选定一基准，再乘以某一百分比作为财务报表整体的重要性。适当的基准取决于被审计单位的具体情况，包括各类报表收益（如税前利润、营业收入、毛利和费用总额），以及所有者权益或净资产。对于以营利为目的的上市公司，通常以经常性业务的税前利润作为基准。

② 特定类别的交易、账户余额或披露的重要性水平。根据被审计单位的特定情况，下列因素可能表明存在一个或多个特定类别的交易、账户余额或披露，其发生的错报金额虽然低于财务报表整体的重要性，但合理预期将影响财务报表使用者依据财务报表做出的经济决策。

Ⅰ. 法律法规或适用的财务报告编制基础是否影响财务报表使用者对特定项目（如关联方交易、管理层和治理层的薪酬）计量或披露的预期；

Ⅱ．与被审计单位所处行业相关的关键性披露（如制药企业的研究与开发成本）；

Ⅲ．财务报表使用者是否特别关注财务报表中单独披露的业务的特定方面（如新收购的业务）。

▌做中学 2-2-3 ▐

（单选题）确定重要性水平时，不宜作为计算重要性水平基准的是（　　　）。

A．持续经营产生的利润　　　B．非经常性收益　　C．费用总额　　　D．营业收入

【答案】B

2．实际执行的重要性

实际执行的重要性，是指注册会计师确定的低于财务报表整体重要性的一个或多个金额，旨在将未更正和未发现错报的汇总数超过财务报表整体的重要性的可能性降至适当的低水平。如果适用，实际执行的重要性还指注册会计师确定的低于特定类别的交易、账户余额或披露的重要性水平的一个或多个金额。

实际执行的重要性通常为财务报表整体重要性的 50%～75%。接近财务报表整体重要性 50% 的情况有：（1）经常性审计；（2）以前年度审计调整较多；（3）项目总体风险较高（如处于高风险行业；经常面临较大市场压力；首次承接的审计项目；需要出具特殊目的的报告等）。接近财务报表整体重要性 75% 的情况有：（1）连续性审计；（2）以前年度审计调整较少；（3）项目总体风险较低（如处于低风险行业；市场压力较小）。

▌做中学 2-2-4 ▐

（多选题）以下对实际执行的重要性含义的理解中，恰当的有（　　　）。

A．低于财务报表整体的重要性的一个或多个金额

B．高于财务报表整体的重要性的一个或多个金额

C．低于特定类别的交易、账户余额或披露的重要性水平的一个或多个金额

D．高于特定类别的交易、账户余额或披露的重要性水平的一个或多个金额

【答案】A C

3．审计过程中修改重要性

由于存在下列原因，注册会计师可能需要修改财务报表整体的重要性和特定类别的交易、账户余额或披露的重要性水平：（1）审计过程中情况发生重大变化（如决定处置被审计单位的一个重要组成部分）；（2）获取新信息；（3）通过实施进一步审计程序，注册会计师对被审计单位及其经营的了解发生变化。

▌提示 2-2-1 ▐

注册会计师既不可以将重要性水平定得过高，也不可将重要性水平定得过低。如果重要性水平定得过高，虽然面临的困难较小，但影响财务报表使用者决策的错报往往没有查出，导致财务报表使用者决策失误并发生损失，从而引起诉讼。反之，如果重要性水平定得过低，虽然可以将财务报表使用者决策的错报、漏报均查出来，不会被起诉，但由于需要查出的错报太多，因此会发生较多的审计成本（完成一定数量的审计项目所支出人力、物力、财力的费用总和），甚至会出现收不抵支的情况。因此，重要性水平定得过低或过高，对注册会计师都是不利的，应将重要性水平确立在合适的水平上。

二、审计风险

审计风险，是指财务报表存在重大错报时注册会计师发表不恰当审计意见的可能性。审计业务是一种保证程度高的鉴证业务，可接受的审计风险应当足够低，以使注册会计师能够合理保证所审计财务报表不含有重大错报。在执行审计业务时，注册会计师应当考虑审计重要性及审计重要性与审计风险的关系。审计风险取决于重大错报风险和检查风险。

（一）重大错报风险

重大错报风险，是指财务报表在审计前存在重大错报的可能性。重大错报风险与被审计单位的风险相关，且独立存在于财务报表的审计中。在设计审计程序以确定财务报表整体是否存在重大错报时，注册会计师应当从财务报表层次和各类交易、账户余额和披露认定层次方面考虑重大错报风险。

1. 财务报表层次重大错报风险

财务报表层次重大错报风险与财务报表整体存在广泛联系，可能影响多项认定。此类风险难以界定于某类交易、账户余额和披露的具体认定。

2. 认定层次重大错报风险

认定层次重大错报风险是与某一财务报表项目在认定上相关的风险，如与主营业务收入在发生认定上相关的风险。在风险评估程序中运用分析程序主要在于识别那些可能表明财务报表存在重大错报风险的异常变化。在实质性程序中运用分析程序主要是更有效地将认定层次的检查风险降低至可接受的水平。认定层次的重大错报风险又可以进一步细分为固有风险和控制风险。由于固有风险和控制风险不可分割地交织在一起，有时无法单独进行评估。

（1）固有风险。固有风险，是指在考虑相关的内部控制之前，某类交易、账户余额或披露的某一认定易于发生错报（该错报单独或连同其他错报可能是重大的）的可能性。

（2）控制风险。控制风险，是指某类交易、账户余额或披露的某一认定发生错报，该错报单独或连同其他错报是重大的，但没有被内部控制及时防止或发现并纠正的可能性。控制风险取决于与财务报表编制有关的内部控制的设计和运行的有效性。由于控制的固有局限性，某种程度的控制风险始终存在。

┨ 提示 2-2-2 ┠

近年来，国内外频繁爆发了一系列财务舞弊案，它们严重危及资本市场的健康发展，也使审计职业界面临前所未有的信用危机。重大错报风险概念的提出，将审计的重心前移到风险评估。

（二）检查风险

检查风险，是指如果存在某一错报，该错报单独或连同其他错报可能是重大的，注册会计师为将审计风险降低至可接受的低水平而实施程序后没有发现这种错报的风险。检查风险取决于审计程序设计的合理性和执行的有效性。通常由于注册会计师并不对所有的交易、账户余额和披露进行检查，检查风险不可能降低为零。

重大错报风险和检查风险如图 2-2-1 所示。

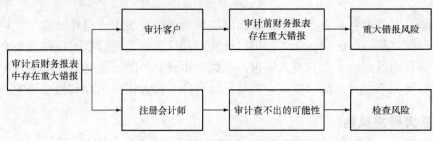

图 2-2-1　重大错报风险和检查风险

（三）审计风险模型

在既定的审计风险水平下，可接受的检查风险与认定层次重大错报风险的评估结果呈反向关系。评估的重大错报风险越高，可接受的检查风险越低；评估的重大错报风险越低，可接受的检查风险越高，如表 2-2-1 所示。检查风险与重大错报风险的反向关系可以用审计风险模型表示：

$$审计风险 = 重大错报风险 \times 检查风险$$

将此模型变形，可以计算计划的检查风险，即

$$计划的检查风险 = \frac{审计风险}{重大错报风险}$$

注册会计师应当合理设计审计程序的性质、时间安排和范围，并有效执行审计程序，以控制检查风险。审计风险模型的应用如图 2-2-2 所示。

表 2-2-1　　　　　　　　　　审计风险模型各要素的关系

重大错报风险	可接受的检查风险
高	低
中	中
低	高

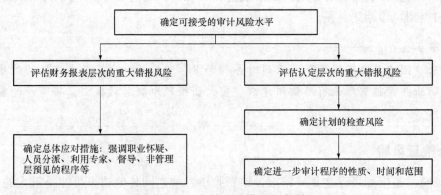

图 2-2-2　审计风险模型的应用

┨ 做中学 2-2-5 ┠

（多选题）下列与重大错报风险相关的表述中，不正确的是（　　　）。

A．重大错报风险是因错误使用审计程序产生的

B. 重大错报风险是假定不存在相关内部控制，某一认定发生重大错报的可能性

C. 重大错报风险独立于财务报表审计而存在，始终大于 0

D. 重大错报风险可以通过合理实施审计程序予以控制

【答案】A B D

▌做中学 2-2-6 ▐

（单选题）关于审计风险模型各要素的说法中，不恰当的有（   ）。

A. 审计风险是预先设定的

B. 审计风险是注册会计师审计前面临的

C. 重大错报风险是评估的

D. 检查风险是注册会计师通过实施实质性程序控制的

【答案】B

三、审计重要性与审计风险的关系

审计重要性与审计风险之间存在反向关系。审计重要性水平越高，审计风险越低；审计重要性水平越低，审计风险越高。这里所说的审计重要性水平高低指的是金额的大小。通常，5 000 元的重要性水平比 3 000 元的重要性水平高。在理解两者之间的关系时，必须注意，重要性水平是注册会计师从财务报表使用者的角度进行判断的结果。如果重要性水平是 5 000元，则意味着低于 5 000 元的错报不会影响到财务报表使用者的决策，此时注册会计师需要通过执行有关审计程序合理保证能发现高于 5 000 元的错报。如果重要性水平是 3 000 元，则金额在 3 000 元以上的错报就会影响财务报表使用者的决策，此时注册会计师需要通过执行有关审计程序合理保证能发现金额在 3 000 元以上的错报。显然，重要性水平为 3 000 元时审计不出这样的重大错报的可能性即审计风险，要比重要性水平为 5 000 元时的审计风险高。审计风险越高，越要求注册会计师收集更多更有效的审计证据，以将审计风险降低至可接受的低水平。因此，审计重要性和审计证据之间也是反向关系。审计重要性、审计风险和审计证据的关系如图 2-2-3 所示。

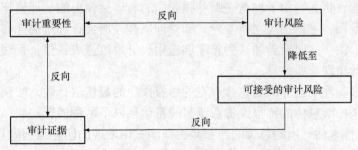

图 2-2-3　审计重要性、审计风险和审计证据的关系

由于审计重要性和审计风险存在上述反向关系，而且这种关系对注册会计师将要执行的审计程序的性质、时间安排和范围有直接的影响，因此，注册会计师应当综合考虑各种因素，合理确定审计重要性水平。

四、错报以及评价审计过程中识别出的错报

（一）错报的定义

错报，是指某一财务报表项目的金额、分类、列报或披露，与按照适用的财务报告编制基础应当列示的金额、分类、列报或披露之间存在的差异；或根据注册会计师的判断，为使财务报表在所有重大方面实现公允反映，需要对金额、分类、列报或披露作出的必要调整。

错报可能是由于错误或舞弊导致的。在注册会计师财务报表审计中，错报可能由下列事项导致：（1）收集或处理用以编制财务报表的数据时出现错误；（2）遗漏某项金额或披露；（3）由于疏忽或明显误解有关事实导致作出不正确的会计估计；（4）注册会计师认为管理层对会计估计作出不合理的判断或对会计政策作出不恰当的选择和运用。

（二）明显微小错报和累积识别出的错报

1. 明显微小错报

注册会计师可能将低于某一金额的错报界定为明显微小的错报，对这类错报不需要累积。这些明显微小的错报，无论单独或者汇总起来，无论从规模、性质或其发生的环境来看都是明显微不足道的。

2. 累积识别出的错报

为了帮助注册会计师评价审计过程中累积错报的影响，以及与管理层和治理层沟通错报事项，将错报区分为事实错报、判断错报和推断错报。

（1）事实错报。事实错报是毋庸置疑的错报。这类错报产生于：①被审计单位收集和处理数据的错误；②对事实的忽略或误解；③故意舞弊行为。例如，注册会计师在审计测试中发现最近购入存货的实际价值为 15 000 元，但账面记录的金额却为 10 000 元。因此，存货和应付账款分别被低估了 5 000 元，这里被低估的 5 000 元就是已识别的对事实的具体错报。

（2）判断错报。由于注册会计师认为管理层对会计估计作出不合理的判断或不恰当地选择和运用会计政策而导致的差异。这类错报产生于两种情况：①管理层和注册会计师对会计估计值的判断差异，例如，由于包含在财务报表中的管理层作出的估计值超出了注册会计师确定的一个合理范围，导致出现判断差异；②管理层和注册会计师对选择和运用会计政策的判断差异，例如，由于注册会计师认为管理层选用会计政策造成错报，管理层却认为选用会计政策适当，导致出现判断差异。

（3）推断错报。注册会计师对总体存在的错报作出的最佳估计数，涉及根据在审计样本中识别出的错报来推断总体的错报。推断错报通常包括以下两种情况。

① 通过测试样本估计出的总体的错报减去在测试中发现的已经识别的具体错报。例如，应收账款年末余额为 2 000 万元，注册会计师抽查 10%样本发现金额有 100 万元的高估，高估部分为账面金额的 20%，据此注册会计师推断总体的错报金额为 400 万元（即 2 000 万元×20%），那么上述 100 万元就是已识别的具体错报，其余 300 万元就是推断误差。

② 通过实质性分析程序推断出的会计错报。例如，注册会计师根据客户的预算资料及行业趋势等要素，对客户年度销售费用独立作出估计，并与客户账面金额比较，发现两者间

有 50%的差异；考虑到估计的精确性有限，注册会计师根据经验认为 15%的差异通常是可接受的，而剩余 35%的差异需要有合理解释并取得佐证性证据；假定注册会计师对其中 15%的差异无法得到合理解释或不能取得佐证，则该部分差异金额即为推断误差。

累计识别出的错报的具体情形如表 2-2-2 所示。

表 2-2-2　　　　　　　　　　　　累积识别出的错报

序号	识别出的错报	具体情形
1	事实错报	（1）被审计单位收集和处理数据的错误 （2）对事实的忽略或误解 （3）故意舞弊行为
2	判断错报	（1）管理层和注册会计师对会计估计值的判断差异 （2）管理层和注册会计师对选择和运用会计政策的判断差异
3	推断错报	（1）通过测试样本估计出的总体的错报减去在测试中发现的已经识别的具体错报 （2）通过实质性分析程序推断出的估计错报

做中学 2-2-7

（单选题）注册会计师王晓慧正在审计奥科公司 2012 年度财务报表。如果奥科公司年度利息费用账面金额为 2 000 万元，王晓慧做出的预期值为 3 000 万元，奥科公司无法提供上述差异的合理解释及佐证性证据。王晓慧确定预期值与账面金额之间可接受的差异额为 200 万元。假定不考虑其他因素，王晓慧确定的推断错报金额是（　　　　）。

A. 1 000 万元　　　　B. 200 万元　　　　C. 600 万元　　　　D. 800 万元

【答案】D

做中学 2-2-8

（单选题）关于累积识别出的错报，以下理解中，不恰当的是（　　　　）。

A. 累积识别出的错报包括明显微小的错报

B. 累积识别出的错报包括事实错报、判断错报和推断错报

C. 判断错报是指管理层、注册会计师对会计估计值的判断差异和对选择和运用会计政策的判断差异

D. 推断错报包括通过测试样本估计出的总体的错报减去在测试中发现的已经识别出的具体错报和通过实质性分析程序推断出的估计错报

【答案】A

（三）对审计过程识别出的错报的考虑

错报可能不会孤立发生，一项错报的发生还可能表明存在其他错报。例如，注册会计师识别出由于内部控制失效而导致的错报，或被审计单位广泛运用不恰当的假设或评估方法而导致的错报，均可能表明还存在其他错报。抽样风险和非抽样风险也可能导致某些错报未被发现。

注册会计师可能要求管理层检查某类交易、账户余额或披露，以使管理层了解注册会计师识别出的错报的产生原因，并要求管理层采取措施以确定这些交易、账户余额或披露实际发生错报的金额，以及对财务报表作出适当的调整。

（四）错报的沟通和更正

及时与适当层级的管理层沟通错报事项是重要的，因为这能使管理层评价这些事项是否为错报，并采取必要行动，如有异议则告知注册会计师。适当层级的管理层通常是指有责任和权限对错报进行评价并采取必要行动的人员。

管理层更正所有错报（包括注册会计师通报的错报），能够保持会计账簿和记录的准确性，降低由于与本期相关的、非重大的且尚未更正的错报的累积影响而导致未来期间财务报表出现重大错报的风险。

（五）评价未更正错报的影响

未更正错报，是指注册会计师在审计过程中累积的且被审计单位未予更正的错报。注册会计师需要考虑每一单项错报，以评价其对相关类别的交易、账户余额或披露的影响。可能影响评价的情况包括：（1）错报对遵守监管要求的影响程度；（2）错报对遵守债务合同或其他合同条款的影响程度；（3）错报与会计政策的不正确选择或运用相关，这些会计政策的不正确选择或运用对当期财务报表不产生重大影响，但可能对未来期间财务报表产生重大影响；（4）错报掩盖收益的变化或其他趋势的程度（尤其是在结合宏观经济背景和行业状况进行考虑时）；（5）错报对用于评价被审计单位财务状况、经营成果或现金流量的有关比率的影响程度；（6）错报对财务报表中披露的分部信息的影响程度；（7）错报对增加管理层薪酬的影响程度。

提示 2-2-3

分部信息，是指按企业的不同行业和经营的不同地区编报的财务资料。

做中学 2-2-9

（多选题）在运用审计重要性概念时，下列各项中，注册会计师认为应当考虑包括在内的有（　　　）。

A．财务报表整体的重要性　　　　　　　　B．实际执行的重要性

C．特定类别的交易、账户余额或披露的重要性水平　　D．明显微小错报的临界值

【答案】A B C D

做中学 2-2-10

（计算题）兰拓股份有限公司（以下简称兰拓公司）是一家研发、生产和销售家电类产品的主板上市公司，中和天成会计师事务所连续多年审计兰拓公司财务报表，注册会计师李泽方是项目负责人，他了解到兰拓公司在同行业中产销规模和利润水平排行第五位，2012年未发生重组和并购事项，市场竞争非常激烈。假设2012年度财务报表整体重要性水平是1 000 000元，应收款项的特定类别的重要性水平是280 000元，应收款项的实际执行的重要性水平为140 000元，应收款项的明显微小错报为14 000元。审计前兰拓公司利润总额为1 200 000元。

【要求】（1）根据表2-2-3，注册会计师李泽方至少应当将审计项目（1）～（5）中的哪两个项目作为重点测试项目，并简要说明理由。

表 2-2-3　　兰拓公司 2011 年和 2012 年资产负债表的应收账款和其他应收款项目数据

项目序号	应收账款和其他应收款	2012 年（未审）	2011 年（审定）
（1）	应收账款	3 817 400	1 194 400
（2）	减：应收账款坏账准备	-100 000	-90 000
（3）	其中：应收关联方款项	2 025 400	34 600
（4）	预付账款	200 000	200 000
（5）	关联方借款	266 800	138 800
合计		6 209 600	1 477 800

（2）根据表 2-2-4 资料中注册会计师查出的审计项目（1）～（5）的事实错报，逐一指出注册会计师是否需要累积这些错报，简要说明理由，并填写表 2-2-5。

表 2-2-4　　注册会计师查出的兰拓公司 2012 年应收账款和其他应收款项目的事实错报

项目序号	应收款项	认定类别	2012 年事实错报
（1）	应收账款	存在	1 400 000
（2）	减：应收账款坏账准备	计价和分摊	-500 000
（3）	其中：应收关联方款项	存在	1 050 000
（4）	预付账款	完整性	20 000
（5）	关联方借款	完整性	10 000

表 2-2-5　　　　　　　　　注册会计师是否需要累积这些错报及其理由

项目序号	应收款项	事实错报	是否需要累积	理由
（1）	应收账款	1 400 000		
（2）	减：应收账款坏账准备	-500 000		
（3）	其中：应收关联方款项	1 050 000		
（4）	预付账款	20 000		
（5）	关联方借款	10 000		

【答案】（1）重点测试项目至少包括应收账款（包含坏账准备）和应收关联方款项。这是因为，兰拓公司是一家上市公司，在家电行业排名第五，行业竞争非常激烈，从财务报表层次重大错报风险角度分析，应收账款可能存在高估（应收账款 2012 年基于 2011 年增长 219.61%，但计提的坏账准备 2012 年基于 2011 年仅增加 11.11%），同时，高估的应收账款很可能是通过关联方交易来处理的，因为应收关联方款项异常增加（2012 年基于 2011 年增长 5 753.76%）。

（2）填写表 2-2-5，结果如表 2-2-6 所示。

表 2-2-6　　　　　　　　　　　表 2-2-5 填写结果

项目序号	应收款项	事实错报	是否需要累积	理由
（1）	应收账款	1 400 000	是	高于 14 000
（2）	减：应收账款坏账准备	-500 000	是	高于 14 000
（3）	其中：应收关联方款项	1 050 000	是	高于 14 000
（4）	预付账款	20 000	是	高于 14 000
（5）	关联方借款	10 000	否	低于 14 000

拓展阅读

【材料】 　　　　　　　　　　　**报表层次和认定层次**

　　报表层次和认定层次是对评估的重大错报风险所属层次的描述。其中，认定是对交易、事项、期末账户余额以及披露的简称。

　　导致财务报表产生重大错报的因素中，既包括宏观的、全局性的因素，也包括具体的、局部性的因素。由宏观的、全局性的因素导致的重大错报风险为财务报表层次的重大错报风险，由具体的、局部性因素导致的重大错报风险为认定层次的重大错报风险。

　　如果一项重大错报风险可能影响财务报表整体，或其影响不限于个别认定，则该重大错报风险属于财务报表层次的重大错报风险；如果评估的重大错报风险的影响仅限于某类交易、事项、期末账户余额或某类披露，则属于认定层次的重大错报风险。例如，计提的存货跌价准备可能不足，一般会与存货项目的计价和分摊认定相联系，属于认定层次的重大错报风险。如果确认被审计单位的控制环境薄弱，可能与财务报表层次的重大错报风险相联系。

 自我检测

一、单选题

　　1. 下列有关重要性的说法中，不正确的是（　　　）。

　　A. 重要性与可接受的审计风险之间呈同向关系，即重要性水平越高，可接受的审计风险越高

　　B. 重要性与审计证据呈反向关系，即重要性水平越低，所需审计证据越多

　　C. 重要性不仅包括对错报数量的考虑，还包括对错报性质的考虑

　　D. 对重要的账户或交易，为了提高效率，重要性水平相应较低

　　2. 注册会计师认为资产负债表的错（漏）报汇总数为 10 万元时是重要的，利润表的错（漏）报汇总数为 20 万元是重要的，在制订审计计划时，审计重要性水平应定为（　　　）万元。

　　A. 10　　　　　　　B. 20　　　　　　　C. 15　　　　　　　D. 30

　　3. 下列有关审计风险和重要性水平的说法中不正确的是（　　　）。

　　A. 由于固有风险和控制风险不可分割地交织在一起，所以注册会计师不可以单独对固有风险和控制风险进行评估

　　B. 在评价审计程序结果时，注册会计师确定的重要性和审计风险，可能与计划审计工作时评估的重要性和审计风险存在差异。在这种情况下，注册会计师应当重新确定重要性和审计风险，并考虑实施的审计程序是否充分

　　C. 控制风险取决于与财务报表编制有关的内部控制的设计和运行的有效性

　　D. 在为被审计单位编制审计计划时，注册会计师可能有意地规定计划的重要性水平低于将用于评价审计结果的重要性水平，以保证能够执行较多的审计程序，收集较多的审计证据，减少未发现错报的可能性

　　4. 在执行审计业务时，注册会计师应当确定合理的重要性水平。下列做法正确的是（　　　）。

A. 通过调高重要性水平，降低审计风险

B. 在确定计划的重要性水平时，制订较低金额的重要性水平，以降低评估的重大错报风险

C. 在确定计划的重要性水平时，应当考虑对被审计单位及其环境的了解

D. 在确定计划的重要性水平时，应当考虑实施进一步审计程序的结果

5. 下列各项中与奥科公司财务报表层次重大错报风险评估最相关的是（　　　）。

A. 奥科公司应收账款周转率呈明显下降趋势

B. 奥科公司控制环境薄弱

C. 奥科公司的生产成本计算过程相当复杂

D. 奥科公司持有大量高价值且易被盗窃的资产

6. 下列有关重要性、审计风险和审计证据的说法中，不正确的是（　　　）。

A. 重要性与客观存在的审计风险之间存在反向关系

B. 重要性和审计证据的数量之间存在反向关系

C. 可接受的审计风险与审计证据的数量之间存在反向关系

D. 注册会计师可以通过调高重要性水平来降低审计风险

7. 如果某一审计项目的审计风险为 5%，注册会计师评估的认定层次重大错报风险为30%，则计划的检查风险应为（　　　）。

A. 75%　　　　　　B. 16.67%　　　　　　C. 35%　　　　　　D. 20%

8. 根据审计风险模型规定，下列表述中不正确的是（　　　）。

A. 在审计业务中，注册会计师应将审计风险降低至可接受的低水平，以合理保证财务报表不存在由于舞弊或错误导致的重大错报

B. 在既定的审计风险水平下，评估的重大错报风险越高，可接受的检查风险越低，需要的审计证据越多

C. 注册会计师可以通过扩大执行审计程序的性质、时间和范围，消除检查风险

D. 注册会计师应当获得认定层次充分、适当的审计证据，以便在完成审计工作时，能够以可接受的低审计风险对财务报表整体发表意见

9. 下列关于累积识别出的错报的说法中，不正确的是（　　　）。

A. 注册会计师应当累积审计过程中识别出的错报，除非错报明显微小

B. 如果不确定一个或多个错报是否明显微小，就不能认为这些错报是明显微小的

C. 错报区分为事实错报、判断错报和推断错报

D. 通过实质性分析程序推断出的估计错报，不属于推断错报

10. 在下列描述中，需要运用审计重要性概念的是（　　　）。

A. 编写管理建议书　　　　　　　　　　B. 接受业务委托

C. 评价审计结果　　　　　　　　　　　D. 签订审计业务约定书

二、多选题

1. 确定实际执行的重要性并非简单机械的计算，需要考虑下列（　　　）因素的影响。

A. 注册会计师的职业判断

B. 对被审计单位的了解（这些了解在实施风险评估程序的过程中得到更新）

    C. 根据前期识别出的错报对本期错报作出的预期

    D. 前期审计工作中识别出的错报的性质和范围

2. 注册会计师在编制审计计划时，对重要性水平的初步判断为 100 万元，而在评价审计结果时运用的重要性水平为 200 万元，则下列说法中正确的有（   ）。

    A. 这有可能表明注册会计师所执行的审计程序不充分

    B. 这种做法通常可以减少未被发现的错报的可能性

    C. 这有可能表明审计结果差错率较低，并令注册会计师满意

    D. 这有可能表明注册会计师的审计风险相应增加，需要收集更多的审计证据

3. 以下关于审计风险的表述中，正确的有（   ）。

    A. 注册会计师的合理保证意味审计风险始终存在

    B. 注册会计师应当通过控制检查风险以使审计风险降低至可接受的低水平

    C. 财务报表层次的重大错报风险与财务报表整体存在广泛联系，并可能影响多项认定

    D. 如果审计程序设计合理并且执行有效，可以将检查风险降低为零

4. 判断错报包括两种情况，分别是（   ）。

    A. 通过测试样本估计出的总体的错报减去在测试中发现的已经识别的具体错报

    B. 管理层和注册会计师对会计估计值的判断差异

    C. 通过实质性分析程序推断出的估计错报

    D. 管理层和注册会计师对选择和运用会计政策的判断差异

5. 推断错报通常包括（   ）。

    A. 通过测试样本估计出的总体的错报减去在测试中发现的已经识别的具体错报

    B. 毋庸置疑的错报

    C. 通过实质性分析程序推断出的估计错报

    D. 由于注册会计师认为管理层对会计估计作出不合理的判断或不恰当地选择和运用会计政策而导致的差异

三、案例题

案例一

【材料】审计项目组对奥科公司 2012 年度财务报表进行审计，确定资产负债表的重要性水平为 140 万元，利润表的重要性水平为 200 万元。奥科公司总资产构成如表 2-2-7 所示。

表 2-2-7   奥科公司 2012 年部分资产项目

项 目	金额（万元）	项 目	金额（万元）
货币现金	200	固定资产	5 000
应收账款	2 000	无形资产	800
存货	6 000	总计	14 000

【要求】（1）奥科公司 2012 年度财务报表层次的计划重要性水平是多少？

（2）按资产所占比例如何分配财务报表层次的重要性到各账户？有无缺陷？为什么？

案例二

【材料】注册会计师王晓慧在评价奥科公司 2012 年的审计风险时，分别假定了以下四种情况，如表 2-2-8 所示。

表 2-2-8　　　　　　　　奥科公司审计风险及其重大错报风险

风险类型	情况 A	情况 B	情况 C	情况 D
可接受的审计风险（%）	1	2	3	4
重大错报风险（%）	60	50	80	70

【要求】计算分析上述四种情况下，可接受的检查风险水平分别是多少？哪种情况下注册会计师需要获取最多的审计证据？为什么？

模块三　审计证据

 案例导入

2013 年 1 月 15 日，项目合伙人冯天海安排注册会计师朱国栋和审计助理李英祥发放银行询证函。朱国栋和李英祥通过翻看银行存款日记账，找到了与奥科公司有存款、借款往来的四家银行，填写询证函后由朱国栋负责寄出。10 天后，朱国栋收到了其中三家银行的回函，函件证实与奥科公司的往来事实，且和奥科公司的账面记录一致，但有一家银行没有回函。李英祥问朱国栋老师："下一步我们应该怎么办？是再次发放询证函还是考虑其他的方法？"朱国栋老师笑笑说："看来你掌握到不少函证的知识！我们再发一次询证函，若还是没有回函，我们再考虑其他替代措施。"请问：朱国栋的说法正确吗？函证的替代措施有哪些？他们仅仅通过银行存款日记账查找往来银行的做法合适吗？

 相关知识

一、审计证据的含义及其特征

（一）审计证据的含义

审计证据，是指注册会计师为了得出审计结论、形成审计意见时使用的所有信息。审计证据包括构成财务报表基础的会计记录所含有的信息和其他信息。

1. 会计记录中含有的信息

会计记录主要包括原始凭证、记账凭证、总分类账和明细账等，是编制财务报表的基础，构成注册会计师执行财务报表审计业务所需获取的审计证据的重要部分。将这些会计记录作为审计证据时，其来源和被审计单位内部控制的相关强度（对内部生成的证据而言）都会影响注册会计师对这些会计记录的信赖程度。

2. 其他信息

会计记录中含有的信息本身并不足以提供充分的审计证据作为注册会计师对财务报表发表审计意见的基础，注册会计师还应当获取用作审计证据的其他信息。可用做审计证据的其他信息包括：（1）注册会计师从被审计单位内部或外部获取的会计记录以外的信息，如询证函的回函；（2）通过询问、观察和检查等审计程序获取的信息，如通过检查存货获取存货存在性的证据等；（3）自身编制或获取的可以通过合理推断得出结论的信息，如注册会计师编制的各种分析表等。

做中学 2-3-1

（多选题）关于审计证据的含义，以下理解中恰当的有（　　　）。

A. 注册会计师仅仅依靠会计记录不能有效形成结论，还应当获取其他信息的审计证据

B. 注册会计师对财务报表发表审计意见的基础是会计记录中含有的信息

C. 如果会计记录是电子数据，注册会计师必须对生成这些信息所依赖的内部控制予以充分关注

D. 注册会计师将会计记录和其他信息两者结合在一起，才能将审计风险降至可接受的低水平，为发表审计意见提供合理基础

【答案】A　C　D

（二）审计证据的特征

注册会计师应当获取充分、适当的审计证据，以得出合理的审计结论，作为形成审计意见的基础。

1. 审计证据的充分性

审计证据的充分性是对审计证据数量的衡量，主要与注册会计师确定的样本量有关。

影响审计证据充分性的因素有：（1）注册会计师确定的样本量。（2）注册会计师对重大错报风险的评估（评估的重大错报风险越高，需要的审计证据可能越多）；（3）注册会计师获取审计证据的质量（审计证据质量越高，需要的审计证据数量可能越少）。

2. 审计证据的适当性

审计证据的适当性，是对审计证据质量的衡量，即审计证据在支持审计意见所依据的结论方面具有的相关性和可靠性。相关性和可靠性是审计证据适当性的核心内容，只有相关且可靠的审计证据才是高质量的。

（1）审计证据的相关性。审计证据的相关性，是指用作审计证据的信息与审计程序的目的和所考虑的相关认定之间的逻辑联系。用作审计证据的信息的相关性可能受到控制测试和细节测试方向的影响。

（2）审计证据的可靠性。审计证据的可靠性，是指审计证据的可信程度。审计证据的可靠性受其来源和性质的影响，并取决于获取审计证据的具体环境。

注册会计师通常按照下列原则考虑审计证据的可靠性。

① 从外部独立来源获取的审计证据比从其他来源获取的审计证据更可靠。从外部独立来源获取的审计证据未经被审计单位有关职员之手，从而减少了伪造、更改凭证或业务记录的可能性，因而其可靠性最高。此类证据如银行询证函的回函、应收账款询证函的回函、保险公司出具的证明等。相反，如果从其他来源获取的审计证据，由于证据提供者与被审计单位存在经济或行政关系，其可靠性较低，此类证据如被审计单位内部的会计记录、会议记录等。

② 内部控制有效时内部生成的审计证据比内部控制薄弱时内部生成的审计证据更可靠。如果被审计单位有着健全的内部控制且在日常管理中得到一贯的执行，会计记录的可信赖程度将会增加。如果被审计单位的内部控制薄弱，甚至不存在任何内部控制，被审计单位会计记录的可靠性就大为降低。例如，如果与销售业务相关的内部控制有效，注册会计师就能从销售发票和发货单中取得比内部控制不健全时更加可靠的审计证据。

③ 直接获取的审计证据比间接获取或推论得出的审计证据更可靠。间接获取的证据有被涂改及伪造的可能性，降低了可信赖程度；推论得出的审计证据，其主观性较强，人为因素较多，可信赖程度也受到影响。例如，注册会计师观察某项内部控制的运行得到的证据比询问被审计单位某项内部控制的运行得到的证据更可靠。

④ 以文件、记录形式（无论是纸质、电子或其他介质）存在的审计证据比口头形式的审计证据更可靠。口头证据本身并不足以证明事实的真相，仅仅提供了一些重要线索，为进一步调查确认所用。例如，注册会计师在对应收账款进行账龄分析后，可以向应收账款负责人询问逾期应收账款收回的可能性。如果该负责人的意见与注册会计师自行估计的坏账损失基本一致，则这一口头证据就可成为证实注册会计师对有关坏账损失判断的重要证据。但在一般情况下，口头证据往往需要得到其他相应证据的支持。

⑤ 从原件获取的审计证据比从传真件或复印件获取的审计证据更可靠。传真件或复印件很容易被篡改或伪造，可靠性较低。注册会计师可审查原件是否有被涂改或伪造的迹象，排除伪证，提高证据的可信赖程度。

‖ 提示 2-3-1 ‖

注册会计师在按照上述原则评价审计证据的可靠性时，还应当注意可能出现的重要例外情况。例如，审计证据虽然是从独立的外部来源获得，但如果该证据是由不知情者或不具备资格者提供，审计证据也可能是不可靠的。同样，如果注册会计师不具备评价证据的专业能力，那么即使是直接获取的证据，也可能不可靠。

3. 充分性和适当性的关系

充分性和适当性是审计证据的两个重要特征，两者缺一不可，只有充分且适当的审计证据才是有证明力的。审计证据的适当性会影响审计证据的充分性，审计证据质量越高，需要的审计证据数量可能越少。尽管审计证据的充分性和适当性相关，但如果审计证据的质量存在缺陷，那么注册会计师仅靠获取更多的审计证据可能无法弥补其质量上的缺陷。审计证据的特征及其关系如图 2-3-1 所示。

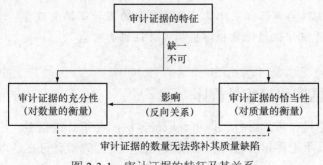

图 2-3-1　审计证据的特征及其关系

部分证据及其证明力的列举如表 2-3-1 所示。

表 2-3-1 部分证据及其证明力的列举

列举证据	证据证明力	证据可靠性
由企业编制,注册会计师复核的库存现金盘点表	(1)库存现金的存在、完整 (2)库存现金收支的正确截止	实物证据;可靠
注册会计师直接收取的应收账款函证回函	证实应收账款账户余额的真实性、正确性	外部证据;可靠
注册会计师获取的银行存款余额调节表	资产负债表所列银行存款是否存在	内部证据,有银行对账单验证;可靠
注册会计师做成的企业投资业务询问笔录	就有关投资业务的真实性、计价等了解情况,征询意见,发掘线索	可靠性较弱,需要得到其他相应证据的支持
购货发票	交易的真实性、完整性、计价、所有权等	外部证据;可靠
律师声明书	期后事项和或有事项等的真实性、完整性、估价、披露等	外部证据;一般是可靠的,但注册会计师应确定其合理性
管理当局声明书	明确会计责任和审计责任	内部证据;可靠性较低
企业折旧计算表	资产的净值估价	内部证据;可靠性视内部控制的好坏而定,注册会计师应复核
费用报销制度	体现授权控制	一般不属于基本证据

┃ 做中学 2-3-2 ┃

(单选题)以下有关审计证据特征的理解中,恰当的是(　　　)。

A. 获取的审计证据数量越多,越能增进审计证据的适当性

B. 审计证据越适当,需要的数量越多

C. 审计证据质量不高,则需要更多的证据增强其证明力

D. 审计证据质量存在缺陷,无法依靠证据的数量弥补

【答案】D

┃ 做中学 2-3-3 ┃

(单选题)在确定审计证据的可靠性时,下列表述中错误的是(　　　)。

A. 以书面形式存在的审计证据比口头形式的审计证据更可靠

B. 从外部独立来源获取的审计证据比从其他来源获取的审计证据更可靠

C. 从复印件获取的审计证据比从传真件获取的审计证据更可靠

D. 直接获取的审计证据比推论得出的审计证据更可靠

【答案】C

二、获取审计证据的具体审计程序

获取审计证据的具体审计过程,即审计取证方法。在审计过程中,注册会计师可根据需要单独或综合运用以下七种审计程序,以获取充分、适当的审计证据。本书将重点讲解函证和分析程序。

（一）检查

检查，是指注册会计师对被审计单位内部或外部生成的，以纸质、电子或其他介质形式存在的记录和文件进行审查，或对资产进行实物审查。检查程序具有方向性，即顺查和逆查。

1. 顺查

顺查，又称正查，是指根据会计业务处理程序进行分类，即按照所有原始凭证的发生时间顺序进行检查，逐一核对。

这种方法的审查顺序（见图2-3-2）是：（1）检查原始凭证的真实性、合法性；（2）以记账凭证或记账凭证汇总表核对日记账、明细账和总分类账，视其是否一致，并经过账账、账实的检查核对；（3）经核实的账目与财务报表相核对，并分析确定财务报表编制的真实性、合法性。

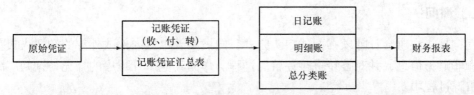

图 2-3-2 顺查过程

顺查的优点：（1）审计过程全面细致，不容易遗漏错弊事项，审计质量较高；（2）方法简单，易于掌握。其缺点是不能突出重点，机械繁杂，工作量大，不利于提高审计工作效率。这种方法适用于业务规模较小、会计资料较少、存在问题较多的被审计单位。

2. 逆查

逆查，是指审计取证的顺序与反映经济业务的会计资料形成过程相反的方法。

这种方法的审查顺序（见图2-3-3）是：（1）分析检查财务报表，从中发现异常变动和问题线索，确定审计重点；（2）追查至相关的日记账、明细账和总分类账，通过账账、账实的检查核对，进一步确定需要重点检查的记账凭证；（3）核对记账凭证直至原始凭证，以最终查明问题的原因和过程。

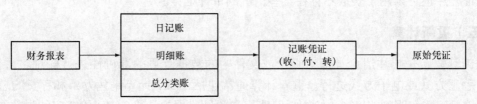

图 2-3-3 逆查过程

逆查的优点：（1）可从审计事项的总体上把握重点，在发现问题线索的基础上明确主攻方向，目的性、针对性比较强；（2）重点突出，可以节省人力和时间，提高审计工作效率。而其缺点是可能遗漏重要错弊事项。逆查适用于业务规模较大，内部控制系统比较健全，管理基础较好的被审计单位。

做中学 2-3-4

（单选题）在奥科公司的审计过程中，注册会计师朱国栋运用检查有形资产程序主要为（   ）认定提供审计证据。

A. 资产的金额是否正确　　　B. 验证资产是否存在

C. 验证资产的权利和义务　　D. 证明资产的完整性

【答案】B

（二）观察

观察，是指注册会计师察看相关人员正在从事的活动或实施的程序。例如，注册会计师对被审计单位人员执行的存货盘点或控制活动进行观察。观察可以提供执行有关过程或程序的审计证据，但观察所提供的审计证据仅限于观察发生的时点，而且被观察人员的行为可能因被观察而受到影响，这也会使观察提供的审计证据受到限制，因此，注册会计师有必要获取其他类型的佐证证据。

（三）询问

询问，是指注册会计师以书面或口头方式，向被审计单位内部或外部的知情人员获取财务信息和非财务信息，并对答复进行评价的过程。作为其他审计程序的补充，询问广泛应用于整个审计过程中。

知情人员对询问的答复可能为注册会计师提供尚未获悉的信息或佐证证据，也可能提供与已获悉信息存在重大差异的信息，注册会计师应当根据询问结果考虑修改审计程序或实施追加的审计程序。询问本身不足以发现认定层次存在的重大错报，也不足以测试内部控制运行的有效性，注册会计师还应当实施其他审计程序以获取充分、适当的审计证据。

（四）函证

函证，是指注册会计师直接从第三方（被询证者）获取书面答复以作为审计证据的过程，书面答复可以采用纸质、电子或其他介质等形式。

函证适用的范围有：（1）当针对的是与特定账户余额及其项目相关的认定时，函证常常是相关的程序；（2）函证不必仅仅局限于账户余额，还适用于对协议和交易条款进行函证；（3）函证程序还可以用于获取不存在某些情况的审计证据。

（五）重新计算

重新计算，是指注册会计师对记录或文件中的数据计算的准确性进行核对。重新计算可通过手工方式或电子方式进行。重新计算通常包括：（1）计算销售发票和存货的总金额；（2）加总日记账和明细账；（3）检查折旧费用和预付费用的计算；（4）检查应纳税额的计算。

（六）重新执行

重新执行，是指注册会计师独立执行原本作为被审计单位内部控制组成部分的程序或控制。例如，注册会计师利用被审计单位的银行存款日记账和银行对账单，重新编制银行存款余额调节表，并与被审计单位编制的银行存款余额调节表进行比较。

（七）分析程序

分析程序，是指注册会计师通过分析不同财务数据之间以及财务数据与非财务数据之间的内在关系，对财务信息作出评价。分析程序还包括在必要时对识别出的、与其他相关信息不一致或与预期值差异重大的波动或关系进行调查。

上述七种审计程序单独或组合起来，可用作整个审计过程。表 2-3-2 列示了具体审计程序与认定的关系。

表 2-3-2　　　　　　　　　审计程序及其能获取的认定

审计程序	特　点	获取的审计证据能证明的认定
检查	可提供可靠程度不同的审计证据，审计证据的可靠性取决于记录或文件的来源和性质	存在（逆查）、完整性（顺查）
观察	观察提供的审计证据仅限于观察发生的时点	存在
询问	询问本身不足以发现认定层次存在的重大错报，也不足以测试内部控制运行的有效性	存在、完整性、权利和义务
函证	函证获取的审计证据可靠性较高	存在、权利和义务
重新计算	对记录或文件中的数据计算准确性进行核对	计价和分摊／准确性和计价
重新执行	注册会计师重新编制银行存款余额调节表，并与被审计单位编制的银行存款余额调节表进行比较	（内部控制有效性）
分析程序	使用时需要存在有预期的数据关系	计价和分摊、存在、完整性

做中学 2-3-5

（多选题）关于审计程序的作用，以下说法中，恰当的是（　　　）。

A. 检查有形资产可提供资产的权利和义务的全部审计证据

B. 观察提供的审计证据仅限于观察发生的时点

C. 注册会计师应当通过获取其他证据予以佐证询问的答复

D. 分析程序仅适用于财务信息

【答案】B　C

做中学 2-3-6

（单选题）下列审计程序中，通常不用作实质性程序的是（　　　）。

A. 重新计算　　　　B. 分析程序　　　　C. 检查　　　　D. 重新执行

【答案】D

做中学 2-3-7

（单选题）下列各项中，注册会计师朱国栋为获取适当审计证据所实施的审计程序与审计目标最相关的是（　　　）。

A. 从奥科公司销售发票中选取样本，追查至对应的发货单，以确定销售的完整性

B. 实地观察奥科公司固定资产，以确定固定资产的所有权

C. 对已盘点的奥科公司存货进行检查，将检查结果与盘点记录相核对，以确定存货的计价正确性

D. 复核奥科公司编制的银行存款余额调节表，以确定银行存款余额的正确性

【答案】D

┨ 做中学 2-3-8 ┠

（计算题）注册会计师朱国栋依据各类交易、账户余额和披露的相关认定确定审计目标，根据审计目标设计审计程序。表 2-3-3 给出了应收账款的相关认定。

表 2-3-3　　　　　　　　　　　应收账款的相关认定

应收账款的相关认定	审计目标	审计程序
存在		
完整性		
计价和分摊		

【要求】请根据表 2-3-3 中给出的应收账款的相关认定确定审计目标，并针对每一审计目标简要设计两项审计程序。

【答案】表 2-3-3 填写结果，如表 2-3-4 所示。

表 2-3-4　　　　　　　　　　　表 2-3-3 填写结果

应收账款的相关认定	审计目标	审计程序
存在	存在	（1）向客户函证；（2）从应收账款明细账账簿记录追查至记账凭证，检查销售合同、发票存根与发运凭证
完整性	完整性	（1）选取发运凭证，追查至销售发票、记账凭证、应收账款明细账；（2）选取销售发票，追查至发运凭证、记账凭证、应收账款明细账
计价和分摊	计价和分摊	（1）检查期后已收回应收账款情况；（2）分析应收账款账龄，确定坏账准备计提是否适当

三、函证

注册会计师应当考虑被审计单位的经营环境、内部控制的有效性、账户或交易的性质、被询证者处理询证函的习惯做法及回函的可能性等，以确定函证的内容、范围、时间和方式。如果被审计单位中与应收账款存在性有关的内部控制设计良好并有效运行，注册会计师可适当减少函证的样本量。

（一）函证的内容

1. 银行存款、借款及与金融机构往来的其他重要信息

注册会计师应当对银行存款（包括零余额账户和在本期内注销的账户），借款及与金融机构往来的其他重要信息实施函证程序，除非有充分证据表明某一银行存款、借款及与金融机构往来的其他重要信息对财务报表不重要且与之相关的重大错报风险很低。如果不对这些项目实施函证程序，注册会计师应当在审计工作底稿中说明理由。

2. 应收账款

注册会计师应当对应收账款实施函证程序，除非有充分证据表明应收账款对财务报表不重要，或函证很可能无效。如果认为函证很可能无效，注册会计师应当实施替代审计程序，获取相关、可靠的审计证据。如果不对应收账款函证，注册会计师应当在审计工作底稿中说明理由。

┥ 提示 2-3-2 ┝

替代审计程序，是指原来计划阶段确定的程序无法执行，注册会计师为了实现同一审计目标，必须执行另外一项程序，比如因为客观原因（如天气变化），注册会计师无法执行监盘程序，就应当执行替代程序，包括检查有关存货的收发凭单等原始凭证。

3. 函证的其他内容

注册会计师可以根据具体情况和实际需要对下列内容（包括但并不限于）实施函证：（1）交易性金融资产；（2）应收票据；（3）其他应收款；（4）预付账款；（5）由其他单位代为保管、加工或销售的存货；（6）长期股权投资；（7）应付账款；（8）预收账款；（9）保证、抵押或质押；（10）或有事项；（11）重大或异常的交易。

┥ 做中学 2-3-9 ┝

（单选题）以下项目中，必须实施函证的是（　　　　　）。

A. 长期股权投资　　　B. 应收票据　　　C. 银行存款　　　D. 应付账款

【答案】C

（二）函证程序实施的范围

如果采用审计抽样的方式确定函证程序的范围，无论采用统计抽样方法，还是非统计抽样方法，选取的样本应当足以代表总体。

根据对被审计单位的了解、评估的重大错报风险以及所测试总体的特征等，注册会计师可以确定从总体中选取特定项目进行测试。选取的特定项目可能包括：（1）金额较大的项目；（2）账龄较长的项目；（3）交易频繁但期末余额较小的项目；（4）重大关联方交易；（5）重大或异常的交易；（6）可能存在争议、舞弊或错误的交易。

（三）函证的时间

注册会计师通常以资产负债表日为截止日，在资产负债表日后适当时间内实施函证。如果重大错报风险评估为低水平，注册会计师可选择资产负债表日前适当日期为截止日实施函证，并对所函证项目自该截止日起至资产负债表日止发生的变动实施实质性程序。

（四）管理层要求不实施函证时的处理

当被审计单位管理层要求对拟函证的某些账户余额或其他信息不实施函证时，注册会计师应当考虑该项要求是否合理，并获取审计证据予以支持（见图 2-3-4）。如果认为管理层的要求合理，注册会计师应当实施替代审计程序，以获取与这些账户余额或其他信息相关的充分、适当的审计证据。如果认为管理层的要求不合理，且被其阻挠而无法实施函证，注册会计师应当视为审计范围受到限制，并考虑对审计报告可能产生的影响。

分析管理层要求不实施函证的原因时，注册会计师应当保持职业怀疑态度，并考虑：（1）管理层是否诚信；（2）是否可能存在重大的舞弊或错误；（3）替代审计程序能否提供与这些账户余额或其他信息相关的充分、适当的审计证据。

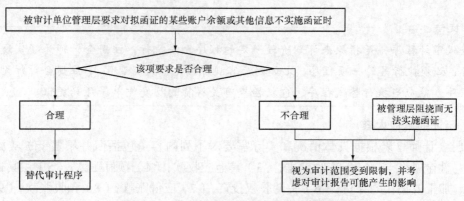

图 2-3-4　管理层要求不实施函证时的处理

做中学 2-3-10

（单选题）当被审计单位管理层要求对拟函证的某些账户余额或其他信息不实施函证时，注册会计师的下列考虑错误的是（　　　　）。

A．注册会计师应当考虑该项要求是否合理，并获取审计证据予以支持

B．如果认为管理层的要求合理，注册会计师应当实施替代审计程序，以获取与这些账户余额或其他信息相关的充分、适当的审计证据

C．如果认为管理层的要求不合理，且被其阻挠而无法实施函证，注册会计师应当视为审计范围受到限制，发表无法表示意见的审计报告

D．分析管理层要求不实施函证的原因时，注册会计师应当保持职业怀疑态度，考虑管理层是否诚信，是否可能存在重大的舞弊或错误，替代审计程序能否提供与这些账户余额或其他信息相关的充分、适当的审计证据

【答案】C

（五）询证函的类型

询证函的设计服从于审计目标的需要。通常，在针对账户余额的存在性认定获取审计证据时，注册会计师应当在询证函中列明相关信息，要求对方核对确认。但在针对账户余额的完整性认定获取审计证据时，注册会计师则需要改变询证函的内容设计或者采用其他审计程序。注册会计师可采用积极的或消极的函证方式实施函证，也可将两种方式结合使用。

1．积极的函证方式

在积极的函证方式下，注册会计师应当要求被询证者在所有情况下必须回函，确认询证函所列示信息是否正确，或填列询证函要求的信息。

积极的函证方式又分为两种：一种是在询证函中列明拟函证的账户余额或其他信息，要求被询证者确认所函证的款项是否正确。通常认为，对这种询证函的回复能够提供可靠的审计证据。但是，其缺点是被询证者可能对所列示信息根本不加以验证就予以回函确认。注册会计师通常难以发觉是否发生了这种情形。为了避免这种风险，注册会计师可以采用另外一种询证函，即在询证函中不列明账户余额或其他信息，而要求被询证者填写有关信息或提供进一步信息。由于这种询证函要求被询证者做出更多的努力，可能会导致回函率降低，进而导致注册会计师执行更多的替代程序。

在采用积极的函证方式时，只有注册会计师收到回函，才能为财务报表认定提供审计证据。注册会计师没有收到回函，可能是由于被询证者根本不存在，或是由于被询证者没有收到询证函，也可能是由于被询证者没有理会询证函，因此，无法证明所函证信息是否正确。

2. 消极的函证方式

在消极的函证方式下，注册会计师只要求被询证者仅在不同意询证函列示信息的情况下才予以回函。未收到消极的询证函的回函并不能明确表明预期的被询证者已经收到询证函或已经核实了询证函中包含的信息的准确性。因此，未收到消极的询证函的回函提供的审计证据，远不如积极的询证函的回函提供的审计证据更有说服力。如果消极的询证函中的信息对询证者不利，则被询证者更有可能回函表示其不同意；相反，如果消极的询证函中的信息对被询证者有利，回函的可能性就会相对较小。

当同时存在下列情况时，注册会计师可考虑采用消极的函证方式：（1）重大错报风险评估为低水平；（2）涉及大量余额较小的账户；（3）预期不存在大量的错误；（4）没有理由相信被询证者不认真对待函证。

在财务报表审计业务中，注册会计师通常将这两种方式结合使用。以应收账款为例，当应收账款的余额是由少量的大额应收账款和大量的小额应收账款构成时，注册会计师可以对所有的或抽取的大额应收账款样本采用积极的函证方式，而对抽取的小额应收账款样本采用消极的函证方式。

（六）询证函的样式

一般来说，企业询证函和银行询证函的样式如表 2-3-5 和表 2-3-6 所示。

表 2-3-5　　　　　　　　　　　　　　企业询证函的样式

<table>
<tr><td colspan="4" align="center">企业询证函</td></tr>
<tr><td colspan="4" align="right">编号：</td></tr>
<tr><td colspan="4">××（公司）：
　　本公司聘请的中和天成会计师事务所正在对本公司 2012 年度会计报表进行审计，按照《中国注册会计师审计准则》的要求，应当询证本公司与贵公司的往来账项等事项。下列数据出自本公司账簿记录，如与贵公司记录相符，请在本函下端"信息证明无误"处签章证明；如有不符，请在"信息不符"处列明不符金额。回函请直接寄至中和天成会计师事务所。
　　回函地址：山东省济南市经二路 75 号华新大厦 1023 室　邮编：250000
　　电话：0531—28282882　传真：0531—28282882　联系人：朱国栋
　　1. 本公司 2012 年 12 月 31 日与贵公司的往来账项列示如下：</td></tr>
<tr><td colspan="4" align="right">单位：（人民币）元</td></tr>
<tr><td align="center">截止日期</td><td align="center">贵公司欠</td><td align="center">欠贵公司</td><td align="center">备　　注</td></tr>
<tr><td></td><td></td><td></td><td></td></tr>
<tr><td></td><td></td><td></td><td></td></tr>
<tr><td colspan="4">　　2. 其他事项
本函仅为复核账目之用，并非催款结算。若款项在上述日期之后已经付清，仍请及时函复为盼。

　　　　　　　　　　　　　　　　　　　　　　　（公司签章）

　　　　　　　　　　　　　　　　　　　　　　年　　月　　日</td></tr>
</table>

续表

结论：	
1. 信息证明无误	2. 信息不符，请列明不符的详细情况
（签章）	（签章）
经办人： 日期： 年 月 日	经办人： 日期： 年 月 日

表 2-3-6　　　　　　　　　　　　银行询证函的样式

银行询证函

编号：

　　本单位聘请的中和天成会计师事务所正在对本单位会计报表进行审计，按照《中国注册会计师审计准则》的要求，应当询证本单位与贵行的存款、借款往来等事项。下列数据出自本单位账簿记录，如与贵行记录相符，请在本函下端"数额证明无误"处签章证明；如有不符，请在"数额不符"处列明不符金额。有关询证费用可直接从本单位存款账户中收取。回函请直接寄至中和天成会计师事务所。
回函地址：山东省济南市经二路 75 号华新大厦 1023 室　邮编：250000
电话：0531-28282882　传真：0531-28282882　联系人：朱国栋
截至　　止，本单位银行存款、借款账户余额等列示如下：

　1. 银行存款

银行账号	币 种	余 额	备 注

　2. 银行借款

币 种	余 额	贷款日期	还款日期	利率（月‰）	借款条件	备 注

　3. 其他事项

（单位签章）

发函日期： 年 月 日

结论：
1. 数据证明无误：

签章：＿＿＿＿＿＿＿＿＿　　　　　　　　　日期：＿＿＿＿＿＿＿＿＿

2. 数据不符，请列明不符金额：

签章：＿＿＿＿＿＿＿＿＿　　　　　　　　　日期：＿＿＿＿＿＿＿＿＿

（七）询证函的实施与处理

1. 函证实施过程的控制

　　当实施函证时，注册会计师应当对选择被询证者、设计询证函以及发出和收回询证函保持控制。出于掩盖舞弊的目的，被审计单位可能想方设法拦截或更改询证函及回函的内容。

如果注册会计师对函证程序控制不严密，就可能给被审计单位造成可乘之机，导致函证结果发生偏差和函证程序失效。

注册会计师应当采取下列措施对函证实施过程进行控制：（1）将被询证者的名称、单位名称和地址与被审计单位有关记录核对；（2）将询证函中列示的账户余额或其他信息与被审计单位有关资料核对；（3）在询证函中指明直接向接受审计业务委托的会计师事务所回函；（4）询证函经被审计单位盖章后，由注册会计师直接发出；（5）将发出询证函的情况形成审计工作记录；（6）将收到的回函形成审计工作记录，并汇总统计函证结果；（7）注册会计师应当考虑回函是否来自所要求的回函人。

2. 未收到积极式询证函的回函时的处理

如果采用积极的函证方式实施函证而未能收到回函，注册会计师应当考虑与被询证者联系，要求对方作出回应或再次寄发询证函；如果未能得到被询证者的回应，注册会计师应当实施替代审计程序；替代审计程序应当能够提供实施函证所能够提供的同样效果的审计证据，如图 2-3-5 所示。

针对银行存款存在认定，可以查看银行对账单余额替代函证。针对应收账款存在认定，可以实施以下替代审计程序：（1）检查期后收款记录；（2）检查销售合同、销售发票副本和发货记录等证明交易确实已经发生的证据；（3）检查被审计单位与客户之间的函电记录。

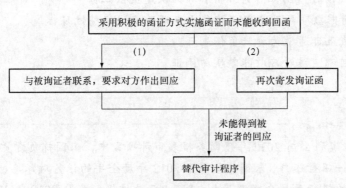

图 2-3-5　未收到积极的询证函的回函时的处理

┤做中学 2-3-11├

（单选题）如果大额逾期的应收账款经再次函证仍未回函，注册会计师朱国栋应当执行的审计程序是（　　　）。

A. 增加对应收账款的控制测试

B. 提请被审计单位补提坏账准备

C. 审查顾客订货单、销售发票及产品出库记录

D. 审查应收账款明细账

【答案】C

┤做中学 2-3-12├

（多选题）注册会计师朱国栋在对询证函的以下处理方法中，不正确的有（　　　）。

    A. 在粘封询证函时未进行统一编号

    B. 寄发询证函，并将重要的询证函复制给奥科公司进行催收货款

    C. 有四封询证函直接交给奥科公司的业务员，由其到被询证单位盖章后取回

    D. 询证函要求奥科公司将原件盖章后直接寄至中和天成会计师事务所

    【答案】A B C

3. 对询证函的回函不符事项的处理

（1）注册会计师应当调查不符事项，以确定是否表明存在错报；（2）询证函的回函中指出的不符事项可能显示财务报表存在错报或潜在错报；（3）当识别出财务报表存在错报时，注册会计师应当评价该错报是否表明存在舞弊；（4）询证函的回函的不符事项可以为注册会计师判断来自类似的被询证者的回函的质量及类似账户的回函质量提供依据；（5）询证函的回函的不符事项还可能显示被审计单位与财务报告相关的内部控制存在缺陷；（6）询证函的回函的不符事项并不表明一定存在错报，询证函的回函的差异也可能是由于函证程序的时间安排、计量或书写错误造成的。

━━┃ 做中学 2-3-13 ┃━━

（单选题）下列有关函证的说法正确的是（   ）。

    A. 在受托代销时，函证能为计价和分摊认定提供证据

    B. 根据应付账款明细账进行函证能更有效地实现完整性目标

    C. 函证的截止日通常为资产负债表日

    D. 无论如何都应该对应收账款实施函证

    【答案】C

━━┃ 做中学 2-3-14 ┃━━

（分析题）在奥科公司 2012 年度财务报表审计项目中，朱国栋负责货币资金的审计。对于奥科公司某一银行账户，朱国栋取得了 2012 年度全年的银行对账单、企业银行存款日记账和按月编制的银行存款余额调节表。表 2-3-7 为该银行账户 2012 年 12 月 31 日的银行存款余额调节表。

表 2-3-7   2012 年 12 月 31 日银行存款余额调节表

银行对账单余额（元）	1 585 000	银行存款日记账余额（元）	1 665 000
加：银行已付、企业未付（元）	15 000	加：企业已付、银行未付（元）	50 000
减：银行已收、企业未收（元）	35 000	减：企业已收、银行未收（元）	150 000
调整后余额（元）	1 565 000	调整后余额（元）	1 565 000

    【要求】（1）朱国栋拟执行银行存款函证程序，对于上述银行账户，朱国栋应当以哪个金额作为银行询证函上填列的 2012 年 12 月 31 日银行存款余额？

    （2）假定不考虑重要性水平（即应当予以调整的未达账项都予调整），朱国栋审定的该账户余额为多少？

    【答案】（1）应当以银行对账单余额 1 585 000 元作为银行询证函上填列的 2012 年 12 月 31 日银行存款余额。

（2）审计的该账户余额=银行存款日记账余额+银行已收、企业未收-银行已付、企业未付=1 665 000+35 000-15 000=1 685 000（元）。

四、分析程序

（一）注册会计师实施分析程序的目的

注册会计师实施分析程序的目的有以下三种情形（见表2-3-8）。

表 2-3-8　　　　　　　　　　　　实施分析程序的目的

情形	使用环境	目的
1	用作风险评估程序时	了解被审计单位及其环境，并评估重大错报风险
2	当使用分析程序比细节测试能更有效地将认定层次的检查风险降低至可接受的水平时	用作实质性程序
3	审计结束或临近结束时	对财务报表进行总体复核

1. 用作风险评估程序的分析程序

注册会计师在实施风险评估程序时，应当运用分析程序，其目的是了解被审计单位及其环境并评估重大错报风险。注册会计师可以将分析程序与询问、检查和观察等程序结合运用，以获取对被审计单位及其环境的了解，识别和评估财务报表层次及具体认定层次的重大错报风险。在这个阶段运用分析程序是强制要求。

2. 用作实质性程序的分析程序

当使用分析程序比细节测试能更有效地将认定层次的检查风险降低至可接受的水平时，注册会计师可以考虑单独或结合细节测试，运用实质性分析程序。

3. 用于总体复核的分析程序

注册会计师在总体复核阶段实施的分析程序主要在于强调并解释财务报表项目自上个会计期间以来发生的重大变化，以证实财务报表中列报的所有信息与注册会计师对被审计单位及其环境的了解一致、与注册会计师取得的审计证据一致。在这个阶段运用分析程序是强制要求。

（二）注册会计师实施分析程序的步骤

注册会计师实施分析程序的步骤为：（1）识别需要运用分析程序的账户余额或交易；（2）确定期望值；（3）确定可接受的差异额；（4）识别需要进一步调查的差异；（5）调查异常数据关系；（6）评估分析程序的结果。

┃ 提示 2-3-3 ┃

实施分析程序使用的相关数据必须具有可比性。

┃ 做中学 2-3-15 ┃

（多选题）关于分析程序的目的，以下说法中，恰当的有（　　　　）。

A. 风险评估程序阶段，分析程序能够用来了解被审计单位及其环境，识别财务报表重大错报风险

B. 如果实施实质性分析程序比细节测试能更有效地将认定层次的检查风险降低至可接受的水平，则可采用实质性分析程序

C. 在控制测试时，分析程序可以获取审计证据以评价控制运行是否有效

D. 在审计结束时，分析程序能够对财务报表进行总体复核

【答案】A B D

◀ 做中学 2-3-16 ▶

（单选题）下列不属于分析程序的是（   ）。

A. 计算本期重要产品的毛利率，与上期比较，检查是否存在异常，各期之间是否存在重大波动

B. 分析存货和营业成本等项目的增减变动，判断应付账款增减变动的合理性

C. 分析统计抽样得出的样本误差，推断总体误差

D. 计算本期计提折旧额与固定资产原值的比率，并与上期比较

【答案】C

◀ 做中学 2-3-17 ▶

（案例题）东星股份有限公司（以下简称东星公司）是一家商品零售类上市公司。中和天成会计师事务所在接受其审计委托后，委派注册会计师王晓慧担任项目负责人。经过审计预备调查，王晓慧确定存货项目为重点审计领域，同时决定根据财务报表认定确定存货项目的具体审计目标，并选择相应的具体审计程序以保证审计目标的实现。

【要求】假定表 2-3-9 中的具体审计目标已经被注册会计师王晓慧选定，王晓慧应当确定的与各具体审计目标最相关的财务报表认定和最恰当的审计程序分别是什么？（根据表 2-3-9 后列示的财务报表认定及审计程序，分别选择一项。对每项财务报表认定和审计程序，可以选择一次、多次或不选。）

表 2-3-9　　　　　　　　　　　财务报表认定及审计程序

具体审计目标	报表认定	审计程序
公司对存货均拥有所有权	（1）存在或发生	（5）检查现行销售价目表 （6）审阅财务报表 （7）在监盘存货时，选择一定样本，确定其是否包括在盘点表内 （8）选择一定样本量的存货会计记录，检查支持记录的购货合同和发票 （9）在监盘存货时，选择盘点表内一定样本量的存货记录，确定存货是否在库 （10）测试直接人工费用的合理性
记录的存货数量包括了公司所有的在库存货	（2）完整性	
已按成本与可变现净值孰低法调整期末存货的价值	（3）权利和义务	
存货成本计算准确	（4）计价和分摊	

【答案】

具体审计目标	报表认定	审计程序
公司对存货均拥有所有权	（3）权利和义务	（8）选择一定样本量的存货会计记录，检查支持记录的购货合同和发票
记录的存货数量包括了公司所有的在库存货	（2）完整性	（7）在监盘存货时，选择一定样本，确定其是否包括在盘点表内
已按成本与可变现净值孰低法调整期末存货的价值	（4）计价和分摊	（5）检查现行销售价目表
存货成本计算准确		（10）测试直接人工费用的合理性

 拓展阅读

【材料】　　　　　　　　　穿行测试和重新执行

穿行测试属于了解内部控制的程序，重新执行属于控制测试程序。

1. 穿行测试

穿行测试，是指注册会计师追踪交易在财务报告信息系统中的处理过程。通过追踪某笔或某几笔交易在业务流程中如何生成、记录、处理和报告，以及相关控制如何执行，注册会计师可以确定被审计单位的交易流程和相关控制是否与之前通过其他程序所获得的了解一致，并确定相关控制是否得到执行。

穿行测试是强制性审计程序。如果不打算信赖内部控制，注册会计师仍需要执行穿行测试以确认以前对业务流程及可能发生错报环节了解的准确性和完整性。对于重要的业务流程，不管是人工控制还是自动化控制，注册会计师都要对整个流程执行穿行测试，涵盖交易从发生到记账的整个过程。在控制测试中偶尔也可能使用，特别是测试信息系统内部控制时。但总体而言，穿行测试属于了解内部控制的程序。

2. 重新执行

重新执行，是指注册会计师重新执行被审计单位的内部控制。该程序需要耗费较多的时间资源，仅在询问、观察、检查三种程序均无法确定内部控制的执行效果时，注册会计师才考虑在控制测试中执行。

以销售发票的复核为例，注册会计师可以询问复核与开票人员是否职务分离、复核中发现的问题类型等；可以观察复核人员的复核工作过程，可以抽取复核过的发票以检查是否签字、盖章等。但上述程序都不足以使注册会计师评价或确定复核的效果：复核过的发票是否不含有错误，尤其金额的错误。为了能形成有关复核效果的结论，注册会计师可能会实施重新执行程序：将复核人员复核过的发票再重新复核一遍，以确定复核的效果。

重新执行属于控制测试程序，很少在了解内部控制时使用。即使是控制测试，也不常使用。注册会计师可能会认为实施重新执行不符合成本效益原则。

 自我检测

一、单选题

1. 下列资料中，属于可用做审计证据其他信息的是（　　　）。

    A. 发票　　　　B. 询证函的回函　　　C. 记账凭证　　　　D. 总账

  2. 有关审计证据相关性的说法中，错误的是（　　　）。

    A. 检查期后应收账款收回的记录和文件可以提供有关存在和计价的审计证据，但是不一定与期末截止是否适当相关

    B. 有关存货实物存在的审计证据并不能够替代与存货计价相关的审计证据

    C. 注册会计师从销售发票中选取样本，并追查至与每张发票相应的发货票，由此所获得的证据与完整性目标相关

    D. 注册会计师从发货单中选取样本，并追查至与每张发货单相应的发票副本，由此所获得的证据与完整性目标相关

  3. 审计证据的（　　　），是指用作审计证据的事实凭据和资料必须与审计目标和应证事项之间有一定的逻辑关系。

    A. 客观性　　　　B. 相关性　　　　C. 合法性　　　　D. 经济性

  4. 注册会计师获取的下列书面证据中，可靠性最高的是（　　　）。

    A. 管理当局声明书　　　　　　　B. 用作记账联的销售发票

    C. 被审计单位工资结算单　　　　D. 注册会计师编制的"原材料抽查盘点表"

  5. 下列事项中，难以通过观察的方法来获取审计证据的是（　　　）。

    A. 实物资产的存在　　　　　　　B. 内部控制的执行情况

    C. 存货的所有权　　　　　　　　D. 经营场所

  6. 注册会计师需要获取的审计证据的数量受重大错报风险和审计证据质量的影响。重大错报风险越（　　　），需要的审计证据可能越（　　　）。审计证据质量越（　　　），需要的审计证据可能越（　　　）。

    A. 大，多，高，少　　　　　　　B. 大，少，高，少

    C. 大，多，高，多　　　　　　　D. 大，少，高，多

  7. 注册会计师对被审计单位重要的比率或趋势进行分析以获取审计证据的方法，称为（　　　）。

    A. 计算　　　　B. 检查　　　　C. 分析程序　　　　D. 比较

  8. 在财务报表审计中，注册会计师必须使用分析程序的阶段是（　　　）。

    A. 既包括计划阶段、实施阶段，又包括完成阶段

    B. 包括计划阶段和完成阶段，但不包括实施阶段

    C. 不包括计划阶段和实施阶段，仅包括完成阶段

    D. 仅包括实施阶段，不包括计划阶段和完成阶段

  9. 下列有关函证的说法中，不恰当的是（　　　）。

    A. 通过函证后，注册会计师如果发现了不符事项，注册会计师应当首先提请被审计单位查明原因，并作进一步分析和核实

    B. 函证是比较有效的审计程序，即使有迹象表明收回的询证函不可靠，注册会计师也不用再实施其他适当的审计程序予以证实

    C. 一般情况下，注册会计师以资产负债表日为截止日，在资产负债表日后适当时间内实施函证

    D. 如果采用审计抽样的方式确定函证程序的范围，无论采用统计抽样方法，还是非

统计抽样方法，选取的样本应当足以代表总体

10. 按审计证据可靠性"由高到低"的顺序，在注册会计师所获取的下列审计证据中，恰当的顺序排列是（   ）。

A. 银行询证函的回函、购货发票、销货发票副本、应收账款明细账

B. 购货发票、应收账款明细账、银行询证函的回函、销货发票副本

C. 销货发票副本、购货发票、银行询证函的回函、应收账款明细账

D. 应收账款明细账、银行询证函的回函、销货发票副本、购货发票

二、多选题

1. 下列表述中，不正确的有（   ）。

A. 注册会计师获取审计证据时，不论是重要的审计项目，还是一般的审计项目，均应考虑成本效益原则

B. 审计证据的适当性是指审计证据的相关性和可靠性，相关性是指证据应与审计范围相关

C. 从外部独立来源获取的审计证据一定比从其他来源获取的审计证据更可靠

D. 注册会计师在考虑审计证据的相关性时，应当考虑的一个方面就是直接获取的审计证据比间接获取或推论得出的审计证据更可靠

2. 注册会计师可以使用的具体审计程序的类型包括（   ）。

A. 检查　　　　　　B. 观察　　　　　　C. 询问　　　　　　D. 重新执行

3. 分析程序运用的目的包括（   ）。

A. 用作控制测试　　　　　　　　　　B. 用作风险评估程序

C. 用于实质性程序　　　　　　　　　D. 用于总体复核

4. 审计证据的特征主要是指审计证据的（   ）。

A. 充分性　　　B. 相关性　　　C. 合法性　　　　　D. 可靠性

5. 注册会计师通常认为从外部独立来源获取的证据比从其他来源获取的证据更可靠。除此之外，还可以运用下列（   ）原则考虑证据的可靠性。

A. 直接获取的证据比间接获取或推论得出的证据更可靠

B. 内部控制有效时内部生成的证据比内部控制薄弱时内部生成的证据更可靠

C. 从原件获取的证据比从传真或复印件获取的证据更可靠

D. 以文件记录形式存在的证据比口头形式的证据更可靠

三、案例题

案例一

【材料】注册会计师朱国栋和审计助理李英祥在奥科公司 2012 年度财务报表审计过程中获取到以下七组审计证据：（1）入库单与购货发票；（2）销货发票副本与产品出库单；（3）领料单与材料成本计算表；（4）工资计算单与工资发放单；（5）存货盘点表与存货监盘记录；（6）银行询证函的回函与银行对账单；（7）收回的应收账款询证函的回函与通过询问客户应收账款负责人得到的记录。

【要求】请分别说明每组审计证据中哪项审计证据较为可靠？并简要说明理由。

案例二

【材料】注册会计师朱国栋在奥科公司 2012 年度财务报表审计过程中，决定执行下列审计程序：

（1）从 2012 年年初应付账款明细账中选择大额业务，追查到原始凭证的日期，逐笔核实是否一致；

（2）选择两笔重要客户的赊销记录，按业务发生的环节顺序询问接受顾客订单、赊销审批、发货、开具销售发票、收款等环节的人员，并与资料记载情况核对；

（3）从验收部门保存的原材料验收凭证中检查第四季度的全部验收单，确认每张验收单均已付款或记录在应付账款明细账中；

（4）实地观察奥科公司对存货的盘点，并选择一定比例的存货进行抽点，以确定计量方法能否得到正确的计量结果。

【要求】在下表中填列各程序的相应内容。

审计证据	审计程序	审计目标
（1）		
（2）		----
（3）		
（4）		

模块四　审计抽样

 案例导入

2013 年 1 月 17 日，项目合伙人冯天海安排注册会计师李泽方和审计助理李英祥对奥科公司 2012 年度营业收入实施审计，以确定奥科公司销售业务是否真实、会计处理是否正确。李泽方和李英祥共取得销售发票存根 3 000 张。看着满满一桌子的凭证，李英祥顿时有点急，问李泽方老师："这么多？我们怎么审啊？有什么简单而又科学的方法吗？"李泽方告诉他可以采用审计抽样技术，并给他讲述了一些常用的知识。

 相关知识

一、审计抽样的含义、特征及应用

（一）审计抽样的含义

注册会计师在对被审计单位进行审计的时候，不可能对被审计单位所有的项目进行审计，一是要在合理的时间以合理的成本完成审计业务，二是风险导向审计的要求，因此注册会计师在作出审计结论、发表审计意见时，必须根据样本结果来推断总体，因此审计抽样十分重要，如果抽样有偏差，或者是选出的样本不代表整体，或者错误地评价了抽样结果，则可能导致注册会计师发表错误的审计意见。

审计抽样（即抽样），是指注册会计师对具有审计相关性的总体中低于百分之百的项目实施审计程序，使所有抽样单元都有被选取的机会，为注册会计师针对整个总体得出结论提供合理基础。审计抽样能够使注册会计师获取和评价有关所选项目某一特征的审计证据，以形成或有助于形成有关总体的结论。

（二）审计抽样的特征

审计抽样应当具备三个基本特征：（1）对某类交易或账户余额中低于百分之百的项目实施审计程序；（2）所有抽样单元都有被选取的机会；（3）审计测试的目的是评价该账户余额或交易类型的某一特征。

做中学 2-4-1

（单选题）下列选项中，（　　）不是审计抽样应当具备的特征。

A. 对某类交易或账户余额中低于百分之百的项目实施审计程序
B. 审计测试的目的是评价该账户余额或交易类型的某一特征
C. 抽样风险应控制在可接受的低水平
D. 所有抽样单元都有被选取的机会

【答案】C

（三）审计抽样的应用

审计抽样并非在所有审计程序中都可使用（见图 2-4-1）：（1）风险评估程序通常不涉及审计抽样。（2）当控制的运行留下轨迹时，注册会计师可以考虑使用审计抽样实施控制测试；对于未留下运行轨迹的控制，注册会计师通常实施询问、观察等审计程序，以获取有关控制运行有效性的审计证据，此时不宜使用审计抽样。（3）在实质性细节测试时，注册会计师可以使用审计抽样获取审计证据，以验证有关财务报表金额的一项或多项认定（如应收账款的存在认定），或对某些金额作出独立估计（如陈旧存货的价值）；在实施实质性分析程序时，注册会计师不宜使用审计抽样。

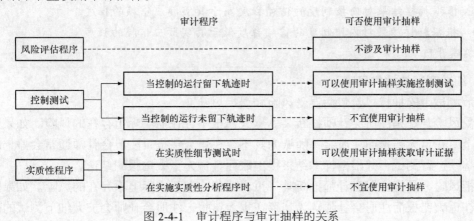

图 2-4-1　审计程序与审计抽样的关系

（四）审计抽样中样本的选择

在审计抽样中，样本的选择是关键。选择的样本既要能够代表被审查的总体，又要有足够的数量，这样才能凭以推断被审计单位的全部会计记录是否正确、合法和合理；评价内部控制制度是否健全、实际执行是否认真；其财务报表是否具有较高的可靠程度。样本选择得当，不仅可以保证审计工作的质量，还可以节省时间和财力。

一般情况下，可选择下列样本进行审查：（1）被审计单位内部控制制度和会计核算中的薄弱环节；（2）单价高、期末余额大的财产物资账户；（3）根据审计目的，结合被审计单位的实际情况，认定的重要账目；（4）贵重的财产物资；（5）收到检举揭发线索时，根据检举线索提供的有关账户。

二、抽样风险和非抽样风险

在使用审计抽样时，审计风险既可能受到抽样风险的影响，又可能受到非抽样风险的影响。抽样风险和非抽样风险通过影响重大错报风险的评估和检查风险的确定而影响审计风险。

（一）抽样风险

抽样风险，是指注册会计师根据样本得出的结论，可能不同于如果对整个总体实施与样本相同的审计程序得出的结论的风险。

1. 控制测试的抽样风险

控制测试中的抽样风险包括依赖过度风险和信赖不足风险。

信赖过度风险，是指推断的控制有效性高于其实际有效性的风险，也可以说，尽管样本结果支持注册会计师计划信赖内部控制的程度，但实际偏差率不支持该信赖程度的风险。

信赖不足风险，是指推断的控制有效性低于其实际有效性的风险，也可以说，尽管样本结果不支持注册会计师计划信赖内部控制的程度，但实际偏差率支持该信赖程度的风险。

┃ 做中学 2-4-2 ┃

（单选题）关于信赖不足风险的特征，以下说法中，恰当的是（　　　　）。

A. 根据抽样结果对实际存在重大错报的账户余额得出不存在重大错报的结论

B. 根据抽样结果对实际不存在重大错报的账户余额得出存在重大错报的结论

C. 根据抽样结果对内控制度的信赖程度高于其实际应信赖的程度

D. 根据抽样结果对内控制度的信赖程度低于其实际应信赖的程度

【答案】D

2. 细节测试的抽样风险

细节测试中的抽样风险包括误受风险和误拒风险。

误受风险，是指注册会计师推断某一重大错报不存在而实际上存在的风险。如果账面金额实际上存在重大错报而注册会计师认为其不存在重大错报，注册会计师通常会停止对该账面金额继续进行测试，并根据样本结果得出账面金额无重大错报的结论。

误拒风险，是指注册会计师推断某一重大错报存在而实际上不存在的风险。如果账面金额不存在重大错报而注册会计师认为其存在重大错报，注册会计师会扩大细节测试的范围并考虑获取其他审计证据，最终注册会计师会得出恰当的结论。

3. 抽样风险与样本规模的关系

抽样风险与样本规模呈反向关系，即样本规模越小，抽样风险越大；样本规模越大，抽样风险越小。无论是控制测试还是细节测试，注册会计师都可以通过扩大样本规模降低抽样风险。

4. 抽样风险对审计工作的影响（见表2-4-1）

表 2-4-1　　　　　　　　　抽样风险对审计工作的影响

审计测试的种类	影响审计效率	影响审计效果
控制测试	信赖不足风险	信赖过度风险
细节测试	误拒风险	误受风险

审计效率，是指注册会计师在审计工作实践中发生的审计成本与审计成果之间的比率关系。

审计效果，是指以尽可能短的审计时间和尽可能少的人力投入及审计费用支出，增加审计业务量，提高审计质量，扩大审计监督的社会效果。

（二）非抽样风险

非抽样风险，是指注册会计师由于任何与抽样风险无关的原因而得出错误结论的风险。如果对总体中的所有项目都实施检查，就不存在抽样风险，此时审计风险完全由非抽样风险产生。

（三）抽样风险与非抽样风险的关系

（1）只要使用了审计抽样，抽样风险总会存在。

（2）在使用统计抽样时，注册会计师可以准确地计量和控制抽样风险；在使用非统计抽样时，注册会计师无法量化抽样风险，只能根据职业判断对其进行定性的评价和控制。

（3）非抽样风险是由人为错误造成的，因而可以降低、消除或防范。

> **做中学 2-4-3**
>
> （单选题）下列有关抽样风险和非抽样风险的表述，错误的是（　　　　）。
>
> A. 信赖不足风险，与审计的效果有关
>
> B. 误受风险影响审计效果，容易导致注册会计师发表不恰当的审计意见，因此注册会计师更应予以关注
>
> C. 如果对总体中的所有项目都实施检查，就不存在抽样风险，此时审计风险完全由非抽样风险产生
>
> D. 注册会计师依赖应收账款函证来揭露未入账的应收账款，此时可能产生非抽样风险
>
> 【答案】A

三、统计抽样和非统计抽样

（一）统计抽样的概念及其分类

统计抽样，是指同时具备下列特征的抽样方法：（1）随机选取样本项目；（2）运用概率论评价样本结果，包括计量抽样风险。不同时具备前面提及的两个特征的抽样方法为非统计抽样。注册会计师在运用审计抽样时，既可以使用统计抽样方法，也可以使用非统计抽样方法，这取决于注册会计师的职业判断。

统计抽样包括属性抽样和变量抽样。属性抽样是一种用来对总体中某一事件发生率得出结论的统计抽样方法。属性抽样在审计中最常见的用途是测试某一设定控制的偏差率，以支持注册会计师评估的控制有效性。变量抽样是一种用来对总体金额得出结论的统计抽样方法。变量抽样在审计中的主要用途是进行细节测试，以确定记录金额是否合理。一般而言，属性抽样得出的结论与总体发生率有关，而变量抽样得出的结论与总体的金额有关。但有一个例外，即统计抽样中的概率比例规模抽样（PPS 抽样），却是运用属性抽样的原理得出以金额表示的结论。

┃ 提示 2-4-1 ┃

PPS 抽样，是一种运用属性抽样原理对货币金额而不是对发生率得出结论的统计抽样方法。

（二）统计抽样与非统计抽样的比较（见表2-4-2）

表 2-4-2   统计抽样和非统计抽样的比较

	统计抽样	非统计抽样
优点	（1）客观地计量和精确地控制抽样风险 （2）高效设计样本 （3）计量已获得的审计证据的充分性 （4）能定量评价样本的结果	（1）操作简单，使用成本低 （2）适合定性分析
缺点	（1）需要特殊的专业技能，增加培训注册会计师的成本 （2）单个样本项目需要符合统计要求，增加了额外费用	无法量化抽样风险
相同点	（1）在设计、实施和评价样本时都离不开职业判断 （2）都是通过样本中发现的错报或偏差率推断总体的特征 （3）运用得当都可以获取充分、适当的审计证据 （4）通过扩大样本量来降低抽样风险	

┃ 做中学 2-4-4 ┃

（单选题）下列各项风险中，对审计工作的效率和效果都产生影响的是（   ）。

A. 信赖过度风险   B. 信赖不足风险   C. 误受风险   D. 非抽样风险

【答案】D

┃ 做中学 2-4-5 ┃

（单选题）下列关于统计抽样和非统计抽样的说法，错误的是（   ）。

A. 属性抽样属于非统计抽样方法

B. 统计抽样方法包括属性抽样和变量抽样

C. 不管统计抽样还是非统计抽样，两种方法都要求注册会计师在设计、实施和评价样本时运用职业判断

D. 统计抽样的优点在于能够客观地计量抽样风险，并通过调整样本规模精确地控制风险，这是与非统计抽样最重要的区别

【答案】A

四、传统变量抽样

（一）均值估计抽样

均值估计抽样，是指通过抽样审查确定样本的平均值，再根据样本平均值推断总体的平均值和总值的一种变量抽样方法。其计算公式为：

$$推断的总体错报=总体估计金额-总体账面金额$$

其中

$$总体估计金额=样本中所有项目审定金额的平均值×总体规模$$

$$样本中所有项目审定金额的平均值=\frac{样本审定金额}{样本规模}$$

（二）差额估计抽样

差额估计抽样，是以样本实际金额与账面金额的平均差额来估计总体实际金额与账面金额的平均差额，然后再以这个平均差额乘以总体规模，从而求出总体的实际金额与账面金额的差额（即总体错报）的一种方法。使用这种方法时，注册会计师先计算样本平均错报，然后根据这个样本平均错报推断总体错报。其计算公式为：

$$推断的总体错报=样本平均错报×总体规模$$

其中

$$样本平均错报=\frac{样本审定金额-样本账面金额}{样本规模}$$

（三）比率估计抽样

比率估计抽样，是指以样本的实际金额与账面金额之间的比率关系来估计总体实际金额与账面金额之间的比率关系，然后再以这个比率去乘总体的账面金额，从而求出估计的总体实际金额的一种抽样方法。其计算公式为：

$$推断的总体错报=总体估计金额-总体账面金额$$

其中

$$总体估计金额=总体账面金额×比率，比率=\frac{样本审定金额}{样本账面金额}$$

因此

$$推断的总体错报=总体账面金额×\frac{样本审定金额-样本账面金额}{样本账面金额}$$

做中学 2-4-6

（单选题）在未对总体进行分层的情况下，注册会计师不宜使用的抽样方法是（   ）。

A. 均值估计抽样　　B. 比率估计抽样　　C. 差额估计抽样　　D. 概率比例规模抽样

【答案】A

▌做中学 2-4-7 ▐

（计算题）在对奥科公司 2012 年财务报表审计工作中，注册会计师朱国栋针对存货实施细节测试时，决定采用传统变量抽样方法实施统计抽样。奥科公司 2012 年 12 月 31 日存货账面余额合计为 180 000 000 元。朱国栋确定的总体规模为 3 000，样本规模为 200，样本账面金额合计为 15 000 000 元，样本审定金额合计为 10 000 000 元。

【要求】分别采用均值估计抽样、差额估计抽样和比率估计抽样三种方法计算推断的总体错报金额。

【答案】

（1）

样本中所有项目审定金额的平均值=10 000 000/200=50 000（元）

总体估计金额=50 000×3 000=150 000 000（元）

推断的总体错报=150 000 000-180 000 000=-30 000 000（元）

（2）

样本平均错报=（10 000 000-15 000 000）/200=-25 000（元）

推断的总体错报=-25 000×3 000= -75 000 000（元）

（3）

比率$=\dfrac{10\,000\,000}{15\,000\,000}$=2/3

总体估计金额=180 000 000×2/3=120 000 000（元）

推断的总体错报=120 000 000-180 000 000=-60 000 000（元）

五、审计抽样的步骤

使用审计抽样时，注册会计师的目标是为得出有关抽样总体的结论提供合理的基础。其具体的操作步骤有八步，如图 2-4-2 所示。

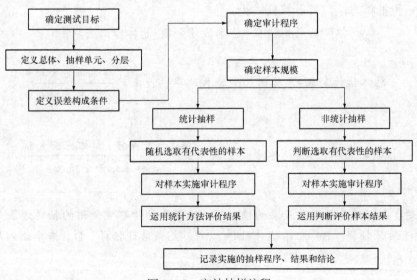

图 2-4-2　审计抽样流程

（一）确定测试目标

审计抽样必须紧紧围绕审计测试的目标展开。一般而言，控制测试的目的是获取关于某项控制运行是否有效的证据；而细节测试的目的是确定某类交易或账户余额的金额是否正确，获取与存在的错报有关的证据。

（二）定义总体、抽样单元、分层

总体，是指注册会计师从中选取样本并期望据此得出结论的整个数据集合。

抽样单元，是指构成总体的个体项目。在控制测试中，抽样单元通常能够提供控制运行证据的一份文件资料、一个记录或其中一行；而在细节测试中，抽样单元可能是一个账户余额、一笔交易或交易中的一项记录，甚至是每个货币单元。

分层，是指将总体划分为多个子总体的过程，每个子总体由一组具有相同特征（通常为货币金额）的抽样单元组成。在细节测试当中，注册会计师可以考虑根据金额对总体进行分层。

┤ 做中学 2-4-8 ├

（单选题）注册会计师在定义抽样单元时，恰当的有（　　　　）。

A. 在细节测试中，抽样单元通常能够提供控制运行证据的一份文件资料、一个记录或其中一行

B. 在控制测试中，抽样单元可能是一个账户余额、一笔交易或交易中的一项记录，甚至是每个货币单元

C. 在细节测试中，抽样单元就是指认定层次的错报金额

D. 抽样单元是指构成总体的个体项目，抽样单元可能是实物项目，也可能是货币单元

【答案】D

┤ 做中学 2-4-9 ├

（单选题）在审计抽样中，对总体进行分层的主要目的是（　　　　）。

A. 减少样本的非抽样风险

B. 有效计量抽样风险

C. 降低每一层中项目的变异性，重点审计比较重大的项目，并减少样本规模

D. 遵循随机原则选取样本

【答案】C

（三）定义误差构成条件

注册会计师必须事先准确定义构成误差的条件，否则执行审计程序时就没有识别误差的标准。在控制测试中，误差是指控制偏差，注册会计师要仔细定义所要测试的控制及可能出现偏差的情况；在细节测试中，误差是指错报，注册会计师要确定哪些情况构成错报。

（四）确定审计程序

注册会计师必须确定能够最好地实现审计测试目标的审计程序及其组合。

（五）确定样本规模

1. 样本规模的含义

样本规模，是指从总体中选取样本项目的数量。细节测试中，可用公式法确定样本规模：

$$样本规模=\frac{总体账面金额}{可容忍错报}×保证系数$$

2. 影响样本规模的因素

影响样本规模的因素主要包括以下几个。

（1）可接受的抽样风险。可接受的抽样风险与样本规模呈反向关系。注册会计师愿意接受的抽样风险越低，样本规模通常越大。反之，注册计师愿意接受的抽样风险越高，样本规模越小。在控制测试当中，可接受的抽样风险指的是可接受的信赖过度风险；而在细节测试当中，可接受的抽样风险指的是可接受的误受风险。

（2）可容忍误差。可容忍误差，是指注册会计师在认为测试目标已实现的情况下准备接受的总体最大误差。可容忍误差越小，为实现同样的保证程度所需的样本规模越大。

在控制测试中，可容忍误差指的是可容忍偏差率。可容忍偏差率，是指注册会计师设定的偏离规定的内部控制程序的比率。注册会计师试图对总体中的实际偏差率不超过该比率获取适当水平的保证。换言之，可容忍偏差率就是注册会计师能够接受的最大偏差数量。如果偏差超过这一数量则减少或取消对内部控制程序的信赖。

在细节测试中，可容忍误差指的是可容忍错报。可容忍错报，是指注册会计师设定的货币金额，注册会计师试图对总体中的实际错报不可超过该货币金额获取适当水平的保证。实际上，可容忍错报可能等于或低于实际执行的重要性。

（3）预计总体误差。预计总体误差，是指注册会计师根据以前对被审计单位的经验或实施风险评估程序的结果而估计总体中可能存在的误差。预计总体误差越大，可容忍误差也应当越大；但预计总体误差不应超过可容忍误差。在既定的可容忍误差下，当预计总体误差增加时，所需的样本规模越大。在控制测试中，预计总体误差指的是预计总体偏差率；在细节测试中，预计总体误差指的是预计总体错报。

（4）总体变异性。总体变异性，是指总体的某一特征（如金额）在各项目之间的差异程度。在控制测试中，注册会计师在确定样本规模时一般不考虑总体变异性。在细节测试中，注册会计师确定适当的样本规模时要考虑总体变异性。通常情况下，总体变异性越低，样本规模越小。

（5）总体规模。除非总体非常小，一般而言，总体规模对样本规模的影响几乎为零。注册会计师通常将抽样单元超过 5 000 个的总体视为大规模总体。对大规模总体而言，总体的实际容量对样本规模几乎没有影响。对小规模总体而言，审计抽样比其他选择测试项目的方法的效率低。影响样本规模的因素如表 2-4-3 所示。

表 2-4-3　　　　　　　　　　　　　　影响样本规模的因素

影响因素	控制测试	细节测试	与样本规模的关系
可接受的抽样风险	可接受的信赖过度风险	可接受的误受风险	反向变动
可容忍误差	可容忍偏差率	可容忍错报	反向变动
预计总体误差	预计总体偏差率	预计总体错报	同向变动

续表

影响因素	控制测试	细节测试	与样本规模的关系
总体变异性	—	总体变异性	同向变动
总体规模	总体规模	总体规模	影响很小

▌ 做中学 2-4-10 ▐

（多选题）注册会计师朱国栋在细节测试确定样本规模时，需考虑的因素有（　　　）。

A. 可接受的信赖过度风险　　　　B. 预计总体偏差率

C. 总体变异性　　　　　　　　　D. 可容忍错报

【答案】C　D

▌ 做中学 2-4-11 ▐

（单选题）下列关于影响样本规模的因素与样本规模之间的关系的说法，错误的是（　　　）。

A. 可容忍偏差率与样本规模存在反向关系

B. 细节测试中，总体变异性与样本规模存在同向关系

C. 可接受的信赖过度风险与样本规模存在反向关系

D. 预计总体错报与样本规模存在反向关系

【答案】D

（六）选取样本

注册会计师可以使用的选取样本方法包括使用随机数表选样、系统选样、随意选样、计算机辅助审计技术选样。

1. 使用随机数表选样

随机数表，也称乱数表，是由随机生成的 0～9 的数字组成的数表。每个数字在表上出现的次数大致是相等的，但在表上的顺序是随机的。

使用随机数表抽样，首先要对总体项目进行编号。编号可以利用总体项目原有的某些编号，如发票号、支票号、凭证号、记录号等，然后根据总体容量确定使用几位随机数，并随机地确定使用哪几位随机数，最后从随机数表的任何一行和任何一栏开始，依次往下查（向上下左右均可），凡符合总体项目编号范围的数字，即为抽中数，与此相对应的总体项目，即为样本项目，直至抽到所需的样本规模为止。表 2-4-4 就是五位随机数表的一部分。

表 2-4-4　　　　　　　　　　随机数表（部分列示）

	1	2	3	4	5	6	7
1	32 044	69 037	29 655	92 114	81 034	40 582	01 584
2	23 821	96 070	82 592	81 642	08 971	07 411	09 037
3	82 383	94 987	66 441	28 677	95 961	78 346	37 916
4	68 310	21 792	71 635	86 089	38 157	95 620	96 718
5	94 856	76 940	22 165	01 414	61 413	37 231	05 509
6	95 000	61 958	83 430	98 250	70 030	05 436	74 814
7	20 764	64 638	11 359	32 556	89 822	02 713	81 293
8	71 401	17 964	50 940	95 753	34 905	93 566	36 318

	1	2	3	4	5	6	7
9	38 464	75 707	16 750	61 371	01 523	69 205	32 122
10	59 442	59 247	74 955	82 835	98 378	83 513	47 870
11	11 818	40 951	99 279	32 222	75 433	27 397	46 214
12	65 785	06 837	96 483	00 230	58 220	09 756	00 533
13	05 933	69 834	57 402	35 168	84 138	44 850	11 527
14	31 722	97 334	77 187	70 361	15 819	35 037	46 319
15	95 118	88 373	26 934	42 991	00 142	90 852	14 199
16	14 347	69 760	76 797	91 159	85 189	84 766	88 814
17	64 447	95 461	85 772	84 261	82 306	90 347	97 519
18	82 291	62 993	83 884	69 165	14 135	25 283	35 685
19	45 631	73 570	53 937	02 803	60 044	85 567	10 497
20	59 594	78 376	47 900	30 057	94 668	04 629	10 087

表 2-4-4 所列的五位随机数字，在使用时不限于五位数字，可以用二位，也可以用三位、四位数字。其使用步骤为：（1）确定抽样数量；（2）将总体项目的编号与随机数表的数字一一对照；（3）挑选出需要抽样的数量。

2. 系统选样

系统选样，又称等距选样，它是将要审查的全部个体按某种标志排列，开头随机抽取样本，然后按相等间隔抽取样本。抽样间隔的计算公式为：

$$抽样间隔 = \frac{总体规模}{样本规模}$$

做中学 2-4-12

（多选题）注册会计师李泽方希望从 2 000 张编号为 0 001～2 000 的支票中抽取 100 张进行审计，随机确定的抽样起点为 1 955，采用系统选样法下，抽取到的第四个样本号为（   ）。

A. 2 015   B. 0 015   C. 2 005   D. 1 995

【答案】B

3. 随意选样

随意选样，又称任意选样，是指注册会计师不带任何偏见地选取样本，即注册会计师不考虑样本项目的性质、大小、外观、位置或其他特征而选取总体项目。任意选样的主要缺点在于很难完全无偏见地选取样本项目，即这种方法难以彻底排除注册会计师的个人偏好对选取样本的影响，因而很可能使样本失去代表性。由于文化背景和所受训练等的不同，每个注册会计师都可能无意识地带有某种偏好。例如，从发票柜中取发票时，某些注册会计师可能倾向于抽取柜子中间位置的发票，这样就会使柜子上面部分和下面部分的发票缺乏相等的选取机会。因此，在运用随意选样方法时，注册会计师要避免由于项目性质、大小、外观和位置等的不同所引起的偏见，尽量使所选取的样本具有代表性。

4. 计算机辅助审计技术选样

注册会计师也可以使用计算机生成的随机数选取样本，随机数可以是电子表格程序、随机数码生成程序、通用审计软件程序等计算机程序产生的随机数，也可以使用随机数表获得所需的随机数。

（七）对样本实施审计程序

对样本实施审计程序通常与审计抽样方法无关。注册会计师应当针对选取的每个样本项目实施适合于测试目标的审计程序。比如，注册会计师在测试总经理是否在所有订购单上签字授权时，可以采用检查程序。

在控制测试中，对每一个所选取的样本实施控制测试的目的是发现并记录样本中存在的偏差率；在细节测试中，对每一个所选取的样本实施细节测试的目的是发现并记录样本中存在的错报金额。

在控制测试中，如果注册会计师对所选取的样本无法测试其控制活动是否有效，则应视该样本为一个偏差；在细节测试中，如果注册会计师无法对选取的抽样单元实施计划的审计程序，则要考虑实施替代程序。

（八）评价样本结果

1. 分析样本误差

注册会计师应当调查识别出的所有偏差或错报的性质和原因，并评价其对审计程序的目的和审计的其他方面可能产生的影响。无论是统计抽样还是非统计抽样，对样本结果的定性评估和定量评估一样重要。

> ▌提示 2-4-2 ▌
>
> 定性评估是不采用数学方法，而是根据对样本结果的观察、分析作出评价。定量评估是采用数学方法，通过收集和处理数据资料，对样本结果作出评价。

2. 推断总体误差

（1）当实施控制测试时，注册会计师应当根据样本中发现的偏差率推断总体偏差率，并考虑这一结果对特定审计目标及审计的其他方面的影响。

（2）当实施细节测试时，注册会计师应当根据样本中发现的错报金额推断总体错报金额，并考虑这一结果对特定审计目标及审计的其他方面的影响。

3. 形成审计结论

注册会计师应当评价样本结果，以确定对总体相关特征的评估是否得到证实或需要修正。

（1）控制测试中的样本结果评价。在控制测试中，注册会计师应当将总体偏差率与可容忍偏差率比较，但必须考虑抽样风险。

① 统计抽样。在统计抽样中，注册会计师通常使用表格或计算机程序计算抽样风险。用以评价抽样结果的大多数计算机程序都能根据样本规模、样本结果，计算在注册会计师确定的信赖过度风险条件下可能发生的总体偏差率上限，其计算公式为：

$$总体偏差率上限 = \frac{风险系数}{样本规模}$$

风险系数根据可接受的信赖过度风险和偏差数量查表获得。

a. 如果估计的总体偏差率上限低于可容忍偏差率，则总体可以接受。这时注册会计师对总体得出结论，样本结果支持计划评估的控制有效性，从而支持计划的重大错报风险评估水平。

b. 如果估计的总体偏差率上限低于但接近可容忍偏差率，注册会计师应当结合其他审计程序的结果，考虑是否接受总体，并考虑是否需要扩大测试范围，以进一步证实计划评估的控制有效性和重大错报风险水平。

c. 如果估计的总体偏差率上限大于或等于可容忍偏差率，则总体不能接受。这时注册会计师对总体得出结论，样本结果不支持计划评估的控制有效性，从而不支持计划的重大错报风险评估水平。此时注册会计师应当修正重大错报风险评估水平，并增加实质性程序的数量。注册会计师也可以对影响重大错报风险评估水平的其他控制进行测试，以支持计划的重大错报风险评估水平。

② 非统计抽样。在非统计抽样中，抽样风险无法直接计量。注册会计师通常将样本偏差率（即估计的总体偏差率）与可容忍偏差率相比较，以判断总体是否可以接受。

a. 如果样本偏差率大于可容忍偏差率，则总体不能接受。

b. 如果样本偏差率低于总体的可容忍偏差率，注册会计师要考虑即使总体实际偏差率高于可容忍偏差率时仍出现这种结果的风险。如果样本偏差率大大低于可容忍偏差率，注册会计师通常认为总体可以接受。如果样本偏差率虽然低于可容忍偏差率，但两者很接近，注册会计师通常认为总体实际偏差率高于可容忍偏差率的抽样风险很高，因而总体不可接受。

c. 如果样本偏差率与可容忍偏差率之间的差额不是很大也不是很小，以至于不能认定总体是否可以接受时，注册会计师则要考虑扩大样本规模，以进一步收集审计证据。

（2）细节测试中的样本结果评价。当实施细节测试时，注册会计师应当根据样本中发现的错报推断总体错报。注册会计师首先必须根据样本中发现的实际错报要求被审计单位调整账面记录金额。将被审计单位已更正的错报从推断的总体错报金额中减掉后，注册会计师应当将调整后的推断总体错报与该类交易或账户余额的可容忍错报相比较，但必须考虑抽样风险。如果推断错报高于确定样本规模时使用的预期错报，注册会计师可能认为，总体中实际错报超出可容忍错报的抽样风险是不可接受的。考虑其他审计程序的结果有助于注册会计师评估总体中实际错报超出可容忍错报的抽样风险，获取额外的审计证据降低该风险。

① 统计抽样。在统计抽样中，注册会计师利用计算机程序或数学公式计算出总体错报上限，并将计算的总体错报上限与可容忍错报比较。计算的总体错报上限等于推断的总体错报（调整后）与抽样风险允许限度之和。

a. 如果计算的总体错报上限低于可容忍错报，则总体可以接受。这时注册会计师对总体得出结论，所测试的交易或账户余额不存在重大错报。

b. 如果计算的总体错报上限大于或等于可容忍错报，则总体不能接受。这时注册会计师对总体得出结论，所测试的交易或账户余额存在重大错报。在评价财务报表整体是否存在重大错报时，注册会计师应将该类交易或账户余额的错报与其他审计证据一起考虑。通常，注册会计师会建议被审计单位对错报进行调查，且在必要时调整账面记录。

② 非统计抽样。在非统计抽样中，注册会计师运用其经验和职业判断评价抽样结果。

a. 如果调整后的总体错报大于可容忍错报，或虽小于可容忍错报但两者很接近，注册会计师通常得出总体实际错报大于可容忍错报的结论。也就是说，该类交易或账户余额存在重大错报，因而总体不能接受。如果对样本结果的评价显示，对总体相关特征的评估需要修正，注册会计师可以单独或综合采取下列措施：提请管理层对已识别的错报和存在更多错报的可能性进行调查，并在必要时予以调整；修改进一步审计程序的性质、时间安排和范围；考虑对审计报告的影响。

b. 如果调整后的总体错报远远小于可容忍错报，注册会计师可以得出总体实际错报小于可容忍错报的结论，即该类交易或账户余额不存在重大错报，因而总体可以接受。

c. 如果调整后的总体错报虽然小于可容忍错报但两者之间的差距很接近（既不很小又不很大），注册会计师必须特别仔细地考虑，总体实际错报超过可容忍错报的风险是否能够接受，并考虑是否需要扩大细节测试的范围，以获取进一步的证据。

六、审计抽样在控制测试中的应用

做中学 2-4-13

（计算题）项目合伙人冯天海负责审计奥科公司 2012 年度财务报表。在针对银行存款账户的银行存款余额调节表审查时，冯天海决定采用统计抽样方法实施控制测试，以获取该控制活动全年运行是否有效的审计证据。冯天海发现奥科公司 2012 年度银行存款账户数稳定在 100 个，奥科公司财务制度规定，每月月末由与银行存款核算不相关的财务人员针对每个银行存款账户编制银行存款余额调节表。假设冯天海确定的可接受的信赖过度风险为 10%，样本规模为 60，可容忍偏差率是 7%。（计算请保留到百分比的小数点后两位）

事项（Ⅰ）：测试样本后，发现 0 例偏差。（当信赖过度风险为 10%、样本中发现的偏差率为 0 时，控制测试的风险系数为 2.3）

事项（Ⅱ）：测试样本后，发现 2 例偏差。（当信赖过度风险为 10%、样本中发现的偏差率为 2 时，控制测试的风险系数为 5.3）

【要求】（1）计算确定总体规模，并简要回答在运用统计抽样方法对某项手工执行的控制运行有效性进行测试时，总体规模对样本规模的影响。

（2）针对事项（Ⅰ），计算总体偏差率上限，并说明该项控制运行是否有效。

（3）针对事项（Ⅱ），计算总体偏差率上限，并说明该项控制运行是否有效。如果无效，后期审计计划是否需要修改，如何修改。

【答案】（1）总体规模=100×12=1 200（个）。当总体规模较小时，样本规模与总体规模同向变动；当总体规模超过一定数量时，总体规模对样本规模的影响可以忽略不计。

（2）总体偏差率上限=$\frac{风险系数}{样本规模}$=2.3/60=3.83%

由于总体偏差率上限（3.83%）低于可容忍偏差率（7%），说明该项控制运行有效。这时注册会计师对总体得出结论，样本结果支持计划评估的控制有效性，从而支持计划的重大错报风险评估水平。

（3）总体偏差率上限=$\frac{风险系数}{样本规模}$=5.3/60=8.83%。

由于总体偏差率上限（8.83%）高于可容忍偏差率（7%），说明该项控制运行无效。注册会计师应当调高对内部控制有效性的评估，增加将要实施的实质性程序的范围。

七、审计抽样在细节测试中的应用

做中学 2-4-14

（计算题）项目合伙人冯天海在对存货项目审计时发现其业务总体规模数量为 1 300 个，总体账面金额为 200 万元。冯天海利用审计抽样模型计算的样本规模为 400 个，其账面价值为 32 万元。同时，冯天海确定实际执行的重要性水平为 11.5 万元，经过对 400 个样本逐一实施审计程序确认其审定金额为 30 万元。

【要求】（1）采用比率估计抽样方法推断存货项目的实际总体金额。

（2）假设冯天海评估的存货认定层次的实际执行的重要性水平是 10 万元，是否需要扩大样本规模？

【答案】（1）比率=30/32=0.9375

总体估计金额=200×0.9375=187.5（万元）

推断总体错报=200-187.5=12.5（万元）

（2）由于冯天海利用测试样本推断总体错报（12.5 万元）大于实际执行的重要性水平（10 万元），故存货项目存在重大错报，冯天海应当扩大测试范围。

做中学 2-4-15

（计算题）项目合伙人冯天海负责对奥科公司 2012 年度财务报表进行审计，在针对应收账款实施函证程序时，冯天海决定采用非统计抽样方法实施抽样。奥科公司 2012 年 12 月 31 日的应收账款项目由 2 000 个项目构成，应收账款的账面价值为 400 万元，假定可容忍错报为 20 万元，冯天海评估的重大错报风险水平为"低"，不打算采用其他实质性程序。（保证系数见表 2-4-5）

表 2-4-5　　　　　　　　　　　　　保证系数表

评估的重大错报风险	其他实质性程序未能发现重大错报的风险			
	最高	高	中	低
最高	3.0	2.7	2.3	2.0
高	2.7	2.4	2.0	1.6
中	2.3	2.1	1.6	1.2
低	2.0	1.6	1.2	1.0

【要求】（1）用公式法估算样本规模。

（2）假定冯天海抽取了 200 个样本，账面价值为 45 万元，对抽取样本测试的结果发现比其账面价值少记 2 万元，请分别采用比率估计抽样法和差额估计抽样计算应收账款推断的总体错报金额。

【答案】（1）根据题目中所给出的已知条件以及保证系数表，确定的保证系数为 2.0，可容忍错报金额为 20 万元，则样本规模=400/20×2.0=40（个）。

（2）比率估计抽样下推断的总体错报=400×2/45=17.78（万元）

差额估计抽样下推断的总体错报=2 000×2/200=20（万元）

 拓展阅读

【材料1】　　　　　　扩大审计程序的范围与实施追加的审计程序

（1）扩大审计程序的范围是指在不改变审计程序性质的前提下增加实施程序的次数。例如，针对应收账款的函证范围是指函证程序的实施次数，通俗地说，就是向被审计单位的客户发了多少封信。扩大函证的范围就是指增加函证的客户。

（2）追加审计程序是指改变审计程序的性质，也就是换一种审计程序。例如，如果被审计单位拒绝提供客户的地址，导致无法实施函证程序，注册会计师往往考虑实施替代审计程序，也就是实施追加的审计程序。

【材料2】　　　　　　审计抽样、详细审计、抽查、审计程序

（1）审计抽样不同于详细审计。详细审计是指百分之百地审计总体中的全部项目，并根据审计结果形成审计意见。而审计抽样是从审计总体中，根据统计原理选取部分样本进行审计，根据样本推断总体并发表审计意见。

（2）审计抽样不能等同于抽查。抽查作为一种技术，可以用于审前调查、确定审计重点、取得审计证据，在使用中无严格要求。而审计抽样作为一种审计方法，需运用统计原理，并严格按规定的程序和抽样方法的要求实施。

（3）抽样审计一般可用于逆查、顺查、函证等审计程序，也可用于控制测试和细节测试；但注册审计师在进行询问、观察、分析程序时则不宜运用审计抽样。

 自我检测

一、单选题

1. 下列说法中，不正确的是（　　　）。
    A. 风险评估程序通常不涉及审计抽样
    B. 当控制的运行留下轨迹时，注册会计师可以考虑使用审计抽样实施控制测试
    C. 在实施细节测试时，注册会计师可以使用审计抽样获取审计证据
    D. 在实施实质性分析程序时，注册会计师也可以使用审计抽样
2. 以下关于抽样风险和非抽样风险表述中，正确的是（　　　）。
    A. 抽样风险和非抽样风险通过影响重大错报风险的评估和检查风险的确定而影响审计风险
    B. 无法量化抽样风险，所以注册会计师不需要对其进行评价和控制
    C. 注册会计师选择的总体不适合测试目标，会导致抽样风险
    D. 只要合理控制，抽样风险可以避免
3. 下列关于影响样本规模的因素的说法中，正确的是（　　　）。
    A. 可接受的抽样风险、可容忍误差和样本规模呈同向变动，预计总体误差和总体变异性和样本规模呈反向变动
    B. 在非统计抽样中，注册会计师运用职业判断确定样本规模
    C. 在既定的可容忍误差下，当预计总体误差增加时，样本规模相应减少
    D. 在细节测试中，注册会计师在确定样本规模时一般不考虑总体变异性；在控制测试中，注册会计师在确定样本规模时考虑总体变异性
4. 在控制测试中，影响样本规模的因素中通常不包括（　　　）。
    A. 预期总体偏差率　　　　　　　　B. 可接受的信赖过度风险

C. 可容忍偏差率　　　　　　　　　　D. 总体变异性

5. 在控制测试中，注册会计师对 56 个样本实施了审计程序，样本偏差为 2，风险系数为 5.3。假如注册会计师确定的可接受的信赖过度风险为 10%，下列对风险的描述不正确的是（　　）。

A. 总体偏差率上限为 5.3/56 = 9.5%，总体实际偏差率超过 9.5%的风险为 10%

B. 总体偏差率上限为 5.3/56 = 9.5%，注册会计师有 90%的把握保证总体实际偏差率不超过 9.5%

C. 如果可容忍偏差率为 7%，则说明总体的实际偏差率超过可容忍偏差率的风险很小，因而能接受总体

D. 如果可容忍偏差率为 7%，则说明总体的实际偏差率超过可容忍偏差率的风险很大，因而不能接受总体

6. 有关抽样风险与非抽样风险的下列表述中，不正确的是（　　）。

A. 信赖不足风险与误拒风险会降低审计效率

B. 信赖过度风险与误受风险会影响审计效果

C. 非抽样风险对审计工作的效率和效果都有影响

D. 审计抽样只与审计风险中的检查风险相关

7. 注册会计师采用系统选样法从 8 000 张凭证中选取 200 张作为样本，确定随机起点为凭证编号的第 35 号，则抽取的第 6 号样本的编号应为（　　）号。

A. 155　　　　　　B. 195　　　　　　C. 200　　　　　　D. 235

8. 注册会计师应当特别关注的、可能导致错误审计结论的两种风险是（　　）。

A. 信赖不足风险与误拒风险　　　　　　B. 信赖不足风险与误受风险

C. 信赖过度风险与误拒风险　　　　　　D. 信赖过度风险与误受风险

9. 下面（　　）因素与选择的样本量呈反向关系。

A. 可信赖程度　　B. 预期总体误差　　C. 总体规模　　D. 可容忍误差

10. 统计抽样与非统计抽样相比，统计抽样的优点在于（　　）。

A. 能充分利用审计人员的经验和判断能力

B. 所需要的样本量比较少，因而可以提高审计效率

C. 适用于资料比较齐全或总体较大的企业

D. 可以根据样本分布的规律计算抽样误差的范围，通过调整样本量来控制抽样误差和风险

二、多选题

1. 在控制测试中所发生的抽样风险的类型有（　　）。

A. 信赖不足风险　　B. 信赖过度风险　　　　C. 误拒风险　　　　D. 误受风险

2. 统计抽样可分为（　　）。

A. 非变量抽样　　B. 任意抽样　　　　C. 属性抽样　　　　D. 变量抽样

3. 下列关于评价样本结果的说法中，正确的有（　　）。

A. 在控制测试中，如果注册会计师采用的是非统计抽样，则评价的标准是"样本偏差率与可容忍偏差率的关系"

B. 在控制测试中，如果注册会计师采用的是统计抽样，则评价的标准是"总体偏差率上限与可容忍偏差率的关系"

C. 在细节测试中，如果注册会计师采用的是统计抽样，则评价的标准是"总体错报上限与可容忍错报的关系"

D. 在细节测试中，如果注册会计师采用的是非统计抽样，则评价的标准是"调整后的总体错报与可容忍错报的关系"

4. 在对控制测试抽样结果评价时，如果总体偏差率上限大于可容忍偏差率，则注册会计师（　　　）。

A. 不能接受总体

B. 应当扩大控制测试范围

C. 提高重大错报风险评估水平，并增加实质性程序的数量

D. 对影响重大错报风险评估水平的其他控制进行测试，以支持计划的重大错报风险评估水平

5. 使用随机数表选取样本时，需要确定选号的（　　　）。

A. 范围，即所选号码是否落入抽样单位的编号范围之内

B. 路线，即按照何种方向作为选取样本的顺序

C. 位数，即选用随机数表中每个数的哪几位与抽样单位相对应

D. 起点，即以随机数表中的哪个数作为所选样本的首个号码

三、案例题

案例一

【材料】项目合伙人冯天海负责审计奥科公司 2012 年财务报表。他在对奥科公司 2012 年度营业收入进行审计时，为了确定奥科公司销售业务是否真实、会计处理是否正确，拟从奥科公司 2012 年开具的销售发票的存根中选取若干张，核对销售合同和发运单，并检查会计处理是否符合规定。奥科公司 2012 年共开具连续编号的销售发票 3 000 张，销售发票号码为第 2001 号至第 6000 号，冯天海计划从中选取 10 张销售发票样本。随机数表（部分）如表 2-4-4 所示。

【要求】（1）根据随机数表，假定冯天海以随机数所列数字的前 4 位数与销售发票号码一一对应，确定第 2 列第 4 行为起点，选号路线为自上而下、自左而右。请代冯天海确定选取的 10 张销售发票样本的发票号码分别为多少？

（2）如果上述 10 笔销售业务的账面价值为 100 万元，审定金额为 102 万元，假定奥科公司 2012 年度营业收入账面价值为 1 800 万元，并假定误差与账面价值不成比例关系，请运用差额估计抽样推断奥科公司 2012 年度营业收入的总体账面价值。

（3）假设冯天海评估的营业收入认定层次的实际执行的重要性水平是 50 万元，是否需要扩大样本规模？

案例二

【材料】假设审计项目组对奥科公司 2012 年度财务报表审计过程中发生下列事项。

（1）注册会计师冯天海在利用差额估计抽样审查奥科公司的应收账款时，采用随机抽样

方法从 300 笔业务构成的应收账款总体中抽取了 50 笔业务进行逐笔审查。经查证，发现这些业务中共存在 1 000 元的误差，据此推断总体中的错误金额为（　　　　）元。

  A. 5 000　　　　B. 6 000　　　　C. 7 000　　　　D. 8 000

  （2）注册会计师李泽方在对奥科公司营业收入进行测试的同时，一并对应收账款进行了测试。假定奥科公司 2012 年 12 月 31 日应收账款明细账显示其有 2 000 个顾客，账面余额为 10 000 万元。李泽方拟通过抽样函证应收账款账面余额，抽取了 130 个样本。样本账户账面余额为 500 万元，审定后认定的余额为 450 万元。根据样本结果采用差额估计抽样法推断应收账款的总体余额为（　　　　）万元。

  A. −769.23　　　　B. 9 230.76　　　　C. 6 923.08　　　　D. 8 200

  （3）注册会计师王晓慧从总体规模为 1 000 个、账面价值为 300 000 元的存货项目中选取 200 个项目（账面价值 50 000 元）进行检查，确定其审定金额为 50 500 元。如果采用比率估计抽样，王晓慧推断的存货总体错报为（　　　　）元。

  A. 500　　　　B. 2 500　　　　C. 3 000　　　　D. 47 500

  （4）在审计抽样中，注册会计师王晓慧选取的样本包含了存货账面金额的 20%，同时在样本中发现了 300 元的错报，则王晓慧运用比率估计抽样得出的总体错报最佳估计值是（　　　　）元。

  A. 320　　　　B. 1 500　　　　C. 280　　　　D. 15 000

  （5）在可容忍误差率为 5%，预计误差率为 3%，允许的抽样风险为 2% 的情况下，当审计助理李英祥对 200 个文档进行检查时发现 8 个文档有错误，此时可以得到的结论是（　　　　）。

  A. 不接受降低对控制风险的评估，因为样本的实际误差率加上允许的抽样风险大于预计的误差率

  B. 接受降低对控制风险的评估的样本结果，因为样本的实际误差率加上允许的抽样风险大于可容忍误差率

  C. 不接受降低对控制风险的评估，因为样本的实际误差率加上允许的抽样风险大于可容忍误差率

  D. 接受降低对控制风险的评估的样本结果，因为可容忍误差率减去允许的抽样风险等于预计的误差率

  （6）在采用统计抽样进行控制测试时，注册会计师王晓慧应当对推断的总体误差与可容忍误差进行比较，并根据比较结果确定是否接受所测试的内部控制总体。以下与此相关的说法中，正确的是（　　　　）。

  A. 如果总体偏差率低于可容忍偏差率，可以接受总体

  B. 如果估计的总体偏差率上限等于可容忍偏差率，则样本结果不支持计划的重大错报风险水平

  C. 如果总体偏差率远低于可容忍偏差率，可以接受总体

  D. 如果估计的总体偏差率上限低于且很接近于可容忍偏差率，则样本结果支持了计划的重大错报风险水平

  （7）在控制测试的统计抽样中，注册会计师对总体作出的结论可以接受的是（　　　　）。

  A. 估计的总体偏差率上限低于可容忍偏差率

  B. 样本偏差率大大低于可容忍偏差率

C. 计算的总体错报上限低于可容忍错报

D. 调整后的总体错报远远小于可容忍错报

【要求】针对上述事项，选择出最正确的一个结果。

模块五　审计工作底稿和审计档案

案例导入

中和天成会计师事务所承接了奥科公司 2012 年度财务报表审计工作，委派注册会计师冯天海担任项目合伙人。冯天海安排注册会计师王晓慧归档部分工作底稿，审计助理李英祥从旁协助。在归档审计工作底稿期间，发生以下两件事情：（1）王晓慧对编制的"固定资产折旧分析表"中存在涂改和写错的地方，重新抄写一份，并将原分析表销毁；（2）对审计工作中需要核对的工作底稿没有签字的，王晓慧让注册会计师朱国栋统一代签。冯天海知晓统一代签事件后，对王晓慧进行了严厉的批评。冯天海告诉王晓慧和李英祥应该由具体进行审计工作底稿复核的人员补签字，而不应该统一代签。李英祥追问师傅冯天海，销毁原固定资产折旧分析表可以吗？

相关知识

一、审计工作底稿

（一）审计工作底稿的含义

审计工作底稿，是指注册会计师对制订的审计计划、实施的审计程序、获取的相关审计证据，以及得出的审计结论作出的记录。审计工作底稿形成于注册会计师执行财务报表审计的全过程，如图 2-5-1 所示。

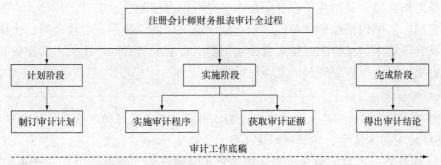

图 2-5-1　财务报表审计全过程与审计工作底稿

审计工作底稿是审计证据的载体，它记载审计人员实施审计过程中获取的审计证据的名称、来源、内容和时间等，它不是审计证据，也不是把审计证据的内容重复书写一遍，两者不可相互替代。审计工作底稿描述的是审计人员采集审计证据的方法与步骤以及对审计结果的判断。

审计工作底稿通常不包括以下内容：（1）已被取代的审计工作底稿的草稿或财务报表的草稿；（2）反映不全面或初步思考的记录；（3）存在印刷错误或其他错误而作废的文本；

（4）重复的文件记录。

（二）审计工作底稿的编制目的

注册会计师应当及时编制审计工作底稿，以实现下列目的。

1. 提供充分、适当的记录，作为审计报告的基础

审计工作底稿是注册会计师形成审计结论，发表审计意见的直接依据。及时编制审计工作底稿有助于提高审计工作的质量，便于在出具审计报告之前，对取得的审计证据和得出的审计结论进行有效复核和评价。

2. 提供证据，证明其按照《中国注册会计师审计准则》的规定执行了审计工作

在会计师事务所因执业质量而涉及诉讼或有关监管机构进行执业质量检查时，审计工作底稿能够提供证据，证明会计师事务所是否按照审计准则的规定执行了审计工作。

（三）审计工作底稿的分类

审计工作底稿一般分为综合类工作底稿、业务类工作底稿和备查类工作底稿三类。

1. 综合类工作底稿

综合类工作底稿，是指注册会计师在审计计划阶段和完成阶段，为规划、控制和总结整个审计工作，并发表审计意见所形成的审计工作底稿。主要包括审计业务约定书、审计计划、审计总结、未审计财务报表、试算平衡表、审计差异调整表、审计报告、管理建议书、被审计单位声明书以及注册会计师对整个审计工作进行组织管理的所有记录和资料。

2. 业务类工作底稿

业务类工作底稿，是指注册会计师在审计实施阶段为执行具体审计程序所形成的审计工作底稿。主要包括注册会计师对某一审计循环或审计项目所作控制测试或细节测试程序的记录和资料。

3. 备查类工作底稿

备查类工作底稿，是指注册会计师在审计过程中形成的、对审计工作仅具有备查作用的审计工作底稿。主要包括被审计单位的设立批准证书、营业执照、合营合同、协议、章程、组织机构及管理层人员结构图、董事会会议纪要、重要经济合同、相关内部控制制度及其研究与评价记录、验资报告等资料的复印件或摘录。

做中学 2-5-1

（单选题）项目合伙人冯天海在完成外勤工作后，安排审计助理李英祥整理审计工作底稿。李英祥的下列做法中，不正确的是（　　）。

A. 从奥科公司获取的销售合同复印件中，有两份内容相同，但其中一份是复印了没有盖章的，一份是复印了盖过章的，李英祥保留了盖过章的一份，将没有盖章的那一份放入碎纸机粉碎

B. 某一张底稿记录了冯天海初到审计现场时进行初步思考的记录，为了体现冯天海的审计思路，将其与对相关内容形成审计结论的底稿放置在一起归入审计档案

C. 有三张报表，奥科公司没有盖章确认系其提供，经过询问冯天海，这三张报表是初入现场时被审计单位提供的报表草稿，不是最终提供的未审报表，李英祥将其放入碎纸机粉碎

D．因为电子表格公式设计错误，填制的应收账款电子明细表出现合计数错误，打印后方才发现，李英祥修正公式后重新打印，将原来打印的放入碎纸机粉碎

【答案】B

（四）审计工作底稿的作用

1．审计工作底稿是起草审计报告的基础

审计项目组根据审计工作底稿以及相关资料，在综合分析、归纳、整理、核对的基础上编制审计报告，审计人员可以通过编制审计工作底稿不断提高业务水平。

2．审计工作底稿为评价审计人员工作业绩提供依据

审计工作底稿是审计人员进行审计工作情况的真实记录。通过对审计工作底稿的复核，可以对审计人员在是否正确执行审计准则，是否合理实施审计程序，发表审计意见是否公正客观，专业判断是否正确等各个方面进行评价和考核。如果审计人员在审计工作底稿中记录的情况不实，也可作为追究审计人员责任的客观依据。

3．审计工作底稿是记录审计过程内容的内部依据

因为审计工作底稿是审计人员根据审计证据整理而成的，除现金、存货、固定资产等审计工作底稿记录的重要审计事项在作为形成审计报告和审计决定的证明材料使用时，要有提供者签章外，其他一般不需要提供者签章。只要审计工作底稿提供的材料充分、可靠地支持了审计决定，就能确保维持审计结论。

（五）审计工作底稿的要素

审计工作底稿的形成方式有编制和取得两种。就注册会计师编制的审计工作底稿而言，尤其是对业务类审计工作底稿而言，一般包括下列全部或部分要素。

1．被审计单位名称

即会计报表的编报单位。若会计报表编报单位为某一集团的下属公司，则应同时写明下属公司的名称。被审计单位名称可写简称，如奥科股份有限公司可以简称奥科公司。

2．审计项目名称

即某一会计报表项目名称或某一审计程序及实施对象的名称，如具体审计项目是某一分类会计科目，则应同时写明该分类会计科目。

3．审计项目时点或期间

这是指某一资产负债类项目的报告时点或某一损益类项目的报告期间。

4．审计过程记录

即对注册会计师的审计轨迹与专业判断的记录。注册会计师应将其实施审计、达到审计目标的过程记录在审计工作底稿中。

5．审计标示及其说明

审计标示，是注册会计师为便于表达审计含义而采用的符号。注册会计师应在审计工作底稿中说明各种审计标示所代表的含义，或采用"审计标示及其说明表"的形式统一说明，并做到前后一致，如表2-5-1所示。

表 2-5-1　　　　　　　　　　　　审计工作底稿标示举例

∧	纵加核对	C	已发询证函
<	横加核对	C\	已收回询证函
B	与上年结转数核对一致	PBC	由客户提供的资料
T	与原始凭证核对一致	PAJE	建议客户进行账务调整
G	与总分类账核对一致	PRJE	建议客户进行重分类调整
S	与明细账核对一致	AFS	与前一年度已审报表一致
T/B	与试算平衡表核对一致	N/A	不适用

6. 审计结论

这是注册会计师通过实施必要的审计程序后，对某一审计事项所作的专业判断。就控制测试而言，是指注册会计师对被审计单位内部控制制度执行情况的满意程度以及是否可以信赖；就细节测试而言，是指注册会计师对某一审计事项的余额或发生额的确认情况。

7. 索引号及页次

索引号，是注册会计师为整理和利用审计工作底稿，将具有同一性质或反映同一具体审计事项的审计工作底稿分别归类，形成相互联系、相互控制所作的特定编号。

页次，是在同一索引号下不同的审计工作底稿的顺序编号。

8. 编制者姓名及编制日期

注册会计师必须在其编制的审计工作底稿上签名和签署日期。签名时可用简签（只写姓或名字中的一部分），但应以适当方式加以说明。

9. 复核者姓名及复核日期

注册会计师必须在其复核过的审计工作底稿上签名和签署日期。签名时可用简签，但应以适当方式加以说明。若有多级复核，每级复核者均应签名和签署日期。

10. 其他应说明事项

这是指注册会计师根据其专业判断，认为应在审计工作底稿中予以记录的其他相关事项。

表 2-5-2 为审计工作底稿，表 2-5-3 为审计工作底稿的要素及目的。

表 2-5-2　　　　　　　　　　　　审计工作底稿（一般）

中和天成会计师事务所

被审计单位：				索引号：		页次：	
项目：				编制人：		日期：	
财务报表截止日/期间：				复核人：		日期：	

表 2-5-3　　　　　　　　　　　　审计工作底稿的要素及其目的

	要　素	目　的
1	被审计单位名称	明确审计客体
2	审计项目名称	明确审计内容

	要　　素	目　　的
3	审计项目时点或期间	明确审计范围
4	审计过程记录	记载审计程序的性质、范围、样本选择等
5	审计标示及说明	方便检查和审阅工作底稿
6	审计结论	记录注册会计师的专业判断，为支持审计意见提供依据
7	索引号及页次	方便存取使用，便于日后参考
8	编制者姓名及编制日期	明确编制责任
9	复核者姓名及复核日期	明确复核责任
10	其他应说明事项	

（六）审计工作底稿的编制

1. 审计工作底稿的编制原则

对于自行编制的审计工作底稿，应当全面记录审计计划的执行轨迹、审计证据的收集过程、职业判断的依据及过程、审计意见的形成过程等。大部分工作底稿应当由审计人员自行编制。

提示 2-5-1

对于由委托单位或第三方提供的资料，严格讲并不是审计工作底稿，只有在注册会计师实施必要的审计程序并形成相应的审计记录后，才能作为审计工作底稿的重要组成部分。

2. 审计工作底稿编制的注意事项

审计工作底稿的编制应当注意以下事项。

（1）合理、恰当运用审计标示。除充分运用约定俗成的审计标示外，对于被审计单位名称、审计程序、审计结论以及编制者（复核者）姓名等要素均可采用适当的审计标示以尽量减少书写量。

（2）先编制索引号，后编制底稿页次。大部分执业注册会计师在审计外勤结束后统一编制索引号和页次，这时，由于汇总的工作底稿较多，且又要交叉引用，造成编制困难。可在外勤开始时（或开始前）由项目负责人按照未审会计报表的一级科目顺序先编制程序表或审定表的索引号（如 A1、A2、…），在外勤结束时再分别填制底稿页次，这样既能保证索引号的唯一性和相互索引，又可防止页次编制时的缺号、重号。

提示 2-5-2

审计外勤，是指注册会计师在被审计单位从事约定的审计活动。

（3）借助计算机编制工作底稿。审计项目执行过程中涉及大量的数据运用、调整和重分类等，容易造成编制者书写时的笔下错误，同时也加大了外勤工作量。可以借助计算机编制诸如银行余额调节表、审计调整和重分类、试算平衡等审计工作底稿，也可以自行设计或从网上下载相关的功能模块，借助 Excel、VFP（Visual FoxPro）等工具代为编制，以提高工作效率。

（4）要求被审计单位提供规定格式的资料。对于被审计单位提供的诸如余额明细表、账龄分析表或折旧计提计算表等资料，可能在利用时仍显示要素不全或数据不"兼容"，无法直接利用或进一步分析。可以在签约之后对被审计单位财务人员予以必要的辅导，要求他们提供合乎审计程序要求的数据格式，这样还能有效缩短外勤工作的周期。

（七）审计工作底稿的复核

1. 三级复核制度（见图2-5-2）

复核，是会计师事务所进行审计项目质量控制、降低审计风险，并保证审计计划顺利进行的一项重要程序。为此，会计师事务所一般应当建立由项目负责人、部门负责人和审计机构的负责人或专职的复核机构或复核人员对审计工作底稿进行逐级复核的一种复核制度。

（1）项目负责人的复核是三级复核制度中的第一级复核，称为详细复核，一般在外勤工作阶段进行，项目负责人对助理审计人员完成的审计工作底稿逐张复核，对发现的问题及时指出并督促其修改和完善。

（2）部门负责人的复核是三级复核制度中的第二级复核，称为一般复核，是对重要会计账项的审计、重要审计程序的执行以及审计调整事项等进行的复核，是对重要审计事项的把关。

（3）审计机构负责人的复核是三级复核制度中的第三级复核，称为重点复核，是对审计过程中的重大会计审计问题、重大审计调整事项及重要的审计工作底稿进行的复核，是对整个审计项目质量的重点把握。

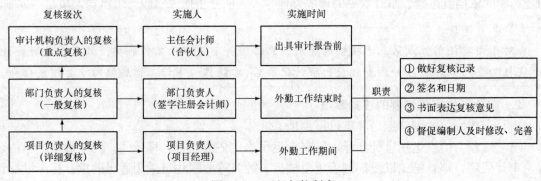

图 2-5-2　三级复核制度

2. 审计工作底稿复核的主要内容

（1）所引用的有关资料是否可靠；

（2）所获取的审计证据是否充分；

（3）审计程序和审计方法是否恰当；

（4）审计结论是否正确。

‖ 提示 2-5-3 ‖

各复核人在复核审计工作底稿时，应做出必要的复核记录，书面表示复核意见并签名。

‖ 做中学 2-5-2 ‖

（单选题）以下对审计工作底稿复核的陈述中，不恰当的有（　　　）。

A. 会计师事务所一般采用三级复核制度

B. 项目负责人的复核是三级复核制度中的第二级复核，又称一般复核

C. 详细复核一般在外勤工作阶段进行

D. 审计机构负责人的复核是三级复核制度中的第三级复核，称为重点复核

【答案】B

（八）审计工作底稿的归档

审计工作底稿的归档期限为审计报告日后 60 天内。如果注册会计师未能完成审计业务，审计工作底稿的归档期限为审计业务中止后的 60 天内。

┫ 做中学 2-5-3 ┣

（单选题）下列关于审计工作底稿的相关表述，错误的是（　　　　）。

A. 审计工作底稿只能以纸质形式存在

B. 审计工作底稿分为综合类工作底稿、业务类工作底稿和备查类工作底稿三类

C. 审计工作底稿通常不包括重复的文件记录

D. 审计工作底稿不能代替被审计单位的会计记录

【答案】A

（九）审计日后对审计工作底稿的变动

一般情况下，在审计报告归档之后不能再对审计工作底稿进行修改或增加。注册会计师发现有必要修改现有审计工作底稿或增加新的审计工作底稿的情形主要有以下两种：（1）注册会计师已实施了必要的审计程序，取得了充分、适当的审计证据并得出了恰当的审计结论，但审计工作底稿的记录不够充分；（2）审计报告日后，发现例外情况要求注册会计师实施新的或追加审计程序，或导致注册会计师得出新的结论。

在完成最终审计档案的归整工作后，如果发现有必要修改现有审计工作底稿或增加新的审计工作底稿，在保持原审计工作底稿中所记录的信息，即对原记录信息不予删除（包括涂改、覆盖等方式）的前提下，无论修改或增加的性质如何，注册会计师均应当记录下列事项：（1）修改或增加审计工作底稿的时间和人员，以及复核的时间和人员；（2）修改或增加审计工作底稿的具体理由。

┫ 做中学 2-5-4 ┣

（单选题）在某些例外情况下，如果在审计报告日后实施了新的或追加的审计程序，或者得出新的结论，应当形成相应的审计工作底稿。下列各项中，无需包括在审计工作底稿中的是（　　　　）。

A. 有关例外情况的记录

B. 实施的新的或追加的审计程序、获取的审计证据、得出的结论及对审计报告的影响

C. 对审计工作底稿作出相应变动的时间和人员以及复核的时间和人员

D. 审计报告日后，修改后的被审计单位财务报表草稿

【答案】D

二、审计档案

（一）审计档案的含义

审计档案，是指注册会计师在审计业务活动中直接形成的，具有保存价值的各种文字、图表、声像等不同形式的历史记录。对每项具体审计业务，注册会计师应当将审计工作底稿

归整为审计档案。

（二）审计档案的类别

审计档案可以分为永久性档案和当期档案。

1. 永久性档案

永久性档案，是指那些记录内容相对稳定，具有长期使用价值，并对以后审计工作具有重要影响和直接作用的审计档案。例如，被审计单位的组织结构、批准证书、营业执照、章程、重要资产的所有权或使用权的证明文件复印件等。

2. 当期档案

当期档案，是指那些记录内容经常变化，主要供当期和下期审计使用的审计档案。包括业务类工作底稿中除相关控制测试工作底稿外的其他部分和综合类工作底稿中除审计报告、管理建议书外的其他部分。

（三）审计档案的保管

会计师事务所应当自审计报告日起，对审计工作底稿至少保存 10 年。如果注册会计师未能完成审计业务，会计师事务所应当自审计业务中止日起，对审计工作底稿至少保存 10 年。值得注意的是，对于连续审计的情况，当期归整的永久性档案可能包括以前年度获取的资料（有可能是 10 年以前）。这些资料虽然是在以前年度获取，但由于其作为本期档案的一部分，并作为支持审计结论的基础，因此，注册会计师对于这些对当期有效的档案，应视为当期取得并保存 10 年。如果这些资料在某一个审计期间被替换，被替换资料应当从被替换的年度起至少保存 10 年。

做中学 2-5-5

（单选题）注册会计师冯天海和李泽方对奥科公司 2012 年度财务报表进行审计，于 2013 年 3 月 5 日出具了审计报告，相关审计工作底稿于 2013 年 5 月 2 日归档。关于审计工作底稿的保存期限，下列说法中，正确的是（   ）。

A. 自 2012 年 1 月 1 日起至少 10 年　　B. 自 2012 年 12 月 31 日起至少 10 年

C. 自 2013 年 3 月 5 日起至少 10 年　　D. 自 2013 年 5 月 2 日起至少 10 年

【答案】C

 拓展阅读

【材料】　　　　　　　　　　　永久性档案（见表2-5-4）

表 2-5-4　　　　　　　　　　　　　　永久性档案

档案名称		索引号	有/无（√/×）
永久性档案增补记录		首页	
审计项目管理	被审计单位地址、主要联系人、职位、电话	A1	
	参与项目的其他注册会计师或专家的姓名和地址	A2	

档案名称		索引号	有/无（√/×）
永久性档案增补记录		首页	
审计项目管理	审计业务约定书原件	A3	
	各期审计档案清单	A4	
	会计政策、会计估计调查表	A5	
公司历史沿革及法律资料	政府批文	B1	
	营业执照	B2	
	税务登记证	B3	
	公司章程及章程修正案	B4	
	公司代码	B5	
	历史发展资料	B6	
组织结构	组织结构图	C1	
	各投资方简介	C2	
	管理层和财务人员（名单、职责）	C3	
	董事会成员清单	C4	
	分支机构资料	C5	
	所投资企业资料	C6	
	股东大会议事规则	C7	
	董事会议事规则	C8	
	监事会议事规则	C9	
	经理会议事规则	C10	
	与投资者关系管理制度	C11	
	重大经营决策的程序、规则及权限	C12	
	重大投资决策的程序、规则及权限	C13	
	对外担保的程序、规则及权限	C14	
	关联方交易决策的程序与规则	C15	
	独立董事制度	C16	
	内部审计制度	C17	
	考核、激励管理办法	C18	
主要业务与技术资料	公司经营范围与主营业务	D1	
	主要产品生产工艺流程	D2	
	主要产品的主要原材料和能源及成本构成	D3	
	主要产品的行业地位及销售情况	D4	
	主要竞争对手情况	D5	
	主要客户和供应商情况	D6	
	特殊行业许可证书	D7	
	资质证书	D8	
	商标证书	D9	
	专利证书	D10	
	非专利技术	D11	

档案名称		索引号	有/无（√/×）
	永久性档案增补记录	首页	
主要业务与技术资料	重要特许权利	D12	
	质量管理体系认证证书	D13	
	环境管理系统认证证书	D14	
	生产安全认证证书	D15	
关联方资料	关联方名称清单	E1	
	关联方资料	E2	
	重大关联方交易资料	E3	
财务管理制度	资金管理办法	F1	
	存货管理办法	F2	
	固定资产管理办法	F3	
	在建工程管理办法	F4	
	合同管理办法	F5	
	费用报销管理办法	F6	
	会计稽核管理办法	F7	
	会计电算化管理办法	F8	
	会计档案管理办法	F9	
	授权控制制度	F10	
	募集资金管理制度	F11	
	员工福利及奖励制度	F12	
重要经济合同或协议	长期借款合同	G1	
	无形资产转让协议	G2	
	资产出让或出售协议	G3	
	资产置换协议	G4	
	对外投资或股权转让协议	G5	
	债务重组协议	G6	
	融资租赁协议	G7	
	重要销售合同	G8	
	重要采购合同	G9	
	重大设施、设备经营租赁协议	G10	
	托管协议	G11	
	委托理财协议	G12	
	大额资金使用协议	G13	
	担保协议	G14	
重要实物资产	重要土地目录	H1	
	国有土地使用证	H2	
	土地出让合同或转让协议	H3	
	发票或收据	H4	
	房地产开发用地规划许可证	H5	

续表

档案名称		索引号	有/无（√/×）
永久性档案增补记录		首页	
重要实物资产	房地产开发工程规划许可证	H6	
	房地产开发建设工程许可证	H7	
	房地产开发商品房销售许可证	H8	
	重大拆迁补偿协议	H9	
政府机构、监管部门相关资料	政府审计报告	I1	
	证监会整改通知	I2	
	海关监管报告	I3	
	IPO 及发行新股未予通过的复函	I4	
	所得税减免批准证明	I5	
	税收资料	I6	
中介机构报告	验资报告	J1	
	年度审计报告	J2	
	管理建议书	J3	
	内部控制审核报告	J4	
	资产评估报告	J5	
	首次公开发行审计报告	J6	
	盈利预测审核报告	J7	
会议纪要	历次股东大会决议	K1	
	历次董事会决议	K2	
	历次监事会决议	K3	
	主要经理会议纪要	K4	

 自我检测

一、单选题

1. 以下有关审计工作底稿的说法中，不正确的是（　　）。

A. 注册会计师所获取的每一个审计证据都要通过审计工作底稿加以记载

B. 每一张工作底稿都为证明财务报表是否不存在重大错报提供了直接的证据

C. 审计工作底稿是注册会计师对被审计单位的财务报表出具审计报告的基础

D. 审计工作底稿为注册会计师执业过程中是否遵循审计准则提供直接证据

2. 审计工作底稿通常包括（　　）。

A. 已被取代的审计工作底稿的草稿或财务报表的草稿

B. 反映不全面或初步思考的记录

C. 存在印刷错误或其他错误而作废的文本

D. 审计业务约定书

3. 审计工作底稿复核的主要内容不包括（　　）。

A. 所引用的有关资料是否可靠　　　　　B. 制订的审计计划是否详细

　　C. 审计程序和审计方法是否恰当　　　　D. 审计结论是否正确

4. 审计工作底稿通常不包括下列（　　　）内容。

　　A. 未审的财务报表草稿　　　　　　　　B. 具体审计计划

　　C. 管理层声明书　　　　　　　　　　　D. 由电子介质转换的纸质工作底稿

5. 表 2-5-5 是中和天成会计师事务所设计的《固定资产及累计折旧分类汇总表》工作底稿。有关这一工作底稿的说法中，不正确的是（　　　）。

表 2-5-5　　　　　　　　　　　固定资产及累计折旧分类汇总表

固定资产类别	固定资产				累计折旧				备注
	期初余额	本期增加	本期减少	期末余额	期初余额	本期增加	本期减少	期末余额	
合计									

　　A. 缺少了"折旧方法"、"折旧率"、"索引号及页次"

　　B. 缺少了"减值准备"、"审计过程及说明"、"审计结论"

　　C. 缺少了"被审计单位的名称"、"审计项目的名称"、"审计的时点或期间"

　　D. 缺少"编制人、复核人姓名与日期"和"审计标示及说明"

6. 注册会计师冯天海在执行奥科公司 2012 年度财务报表审计业务的过程中，获取或形成了下列资料或记录。根据审计工作底稿的性质，冯天海应当将（　　　）形成审计工作底稿。

　　A. 注册会计师与被审计单位有关重大事项的往来电子邮件

　　B. 被审计单位在按照审计建议进行重大调整之前的未审财务报告

　　C. 注册会计师对被审计单位重要性进行初步思考的记录

　　D. 注册会计师从被审计单位不同部门获取的多于一份的同一文件

7. 以下相关说法中，不正确的是（　　　）。

　　A. 审计工作底稿需要注明索引号及顺序编号

　　B. 相关审计工作底稿之间需要保持清晰的钩稽关系

　　C. 采用电子索引和链接时，应确保链接不随审计工作的推进而更新

　　D. 可以将风险评估结果与审计计划中针对该风险领域设计的审计程序链接

8. 如果被审计单位采用计算机处理部分业务，注册会计师形成的部分审计工作底稿可能以电子信息的形式存在。注册会计师对这部分工作底稿，（　　　）。

　　A. 必须打印，形成纸质工作底稿，以代替原电子版工作底稿

　　B. 可以将相关信息打印，形成纸质工作底稿，以便于进行复核

　　C. 可以在打印的纸质工作底稿上复核，但只保存电子版工作底稿

　　D. 不能打印，必须在电子版工作底稿上实施复核

9. 对于审计档案，会计师事务所应自（　　　）起至少保存 10 年。

　　A. 审计报告签署日　　　　　　　　　　B. 审计报告定稿日

　　C. 财务报表公布日　　　　　　　　　　D. 后续审计中止日

10. 注册会计师冯天海及审计项目组其他成员于 2013 年 3 月 6 日完成了奥科公司 2012

年度财务报表的审计业务，3 月 7 日将审计工作底稿归整为最终审计档案。在归整时，对工作底稿进行了如下变动，其中需要说明理由并说明对审计意见影响的是（　　　）。

A. 将 3 月 5 日获取并在项目组内部达成一致意见的审计证据添加到工作底稿中

B. 为全部工作底稿添加索引号及页次

C. 将 3 月 8 日获取的审计证据补充到审计档案中

D. 废弃已被取代的原材料监盘工作底稿

二、多选题

1. 审计工作底稿是指注册会计师对（　　　）做出的记录。

  A. 制订的审计计划   B. 实施的审计程序

  C. 获取的审计证据   D. 确定的审计意见

2. 在形成审计工作底稿时，注册会计师应当将审计过程中获取的下列（　　　）审计证据的原件附在相关的审计工作底稿之后。

  A. 销售合同   B. 企业章程   C. 银行询征函的回函   D. 存货盘点标签

3. 对于被审计单位提供的合同、章程等复印件，必须（　　　）方能形成审计工作底稿。

  A. 注明资料来源   B. 将复印件与原件核对

  C. 形成审计结论   D. 注册会计师签名、盖章

4. 以下有关当期档案的说法中，不正确的是（　　　）。

  A. 当期档案是指仅供本期和下期使用的审计档案

  B. 记录企业规章制度的审计档案属于当期档案

  C. 在控制测试中形成的审计档案属于当期档案

  D. 记录在实质性程序的审计档案不属于当期档案

5. 中和天成会计师事务所的奥科公司审计项目组在编制常年客户东信公司 2012 年度财务报表的审计计划时，需要查阅以前年度的审计档案。如果需要查阅的工作底稿是有关下列（　　　）内容的，应当从永久性档案中查找。

  A. 工商营业执照   B. 土地使用权证明文件

  C. 存货监盘   D. 应收账款函证

三、案例题

案例一

【材料】中和天成会计师事务所承接了奥科公司 2012 年度财务报表审计工作，委派注册会计师冯天海担任项目合伙人，冯天海要求项目组内人员互相复核工作底稿。审计报告日是 2013 年 3 月 5 日。2013 年 3 月 6 日中和天成会计师事务所安排没有参与该审计项目的注册会计师陈海涛执行项目质量控制复核，并于 2013 年 3 月 10 日提交审计报告。中和天成会计师事务所于 2013 年 5 月 2 日完成审计工作底稿归档工作。

【要求】（1）简要回答中和天成会计师事务所本次审计的复核工作是否正确，并说明理由。

（2）简要回答中和天成会计师事务所本次审计的审计工作底稿的归档期限是否正确，并说明理由。

（3）审计工作底稿归档后，出现何种情形可以修改现有审计工作底稿或增加新的审计工

作底稿？

（4）审计工作底稿归档后，如有必要修改现有审计工作底稿或增加新的审计工作底稿，注册会计师应当记录的事项有哪些？

（5）简要回答本次审计工作底稿的保存期限。

案例二

【材料】注册会计师冯天海负责对奥科公司 2012 年度财务报表进行审计。与审计工作底稿相关的部分事项如下。

（1）由于在审计过程中识别出重大错报并提出审计调整建议，冯天海重新评估并修改了重要性，并将记录计划阶段评估的重要性的工作底稿删除，代之以记录重新评估的重要性的工作底稿。

（2）对于需要系统选样的审计程序，冯天海通过记录样本的来源以识别已选取的样本。

（3）冯天海在审计过程中无法就关联方关系及交易获取充分、适当的审计证据，并因此出具了保留意见审计报告。冯天海将该事项作为重大事项记录在审计工作底稿中。

（4）2013 年 5 月 20 日，冯天海意识到奥科公司存在舞弊行为，私下修改了部分审计工作底稿，并没有做任何记录。

（5）2013 年 7 月 1 日，奥科公司财务舞弊案件曝光，冯天海擅自销毁了奥科公司审计工作底稿。

【要求】针对上述第（1）～（5）项，逐项指出冯天海的做法是否恰当。如不恰当，简要说明理由。

项目三

审计技能实践

【学习目标】

1. 能够开展初步业务活动，草拟《审计业务约定书》，并编制审计计划；
2. 能够实施风险评估程序，识别和评估重大错报风险；
3. 能够针对识别的重大错报风险，正确设计和实施进一步审计程序；
4. 能够熟悉各个业务循环，能够函证应收账款、对存货和库存现金进行监盘；
5. 能够正确形成审计意见，撰写适当的审计报告。

模块一　接受业务委托和计划审计

 案例导入

　　作为审计助理，李英祥参与了中和天成会计师事务所奥科公司审计项目组 2012 年度财务报表审计计划阶段、实施阶段和完成阶段的多项工作。2013 年 1 月 20 日，审计助理李英祥回到中和天成会计师事务所拿取注册会计师李泽方委派他找的奥科公司 2012 年度《审计业务约定书》。在办公室，他碰到了注册会计师葛慧云，葛慧云问他在审计现场的实习情况如何，李英祥高兴地表示通过出外勤他学习到了好多书本上没有介绍到的知识。李英祥左找右找，怎么都找不到奥科公司的《审计业务约定书》，他想请葛慧云帮忙。葛慧云说："那可不行，我和这个审计业务存在违反职业道德基本原则的情形呢！"于是，葛慧云向他介绍起了拟接受业务委托当天的情况。

相关知识

一、接受业务委托

（一）拟接受业务委托

拟接受业务委托是会计师事务所与审计客户的第一次接触。会计师事务所应当按照执业准则的规定，谨慎决策是否接受或保持某客户关系和具体审计业务。拟接受业务委托应当初步了解审计业务环境，只有在了解后认为符合胜任能力、独立性和应有的关注等职业道德要求，并且拟承接的业务具备相关条件时，注册会计师才能将其作为审计业务予以承接，审计业务的承接以审计业务约定书的签署为标志。

注册会计师通过对被审计单位基本情况的了解，一方面可以确定是否接受委托；另一方面可以安排进一步的审计工作。注册会计师应了解的被审计单位的基本情况包括：（1）业务性质、经营规模和组织结构；（2）经营情况和经营风险；（3）以前年度接受审计的情况；（4）财务会计机构及工作组织；（5）其他与签订审计业务约定书相关的事项。

拟承接的审计业务应具备下列条件：（1）审计对象适当；（2）使用的标准适当且预期使用者能够获取该标准；（3）注册会计师能够获取充分、适当的证据以支持其结论；（4）注册会计师的结论以书面报告形式表述，且表达形式与所提供的保证程度相适应；（5）该业务具有合理的目的。

接受业务委托的流程如图 3-1-1 所示。

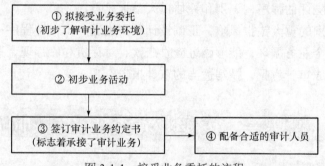

图 3-1-1　接受业务委托的流程

做中学 3-1-1

（案例题）阅读以下内容，了解会计师事务所拟承接审计业务的基本情形，并回答其中提出的问题。

【场景】	2012 年 12 月 28 日，中和天成会计师事务所主任会计师高志宏的办公室。
【人物】	中和天成会计师事务所方：主任会计师高志宏（高，男）；项目合伙人冯天海（冯，男）；注册会计师葛慧云（小葛，女），吴丽华（吴，女），王晓慧（王，女），李泽方（李，男）。
	奥科股份有限公司方：副总经理（主管财务工作）齐光明（齐，男），财务总监葛锦林（老葛，男）。

【画面】	【冯天海和葛慧云敲门，进入高志宏的办公室】 高：来来来，我来介绍一下，这位是奥科股份有限公司的副总经理齐光明先生，这位是财务总监葛锦林先生。这两位就是我们所的骨干人才——注册会计师冯天海和葛慧云。【众人互相握手】 冯：两位好，很高兴认识你们！ 小葛：我们认识，（指着老葛）这是我亲爸呢！ 高：哈哈，那我们谈起来更有话题了！大家快请坐！【众人分别坐下】 齐：我们公司刚刚上市，这不快到年底了嘛，想聘请你们所为我们开展年度财务报表审计工作！当然了，如果合作愉快的话，我们公司的其他业务也可以交给你们所啊！我们公司呢，致力于先进陶瓷、人工晶体和新能源材料三大产业和技术的开发，是一家集研发设计、产品制造、成套技术与装备和相关工程集成及进出口业务于一体的国家高新技术企业，2012 年 10 月 19日在沪市挂牌交易。
【问题 1】	任何一家会计师事务所都可以审计上市公司吗？ 　A. 是　　　　B. 否
【画面】	高：呵呵，我们所经证监会批准，可以审计上市公司。我简单介绍一下我们事务所的情况。我们所是 2000 年依法成立的，质量控制制度和内部管理制度健全并有效执行，执业质量和职业道德良好，设有 12 家分所，在人事、财务、业务、技术标准和信息管理等方面做到实质性的统一。现有注册会计师 332 人，其中 176 人（159 人年龄在 65 岁以下）连续执业 5 年以上。我们所是合伙制会计师事务所，净资产 750 万元，累计赔偿限额与累计职业风险基金之和 8 700 万元，2011 年取得审计业务收入 9 600 万元，有合伙人 27 人，半数以上合伙人最近在本所连续执业 3 年以上。 齐：哈哈，既然小葛和我们老葛是父女，让小葛给我们公司审计如何？
【问题 2】	齐经理的这个问题，高志宏应如何回答？ 　A. 同意　　　B. 不同意，违背独立性（密切关系）
【画面】	高：我们所有好多优秀的注册会计师能胜任你们公司的审计工作呢，小葛和老葛是父女关系，即主要近亲属，参与你们公司的审计有违职业道德基本原则。这样吧，小葛，你去把吴丽华老师请来。 【小葛出去，吴丽华进来】 老葛：吴老师，您好！老同事了！ 吴：两位老领导，你们好！（对事务所的人说）我刚从奥科公司来到咱们所半年呢，之前一直任奥科公司的财务总监，去年的财务报表就是我负责编制的。 老葛：是啊，她走了，我才干呢！
【问题 3】	吴丽华能参加奥科公司 2012 年度财务报表的审计工作吗？ 　A. 能　　　　B. 不能，对独立性有不利影响（自我评价）
【画面】	高：今天怎么老熟人都碰上了啊！这样吧，吴老师，你把王晓慧和李泽方请过来一下！ 吴：好的！【吴走，王晓慧和李泽方来，经问询不再存在违反职业道德基本原则和独立性的问题】 齐：两位老师，你们什么时候有时间到我们公司去参观指导一下？ 冯：我们最近两天都有时间，你安排好了，通知我们就行！ 李：齐经理，你们前任事务所是哪一家？ 老葛：圣职恒远会计师事务所，由沈家刚老师负责审计。 李：我们可以和他沟通一下吗？
【问题 4】	齐光明不同意怎么办？ 　A. 委托前与前任沟通是必须的审计程序　　　B. 无所谓
【画面】	齐：好的，沈老师的办公电话是 0531—28286897。今天先这样，我们回去定好时间来接你们？ 高：好的好的。就由冯天海老师牵头负责你们公司的财务报表年度审计工作，与李泽方和王晓慧到你们公司去了解一下，有什么具体问题您可以找冯天海老师。 齐：好的！ 老葛：（拿出四张购物卡，每张面值均为 1 000 元）这是我们的一点心意，请笑纳！

续表

【问题5】	高志宏是否可以接受？ A. 可以 　　　 B. 不可以（密切关系，应拒绝）
【画面】	高：谢谢啦，老葛。但是我们不能接受除委托合同以外的各种款项或变相款项，请见谅！这是我们注册会计师保持独立性的需要！ 老葛：那好吧，见笑了！ 冯：齐经理，葛总监，请这边走！ 【众人退场，欢送】

【答案】（1）B；（2）B；（3）B；（4）A；（5）B

做中学 3-1-2

（多选题）会计师事务所在接受业务委托时，应当考虑被审计单位的基本情况，主要包括（　　　）。

A. 业务性质、经营规模和组织结构

B. 经营情况和经营风险

C. 以前年度接受审计的情况

D. 客户主要股东、关键管理人员及治理层对内部控制环境和会计准则等的态度的信息

【答案】A　B　C

（二）初步业务活动

初步业务活动，是指注册会计师在本期审计业务开始时开展的有利于计划和执行审计工作，实现审计目标的活动的总称。

1. 初步业务活动的目的

注册会计师在计划审计工作前，需要开展初步业务活动，以实现以下三个主要目的：（1）具备执行业务所需的独立性和能力；（2）不存在因管理层诚信问题而可能影响注册会计师保持该项业务的意愿的事项；（3）与被审计单位之间不存在对审计业务约定条款的误解。

2. 初步业务活动的内容

注册会计师在审计业务开始时应当开展下列初步业务活动。

（1）针对保持客户关系和具体审计业务实施相应的质量控制程序。针对保持客户关系和具体审计业务实施质量控制程序，并且根据实施相应程序的结果作出适当的决策是注册会计师控制审计风险的重要环节。

（2）评价遵守相关职业道德要求的情况。虽然保持客户关系及具体审计业务和评价职业道德的工作贯穿审计业务的全过程，但是这两项活动需要安排在其他审计工作之前，以确保注册会计师已具备执行业务所需要的独立性和专业胜任能力，且不存在因管理层诚信问题而影响注册会计师保持该项业务意愿等情况。

（3）就审计业务约定条款达成一致意见。在审计业务开始前，会计师事务所应与被审计单位就审计业务约定条款达成一致意见，签订或修改审计业务约定书，以避免双方对审计业务的理解产生分歧。

┨ 提示 3-1-1 ┠

　　初步业务活动与了解被审计单位及其环境不同。初步业务活动是签约前为了确定是否建立和保持客户关系；了解被审计单位及其环境是签约后为了识别和评估重大错报风险，设计和实施进一步审计程序。二者都是审计工作不同时段的必要审计程序。不能因为签约前必须开展初步业务活动而简化或取代签约后了解被审计单位及其环境；也不能因为签约后必须了解被审计单位及其环境而放弃签约前的初步业务活动。

　　初步业务活动的程序如表 3-1-1 所示。

表 3-1-1　　　　　　　　　　　　初步业务活动程序表

被审计单位：＿＿＿＿＿＿＿＿＿＿　　　索引号：＿＿A＿＿

项目：初步业务活动＿＿＿＿＿＿＿　　　财务报表截止日/期间：＿＿＿＿＿＿

编制：＿＿＿＿＿＿＿＿＿＿＿＿＿　　　复核：＿＿＿＿＿＿＿＿＿＿

日期：＿＿＿＿＿＿＿＿＿＿＿＿＿　　　日期：＿＿＿＿＿＿＿＿＿＿

初步业务活动目标

　　确定是否接受业务委托；如接受业务委托，确保在计划审计工作时达到下列要求：（1）注册会计师已具备执行业务所需要的独立性和专业胜任能力；（2）不存在因管理层诚信问题而影响注册会计师承接或保持该项业务意愿的情况；（3）与被审计单位不存在对业务约定条款的误解。

初步业务活动程序	索引号	执行人
1. 如果首次接受审计委托，实施下列程序。 （1）与被审计单位面谈，讨论下列事项： ① 审计的目标 ② 审计报告的用途 ③ 管理层对财务报表的责任 ④ 审计范围 ⑤ 执行审计工作的安排，包括出具审计报告的时间要求 ⑥ 审计报告格式和对审计结果的其他沟通形式 ⑦ 管理层提供必要的工作条件和协助 ⑧ 注册会计师不受限制地接触任何与审计有关的记录、文件和所需要的其他信息 ⑨ 利用被审计单位专家或内部审计人员的程度（必要时） ⑩ 审计收费 （2）初步了解被审计单位及其环境，并予以记录	AD	
（3）征得被审计单位书面同意后，与前任注册会计师沟通	DH	
2. 如果是连续审计，实施下列程序。 （1）了解审计的目标、审计报告的用途、审计范围和时间安排等 （2）查阅以前年度审计工作底稿，重点关注非标准审计报告涉及的说明事项、管理建议书的具体内容、重大事项概要等 （3）初步了解被审计单位及其环境发生的重大变化，并予以记录 （4）考虑是否需要修改业务约定条款，以及是否需要提醒被审计单位注意现有的业务约定条款	AE	
3. 评价是否具备执行该项审计业务所需要的独立性和专业胜任能力	AF/AG	
4. 完成业务承接评价表或业务保持评价表	AA/AB	
5. 签订审计业务约定书（适用于首次接受业务委托，以及连续审计中修改长期审计业务约定书条款的情况）	AC	

▌做中学 3-1-3 ▌

（多选题）注册会计师开展初步业务活动有助于确保在计划审计工作时达到下列要求（　　）。

A. 注册会计师已具备执行业务所需要的独立性和专业胜任能力

B. 不存在因管理层诚信问题而影响注册会计师保持该项业务意愿的情况

C. 与被审计单位不存在对业务约定条款的误解

D. 风险评估程序的合理运用

【答案】A　B　C

▌做中学 3-1-4 ▌

（单选题）中和天成会计师事务所首次接受委托，审计奥科公司 2012 年度财务报表，委派注册会计师冯天海担任项目合伙人。下列不属于冯天海开展初步业务活动内容的是（　　）。

A. 对期初余额执行审计程序

B. 在征得奥科公司同意的前提下，与前任注册会计师沟通

C. 与奥科公司签订审计业务约定书

D. 评价项目组是否具备胜任能力

【答案】A

（三）签订审计业务约定书

审计业务约定书，是指会计师事务所与被审计单位签订的，用以记录和确认审计业务的委托与受托关系、审计目标和范围、双方的责任以及报告的格式等事项的书面协议。审计业务约定书具有经济合同的性质，一经约定双方签字认可，即成为会计师事务所与委托人之间在法律上生效的契约。审计工作全部完成后，注册会计师应将审计业务约定书妥善保管，作为一项重要的审计工作底稿资料，纳入审计档案管理。

▌提示 3-1-2 ▌

会计师事务所承接任何审计业务，都应与被审计单位签订《审计业务约定书》。表 3-1-2 即为一个标准的审计业务约定书，其格式供参考。

表 3-1-2　　　　　　　　　　　　审计业务约定书

索引号：AC

甲方：奥科股份有限公司

乙方：中和天成会计师事务所

兹由甲方委托乙方对 2012 年度财务报表进行审计，经双方协商，达成以下约定：

一、业务范围与审计目标

1. 乙方接受甲方委托，对甲方按照企业会计准则编制的 2012 年 12 月 31 日的资产负债表，2012 年度的利润表、股东权益变动表和现金流量表以及财务报表附注（以下统称财务报表）进行审计。

2. 乙方通过执行审计工作，对财务报表的下列方面发表审计意见：

（1）财务报表是否按照企业会计准则的规定编制；

（2）财务报表是否在所有重大方面公允反映被审计单位的财务状况、经营成果和现金流量。

二、甲方的责任与义务

（一）甲方的责任

1. 根据《中华人民共和国会计法》及《企业财务会计报告条例》，甲方及甲方负责人有责任保证会计资料的真实性和完整性。因此，甲方管理层有责任妥善保存和提供会计记录（包括但不限于会计凭证、会计账簿及其他会计资料），这些记录必须真实、完整地反映甲方的财务状况、经营成果和现金流量。

2. 按照企业会计准则的规定编制财务报表是甲方管理层的责任，这种责任包括：（1）设计、实施和维护与财务报表编制相关的内部控制，以使财务报表不存在由于舞弊或错误而导致的重大错报；（2）选择和运用恰当的会计政策；（3）作出合理的会计估计。

（二）甲方的义务

1. 及时为乙方的审计工作提供其所要求的全部会计资料和其他有关资料（在 2013 年 1 月 3 日之前提供审计所需的全部资料），并保证所提供资料的真实性和完整性。

2. 确保乙方不受限制地接触任何与审计有关的记录、文件和所需的其他信息。

3. 甲方管理层对其作出的与审计有关的声明予以书面确认。

4. 为乙方派出的有关工作人员提供必要的工作条件和协助，主要事项将由乙方于外勤工作开始前提供清单。

5. 按本约定书的约定及时足额支付审计费用以及乙方人员在审计期间的交通、食宿和其他相关费用。

三、乙方的责任和义务

（一）乙方的责任

1. 乙方的责任是在实施审计工作的基础上对甲方财务报表发表审计意见。乙方按照中国注册会计师审计准则（以下简称审计准则）的规定进行审计。审计准则要求注册会计师遵守职业道德规范，计划和实施审计工作，以对财务报表是否不存在重大错报获取合理保证。

2. 审计工作涉及实施审计程序，以获取有关财务报表金额和披露的审计证据。选择的审计程序取决于乙方的判断，包括对由于舞弊或错误导致的财务报表重大错报风险的评估。在进行风险评估时，乙方考虑与财务报表编制相关的内部控制，以设计恰当的审计程序，但目的并非对内部控制的有效性发表意见。审计工作还包括评价管理层选用会计政策的恰当性和作出会计估计的合理性，以及评价财务报表的总体列报。

3. 乙方需要合理计划和实施审计工作，以使乙方能够获取充分、适当的审计证据，为甲方财务报表是否不存在重大错报获取合理保证。

4. 乙方有责任在审计报告中指明所发现的甲方在重大方面没有遵循企业会计准则编制财务报表且未按乙方的建议进行调整的事项。

5. 由于测试的性质和审计的其他固有限制，以及内部控制的固有局限性，不可避免地存在着某些重大错报在审计后可能仍然未被乙方发现的风险。

6. 在审计过程中，乙方若发现甲方内部控制存在乙方认为的重要缺陷，应向甲方提交管理建议书。但乙方在管理建议书中提出的各种事项，并不代表已全面说明所有可能存在的缺陷或已提出所有可行的改善建议。甲方在实施乙方提出的改善建议前应全面评估其影响。未经乙方书面许可，甲方不得向任何第三方提供乙方出具的管理建议书。

7. 乙方的审计不能减轻甲方及甲方管理层的责任。

（二）乙方的义务

1. 按照约定时间完成审计工作，出具审计报告。乙方应于 2013 年 3 月 7 日前出具审计报告。

2. 除下列情况外，乙方应当对执行业务过程中知悉的甲方信息予以保密：（1）取得甲方的授权；（2）根据法律法规的规定，为法律诉讼准备文件或提供证据，以及向监管机构报告发现的违反法规行为；（3）接受行业协会和监管机构依法进行的质量检查；（4）监管机构对乙方进行行政处罚（包括监管机构处罚前的调查、听证）以及乙方对此提起行政复议。

四、审计收费

1. 本次审计服务的收费是【根据实际计算办法】。乙方预计本次审计服务的费用总额为（人民币）柒拾伍万元整。

2. 甲方应于本约定书签署之日起 15 日内支付 30%的审计费用，剩余款项于审计报告草稿完成日结清。

3. 如果由于无法预见的原因，致使乙方从事本约定书所涉及的审计服务实际时间较本约定书签订时预计的时间有明显的增加或减少时，甲乙双方应通过协商，相应调整本约定书第四条第 1 项下所述的审计费用。

4. 如果由于无法预见的原因，致使乙方人员抵达甲方的工作现场后，本约定书所涉及的审计服务不再进行，甲方不得要求退还预付的审计费用；如上述情况发生于乙方人员完成现场审计工作，并离开甲方的工作现场之后，甲方应另行向乙方支付（人民币）拾万元的补偿费，该补偿费应于甲方收到乙方的收款通知之日起 15 日内支付。

5. 与本次审计有关的其他费用（包括交通费、食宿费等）由甲方承担。

五、审计报告和审计报告的使用

1. 乙方按照《中国注册会计师审计准则第 1501 号——对财务报表形成审计意见和出具审计报告》、《中国注册会计师审计准则第 1502 号——在审计报告中发表非无保留意见》和《中国注册会计师审计准则第 1503 号——在审计报告中增加强调事项段和其他事项段》规定的格式和类型出具审计报告。

2. 乙方向甲方出具审计报告一式 3 份。

3. 甲方在提交或对外公布审计报告时，不得修改或删节乙方出具的审计报告；不得修改或删除重要的会计数据、重要的报表附注和所作的重要说明。

六、本约定书的有效期间

本约定书自签署之日起生效，并在双方履行完毕本约定书约定的所有义务后终止。但其中第三（二）2、四、五、八、九、十项并不因本约定书终止而失效。

七、约定事项的变更

如果出现不可预见的情况，影响审计工作如期完成，或需要提前出具审计报告时，甲乙双方均可要求变更约定事项，但应及时通知对方，并由双方协商解决。

八、终止条款

1. 如果根据乙方的职业道德及其他有关专业职责、适用的法律、法规或其他任何法定的要求，乙方认为已不适宜继续为甲方提供本约定书约定的审计服务时，乙方可以采取向甲方提出合理通知的方式终止履行本约定书。

2. 在终止业务约定的情况下，乙方有权就其于本约定书终止之日前对约定的审计服务项目所做的工作收取合理的审计费用。

九、违约责任

甲乙双方按照《中华人民共和国合同法》的规定承担违约责任。

十、适用法律和争议解决

本约定书的所有方面均应适用中华人民共和国法律进行解释并受其约束。本约定书履行地为乙方出具审计报告所在地，因本约定书所引起的或与本约定书有关的任何纠纷或争议（包括关于本约定书条款的存在、效力或终止，或无效之后果），双方选择第（2）种解决方式：

（1）向有管辖权的人民法院提起诉讼；

（2）提交济南市仲裁委员会仲裁。

十一、双方对其他有关事项的约定

本约定书一式两份，甲乙方各执一份，具有同等法律效力。

甲方：奥科股份有限公司（盖章）　　　　　乙方：中和天成会计师事务所（盖章）

授权代表：（签章）　　　　　　　　　　　授权代表：（签章）

　　　　　周海涛　　　　　　　　　　　　　　　　　高志宏

地址：山东省济南市黄冈路 123 号　　　　地址：山东省济南市经二路 75 号华新大厦 1023 室

电话：0531—27914536　　　　　　　　　电话：0531—28282882

　　　　二〇一二年十二月二十八日　　　　　　　二〇一二年十二月二十八日

做中学 3-1-5

（单选题）以下关于审计业务约定书的说法中，错误的是（　　）。

A. 会计师事务所承接任何审计业务，都应与被审计单位签订审计业务约定书

B. 连续审计的情况下，在有迹象表明被审计单位误解审计目标和范围的情况下，注册会计师有可能修改业务约定条款

C. 审计业务约定书属于经济合同，应当约定被审计单位和会计师事务所的权利义务

D. 审计业务约定书中没有确定审计费用金额

【答案】D

做中学 3-1-6

（单选题）（　　）不属于审计业务约定书的基本内容。

A. 财务报表审计的目标与范围　　B. 注册会计师的责任

C. 董事会的责任　　D. 用于编制财务报表所适用的财务报告编制基础

【答案】D

（四）配备合适的审计人员

为保障审计计划的顺利实施，还要为审计项目选派合适的审计人员。由于学历和经验的差异，审计人员其能力各不相同，会计师事务所在为审计项目配备审计人员时，应充分考虑审计人员的独立性和专业胜任能力，根据审计项目的复杂程度、规模大小等因素配备适当的审计人员。对审计人员的独立性评价和专业胜任能力的评价分别如表 3-1-3、表 3-1-4 所示。

表 3-1-3　　　　　　　　　　　审计人员独立性评价

被审计单位：_____ 　　　　　　　索引号：__AF__　　页次：_____

项目：独立性评价表_____ 　　　　编制人：_____　　日期：_____

财务报表截止日/期间：_____ 　　复核人：_____　　日期：_____

评价项目		评价标准	评价结果	备注
本所或项目组成员是否存在经济利益对独立性的损害	与客户存在专业服务收费以外的直接经济利益或重大间接经济利益	是/否		
	过分依赖向客户收取的全部费用	是/否		
	与客户存在密切的经营关系	是/否		
	过分担心可能失去业务	是/否		
	可能与客户发生雇佣关系	是/否		
	存在与该项审计业务有关的或有收费			
	……	是/否		
本所或项目组成员是否存在自我评价对独立性的损害	项目组成员曾是客户的董事、经理、其他关键管理人员或能够对本业务产生直接重大影响的员工	是/否		

续表

评价项目		评价标准	评价结果	备注
本所或项目组成员是否存在自我评价对独立性的损害	为客户提供直接影响财务报表的其他服务	是/否		
	为客户编制用于生成财务报表的原始资料或其他记录			
	……	是/否		
本所或项目组成员是否存在密切关系对独立性的损害	与项目组成员关系密切的家庭成员是客户的董事、经理、其他关键管理人员或能够对本业务产生直接重大影响的员工	是/否		
	客户的董事、经理、其他关键管理人员或能够对本业务产生直接重大影响的员工是本所的前高级管理人员	是/否		
	本所的高级管理人员或签字注册会计师与客户长期交往	是/否		
	接受客户或其董事、经理、其他关键管理人员或能够对本业务产生直接重大影响的员工的贵重礼品或超出社会礼仪的款待			
	……	是/否		
本所或项目组成员是否存在外在压力对独立性的损害	在重大会计、审计等问题上与客户存在意见分歧而受到解聘威胁	是/否		
	受到有关单位或个人不恰当的干预	是/否		
	受到客户降低收费的压力而不恰当地缩小工作范围	是/否		
	……	是/否		
独立性评价		具备/不具备		

表 3-1-4 审计人员专业胜任能力评价表

被审计单位：＿＿＿＿＿＿＿＿＿＿ 索引号：AG＿＿＿ 页次：＿＿＿＿＿

项目：专业胜任能力评价表＿＿＿＿ 编制人：＿＿＿＿ 日期：＿＿＿＿

财务报表截止日/期间：＿＿＿＿＿＿ 复核人：＿＿＿＿ 日期：＿＿＿＿

评价项目		评价标准	项目组成员		
			1.	2.	3.
专业知识	会计、审计、财务、税务、相关法律及相关知识	具备/基本具备/不具备			
	组织和企业知识	具备/基本具备/不具备			
	信息技术知识	具备/基本具备/不具备			
职业技能	智力技能	强/中等/弱			
	技术和应用技能	强/中等/弱			
	个人技能	强/中等/弱			
	人际和沟通技能	强/中等/弱			
	组织和企业管理技能	强/中等/弱			
职业价值观、道德与态度	维护公众利益，在审计、审阅和其他鉴证业务中恪守独立、客观、公正的原则	具备/基本具备/不具备			

评价项目		评价标准	项目组成员		
			1.	2.	3.
职业价值观、道德与态度	通过终身学习，培养、保持和提高胜任能力，并保持应有的职业谨慎	具备/基本具备/不具备			
	对执业过程中获知的客户信息保密	具备/基本具备/不具备			
	职业行为恰当，包括合理确定专业服务收费，不收取或不支付佣金，不从事与执行鉴证业务不相容的工作，保持与同行的良好工作关系，不对自身能力做广告，以恰当的方式进行业务招揽和宣传等	具备/基本具备/不具备			
实务经历	注册会计师在取得执业资格之前或之后的、与注册会计师工作相关的执业经历	多/一般/少			
对审计项目负责人的特殊要求	对完成高质量的审计业务具有领导责任意识	具备/基本具备/不具备			
	能够在遵循独立性要求的情况下形成结论	具备/基本具备/不具备			
	具备承接和保持客户与特定审计业务的能力	具备/基本具备/不具备			
	具备向项目组成员合理分配工作任务、以最终完成审计工作并出具审计报告的能力	具备/基本具备/不具备			
	能够按审计准则及相关法律法规的要求，指导、监督和执行审计业务	具备/基本具备/不具备			
	能够为已执行的审计工作进行咨询、评价和讨论	具备/基本具备/不具备			
	能够在充分、适当的审计证据的基础上出具恰当的审计报告	具备/基本具备/不具备			
对特定环境或特定行业审计业务的特殊要求（指专业知识具备情况）	适用的会计准则和审计准则	具备/基本具备/不具备			
	多地点审计与集团审计的方法	具备/基本具备/不具备			
	适用的上市要求	具备/基本具备/不具备			
	适用的公司治理要求	具备/基本具备/不具备			
	适用的当地监管规定	具备/基本具备/不具备			
	全球的和当地的经济与商业环境	具备/基本具备/不具备			
	财务会计与报告标准及惯例	具备/基本具备/不具备			
专业胜任能力评价		胜任/基本胜任/不胜任			

做中学 3-1-7

（单选题）会计师事务所对审计人员独立性评价不包括（　　）。

A. 会计师事务所或项目组成员是否存在自我评价对独立性的损害

B. 会计师事务所或项目组成员是否存在密切关系对独立性的损害

C. 会计师事务所或项目组成员是否存在外在压力对独立性的损害

D. 会计师事务所或项目组成员是否不能胜任审计业务

【答案】D

二、计划审计

（一）审计计划的含义

会计师事务所在接受委托后，下一步工作就是编制审计计划，对审计工作作出合理安排。

审计计划，是指审计人员为了完成各项审计业务，达到预期的审计目标，在具体执行审计程序之前制订的工作规划。

审计计划包括总体审计策略和具体审计计划。注册会计师应当针对总体审计策略中所识别的不同事项，制订具体审计计划，并考虑通过有效利用审计资源以实现审计目标。虽然制定总体审计策略的过程通常在具体审计计划之前，但是两项计划具有内在紧密联系，对其中一项的决定可能会影响甚至改变对另外一项的决定。

审计计划通常由审计项目负责人于外勤审计工作开始之前起草，它仅仅是对审计工作的一种预先规划。在执行审计计划的过程中，情况会不断发生变化，常常会产生预期计划与实际不一致的情况，应及时对审计计划进行修订和补充。对审计计划的补充、修订贯穿于整个审计工作的准备和实施阶段中。

> **微中学 3-1-8**
>
> （单选题）下列有关计划审计工作的描述中，不正确的是（　　）。
>
> A. 计划审计工作是一个持续的、不断修正的过程，贯穿于整个审计业务的始终
>
> B. 审计计划就是指具体审计计划
>
> C. 注册会计师应当记录总体审计策略和具体审计计划及其重大更改
>
> D. 审计计划通常由审计项目负责人于外勤审计工作开始之前起草
>
> 【答案】B

（二）审计计划的编制

注册会计师在整个审计过程中，应当按照审计计划执行审计业务。审计计划的编制过程如图 3-1-2 所示。

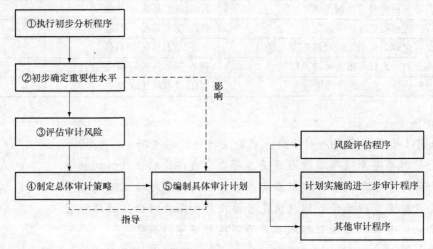

图 3-1-2　编制审计计划的主要流程

1. 执行初步分析程序

一般而言，在整个审计过程中，审计人员都将运用分析程序。常用的分析程序有比较分析法、比率分析法、趋势分析法等。计划审计工作时，执行初步分析程序的主要目的是使审计人员对客户的经营情况获得更好的了解和确认资料之间异常的关系和意外的波动，以便找出存在较高错报风险的领域。

2. 初步确定重要性水平

在计划审计工作时，注册会计师应当考虑导致财务报表发生重大错报的原因，并应当在了解被审计单位及其环境的基础上，确定一个可接受的重要性水平，即首先为财务报表层次确定重要性水平，以发现在金额上重大的错报。同时，注册会计师还应当评估各类交易、账户余额和披露认定层次的重要性水平，以便确定进一步审计程序的性质、时间和范围，将审计风险降至可接受的低水平。在计划审计工作阶段，重要性水平是判断审计风险的标准，直接影响着具体审计计划。

3. 评估审计风险

合理保证意味着审计风险始终存在，注册会计师应当通过计划和实施审计工作，获取充分、适当的审计证据，将审计风险降至可接受的低水平。

4. 制订总体审计策略

总体审计策略是对审计的预期范围和实施方式所作的规划，是审计人员从接受审计委托到出具审计报告整个过程基本工作内容的综合计划。总体审计策略用以确定审计范围、时间和方向，并指导制订具体审计计划。

在制定总体审计策略时，注册会计师应当考虑以下主要事项。

（1）审计范围。注册会计师应当确定审计业务的特征，包括采用的会计准则和相关会计制度、特定行业的报告要求以及被审计单位组成部分的分布等，以确定审计范围。

（2）报告目标。总体审计策略的制定应当包括明确审计业务的报告目标，以计划审计的时间安排和所需沟通的性质，包括提交审计报告的时间要求，预期与管理层和治理层沟通的重要日期等。

（3）审计方向。总体审计策略的制定应当包括考虑影响审计业务的重要因素，以确定审计项目组工作方向，包括确定适当的重要性水平，初步识别可能存在较高的重大错报风险的领域，初步识别重要的组成部分和账户余额，评价是否需要针对内部控制的有效性获取审计证据，识别被审计单位、所处行业、财务报告要求及其他相关方面最近发生的重大变化等。

（4）其他。在制定总体审计策略时，注册会计师还应考虑初步业务活动的结果，以及为被审计单位提供其他服务时所获得的经验。

表 3-1-5 就是一个总体审计策略的示例，供参考。

做中学 3-1-9

（多选题）在制定总体审计策略时，注册会计师应当考虑（　　　）。

A. 审计范围　　　　B. 审计业务的特征　　　C. 审计方向　　　　D. 财务报告目标

【答案】A C D

表 3-1-5　　　　　　　　　　　　总体审计策略

被审计单位：＿＿＿＿＿＿＿＿＿	索引号：＿BS＿＿＿＿＿＿＿＿＿
项目：＿总体审计策略＿＿＿＿＿	财务报表截止日/期间：＿＿＿＿
编制：＿＿＿＿＿＿＿＿＿＿＿＿	复核：＿＿＿＿＿＿＿＿＿＿＿＿
日期：＿＿＿＿＿＿＿＿＿＿＿＿	日期：＿＿＿＿＿＿＿＿＿＿＿＿

一、审计范围

报告要求	【如某些行业的监管部门要求提供的报告】
适用的会计准则和相关会计制度	
适用的审计准则	
与财务报告相关的行业特别规定	【例如：监管机构发布的有关信息披露法规、特定行业主管部门发布的与财务报告相关的法规等】
需审计的集团内组成部分的数量及所在地点	
需要阅读的含有已审计财务报表的文件中的其他信息	【例如：上市公司年报】
制定审计策略需考虑的其他事项	【例如：单独出具报告的子公司范围等】

二、审计业务时间安排

（一）对外报告时间安排：＿＿＿＿＿＿＿＿＿＿＿＿＿＿＿＿＿＿＿＿＿＿＿＿＿＿＿

（二）执行审计时间安排

执行审计时间安排	时　间
1．期中审计	
（1）制订总体审计策略	
（2）制订具体审计计划	
……	
2．期末审计	
（1）存货监盘	
……	

（三）沟通的时间安排

所　需　沟　通	时　间
与管理层及治理层的会议	
项目组会议（包括预备会和总结会）	
与专家或有关人士的沟通	
与其他注册会计师沟通	
与前任注册会计师沟通	
……	

三、影响审计业务的重要因素

（一）重要性

确定的重要性水平	确定方法	索引号
【按照本所业务手册中的规定确定】	审计人员在确定重要性金额时一般按下列原则进行： 1. 利润总额的 3%～8%（近几年利润较为稳定的情况下采用）； 2. 销售收入的 0.5%～1%或销售毛利的 1%～2%（在近几年来盈利较少或利润波动较大的情况下采用）； 3. 资产总额的 0.5%～1%； 4. 净资产的 3%～5%； 5. 对于非营利组织，费用总额或总收入的 0.5%； 6. 对于共同基金公司，净资产的 0.5%。 如果同一期间各会计报表的重要性金额不同，审计人员应当取其最低者作为会计报表的重要性金额。	

（二）可能存在较高重大错报风险的领域

可能存在较高重大错报风险的领域	索引号

（三）重要的组成部分和账户余额

【填写说明：

1. 记录所审计的集团内重要的组成部分；

2. 记录重要的账户余额，包括本身具有重要性的账户余额（如存货），以及评估出存在重大错报风险的账户余额。】

重要的组成部分和账户余额	索引号
1. 重要的组成部分	
……	
2. 重要的账户余额	
……	

四、人员安排

（一）项目组主要成员的责任

职位	姓名	主要职责

【注：在分配职责时可以根据被审计单位的不同情况按会计科目划分，或按交易类别划分。】

（二）与项目质量控制复核人员的沟通（如适用）

复核的范围：

沟通内容	负责沟通的项目组成员	计划沟通时间
风险评估、对审计计划的讨论		
对财务报表的复核		
……		

五、对专家或有关人士工作的利用（如适用）

【注：如果项目组计划利用专家或有关人士的工作，需要记录其工作的范围和涉及的主要会计科目等。另外，项目组还应按照相关审计准则的要求对专家或有关人士的能力、客观性及其工作等进行考虑及评估。】

续表

（一）对内部审计工作的利用

主要报表项目	拟利用的内部审计工作	索引号
存货	【内部审计部门对各仓库的存货每半年至少盘点一次。在中期审计时，项目组已经对内部审计部门盘点步骤进行观察，其结果满意，因此项目组将审阅其年底的盘点结果，并缩小存货监盘的范围。】	
……		

（二）对其他注册会计师工作的利用

其他注册会计师名称	利用其工作范围及程度	索引号

（三）对专家工作的利用

报表项目	专家名称	主要职责及工作范围	利用专家工作的原因	索引号

（四）对被审计单位使用服务机构的考虑

主要报表项目	服务机构名称	服务机构提供的相关服务及其注册会计师出具的审计报告意见及日期	索引号

5. 编制具体审计计划

具体审计计划应当包括风险评估程序、计划实施的进一步审计程序和其他审计程序。

（1）风险评估程序。按照《中国注册会计师审计准则第 1211 号——通过了解被审计单位及其环境识别和评估重大错报风险》的规定，为了足够识别和评估财务报表重大错报风险，注册会计师计划实施的风险评估程序的性质、时间和范围。

（2）计划实施的进一步审计程序。按照《中国注册会计师审计准则第 1231 号——针对评估的重大错报风险采取的应对措施》的规定，针对评估的认定层次的重大错报风险，注册会计师计划实施的进一步审计程序的性质、时间和范围。进一步审计程序包括控制测试和实质性程序。

（3）计划的其他审计程序。根据中国注册会计师审计准则的规定，注册会计师针对审计业务需要实施的其他审计程序。计划的其他审计程序可以包括上述进一步程序的计划中没有涵盖的、根据其他审计准则的要求注册会计师应当执行的既定程序。

表 3-1-6 是一个具体审计计划的范列，供参考。

┃ 做中学 3-1-10 ┃

（多选题）具体审计计划包括的内容有（　　）。

A. 风险评估程序　　　　　　　　B. 审计范围、时间和方向

C. 计划实施的进一步审计程序　　D. 计划其他审计程序

【答案】A C D

表 3-1-6   具体审计计划

被审计单位：_____	索引号：__BI_____
项目：__具体审计计划_____	财务报表截止日/期间：_____
编制：_____	复核：_____
日期：_____	日期：_____

1. 风险评估程序

1.1 一般风险评估程序

【项目组须记录为了解被审计单位及其环境所执行的风险评估程序。该程序可能包括询问、观察、检查及分析程序等。所记录的内容需包括项目组工作的性质及范围。】

风险评估程序	执行人及日期	工作底稿索引号
【向管理层询问有关被审计单位业务、经营环境及内部控制的变化情况】		
【出于计划的目的，对年度（期间）财务报表的财务信息进行分析程序】		
【分析中期审阅的结果（如有）】		
【……】		

1.2 针对特定项目的程序

（1）确定特定项目

确定特定项目	执行人及日期	工作底稿索引号
【根据拟定的针对特定项目的审计程序（注）所进行的审计工作:(特定项目可能包括对舞弊的考虑、持续经营、对法律法规的考虑及关联方等）】		

【注：相关审计准则要求注册会计师在计划审计工作时，对某些项目（本计划称为特定项目）予以特别考虑并执行相应审计程序。除以上所列举的项目外，特定项目可能还包括诉讼及赔偿、环境事项、电子商务等。为便于安排及协调审计计划，本计划将针对特定项目需要执行询问程序的时间及参加人员计划列示于下表。】

（2）询问程序的时间安排

【以上面所提及的特定项目为例，项目组可能需按照相关准则的要求对下列人员进行访问：】

受访者（姓名及职位）	计划参加沟通的项目组成员	访问时间	工作底稿索引号
【对舞弊的考虑： ——董事长 ——财务总监 ……】	【项目负责人及审计经理】	【××年×月×日】	【×××】
【持续经营：】			
【对法律法规的考虑：】			
【关联方：】			
【……】			

2. 了解被审计单位及其环境（不包括内部控制）

记录对被审计单位及其环境的了解（对内部控制的了解见以下第 3 部分）、信息来源及风险评估程序。

2.1 行业状况、法律环境与监管环境以及其他外部因素

……

2.2 被审计单位的性质

......

2.3 会计政策的选择和运用

......

2.4 目标、战略及相关经营风险

......

2.5 财务业绩的衡量和评价

......

3. 了解内部控制

3.1 控制环境

......

3.2 被审计单位的风险评估过程

......

3.3 信息系统与沟通

......

3.4 控制活动

......

3.5 对控制的监督

......

4. 对风险评估及审计计划的讨论

......

5. 评估的重大错报风险

本部分基于以上第 1 至第 4 部分对被审计单位及其环境的了解，记录识别的重大错报风险。【★】

5.1 评估的财务报表层次的重大错报风险

......

5.2 评估的认定层次的重大错报风险

......

6. 计划的进一步审计程序

......

计算机辅助审计技术的使用

对于以电子形式存在的信息，注册会计师可以通过使用计算机辅助审计技术实施某些审计程序【★】。

以下记录使用的计算机辅助审计技术所对应的会计科目、审计目标及具体程序。

会计科目	审计目标编号（可与以上 6.1 部分相互索引）	计算机辅助审计技术程序
【应收账款】	【1】	① 重新计算应收账款账龄分析的准确性； ② 使用计算机辅助审计技术选取函证样本

依据《中国注册会计师审计准则第 1301 号——审计证据》第三十四条。【★】

7. 其他程序

记录根据相关审计准则的规定，计划实施的其他审计程序。【★】

7.1 含有已审计财务报表的文件中的其他信息

记录其他信息的性质、审计目标和审计程序。

其他信息	审计目标	审计程序
【年度报告】	【确定年度报告中包含的其他信息是否与已审计财务报表存在重大不一致】	【在报告日前，向管理层获取年度报告草稿并阅读】 【……（应按照《中国注册会计师审计准则第 1521 号——注册会计师对含有已审计财务报表的文件中的其他信息的责任中规定的程序执行，在此略】
【……】		

7.2 其他

依据《中国注册会计师审计准则第 1201 号——计划审计工作》第十五条。【★★】

┃ 做中学 3-1-11 ┃

（多选题）注册会计师制订具体审计计划时应当考虑的内容有（　　）。

A. 识别、评估与应对舞弊嫌疑或舞弊指控

B. 对销售业务流程内部控制的了解、评价以及设计的拟实施控制测试性质、时间安排和范围

C. 确定的财务报表整体重要性水平

D. 对专家或其他第三方工作的利用

【答案】A　B

┃ 做中学 3-1-12 ┃

（单选题）下列说法中，不正确的是（　　）。

A. 在整个审计过程中，审计人员都将运用分析程序

B. 在计划审计阶段，重要性水平是判断审计风险的标准，直接影响着具体审计计划

C. 具体审计计划用以确定审计范围、时间和方向，并指导制订具体审计计划。

D. 为了足够识别和评估财务报表重大错报风险，注册会计师计划实施风险评估程序的性质、时间和范围，以识别和评估财务报表重大错报风险。

【答案】C

┃ 做中学 3-1-13 ┃

（单选题）根据奥科公司的特点，审计计划的下列各项内容中，注册会计师冯天海无需修改的有（　　）。

A. 在初步评估审计风险前，将奥科公司的销售和收款业务循环列为重点审计领域

B. 在进行存货监盘前，与奥科公司讨论存货盘点计划和存货监盘计划，以提高监盘效率

C. 在对应收账款函证前，向奥科公司索取债务人联系方式，以便尽早实施函证

D. 在外勤工作开始前，提请奥科公司安排财务人员及其他相关人员做好审计配合工作

【答案】A　C　D

 拓展阅读

【材料】　　　　　　　　　　　　审计助理

1. 审计助理的工作内容

（1）参与执行各类型审计业务；（2）独立承担小型项目的审计工作；（3）负责编制审计业务工作底稿；（4）负责利用审计方法，帮助客户实现业务目标、增强管理能力和减少企业风险；（5）按照审计程序要求，通过团队协作完成审计工作底稿；（6）协助项目负责人做好审计资料整理归档工作。

2. 审计助理的任职建议

（1）主动学习。学习会计师事务所现有的制度、文件、审计程序、审计报告等；了解企业主要业务及其流程、制度等。

（2）任劳任怨积极地帮助注册会计师携带审计过程需要的工作底稿、装订报告、送资料

以及联系客户。

（3）具有团队协作精神。处理好与注册会计师的关系，协助注册会计师做好审计、验资等事情。

 自我检测

一、单选题

1. 以下说法中正确的是（　　　）。
   A. 为保持一定的独立性，被审计单位的相关人员不可以介入工作底稿的编制工作
   B. 如果事务所的注册会计师均不具备专业胜任能力，可以借助专家的工作
   C. 在商定审计费用时，注册会计师可以按照审计后资产总额的一定比例确定本次审计费用
   D. 在编制审计计划前，需要开展初步业务活动

2. 下列关于初步业务活动与了解被审计单位及其环境的说法中，不正确的是（　　　）。
   A. 初步业务活动是签约前为了确定是否建立和保持客户关系
   B. 了解被审计单位及其环境是签约后为了识别和评估重大错报风险
   C. 二者都是审计工作不同时段的必要审计程序
   D. 因为签约后必须了解被审计单位及其环境，可以放弃签约前的初步业务活动

3. 下列关于总体审计策略和具体审计计划的说法中，不正确的是（　　　）。
   A. 注册会计师应当在总体审计策略中清楚地说明审计资源的规划和调配，包括确定执行审计业务所必需的审计资源的性质、时间安排和范围
   B. 总体审计策略用以确定审计范围、时间安排和方向，并指导具体审计计划的制订
   C. 具体审计计划应当包括风险评估程序、计划实施的进一步审计程序和计划的其他审计程序
   D. 计划审计工作是审计业务的一个孤立阶段，一经确定不能更改

4. 在整个审计过程中，审计人员都将运用分析程序。常用的分析程序不包括（　　　）。
   A. 比较分析法　　　　B. 比率分析法　　　　C. 经验分析法　　　　D. 趋势分析法

5. 下列描述中，属于被审计单位必须在注册会计师进驻之前完成的是（　　　）。
   A. 审计所需的资料　　　　　　　　　B. 有关特殊事项的解释
   C. 配合执行的审查程序　　　　　　　D. 有关汇总表的编制

6. 下列关于计划审计工作的说法正确的是（　　　）。
   A. 计划审计工作前需要充分了解被审计单位及其环境，一旦确定，无需进行修改
   B. 计划审计工作通常由项目组中经验较多的人完成，项目合伙人审核批准
   C. 小型被审计单位无需制定总体审计策略
   D. 项目合伙人和项目组中其他关键成员应当参与计划审计工作

7. 下列有关审计业务约定书的说法中错误的是（　　　）。
   A. 审计业务约定书是会计师事务所与被审计单位签订的
   B. 审计业务约定书的具体内容和格式不会因不同的被审计单位而不同
   C. 审计业务约定书具有经济合同的性质，它的目的是为了明确约定各方的权利和义务。约定书一经约定各方签字认可，即成为法律上生效的契约，对各方均具有法定约束力

D. 会计师事务所承接任何审计业务，均应与被审计单位签订审计业务约定书

8. 中和天成会计师事务所拟接受青凯公司的委托，通过了解获知青凯公司为小型企业，会计记录不完整，内部控制不存在或管理层缺乏诚信，可能导致无法获取充分、适当的审计证据，注册会计师应当考虑（　　　）。

A. 在执行审计过程中多了解青凯公司的内部控制，并主要采取实质性程序予以应对风险

B. 直接根据了解的情况，简要实施审计程序，并出具保留意见或无法表示意见的审计报告

C. 拒绝接受委托

D. 在审计业务约定书中详细说明注册会计师和被审计单位各自的责任

9. 下列内容中，不应当在审计业务约定书中列示的是（　　　）。

A. 解决争议的方法

B. 注册会计师不受限制地接触任何与审计有关的记录、文件和所需要的其他信息

C. 审计收费，包括收费的计算基础和收费安排

D. 被审计单位以前年度接受审计的情况

10. 在编制审计计划时，注册会计师应当对重要性水平作出初步判断，以便确定（　　　）。

A. 所需审计证据的数量　　　　　　　B. 可容忍误差

C. 初步审计策略　　　　　　　　　　D. 审计意见类型

二、多选题

1. 注册会计师冯天海在制定奥科公司 2012 年度财务报表审计的总体审计策略时，为了界定审计范围，注册会计师需要考虑的事项包括（　　　）。

A. 奥科公司编制拟审计的财务信息所依据的财务报告编制基础

B. 对利用在以前审计工作中获取的审计证据的预期

C. 内部审计工作的可获得性及注册会计师拟信赖内部审计工作的程度

D. 奥科公司对外报告的时间表

2. 注册会计师可以与被审计单位签订长期审计业务约定书，但应考虑对审计业务约定条款作出修改以及提醒被审计单位注意现有的条款的情况有（　　　）。

A. 有迹象表明被审计单位误解审计目标和范围

B. 高级管理人员近期发生变动

C. 编制财务报表采用的财务报告编制基础发生变更

D. 审计范围存在限制

3. 总体审计策略的制定应当包括考虑影响审计业务的重要因素，以确定项目组工作方向，这些因素包括（　　　）。

A. 确定适当的重要性水平　　　　　　B. 重大错报风险较高的审计领域

C. 项目组人员的选择和工作分工　　　D. 影响被审计单位经营的重大发展变化

4. 为了做好审计计划工作，注册会计师需要查阅上一年的工作底稿，了解（　　　）。

A. 被审计单位内部控制薄弱点　　　　B. 上年度重要会计问题

C. 上年度审计差异调查事项　　　　　D. 上年度审计报告意见类型

5. 在编制审计计划前，了解被审计单位经营及所属行业基本情况的方法包括（　　）。

    A. 查阅去年的工作底稿   B. 审阅行业业务经营资料

    C. 确定关联方及交易方   D. 询问管理当局和内部审计人员

三、案例题

案例一

【材料】中和天成会计师事务所承接了奥科公司 2012 年度财务报表审计工作，注册会计师李泽方和朱国栋在审计银行存款过程中，与银行存款函证相关的审计计划部分内容如下：

（1）李泽方和朱国栋向奥科公司在本期存过款的银行发函，但不包括零余额账户和在本期内注销的账户；

（2）李泽方和朱国栋直接认定银行在回函工作中不会与企业合谋向注册会计师发出带有虚假陈述的回函，认定无须考虑与此相关的舞弊导致的重大错报风险；

（3）李泽方和朱国栋决定以中和天成会计师事务所的名义向银行寄发询证函。

【要求】指出二人在银行存款函证相关审计工作计划中的不当之处，并简单说明理由。

案例二

【材料】中和天成会计师事务所承接奥科公司 2012 年度财务报表审计业务，其业务的性质和经营规模与其常年审计客户东信公司相类似，事务所在制定总体审计策略和具体审计计划时，作出下列判断。

（1）由于奥科公司与常年审计客户东信公司业务性质和规模相似，因此确定的重要性水平与东信公司相同。

（2）初步了解 2012 年度奥科公司及其环境未发生重大变化，拟信赖以往审计中对管理层、治理层诚信形成的判断。

（3）制订完成审计计划后，应按照计划执行审计程序，不能够改变计划。

（4）因对奥科公司内部审计人员的客观性和专业胜任能力存有疑虑，拟不利用内部审计的工作。

（5）因奥科公司存货存放于外省市，监盘成本较高，拟不进行监盘，直接实施替代审计程序。

（6）如对计划的重要性水平作出修正，拟通过修改计划实施的实质性程序的性质、时间安排和范围降低重大错报风险。

【要求】请简要回答上述事项是否存在不当之处，如存在请简要说明理由。

模块二　风险评估

 案例导入

项目合伙人冯天海，注册会计师李泽方、王晓慧、朱国栋和审计助理李英祥等组成的审计项目组负责审计奥科公司 2012 年度财务报表，于 2013 年 1 月 5 日至 1 月 15 日对奥科公司的相关内部控制进行了解、测试与评价。注册会计师王晓慧和朱国栋计划实施以下程序以了解奥科公司的相关内部控制：（1）询问奥科公司有关人员，并查阅相关内部控制文件；（2）检查内部控制生成的文件和记录。项目合伙人冯天海对他们提出的计划表示同意，但仍说不够全面，请他们想一想还可以选择实施哪些审计程序以了解被审计单位的相关内部控制。

相关知识

一、风险评估及其总体要求

（一）风险评估的含义及其作用

风险评估，是指注册会计师了解被审计单位及其环境，识别和评估财务报表层次和各类交易、账户余额和披露认定层次的重大错报风险。

注册会计师应当了解被审计单位及其环境，以充分识别和评估财务报表重大错报风险，设计和实施进一步审计程序。了解被审计单位及其环境是必要程序，特别是为注册会计师在下列关键环节作出职业判断提供重要基础：（1）确定重要性水平，并随着审计工作的进程评估对重要性水平的判断是否仍然适当；（2）考虑会计政策的选择和运用是否恰当，以及财务报表的列报是否适当；（3）识别需要特别考虑的领域，包括关联方交易、管理层运用持续经营假设的合理性，或交易是否具有合理的商业目的等；（4）确定在实施分析程序时所使用的预期值；（5）设计和实施进一步审计程序，以将审计风险降至可接受的低水平；（6）评价所获取审计证据的充分性和适当性。

做中学 3-2-1

（单选题）下列关于风险评估的作用的说法，错误的是（　　　）。

A. 确定重要性水平，并随着审计工作的进程评估对重要性水平的判断是否仍然适当

B. 考虑会计政策的选择和运用是否恰当，以及财务报表的列报是否适当

C. 识别需要特别考虑的领域，包括关联方交易、管理层运用持续经营假设的合理性，或交易是否具有合理的商业目的等

D. 设计和实施进一步审计程序，以便消除审计风险

【答案】D

（二）对风险评估的总体要求

（1）要求注册会计师必须了解被审计单位及其环境。注册会计师通过了解被审计单位及其环境，包括了解内部控制，为识别财务报表层次以及各类交易、账户余额和披露认定层次重大错报风险提供更好的基础。

（2）要求注册会计师在审计的所有阶段都要实施风险评估程序。注册会计师应当将识别的风险与认定层次可能发生错报的领域相联系，实施更为严格的风险评估程序，不得未经风险评估直接将风险设定为高水平。

（3）要求注册会计师将识别和评估的风险与实施的审计程序挂钩。在设计和实施进一步审计程序（控制测试和实质性程序）时，注册会计师应当将审计程序的性质、时间安排和范围与识别、评估的风险相联系，以防止机械地利用程序表从形式上迎合审计准则对程序的要求。

（4）要求注册会计师针对重大的各类交易、账户余额和披露实施实质性程序。注册会计师对重大错报风险的评估是一种判断，被审计单位内部控制存在固有限制，无论评估的重大

错报风险结果如何,注册会计师都应当针对重大的各类交易、账户余额和披露实施实质性程序,不得将实质性程序只集中在例外事项上。

(5)要求注册会计师将识别、评估和应对风险的关键程序形成审计工作记录,以保证执业质量,明确执业责任。

> ▌提示 3-2-1 ▐
>
> 例外事项主要是指审计报告日后发现与已审计财务信息相关,且在审计报告日已经存在的事实,该事实如果被注册会计师在审计报告日前获知,可能影响审计报告。例如,注册会计师在审计报告日后才获知法院在审计报告日前已对被审计单位的诉讼、索赔事项作出最终判决结果。例外情况可能在审计报告日后发现,也可能在财务报表报出日后发现,注册会计师应当对例外事项实施新的或追加的审计程序。

二、风险评估程序的实施

注册会计师了解被审计单位及其环境,目的是识别和评估财务报表重大错报风险。为了解被审计单位及其环境而实施的程序称为风险评估程序。注册会计师应当依据实施这些程序所获取的信息,评估重大错报风险。风险评估的流程如图 3-2-1 所示。

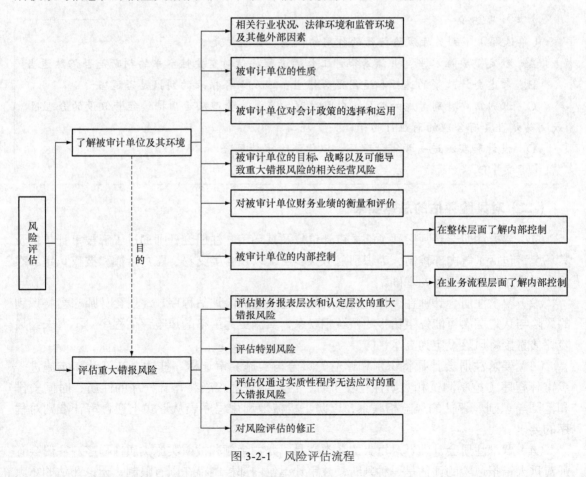

图 3-2-1 风险评估流程

（一）了解被审计单位及其环境

1. 了解被审计单位及其环境的内容

注册会计师应当从下列方面了解被审计单位及其环境：（1）相关行业状况、法律环境和监管环境及其他外部因素；（2）被审计单位的性质；（3）被审计单位对会计政策的选择和运用；（4）被审计单位的目标、战略以及可能导致重大错报风险的相关经营风险；（5）对被审计单位财务业绩的衡量和评价；（6）被审计单位的内部控制。

上述第（1）项是被审计单位的外部因素，第（2）、（3）、（4）项以及第（6）项是被审计单位的内部因素，第（5）项则既有外部因素也有内部因素。值得注意的是，被审计单位及其环境的各个方面可能会互相影响。例如，被审计单位的行业状况、法律环境与监管环境以及其他外部因素可能影响到被审计单位的目标、战略以及相关经营风险，而被审计单位的性质、目标、战略以及相关经营风险可能影响到被审计单位对会计政策的选择和运用，以及内部控制的设计和执行。因此，注册会计师在对被审计单位及其环境的各个方面进行了解和评估时，应当考虑各因素之间的相互关系，具体内容可参见表3-2-1～表3-2-5。

> ┃ 做中学 3-2-2 ┃
>
> （多选题）下列对被审计单位及其环境进行了解的内容中，属于被审计单位内部因素的有（　　　　）。
>
> A. 行业状况、法律环境与监管环境　　　B. 被审计单位的性质
>
> C. 被审计单位的内部控制　　　　　　　D. 被审计单位对会计政策的选择和运用
>
> 【答案】B　C　D

表 3-2-1　　　　了解被审计单位行业状况、法律环境与监管环境以及其他外部因素

被审计单位：＿＿＿＿＿＿＿＿＿＿＿＿＿＿　　索引号：BA　　页次：＿＿＿＿

项目：了解被审计单位行业状况、法律环境与监管环境以及
　　　其他外部因素　　　　　　　　　　　　　编制人：＿＿＿＿　日期：＿＿＿＿

财务报表截止日/期间：＿＿＿＿＿＿＿＿＿＿　复核人：＿＿＿＿　日期：＿＿＿＿

一、审计目标

了解被审计单位行业状况、法律环境与监管环境以及其他外部因素，并评估相应重大错报风险

二、了解的内容、实施的风险评估程序及评估出的风险

了解的内容	实施的风险评估程序	简要记录	评估出的重大错报风险	执行时间	索引号	备注
1. 行业状况						
（1）所在行业的市场供求与竞争						
被审计单位的主要产品是什么？所处什么行业						
行业的总体发展趋势是什么						
行业处于哪一总体发展阶段						
市场需求、市场容量和价格竞争如何						
行业上下游关系如何						

续表

了解的内容	实施的风险评估程序	简要记录	评估出的重大错报风险	执行时间	索引号	备注
谁是被审计单位最重要的竞争者？它们所占的市场份额是多少						
被审计单位及其竞争者主要的竞争优势是什么						
……						
（2）生产经营的季节性和周期性						
行业是否受经济周期波动影响，以及采取了什么行动使波动的影响最小化						
行业生产经营和销售是否受季节影响						
……						
（3）产品生产技术的变化						
本行业的核心技术是什么						
受技术发展影响的程度如何						
行业是否开发了新的技术						
被审计单位在技术方面是否具有领先地位						
……						
（4）能源供应与成本						
能源消耗在成本中所占比重，能源价格的变化对成本的影响						
……						
（5）行业的关键指标和统计数据						
行业产品平均价格、产量是多少						
被审计单位业务的增长率和财务业绩与行业的平均水平及主要竞争者相比如何？存在重大差异的原因是什么						
竞争者是否采取了某些行动，如购并活动、降低销售价格、开发新技术等，从而对被审计单位的经营活动产生影响						
……						
2. 法律环境及监管环境						
（1）适用的会计准则、会计制度和行业特定惯例						
被审计单位是属于上市公司、外商投资企业还是其他企业？相应适用的会计准则是什么？【例如是《企业会计准则》还是《小企业会计准则》？】						

了解的内容	实施的风险评估程序	简要记录	评估出的重大错报风险	执行时间	索引号	备注
是否仍采用行业核算办法						
……						
（2）对经营活动产生重大影响的法律法规及监管活动						
国家对该行业是否有特殊监管要求						
……						
（3）对开展业务产生重大影响的政府政策，包括货币、财政、税收和贸易等政策						
现行货币政策、财政政策、关税和贸易限制或税务法规对被审计单位经营活动产生怎样影响						
……						
（4）与被审计单位所处行业和所从事经营活动相关的环保要求						
是否存在新出台的法律法规（如新出台的有关产品责任、劳动安全或环境保护的法律法规等）？对被审计单位有何影响						
……						
3．其他外部因素						
（1）宏观经济的景气度						
当前的宏观经济状况如何（萧条、景气）？以及未来的发展趋势如何						
（2）利率和资金供求状况						
利率和资金供求状况如何影响被审计单位的经营活动						
（3）通货膨胀水平及币值变动						
目前国内或本地区的经济状况（如增长率、通货膨胀、失业率、利率等）如何影响被审计单位的经营活动						
（4）国际经济环境和汇率变动						
被审计单位的经营活动是否受到汇率波动或全球市场力量的影响						
……						

注：1. 记录的内容应包括实施审计程序的性质、时间和范围；2. "简要记录"仅适用于未通过客户获取相关证据且需要记录的内容比较简单的风险评估程序项目

表 3-2-2　　　　　　　　　　　了解被审计单位的性质

被审计单位：＿＿＿＿＿＿＿＿＿＿　　　索引号：BB＿＿＿　　页次：＿＿＿＿＿

项目：了解被审计单位的性质＿＿＿＿＿　　编制人：＿＿＿＿＿　　日期：＿＿＿＿＿

财务报表截止日/期间：＿＿＿＿＿＿＿＿　　复核人：＿＿＿＿＿　　日期：＿＿＿＿＿

一、审计目标

了解被审计单位的性质，并评估相应重大错报风险

二、了解的内容、实施的风险评估程序及评估出的风险

了解的内容	实施的风险评估程序	简要记录	评估出的重大错报风险	执行时间	索引号	备注
1. 所有权结构						
（1）所有权性质（属于国有企业、外商投资企业、民营企业还是其他类型）						
（2）所有者和其他人员或单位的名称，以及与被审计单位之间的关系						
谁是企业所有者？需要了解清楚所有者是法人还是自然人、企业类型、自然人的主要社会职务、企业所属地区、规模等，所有者与被审计单位之间的关系						
（3）控股母公司						
控股母公司的所有权性质、管理风格及其对被审计单位经营活动及财务报表可能产生的影响						
控股母公司与被审计单位在资产、业务、人员、机构、财务等方面是否分开，是否存在占用资金等情况						
控股母公司是否施加压力，要求被审计单位达到其设定的财务业绩目标						
2. 治理结构						
（1）获取或编制被审计单位治理结构图						
（2）对图示内容作出详细解释说明						
董事会的构成和运作情况						
董事会内部是否有独立董事，独立董事的人员构成		·				
治理结构中是否设有审计委员会或监事会及其运作情况等						
3. 组织结构						
（1）获取或编制被审计单位组织结构图						
（2）对图示内容作出详细解释说明						
组织结构是否复杂，是否可能导致重大错报风险，包括财务报表合并、商誉减值、长期股权投资核算以及特殊目的上市公司核算等问题						

续表

了解的内容	实施的风险评估程序	简要记录	评估出的重大错报风险	执行时间	索引号	备注
4. 经营活动						
（1）主营业务的性质						
（2）主要产品及描述						
（3）与生产产品或提供劳务相关的市场信息						
主要客户和合同、付款条件、利润率、市场份额、竞争者、出口、定价政策、产品声誉、质量保证、营销策略和目标等						
（4）业务的开展情况						
业务分部的设立情况						
产品和服务的交付情况						
衰退或扩展的经营活动情况						
（5）联盟、合营与外包情况						
（6）从事电子商务的情况						
是否通过互联网销售产品，提供服务或从事营销活动						
（7）地区与行业分布						
是否涉及跨地区经营和多种经营，各个地区和各行业分布的相对规模以及相互之间是否存在依赖关系						
（8）生产设施、仓库的地理位置及办公地点						
（9）关键客户						
销售对象是少量的大客户还是众多的小客户						
是否有被审计单位高度依赖的特定客户（如超过销售总额10%的顾客）						
是否有造成高回收性风险的若干客户或客户类别（如正处在一个衰退市场中的客户）						
是否与某些客户订立了不寻常的销售条款或条件						
（10）重要供应商						
主要供应商名单						
是否签订长期供应合同						
原材料供应的可靠性和稳定性						
付款条件						
原材料是否受重大价格变动的影响						
（11）劳动用工情况						
分地区用工情况						
劳动力供应情况						

续表

了解的内容	实施的风险评估程序	简要记录	评估出的重大错报风险	执行时间	索引号	备注
工资水平、退休金和其他福利、股权激励或其他奖金安排						
适用的劳动用工事项相关法规						
（12）研究与开发活动及其支出						
从事的研究与开发活动						
研发支出占收入比重						
与同行业相比情况						
（13）关联方交易						
哪些客户或供应商是关联方						
对关联方和非关联方是否采用不同的销售和采购条款						
关联方交易以及定价政策						
5. 投资活动						
（1）近期拟实施或已实施的并购活动与资产处置情况						
被审计单位的并购活动或某些业务的终止，如何与目前的经营业务相协调，并考虑其是否会引发进一步的经营风险						
（2）证券投资、委托贷款的发生与处置						
（3）资本性投资活动						
固定资产和无形资产投资						
近期发生的或计划发生的投资变动						
重大的资本承诺						
（4）不纳入合并范围的投资						
联营、合营或其他投资，包括近期计划的投资项目						
6. 筹资活动						
（1）债务结构和相关条款，包括担保情况及表外融资						
获得的信贷额度是否可以满足营运需要						
得到的融资条件及利率是否与竞争对手相似，如不相似，原因何在						
是否存在违反借款合同中限制性条款的情况						
是否承受重大的汇率与利率风险						
（2）固定资产的租赁						
通过融资租赁方式进行的筹资活动						
（3）关联方融资						
关联方融资的特殊条款						
关联方融资占融资总额的比重						

续表

了解的内容	实施的风险评估程序	简要记录	评估出的重大错报风险	执行时间	索引号	备注
（4）实际受益股东						
被审计单位实际受益股东的名称，国籍，商业声誉和经验，以及可能对被审计单位产生的影响						
（5）衍生金融工具的运用						
衍生金融工具是用于交易目的还是套期目的						
衍生金融工具的种类						
使用衍生金融工具的范围						
交易对手						
……						

注：1. 记录的内容应包括实施审计程序的性质、时间和范围；2. "简要记录"仅适用于未通过客户获取相关证据且需要记录的内容比较简单的风险评估程序项目

表 3-2-3 　　　　　　　　　　了解被审计单位对会计政策的选择和运用

被审计单位：＿＿＿＿＿＿＿＿＿＿＿＿＿　　　　索引号：**BC**＿＿＿　页次：＿＿＿＿

项目：了解被审计单位对会计政策的选择和运用　　编制人：＿＿＿＿＿　日期：＿＿＿＿

财务报表截止日/期间：＿＿＿＿＿＿＿＿　　　　复核人：＿＿＿＿＿　日期：＿＿＿＿

一、审计目标

了解被审计单位对会计政策的选择和运用，并评估相应重大错报风险

二、了解的内容、实施的风险评估程序及评估出的风险

了解的内容	实施的风险评估程序	简要记录	评估出的重大错报风险	执行时间	索引号	备注
1. 公司采用的主要会计政策、会计估计						
是否获取企业会计工作手册和操作指引						
交易性金融资产的核算方法						
坏账准备的计提方法						
存货核算方法						
期末生产成本中在产品和产成品如何分摊料、工、费等						
低值易耗品摊销方法						
投资性房地产后续计量模式						
固定资产核算方法						
无形资产核算方法						
所得税会计处理方法						
减值准备的计提方法						

续表

了解的内容	实施的风险评估程序	简要记录	评估出的重大错报风险	执行时间	索引号	备注
借款费用处理方式						
收入确认方法						
报表合并方法						
企业合并的处理方法						
……						
2. 财会人员运用会计准则的知识、经验和能力						
企业是否执行了新会计准则，财务人员是否就新准则进行了系统而全面的培训						
相关财务人员的专业职称						
当期涉及收入、减值准备等重大涉及会计人员职业判断的经济业务由谁完成，了解其作出判断的理论基础是否准确						
……						
3. 公司资源对会计政策、会计估计的运用的支持情况						
涉及各种需要其他部门提供材料帮助会计人员进行判断的经济业务，其他相关部门提供的资料是否可以满足财务会计估计的需要						
涉及辞退福利等职工薪酬的事项，人事部门是否收集了较为完备的资料						
非财务信息相关部门收集情况						
使用借款费用资本化、建造合同等准则核算的企业，工程施工部门是否建立了完整、成熟的信息采集统计保存系统						
……						
4. 重要的行业会计处理惯例						
……						
5. 重大和异常交易的会计处理方法						
询问企业财务当期是否存在重大的会计处理业务						
企业对重大和异常交易的会计处理方法						
当期对或有事项的账务处理方法						
……						

了解的内容	实施的风险评估程序	简要记录	评估出的重大错报风险	执行时间	索引号	备注
6. 在新领域和缺乏权威性标准或共识的领域的会计处理方法						
当期是否存在会计核算新领域和缺乏权威性标准或共识的领域有哪些						
公允价值如何确认计量						
……						
7. 会计政策、会计估计变更						
（1）会计政策的变更是否符合法律、行政法规或者适用的会计准则和相关会计制度的规定						
……						
（2）会计政策的变更能否提供更可靠、更相关的会计信息						
被审计单位变更会计政策是否获取股东大会同意						
变更的会计政策是否在3年内进行过一次变更						
……						
（3）会计政策的变更是否得到恰当披露						
被审计单位是否按照适用的会计准则和相关会计制度的规定恰当地进行了列报，并披露了重要事项。列报和披露的主要内容包括：财务报表及其附注的格式、结构安排、内容、财务报表项目使用的术语、披露信息的明细程度、项目在财务报表中的分类以及列报信息的来源等						
对外报告如何披露会计政策变更后对企业的影响						
执行新会计准则，企业如何进行衔接						
8. 披露						
被审计单位是否按照适用的会计准则和会计制度对会计政策的选择和运用进行了恰当的披露						
……						

注：1. 记录的内容应包括实施审计程序的性质、时间和范围；2. "简要记录"仅适用于未通过客户获取相关证据且需要记录的内容比较简单的风险评估程序项目

表 3-2-4 　　　　　　了解被审计单位的目标、战略以及相关经营风险

被审计单位：＿＿＿＿＿＿＿＿＿＿＿＿＿＿　　索引号：BD＿＿　　页次：＿＿＿＿

项目：了解被审计单位的目标、战略以及相关经营风险　　编制人：＿＿＿＿　　日期：＿＿＿＿

财务报表截止日/期间：＿＿＿＿＿＿＿＿＿＿＿＿　　复核人：＿＿＿＿　　日期：＿＿＿＿

一、审计目标

了解被审计单位的目标、战略以及相关经营风险，并评估相应重大错报风险

二、了解的内容、实施的风险评估程序及评估出的风险

了解的内容	实施的风险评估程序	简要记录	评估出的重大错报风险	执行时间	索引号	备注
1. 目标、战略						
（1）被审计单位如何设定目标及制定战略规划						
目标确定是否与激励性薪酬计划统一规划						
是否就已经批准的目标与其所涉及的各级管理人员进行了沟通，以使他们理解和接受所确定的目标						
战略规划制定者是否可以获得行业专家以及其他研究者的观点和意见						
是否就战略方案咨询了董事会成员的意见						
战略规划制定者是否采取措施以从管理层那里获得对所制定的战略给予支持的承诺						
高层管理者是否就建议的目标进行审议及磋商，特别是对其实现的可行性，与公司的前景瞻望、使命和战略相关性，以及对股东价值的承诺等方面						
公司层面战略规划的权限和责任是否以书面形式明确下来						
与竞争对手相比，公司对研发活动的投资及承诺是否具有竞争力						
战略规划是否定期地以长期计划的形式表达出来						
（2）目标确定的参与者是否具备以下相关信息						
前景瞻望及使命说明书						
股东价值及其他相关分析						
历史业绩指标（包括财务信息及非财务信息）						
短期和长期规划						
竞争对手的业绩标杆						
董事会指南						

了解的内容	实施的风险评估程序	简要记录	评估出的重大错报风险	执行时间	索引号	备注
（3）设定何种目标						
查阅股东会、董事会会议记录，与管理当局进行会谈，了解被审计单位最近制定的目标、战略，以及为实现上述目标、战略在经营、财务等各方面计划或已经采取的措施，评价被审计单位制定的目标、战略以及为实现上述目标采取的相应措施是否适当						
了解被审计单位是否存在与行业发展等方面有关的目标和战略，并考虑相应的经营风险						
被审计单位的外部因素发生变化，对目标和战略是否作了相应调整						
结合审计中了解的情况，与管理当局讨论近期有无出现影响其实现目标、战略的重大情况、事项、环境和行动						
（4）了解被审计单位是否存在与下列方面有关的目标和战略						
行业发展，及其可能导致的被审计单位不具备足以应对行业变化的人力资源和业务专长等风险						
了解开发新产品或提供新服务，及其可能导致的被审计单位产品责任增加等风险						
了解业务扩张，及其可能导致的被审计单位对市场需求的估计不准确等风险						
了解新颁布的会计法规，及其可能导致的被审计单位执行法规不当或不完整，或会计处理成本增加等风险						
了解监管要求，及其可能导致的被审计单位法律责任增加等风险						
了解本期及未来的融资条件，及其可能导致的被审计单位由于无法满足融资条件而失去融资机会等风险						
了解信息技术的运用，及其可能导致的被审计单位信息系统与业务流程难以融合等风险						
……						
2.　相关经营风险						
……						
3.　被审计单位的风险评估过程						
……						

注：1.　记录的内容应包括实施审计程序的性质、时间和范围；2.　"简要记录"仅适用于未通过客户获取相关证据且需要记录的内容比较简单的风险评估程序项目

表 3-2-5　　　　　　　　　　了解被审计单位财务业绩的衡量和评价

被审计单位：＿＿＿＿＿＿＿＿＿＿＿＿＿　　　索引号：　　BE　　　页次：＿＿＿＿＿

项目：了解被审计单位财务业绩的衡量和评价　　编制人：＿＿＿＿＿　日期：＿＿＿＿＿

财务报表截止日/期间：＿＿＿＿＿＿＿＿　　　复核人：＿＿＿＿＿　日期：＿＿＿＿＿

一、审计目标

了解被审计单位财务业绩的衡量和评价，并评估相应重大错报风险

二、了解的内容、实施的风险评估程序及评估出的风险

了解的内容	实施的风险评估程序	简要记录	评估出的重大错报风险	执行时间	索引号	备注
1. 关键业绩指标						
……						
2. 业绩趋势						
……						
3. 预测、预算和差异分析						
（1）年初预算的各项财务指标						
（2）未审报表的相关财务指标与预算差异						
（3）了解造成差异的主要原因						
（4）被审计单位近期是否有增发、债转股、改制等事项发生						
（5）企业或企业的一个主要组成部分是否有可能被出售；管理层是否希望维持或增加企业的股价或盈利走势而热衷于采用过度激进的会计方法						
（6）企业的业绩是否急剧下降，可能存在终止上市的风险						
（7）如果公布欠佳的财务业绩，对重大未决交易（如企业合并或新业务合同的签订）是否可能产生不利影响						
（8）企业是否持续增长和接近财务资源的最大限度						
（9）企业是否具备足够的可分配利润或现金流量以维持目前的利润分配水平						
（10）基于纳税的考虑，股东或管理层是否有意采取不适当的方法使盈利最小化						
（11）管理层是否希望维持或增加企业的股价或盈利走势而热衷于采用过度激进的会计方法						
（12）企业是否过度依赖银行借款，而财务业绩又可能达不到借款合同对财务指标的要求						
……						
4. 管理层和员工业绩考核与激励性报酬政策						
（1）管理层是否签署了绩效业绩责任书						

了解的内容	实施的风险评估程序	简要记录	评估出的重大错报风险	执行时间	索引号	备注
（2）业绩考核与激励性报酬政策具体内容						
（3）报告期间是否完成绩效责任目标						
……						
5. 分部信息与不同层次部门的业绩报告						
（1）通过查阅管理层的报告，了解分部信息与不同层次部门的业绩报告						
……						
6. 与竞争对手的业绩比较						
（1）内部财务业绩衡量可能显示被审计单位与同行业其他单位相比具有异常快的增长率或盈利水平						
……						
7. 外部机构提出的报告						
（1）是否获取了外部机构的相关报告						
（2）报告中提及的主要财务指标与被审计单位相关指标是否存在较大差异						
（3）差异的原因分析						
……						

注：1. 记录的内容应包括实施审计程序的性质、时间和范围；2. "简要记录"仅适用于未通过客户获取相关证据且需要记录的内容比较简单的风险评估程序项目

做中学 3-2-3

（单选题）下列说法中，不正确的是（　　）。

A. 对被审计单位财务业绩的衡量和评价既有内部因素，又有外部因素

B. 注册会计师应关注内部财务业绩衡量的结果，并考虑财务业绩衡量指标的可靠性

C. 注册会计师在了解被审计单位财务业绩的衡量和评价时，需要了解关键业绩指标

D. 注册会计师了解被审计单位财务业绩的衡量与评价，目的在于评价被审计单位的经营效率与效果

【答案】D

做中学 3-2-4

（单选题）了解被审计单位的性质时，不需要了解（　　）。

A. 所有权结构　　　　B. 组织结构　　　　C. 治理结构　　　　D. 行业状况

【答案】D

2. 了解被审计单位及其环境的方法

注册会计师应当实施下列风险评估程序，以了解被审计单位及其环境。

（1）询问管理层和被审计单位内部其他人员。询问管理层和被审计单位内部其他人员是注册会计师了解被审计单位及其环境的一个重要信息来源。注册会计师可以考虑向管理层和

财务负责人询问下列事项。

① 管理层所关注的主要问题。如新的竞争对手、主要客户和供应商的流失、新的税收法规的实施以及经营目标或战略的变化等。

② 被审计单位最近的财务状况、经营成果和现金流量。

③ 可能影响财务报告的交易和事项，或者目前发生的重大会计处理问题。如重大的购并事宜等。

④ 被审计单位发生的其他重要变化。如所有权结构、组织结构的变化，以及内部控制的变化等。

> **提示 3-2-2**
>
> 注册会计师通过询问获取的大部分信息来自于管理层和负责财务报告的人员。注册会计师也可以通过询问被审计单位内部的其他不同层级的人员获取信息，或为识别重大错报风险提供不同的视角。

（2）实施分析程序。分析程序既可用于风险评估程序和实质性程序，也可用于对财务报表的总体复核。注册会计师实施分析程序有助于识别异常的交易或事项，以及对财务报表和审计产生影响的金额、比率和趋势。在实施分析程序时，注册会计师应当预期可能存在的合理关系，并与被审计单位记录的金额，依据记录金额计算的比率或趋势相比较；如果发现未预期到的关系，注册会计师应当在识别重大错报风险时考虑这些比较结果。

（3）观察和检查。观察和检查程序可以支持对管理层和其他相关人员的询问结果，并可以提供有关被审计单位及其环境的信息，注册会计师应当实施下列观察和检查程序。

① 观察被审计单位的经营活动。例如，观察被审计单位人员正在从事的生产活动和内部控制活动，增加注册会计师对被审计单位人员如何进行生产经营活动及实施内部控制的了解。

② 检查文件、记录和内部控制手册。例如，检查被审计单位的经营计划、策略、章程，与其他单位签订的合同、协议，各业务流程操作指引和内部控制手册等，了解被审计单位组织结构和内部控制制度的建立健全情况。

③ 阅读由管理层和治理层编制的报告。例如，阅读被审计单位年度和中期财务报告，股东大会、董事会会议、高级管理层会议的会议记录或纪要，管理层的讨论和分析资料，对重要经营环节和外部因素的评价，被审计单位内部管理报告以及其他特殊目的的报告（如新投资项目的可行性分析报告）等，了解自上一期审计结束至本期审计期间被审计单位发生的重大事项。

④ 实地察看被审计单位的生产经营场所和厂房设备。通过现场访问和实地察看被审计单位的生产经营场所和厂房设备，可以帮助注册会计师了解被审计单位的性质及其经营活动。在实地察看被审计单位的厂房和办公场所的过程中，注册会计师有机会与被审计单位管理层和担任不同职责的员工进行交流，可以增强注册会计师对被审计单位的经营活动及其重大影响因素的了解。

⑤ 追踪交易在财务报告信息系统中的处理过程（穿行测试）。这是注册会计师了解被审计单位业务流程及其相关控制时经常使用的审计程序。通过追踪某笔或某几笔交易在业务流程中如何生成、记录、处理和报告，以及相关控制如何执行，注册会计师可以确定被审计单

位的交易流程和相关控制是否与之前通过其他程序所获得的了解一致，并确定相关控制是否得到执行。

提示 3-2-3

注册会计师在审计过程中应当实施上述审计程序，但是在了解被审计单位及其环境的每一方面时无须实施上述所有程序。

做中学 3-2-5

（单选题）在下列控制中，属于检查的是（   ）。

A. 销货发票上的价格根据价格清单上的信息确定

B. 计算机每天比较运出货物的数量和开票数量并生成差异报告

C. 在更新采购档案之前必须先有收货报告

D. 计算机将记账凭证上借贷方金额对比，对账户代码进行逻辑测试

【答案】B

做中学 3-2-6

（单选题）下列审计程序中，注册会计师在了解被审计单位内部控制时通常不采用的是（   ）。

A. 询问   B. 观察   C. 分析程序   D. 检查

【答案】C

做中学 3-2-7

（多选题）下列说法中，正确的是（   ）。

A. 询问管理层和被审计单位内部其他人员是注册会计师了解被审计单位及其环境的一个重要信息来源

B. 分析程序既可用于风险评估程序和实质性程序，也可用于对财务报表的总体复核

C. 观察和检查程序可以支持对管理层和其他相关人员的询问结果，并可以提供有关被审计单位及其环境的信息

D. 注册会计师了解被审计单位业务流程及其相关控制时经常使用重新执行程序

【答案】A B C

（二）了解被审计单位的内部控制

1. 内部控制的含义、目标和局限性

（1）内部控制的含义。内部控制，是被审计单位为了合理保证财务报告的可靠性、经营的效率和效果以及对法律法规的遵守，由治理层、管理层和其他人员设计与执行的政策及程序。

（2）内部控制的目标。内部控制的目标是合理保证，包括：①财务报告的可靠性，这一目标与管理层履行财务报告编制责任密切相关；②经营的效率和效果，即经济有效地使用企业资源，以最优方式实现企业的目标；③遵守适用的法律法规的要求，即在法律法规的框架下从事经营活动。

　　注册会计师审计的目标是对财务报表是否不存在重大错报发表审计意见，尽管要求注册会计师在财务报表审计中考虑与财务报表编制相关的内部控制，但目的并非对被审计单位内部控制的有效性发表意见。因此，注册会计师需要了解和评价的内部控制只是与财务报表审计相关的内部控制，并非被审计单位所有的内部控制。与审计相关的控制，包括被审计单位为实现财务报告可靠性目标设计和实施的控制。注册会计师应当运用职业判断，考虑一项控制单独或连同其他控制是否与评估重大错报风险以及针对评估的风险设计和实施进一步审计程序有关。

> **做中学 3-2-8**
>
> （单选题）下列关于"与审计相关的控制"的说法，错误的是（　　　）。
>
> A. 注册会计师需要了解和评价被审计单位所有的内部控制
>
> B. 注册会计师在财务报表审计中，需要了解与审计相关的内部控制，但目的并非对被审计单位内部控制的有效性发表意见
>
> C. 对于某些非财务数据（如生产统计数据）的控制，如果注册会计师在实施分析程序时使用这些数据，这些控制就可能与审计相关
>
> D. 某些法规（如税法）对财务报表存在直接和重大的影响（影响应交税费和所得税费用），为了遵守这些法规，被审计单位可能设计和执行相应的控制，这些控制也与注册会计师的审计相关
>
> 【答案】A

　　（3）内部控制的局限性。内部控制存在固有局限性，无论如何设计和执行，只能对财务报告的可靠性提供合理保证。这些固有局限包括以下几个方面。

　　① 在决策时人为判断可能出现错误和由于人为失误而导致内部控制失效。

　　② 可能由于两个或更多的人员进行串通或管理层凌驾于内部控制之上而被规避。

　　③ 如果被审计单位内部行使控制职能的人员素质不适应岗位要求，也会影响内部控制功能的正常发挥。

　　④ 被审计单位实施内部控制的成本效益问题也会影响其职能，当实施某项控制成本大于控制效果而发生损失时，就没有必要设置控制环节或控制措施。

　　⑤ 内部控制一般都是针对经常而重复发生的业务而设置的，如果出现不经常发生或未预计到的业务，原有控制就可能不适用。

2. 内部控制的要素（见图3-2-2）

　　（1）控制环境。控制环境包括治理职能和管理职能，以及治理层和管理层对内部控制及其重要性的态度、认识和措施。良好的控制环境是实施有效内部控制的基础。

　　控制环境主要包括以下要素：①对诚信和道德价值观念的沟通与落实；②对胜任能力的重视；③治理层的参与程度；④管理层的理念和经营风格；⑤组织结构及其职权与责任的分配；⑥人力资源政策与实务。

　　控制环境本身并不能防止或发现并纠正各类交易、账户余额和披露认定层次的重大错报，但令人满意的控制环境却有助于降低发生舞弊的风险。注册会计师了解控制环境的程序主要有询问、观察和检查等。

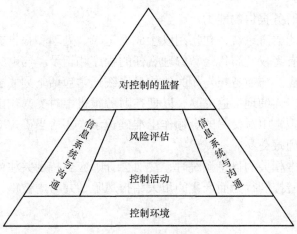

图 3-2-2 内部控制的五要素

做中学 3-2-9

（多选题）下列有关控制环境的说法中，正确的有（ ）。

A. 控制环境本身能防止或发现并纠正认定层次的重大错报

B. 控制环境的好坏影响注册会计师对财务报表层次重大错报风险的评估

C. 控制环境包括治理职能和管理职能

D. 控制环境影响实质性程序的性质、时间安排和范围

【答案】B C D

（2）风险评估过程。被审计单位的风险评估过程包括识别与财务报告相关的经营风险，以及针对这些风险所采取的措施。风险评估的作用是识别、评估和管理影响被审计单位实现经营目标能力的各种风险。

注册会计师应当了解被审计单位的风险评估过程和结果，确定管理层如何识别与财务报告相关的经营风险，如何估计该风险的重要性，如何评估风险发生的可能性，以及如何采取措施管理这些风险。

做中学 3-2-10

（多选题）下列有关了解被审计单位的风险评估过程的相关说法中，正确的有（ ）。

A. 注册会计师应当了解被审计单位是否已建立风险评估过程

B. 如果被审计单位已建立风险评估过程，注册会计师应当了解风险评估过程及其结果

C. 注册会计师可以通过了解被审计单位及其环境的其他方面信息，评价被审计单位风险评估过程的有效性

D. 注册会计师应当询问管理层识别出的经营风险，并考虑这些风险是否可能导致重大错报

【答案】A B C D

（3）信息系统与沟通。信息系统与沟通是收集与交换被审计单位执行、管理和控制业务活动所需信息的过程，包括收集和提供信息（特别是履行内部控制岗位职责所需的信息）给适当人员，使之能够履行职责。信息系统与沟通的质量直接影响到管理层对经营活动作出正

确决策和编制可靠的财务报告的能力。

与财务报告相关的信息系统，包括用以生成、记录、处理和报告交易、事项和情况，对相关资产、负债和所有者权益履行经营管理责任的程序和记录。与财务报告相关的信息系统应当与业务流程相适应。与财务报告相关的信息系统通常包括下列职能：①识别与记录所有的有效交易；②及时、详细地描述交易，以便在财务报告中对交易作出恰当分类；③恰当计量交易，以便在财务报告中对交易的金额作出准确记录；④恰当确定交易生成的会计期间；⑤在财务报表中恰当列报交易。

在了解与财务报告相关的信息系统时，注册会计师应当特别关注由于管理层凌驾于账户记录控制之上，或规避控制行为而产生的重大错报风险，并考虑被审计单位如何纠正不正确的交易处理。

做中学 3-2-11

（单选题）以下关于信息系统与沟通的说法中，正确的是（   ）。

A. 自动化程序和控制的优势在于可以消除个人凌驾于控制之上的风险

B. 为了确保例外情况得到报告和处理，沟通渠道应尽可能保密

C. 注册会计师不必考虑被审计单位如何纠正不正确的交易处理

D. 与财务报告相关的信息系统应当与业务流程相适应

【答案】D

（4）控制活动。控制活动，是指有助于确保管理层的指令得以执行的政策和程序，包括与授权、业绩评价、信息处理、实物控制和职责分离等相关的活动。

注册会计师应当了解控制活动，以足够评估认定层次的重大错报风险和针对评估的风险设计进一步审计程序。在了解控制活动时，注册会计师应当重点考虑一项控制活动单独或连同其他控制活动，是否能够以及如何防止或发现并纠正各类交易、账户余额和披露存在的重大错报。

做中学 3-2-12

（多选题）下列有关控制活动的说法中，正确的有（   ）。

A. 控制活动是指有助于确保管理层的指令得以执行的政策和程序

B. 控制活动包括与授权、业绩评价、信息处理、实物控制和职责分离等相关的活动

C. 注册会计师可以不必了解控制活动

D. 在了解控制活动时，注册会计师应当重点考虑一项控制活动单独或连同其他控制活动，是否能够以及如何防止或发现并纠正各类交易、账户余额和披露存在的重大错报。

【答案】A B D

（5）对控制的监督。对控制的监督，是指被审计单位评价内部控制在一段时间内运行有效性的过程，该过程包括及时评价控制的设计和运行，以及根据情况的变化采取必要的纠正措施。例如，管理层对是否定期编制银行存款余额调节表进行复核。监督对控制的持续有效运行十分重要。假如没有对银行存款余额调节表是否得到及时和准确的编制进行监督，该项控制可能无法得到持续的执行。

通常，管理层通过持续的监督活动、单独的评价活动或两者相结合实现对控制的监督。持续

的监督活动通常贯穿于被审计单位日常重复的活动中，包括常规管理和监督工作。例如，管理层在履行其日常管理活动时，取得内部控制持续发挥功能的信息。当业务报告、财务报告与他们获取的信息有较大差异时，会对有重大差异的报告提出疑问，并进行必要的追踪调查和处理。

做中学 3-2-13

（单选题）下列有关对控制的监督的相关表述，错误的是（   ）。

A. 管理层通过持续的监督活动、单独的评价活动或两者相结合实现对控制的监督

B. 持续的监督活动通常贯穿于被审计单位日常重复的活动中

C. 管理层对是否定期编制银行存款余额调节表进行复核是控制的监督的一种应用

D. 如果对控制的监督方面存在整体缺陷，将导致财务报表认定层次的重大错报风险

【答案】D

---

3. 了解与评估内部控制

内部控制的某些要素（如控制环境）更多地对被审计单位整体层面产生影响，而其他要素（如信息系统与沟通、控制活动）则可能更多地与特定业务流程相关。在实务中，注册会计师往往从被审计单位整体层面和业务流程层面分别了解和评价被审计单位的内部控制。

（1）在整体层面了解内部控制。在整体层面了解和评估被审计单位的内部控制，通常由项目组中对被审计单位情况比较了解且较有经验的成员负责，同时需要项目组其他成员的参与和配合。

注册会计师可以重点关注整体层面内部控制的变化情况，包括由于被审计单位及其环境的变化而导致内部控制发生的变化以及采取的对策。注册会计师还需要特别考虑因舞弊而导致重大错报的可能性及其影响。

注册会计师可以考虑将询问被审计单位人员、观察特定控制的应用、检查文件和报告以及执行穿行测试等风险评估程序相结合，以获取审计证据。在了解上述内部控制的构成要素时，注册会计师应当对被审计单位整体层面的内部控制的设计进行评价，并确定其是否得到执行。

注册会计师应当将对被审计单位整体层面内部控制各要素的了解要点和实施的风险评估程序及其结果等形成审计工作记录，并对影响注册会计师对整体层面内部控制有效性进行判断的因素加以详细记录。

财务报表层次的重大错报风险很可能源于薄弱的控制环境，因此，注册会计师在评估财务报表层次的重大错报风险时，应当将被审计单位整体层面的内部控制状况和了解到的被审计单位及其环境其他方面的情况结合起来考虑。

（2）在业务流程层面了解内部控制。在初步计划审计工作时，注册会计师需要确定在被审计单位财务报表中可能存在重大错报风险的重大账户及其相关认定。为实现此目的，通常采取下列步骤。

① 确定重要业务流程和重要交易类别。在实务中，将被审计单位的整个经营活动划分为几个重要的业务循环（如销售与收款业务循环、采购与付款业务循环等），有助于注册会计师更有效地了解和评估重要业务流程及相关控制。重要交易类别是指可能对被审计单位财务报表产生重大影响的各类交易。重要交易应与重大账户及其认定相联系。

② 了解重要交易流程，并记录获得的了解。在确定重要的业务流程和交易类别后，注册会计师便可着手了解每一类重要交易在信息技术或人工系统中生成、记录、处理及在财务

报表中报告的程序，即重要交易流程。这是确定在哪个环节或哪些环节可能发生错报的基础。

③ 确定可能发生错报的环节。注册会计师需要确认和了解被审计单位应在哪些环节设置控制，以防止或发现并纠正各重要业务流程可能发生的错报。

④ 识别和了解相关控制。在某些情况下，注册会计师之前的了解可能表明被审计单位在业务流程层面针对某些重要交易流程所设计的控制是无效的，或者注册会计师并不打算依赖控制，这时注册会计师没有必要进一步了解在业务流程层面的控制。特别需要注意的是，如果认为仅通过实质性程序无法将认定层次的检查风险降低至可接受的水平，或者针对特别风险，注册会计师应当了解和评估相关的控制活动。

针对业务流程中容易发生错报的环节，注册会计师应当确定：被审计单位是否建立了有效的控制，防止或发现并纠正这些错报；被审计单位是否遗漏了必要的控制；是否识别了可以最有效测试的控制。

⑤ 执行穿行测试，证实对交易流程和相关控制的了解。为了解各类重要交易在业务流程中发生、处理和记录的过程，注册会计师通常会每年执行穿行测试。如果不打算信赖控制，注册会计师仍需要执行穿行测试以确认以前对业务流程及可能发生错报环节的了解的准确性和完整性。对于重要的业务流程，注册会计师都要对整个流程执行穿行测试。

4. 对控制的初步评价与决策

（1）对控制的初步评价。在识别和了解控制后，根据执行上述程序和获取的审计证据，注册会计师需要评价控制设计的合理性并确定其是否得到执行。

注册会计师的评价结论可能是：①所设计的内部控制单独或连同其他控制能够防止或发现并纠正重大错报，并得到执行；②控制本身的设计是合理的，但没有得到执行；③控制本身的设计就是无效的或缺乏必要的控制。

由于对控制的了解和评价是在穿行测试完成后，但又在测试控制运行有效性之前进行的，因此，上述评价结论只是初步结论，仍可能随控制测试后实质性程序的结果而发生变化。

┃ 做中学 3-2-14 ┃

（多选题）在识别和了解被审计单位内部控制后，注册会计师对控制的评价结论可能是（　　　　）。

A. 所设计的控制单独或连同其他控制能够防止或发现并纠正重大错报，并得到执行
B. 控制本身的设计不合理，但得到了执行
C. 控制本身的设计是合理的，但没有得到执行
D. 控制本身的设计就是无效的或缺乏必要的控制

【答案】A　C　D

（2）对控制的评价决策。在对控制进行初步评价及风险评估后，注册会计师需要利用实施上述程序获得的信息，回答以下问题：①控制本身的设计是否合理；②控制是否得到执行；③是否更多地信赖控制并拟实施控制测试。

如果认为被审计单位控制设计合理并得到执行，能够有效防止或发现并纠正重大错报，那么，注册会计师通常可以信赖这些控制，减少拟实施的实质性程序。如果拟更多地信赖这些控制，需要确信所信赖的控制在整个拟信赖期间都有效地发挥了作用，即注册会计师应对这些控制在该期间内是否得到一贯运行进行测试，即控制测试。如果控制测试进一步证实内

部控制是有效的，注册会计师可以认为相关账户及认定发生错报的可能性较低，对相关账户及认定实施实质性程序的范围也将减少。

有时，注册会计师也可能认为控制是无效的，包括控制本身设计不合理，不能实现控制目标，或者尽管控制设计合理，但没有得到执行。注册会计师不需要测试控制运行的有效性，而直接实施实质性程序。但在评估重大错报风险时，需要考虑控制失效对财务报表及其审计的影响。

做中学 3-2-15

（单选题）下列有关对内部控制了解的相关说法，错误的是（　　　　）。

A. 了解内部控制时可以实施重新执行程序

B. 注册会计师在了解内部控制时，应当评价控制的设计，并确定其是否得到执行

C. 注册会计师可以不测试控制运行的有效性，而直接实施实质性程序

D. 询问本身并不足以评价控制的设计以及确定其是否得到执行，注册会计师应当将询问与其他风险评估程序结合使用

【答案】A

（三）评估重大错报风险

评估重大错报风险是风险评估阶段的最后一个步骤。获取的关于风险因素和抵消控制风险的信息（通过实施风险评估程序），将全部用于对财务报表层次以及各类交易、账户余额和披露认定层次评估重大错报风险。评估将作为确定进一步审计程序的性质、范围和时间的基础，以应对识别的风险。

1. 评估财务报表层次和认定层次的重大错报风险

（1）评估重大错报风险时实施的审计程序。在评估重大错报风险时，注册会计师应当实施下列审计程序。

① 在了解被审计单位及其环境（包括与风险相关的控制）的整个过程中，结合对财务报表中各类交易、账户余额和披露的考虑，识别风险。例如，宏观经济的低迷可能预示应收账款的回收存在问题；竞争者开发的新产品上市，可能导致被审计单位的主要产品在短期内过时，预示将出现存货跌价和长期资产（如固定资产等）的减值。

② 结合对拟测试的相关控制的考虑，将识别出的风险与认定层次可能发生错报的领域相联系。例如，销售困难使产品的市场价格下降，可能导致年末存货成本高于其可变现净值而需要计提存货跌价准备，这显示存货的计价认定可能发生错报。

③ 评估识别出的风险，并评价其是否更广泛地与财务报表整体相关，进而潜在影响多项认定。

④ 考虑发生错报的可能性（包括发生多项错报的可能性），以及潜在错报的重大程度是否足以导致重大错报。

（2）识别两个层次的重大错报风险。在对重大错报风险进行识别和评估后，注册会计师应当确定，识别的重大错报风险是与特定的某类交易、账户余额和披露的认定相关，还是与财务报表整体广泛相关，进而影响多项认定。

① 某些重大错报风险可能与特定的某类交易、账户余额和披露的认定相关。例如，被

审计单位存在复杂的联营或合资，这一事项表明长期股权投资账户的认定可能存在重大错报风险。又如，被审计单位存在重大的关联方交易，该事项表明关联方及关联方交易的披露认定可能存在重大错报风险。

② 某些重大错报风险可能与财务报表整体广泛相关，进而影响多项认定。例如，在经济不稳定的国家和地区开展业务、资产的流动性出现问题、重要客户流失、融资能力受到限制等，可能导致注册会计师对被审计单位的持续经营能力产生重大疑虑。又如，管理层缺乏诚信或承受异常的压力可能引发舞弊风险，这些风险与财务报表整体相关。

▌ 做中学 3-2-16 ▌

（单选题）注册会计师评估财务报表层次重大错报风险的以下说法中，不恰当的是（　　　）。

A. 可以通过执行控制测试应对的风险

B. 与财务报表整体存在广泛联系

C. 与管理层凌驾和舞弊相关的风险因素

D. 直接界定于某类交易、账户余额和披露的具体认定的错报

【答案】D

▌ 做中学 3-2-17 ▌

（单选题）下列各项中，属于认定层次重大错报风险的是（　　　）。

A. 被审计单位治理层和管理层不重视内部控制

B. 被审计单位管理层凌驾于内部控制之上

C. 被审计单位大额应收账款可收回性具有高度不确定性

D. 被审计单位所处行业陷入严重衰退

【答案】C

（3）控制环境对评估财务报表层次重大错报风险的影响。财务报表层次的重大错报风险很可能源于薄弱的控制环境。薄弱的控制环境带来的风险可能对财务报表产生广泛影响，难以限于某类交易、账户余额和披露，注册会计师应当采取总体应对措施。例如，被审计单位治理层、管理层对内部控制的重要性缺乏认识，没有建立必要的制度和程序；或管理层经营理念偏于激进，又缺乏实现激进目标的人力资源等，这些缺陷源于薄弱的控制环境，可能对财务报表产生广泛影响，需要注册会计师采取总体应对措施。

（4）控制对评估认定层次重大错报风险的影响。在评估重大错报风险时，注册会计师应当将所了解的控制与特定认定相联系。这是由于控制有助于防止或发现并纠正认定层次的重大错报。在评估重大错报发生的可能性时，除了考虑可能的风险外，还要考虑控制对风险的抵消和遏制作用。有效的控制会减少错报发生的可能性，而控制不当或缺乏控制，错报就会由可能变成现实。

2. 评估特别风险

（1）特别风险的含义。特别风险，即需要特别考虑的重大错报风险，是指注册会计师识别和评估的、根据判断认为需要特别考虑的重大错报风险。

（2）确定特别风险时应考虑的事项。在确定哪些风险是特别风险时，注册会计师应当在

考虑识别出的控制对相关风险的抵消效果前，根据风险的性质、潜在错报的重要程度（包括该风险是否可能导致多项错报）和发生的可能性，判断风险是否属于特别风险。在确定风险的性质时，注册会计师应当考虑下列事项：①风险是否属于舞弊风险；②风险是否与近期经济环境、会计处理方法或其他方面的重大变化相关，因而需要特别关注；③交易的复杂程度；④风险是否涉及重大的关联方交易；⑤财务信息计量的主观程度，特别是计量结果是否具有高度不确定性；⑥风险是否涉及异常或超出正常经营过程的重大交易。

（3）非常规交易和判断事项导致的特别风险。日常的、不复杂的、经正规处理的交易不太可能产生特别风险。特别风险通常与重大的非常规交易和判断事项有关。

非常规交易是指由于金额或性质异常而不经常发生的交易。例如，企业购并、债务重组、重大或有事项等。由于非常规交易具有下列特征，与重大非常规交易相关的特别风险可能导致更高的重大错报风险：①管理层更多地干预会计处理；②数据收集和处理进行更多的人工干预；③复杂的计算或会计处理方法；④非常规交易的性质可能使被审计单位难以对由此产生的特别风险实施有效控制。

判断事项通常包括作出的会计估计（具有计量的重大不确定性）。如资产减值准备金额的估计、需要运用复杂估值技术确定的公允价值计量等。由于下列原因，与重大判断事项相关的特别风险可能导致更高的重大错报风险：①对涉及会计估计、收入确认等方面的会计原则存在不同的理解；②所要求的判断可能是主观和复杂的，或需要对未来事项作出假设。

做中学 3-2-18

（多选题）与重大非常规交易相关的特别风险可能导致的更高的重大错报风险有（ ）。

A. 管理层更多地介入会计处理

B. 数据收集和处理涉及更多的人工成分

C. 非常规交易的性质可能使被审计单位难以对由此产生的特别风险实施有效的控制

D. 对涉及会计估计、收入确认等方面的会计原则存在不同的理解

【答案】A B C

（4）考虑与特别风险相关的控制。对特别风险，注册会计师应当评价相关控制的设计情况，并确定其是否已经得到执行。由于与重大非常规交易或判断事项相关的风险很少受到日常控制的约束，注册会计师应当了解被审计单位是否针对该特别风险设计和实施了控制。

做中学 3-2-19

（单选题）下列关于特别风险的说法中，错误的是（ ）。

A. 确定哪些风险是特别风险时，应当在考虑识别出的控制对相关风险的抵消效果前，根据风险的性质、潜在错报的重要程度和发生的可能性进行判断

B. 特别风险通常与重大的非常规交易和判断事项相关

C. 管理层未能实施控制以恰当应对特别风险，并不一定表明内部控制存在重大缺陷

D. 如果针对特别风险实施的程序仅为实质性程序，这些程序应当包括细节测试

【答案】C

3. 评估仅通过实质性程序无法应对的重大错报风险

作为风险评估的一部分，如果认为仅通过实质性程序获取的审计证据无法将认定层次的

重大错报风险降低至可接受的低水平，注册会计师应当评价被审计单位针对这些风险设计的控制，并确定其执行情况。

在被审计单位对日常交易采用高度自动化处理的情况下，审计证据可能仅以电子形式存在，其充分性和适当性通常取决于自动化信息系统相关控制的有效性，注册会计师应当考虑仅通过实施实质性程序不能获取充分、适当审计证据的可能性。

识别的重大错报风险可按表 3-2-6 的形式进行汇总填写。

表 3-2-6 　　　　　　　　　识别的重大错报风险汇总表

识别的重大错报风险	对财务报表的影响	相关的各类交易、账户余额和披露认定	是否与财务报表整体广泛相关	是否属于特别风险	是否属于仅通过实质性程序无法应对的重大错报风险
【记录识别的重大错报风险】	【描述对财务报表的影响和导致财务报表发生重大错报的可能性】	【列示相关的各类交易、账户余额和披露及其认定】	【考虑是否属于财务报表层次的重大错报风险】	【考虑是否属于特别风险】	【考虑是否属于仅通过实质性程序无法应对的重大错报风险】

4. 对风险评估的修正

注册会计师对认定层次重大错报风险的评估应以获取的审计证据为基础，并可能随着不断获取审计证据而作出相应的变化。如果通过实施进一步审计程序获取的审计证据与初始评估获取的审计证据相矛盾，注册会计师应当修正风险评估结果，并相应修改原计划实施的进一步审计程序。

┃ 提示 3-2-4 ┃

评估重大错报风险与了解被审计单位及其环境一样，也是一个连续和动态地收集、更新与分析信息的过程，贯穿于整个审计过程的始终。

┃ 做中学 3-2-20 ┃

（多选题）评估重大错报风险是风险评估阶段的最后一个步骤，以下关于评估重大错报风险的说法，错误的有（　　　）。

A. 注册会计师应当将识别的所有重大错报风险与特定的某类交易、账户余额和披露的认定相关联，从而为确定进一步审计程序的性质、时间安排和范围提供基础

B. 在评估重大错报风险时，无须将所了解的控制与特定认定相联系

C. 特别风险，是指注册会计师识别和评估的、根据判断认为需要特别考虑的重大错报风险，通常与非常规交易和判断事项有关

D. 如果认为仅通过实质性程序获取的审计证据无法将认定层次的重大错报风险降低至可接受的低水平，注册会计师应当评价被审计单位针对这些风险设计的控制，并确定其执行情况

【答案】A B C

做中学 3-2-21

（单选题）关于评估重大错报风险，下列说法中错误的是（　　　　）。

A. 控制环境薄弱，通常表明存在财务报表层次的重大错报风险

B. 被审计单位存在复杂的联营或合资，通常表明存在财务报表层次的重大错报风险

C. 管理层凌驾于控制之上的风险属于特别风险

D. 日常的、不复杂的、经正规处理的交易不太可能产生特别风险

【答案】B

三、项目组内部讨论

项目组内部讨论在所有审计阶段都非常必要，可以保证所有事项都得到恰当的考虑。《中国注册会计师审计准则第 1211 号——通过了解被审计单位及其环境识别和评估重大错报风险》要求项目合伙人和项目组其他关键成员应当讨论被审计单位财务报表存在重大错报的可能性，以及如何根据被审计单位的具体情况运用适用的财务报表编制基础。项目合伙人应当确定向未参与讨论的项目组成员通报哪些事项。

（一）项目组内部讨论的目标

项目组内部讨论为项目组成员提供了交流信息和分享见解的机会。项目组通过讨论可以使成员更好地了解在各自负责的领域中，由于舞弊或错误导致财务报表重大错报的可能性，并了解各自实施审计程序的结果如何影响审计的其他方面，包括对确定进一步审计程序的性质、时间安排和范围的影响。

（二）项目组内部讨论的内容

项目组应当讨论被审计单位面临的经营风险、财务报表容易发生错报的领域以及发生错报的方式，特别是由于舞弊导致重大错报的可能性。

讨论的内容和范围受项目组成员的职位、经验和所需要的信息的影响。表 3-2-7 列示了讨论的三个主要领域和所需要的信息的影响。

表 3-2-7　　　　　　　　　　　　项目组讨论的主要领域和内容

讨论的主要领域	内　　容
分享了解的信息（了解被审计单位，进行公开的讨论）	1. 被审计单位的性质、管理层对内部控制的态度，从以往审计业务中获得的经验、重大经营风险因素。 2. 已了解的影响被审计单位的外部和内部舞弊因素，可能为管理层或其他人员实施下列行为提供动机或压力：（1）实施舞弊；（2）为实施构成犯罪的舞弊提供机会；（3）利用企业文化或环境，寻找使舞弊行为合理化的理由；（4）考虑管理层对接触现金或其他被侵占资产的员工实施监督的情况。 3. 确定财务报表哪些项目易于发生重大错报，表明管理层倾向于高估或低估收入的迹象
分享审计思路的方法（对审计意见和方法实施头脑风暴法）	1. 管理层可能如何编报和隐藏虚假财务报告，例如管理层凌驾于内部控制之上。根据对识别的舞弊风险因素的评估，设想可能的舞弊场景对审计很有帮助。例如，销售经理可能通过高估收入实现达到奖励水平的目的。这可能通过修改收入确认政策或进行不恰当的收入截止来实现。

续表

讨论的主要领域	内　　容
分享审计思路的方法（对审计意见和方法实施头脑风暴法）	2. 出于个人目的侵占或挪用被审计单位的资产行为如何发生。 3. 考虑：（1）管理层实行高估/低估账目的方法，包括对准备和估计进行操纵以及变更会计政策等；（2）用于应对评估风险可能的审计程序/方法
指明方向	1. 强调在审计过程中保持职业怀疑态度的重要性。不应将管理层当成完全诚实，也不应将其作为罪犯对待。 2. 列示表明可能存在舞弊可能性的迹象。例如：（1）识别警示信号（红旗），并予以追踪；（2）一个不重要的金额（例如，增长的费用）可能表明存在很大的问题，例如管理层诚信。 3. 决定如何增加拟实施审计程序的性质、时间安排和范围的不可预见性。 4. 总体考虑：每个项目组成员拟执行的审计工作部分，需要的审计方法、特殊考虑、时间，记录要求，如果出现问题应联系的人员，审计工作底稿复核，以及其他预期事项。 5. 强调对表明管理层不诚实的迹象保持警觉的重要性

（三）参与讨论的人员

注册会计师应当运用职业判断确定项目组内部参与讨论的成员。项目组的关键成员应当参与讨论，如果项目组需要拥有信息技术或其他特殊技能的专家，这些专家也应参与讨论。

（四）讨论的时间和方式

项目组应当根据审计的具体情况，在整个审计过程中持续交换有关财务报表发生重大错报可能性的信息。

按照《中国注册会计师审计准则第 1101 号——注册会计师的总体目标和审计工作的基本要求》的规定，在计划和实施审计工作时，注册会计师应当保持职业怀疑，认识到可能存在导致财务报表发生重大错报的情形。项目组在讨论时应当强调在整个审计过程中保持职业怀疑，警惕可能发生重大错报的迹象，并对这些迹象进行严格追踪。通过讨论，项目组成员可以交流和分享在整个审计过程中获得的信息，包括可能对重大错报风险评估产生影响的信息或针对这些风险实施审计程序的信息。项目组还可以根据实际情况讨论其他重要事项。

┫ 做中学 3-2-22 ┣

（单选题）下列有关项目组内部讨论的说法中，错误的是（　　　）。

A. 项目组的全体成员必须参加项目组的讨论

B. 项目组应当根据审计的具体情况，在整个审计过程中持续交换有关财务报表发生重大错报可能性的信息

C. 项目组对由于舞弊导致财务报表重大错报的可能性进行讨论所得出的重要结论，应当形成审计工作底稿

D. 项目组应当讨论被审计单位面临的经营风险、财务报表容易发生错报的领域以及发生错报的方式，特别是由于舞弊导致重大错报的可能性

【答案】A

拓展阅读

【材料】 **现代风险导向审计的十一大特征**

1. 审计重心前移，从以控制测试为中心到以风险评估为中心

传统审计的风险评估不到位，未能有效发现高风险审计领域，现在大大加强了风险评估程序，真正体现了风险导向审计的理念。

2. 风险评估重心由控制风险向重大错报风险转移

注册会计师审计的重点是发现管理层舞弊，评估重点是固有风险，但固有风险不可直接评估，所以就直接评估重大错报风险（包括固有风险和控制风险）。

3. 风险评估由直接评估变为间接评估

现代风险评估是从经营风险评估入手。经营分析过程实际上是咨询发现问题的过程，从经营风险入手容易将审计拓展为咨询。

4. 风险评估从零散走向结构化

风险分析结构化最大的好处是考虑了多方面的风险因素，这些因素有机联系在一起，便于作综合风险评估。

5. 风险评估以分析程序为中心

现代风险评估以分析为中心，分析程序成为最重要的程序，不仅对财务数据进行分析，也对非财务数据进行分析。分析工具充分借鉴现代管理方法，将管理方法运用到分析程序中去。常用的分析工具有战略分析（包括PSET、VCA、SWOT）、绩效分析（BSC、标杆分析）、财务分析。

6. 注册会计师专业知识重心转移

现代风险导向审计对注册会计师素质提出更高的要求，必须"术业有专攻"。必须掌握上述一些常用分析工具，并接受行业知识训练。此外，会计师事务所要实行知识价值链管理，融合审计资源，成立事务所的专业顾问团队或者与咨询公司结成战略联盟。会计师事务所在审计与咨询分离下必须重新融合审计和咨询两大资源，即：咨询为审计提供专业服务，审计为咨询拓展业务。

7. 审计测试程序个性化

审计测试程序个性化就是为了克服传统审计测试的缺陷，针对风险不同的客户、客户不同的风险领域，采用个性化的审计程序。

8. 自上而下与自下而上相结合

传统风险审计从控制风险入手，视野过于狭窄，并主要依赖实质性程序，这种自下而上的方式有坐井观天之感；风险导向审计强调自上而下的审计，但这种审计也有缺陷。因此，可以两条线同时作战，自上而下与自下而上相互印证，提高效率。

9. 由主要依赖管理层和财务人员提供审计信息向员工及外部人员扩散

注册会计师将眼光转向一般员工，发动员工举报管理层作假。此外，发挥内查外调的优势，积极向供应商、销售商询问。

10. 审计证据重点向外部证据转移

由于审计重心向风险评估转移，会计师必须从外部取得大量的外部证据来取得风险评估的恰当性。会计师要建立自己的数据库，更多从搜集外部证据入手。

11. 审计范围无边界、专业能力无边界

现代风险导向审计的审计范围大大扩展，注册会计师关注的是被审计单位整个的内部控制。审计范围没有边界导致对注册会计师的专业能力要求也没有边界，这就要求注册会计师充分提高自己的专业能力。

（资料来源：中华会计网校）

 自我检测

一、单选题

1. 注册会计师想要了解被审计单位的营销策略及其变化，最好询问（　　　）。
   A. 内部审计人员　　　　B. 仓库人员　　　C. 营销人员　　　D. 内部法律顾问

2. 注册会计师了解被审计单位及其环境的目的是（　　　）。
   A. 确定重要性水平　　　　　　　　　　B. 控制固有风险
   C. 为了识别和评估财务报表的重大错报风险
   D. 控制检查风险

3. 注册会计师通常实施下列风险评估程序，以获取有关控制设计和执行的审计证据。但下列（　　　）程序难以为此获取充分、适当的证据。
   A. 询问被审计单位的人员　　　　　　B. 观察特定控制的运行
   C. 检查文件和报告
   D. 追踪交易在财务报告信息系统中的处理过程（穿行测试）

4. 项目组内部的讨论为项目组成员提供了交流信息和分享见解的机会。以下最有可能不属于项目组讨论成员的是（　　　）。
   A. 该审计项目的本地区项目经理　　　B. 该审计项目的跨地区项目组的关键成员
   C. 审计项目组的每个助理人员　　　　D. 审计过程中所聘的专业技术人员

5. （　　　）设定了被审计单位的内部控制基调，影响员工对内部控制的认识和态度。
   A. 控制活动　　　B. 控制监督　　　C. 控制环境　　　　D. 控制检查

6. 如果控制风险水平初步评估为中等水平，注册会计师获取的相关内部控制运行有效的审计证据（　　　）。
   A. 比评估为高水平时要多　　　　　　B. 比评估为低水平时要多
   C. 比评估为高水平时要少　　　　　　D. 与评估为低水平时一样多

7. 按照审计准则对注册会计师了解被审计单位及其环境的总体要求，注册会计师应当从以下各个方面了解被审计单位及其环境。其中，既与外部因素有关，又与内部因素有关的是（　　　）。
   A. 行业状况、法律与监管环境及其他外部因素
   B. 被审计单位的性质、目标、战略及经营风险
   C. 被审计单位财务业绩的衡量与评价
   D. 被审计单位的内部控制和对会计政策的选择和运用

8. 下列不属于项目组内部讨论的内容的是（　　）。

A. 实质性程序无法应对的重大错报风险

B. 财务报表容易发生错报的领域以及发生错报的方式

C. 由于舞弊导致重大错报的可能性

D. 被审计单位面临的经营风险

9. 下列关于注册会计师了解内部控制的说法中，不正确的是（　　）。

A. 内部控制只能对财务报告的可靠性提供合理保证，而非绝对保证

B. 在了解被审计单位的内部控制时，只需关注控制的设计

C. 特别风险通常与重大的非常规交易和判断事项有关

D. 在某些情况下，仅通过实施实质性程序不能获取充分、适当的审计证据

10. 在以下导致内部控制失效的各种根源中，不属于内部控制固有局限性的是（　　）。

A. 主观判断出现失误 　　　　　　 B. 不相容职务的设置不合理

C. 管理人员串通舞弊 　　　　　　 D. 管理人员凌驾于内部控制之上

二、多选题

1. 注册会计师应当实施的观察和检查程序包括（　　）。

A. 将预期的结果与被审计单位记录的金额、依据金额计算的比率、趋势比较

B. 检查文件、记录和内部控制手册，阅读由管理层和治理层编制的报告

C. 追踪交易在财务报告信息系统中的处理过程，实施穿行测试

D. 实地察看被审计单位的生产经营场所和设备

2. 注册会计师了解被审计单位的性质，包括对被审计单位经营活动的了解。为此应当了解的内容有（　　）。

A. 劳动用工情况以及与生产产品或提供劳务相关的市场信息

B. 主营业务的性质，生产设施、仓库的地理位置及办公地点

C. 从事电子商务的情况，技术研究与产品开发活动及其支出

D. 联合经营与业务外包，地区与行业分布，固定资产的租赁

3. 下列有关风险评估的提法中，正确的有（　　）。

A. 了解被审计单位及其环境是注册会计师必须实施的程序，而非可选择程序

B. 了解被审计单位及其环境是注册会计师可以实施的程序，而非必须执行的程序

C. 注册会计师了解被审计单位的目的是识别和评估重大错报风险以设计和实施进一步程序

D. 了解被审计单位及其环境，贯穿于整个审计过程的始终

4. 评估被审计单位的重大错报风险是注册会计师执行财务报表审计业务时的重要步骤。下列（　　）事项和情况可能表明被审计单位存在重大错报风险。

A. 关键人员发生变动

B. 具备适当会计核算与财务报告技能的人员缺乏

C. 开辟新的经营场所

D. 开发新产品、提供新服务或进入新的业务领域

5. 注册会计师在整体层面对内部控制了解和评估时，可以考虑采用（　　）等与风险评估程序相结合的方式，以获取审计证据。

A. 询问被审计单位人员 　　　　　　 B. 检查内部控制文件和报告

C. 执行重新执行   D. 观察特定控制的应用

三、案例题

案例一

【材料】 注册会计师冯天海负责审计奥科公司 2012 年度财务报告。冯天海在审计工作底稿中记录了所了解的奥科公司情况及其环境，部分内容摘录如下。

（1）在 2011 年实现销售收入增长 10% 的基础上，奥科公司董事会确定的 2012 年销售收入增长目标为 20%。奥科公司管理层实行年薪制，总体薪酬水平根据上述目标的完成情况上下浮动。奥科公司所处行业 2012 年的平均销售增长率是 15%。

（2）奥科公司财务总监已经在奥科公司工作超过八年，于 2012 年 10 月劳动合同到期后被奥科公司竞争对手高薪聘请。由于工作压力大，奥科公司会计部门人员流动频繁，除了会计主管服务期超过四年外，其余人员的平均服务期少于两年。

（3）2012 年年初，奥科公司启用新的财务信息系统，并计划同时使用原系统六个月。由于同时运行两个系统的工作量很大，奥科公司相关部门人员无法应对，两个月后，奥科公司决定提前停用原系统。

（4）奥科公司于 2012 年 7 月发现在 2011 年 6 月购入的无形资产（管理用）没有记录，由于涉及金额 1 000 万元，所以在管理层审批前先进行了会计调整，然后管理层于 2012 年 12 月予以批准。

（5）2012 年年末，奥科公司所在地政府环境管理部门，根据收到的群众投诉和调查结果，可能对奥科公司做出停业整顿一年的处理。

注册会计师冯天海在审计工作底稿中记录了所获取的奥科公司财务数据，部分内容如表 3-2-8 所示。

表 3-2-8   部分财务数据   （金额单位：万元）

项目	2011 年	2012 年
营业收入	58 480	70 176
营业成本	46 730	55 440
存货账面原价	8 723	8 892
减：存货跌价准备	480	370
存货账面价值	8 243	8 522

【要求】 根据给出的财务数据，假定不考虑其他条件，逐项指出上述所列五个事项是否可能表明存在重大错报风险。如果认为存在，简要说明理由，并分别说明该风险属于财务报表层次还是认定层次。如果认为属于认定层次，指出相关事项主要与哪些财务报表项目的哪些认定相关。将答案直接填入相应表格内。

序号	是否可能表明存在重大错报风险	理由	重大错报风险属于财务报表层次还是认定层次	财务报表项目及相关认定
（1）				
（2）				
（3）				
（4）				
（5）				

案例二

【材料】中和天成会计师事务所注册会计师冯天海负责审计奥科公司 2012 年财务报表，其中未审资产负债表资产总额为 100 000 万元，未审利润表利润总额为 1 200 万元，中和天成会计师事务所对奥科公司确定的重要性水平为其资产总额的 0.05%，利润总额的 3%。

冯天海在工作底稿中记录了所了解的奥科公司及其环境，部分内容摘录如下。

（1）2012 年，受政策法规的影响，产品销量下降 60%。

（2）在 2012 年年初召开的销售动员大会上，面对严峻的销售形势，董事长提出了"保五争十"的销售目标，即销售收入增长率无论如何也要保证在 5% 的水平上，力争达到 10%，如果能够达到 5%，管理层及销售经理年度奖金将与 2011 年同比增长；如果能够达到 10%，则管理层及销售经理年度奖金将比 2011 年增长 15%。

（3）为了实现销售目标，管理层要求加大促销力度，对于一些小额礼品费用，销售人员可以"先斩后奏"，未经销售经理批准即可先行垫付，然后再拿发票到公司报销。管理层为此提高销售费用预算，预算的销售费用在 2011 年的基础上增长 30%。

（4）2012 年 11 月，记者对奥科公司的虚假宣传行为进行曝光，引起政府监管部门注意，政府监管部门因此调查奥科公司，调查结果认为奥科公司存在虚假宣传侵犯消费者知情权的情况，奥科公司面临巨额罚款。

（5）奥科公司管理层看重销售而忽视财务，未能配置足够数量的财务人员，财务人员工作压力很大，报酬却比较低，因此，财务人员队伍极不稳定。

（6）奥科公司 2012 年 3 月开工建设一处新厂房，为此向银行借入专门借款 20 000 万元，借款年利率 5%。

（7）相较于 2011 年，奥科公司的固定资产规模未发生变动，与折旧相关的会计政策和会计估计未发生变更。

冯天海在工作底稿中记录了奥科公司的相关财务数据，部分内容如表 3-2-9 所示。

表 3-2-9 部分相关财务数据 （金额单位：万元）

项目	2011 年	2012 年
营业收入	8 150	9 120
销售费用	1 900	3 800
财务费用	30	1 150
制造费用——折旧费	800	500
管理费用——折旧费	120	120
销售费用——折旧费	50	50

【要求】假定不考虑其他条件，逐项指出上述所列七个事项是否可能表明存在重大错报风险。如果认为存在重大错报风险，简要说明理由，并指明属于财务报表层次还是认定层次。如果属于认定层次，说明该风险主要与哪些财务报表项目（仅限于营业收入、应收账款、存货、营业成本、销售费用、固定资产、在建工程和财务费用）的哪些认定相关。将答案填入相应的表格内。

序号	是否可能表明存在重大错报风险	属于哪个层次	理由	财务报表项目名称及认定
（1）				
（2）				
（3）				
（4）				
（5）				
（6）				
（7）				

模块三　风险应对

 案例导入

2013 年 1 月 12 日，项目合伙人冯天海委托注册会计师李泽方和朱国栋对奥科公司 2012 年 6 月 30 日与财务报表相关的内部控制的有效性进行审核（奥科公司采用手工会计系统）。在审核过程中，李泽方和朱国栋了解了奥科公司内部控制的设计，评价了内部控制设计的合理性，测试和评价了内部控制执行的有效性，并编制了相关审核工作底稿，其中一项内容摘录为"为统一财务管理，提高会计核算水平，设置内部审计部门，与财务部一并由财务总监分管"。李泽方和朱国栋均认为这项内部控制的设计存在缺陷，不过李泽方认为这是财务报表层次的重大错报风险，而朱国栋则认为这是认定层次的重大错报风险，因此他们请冯天海帮忙判断，冯天海有意考考审计助理李英祥。李英祥结合学习的知识和实习的经历，认为把内部审计部门设立在财务总监的管理之下，将使该公司编制财务报表的过程失去重要的制约，导致奥科公司财务报表层次的重大错报风险增加，可能需要相应的确定总体应对措施。你认为冯天海满意李英祥的答复吗？

 相关知识

一、风险应对及其总体要求

风险应对，是指注册会计师在风险评估后，通过采取必要的应对措施或程序来应对评估的重大错报风险，以将审计风险降低至可接受的低水平。

注册会计师在审计过程中应贯彻风险导向审计的理念，围绕重大错报风险的识别、评估和应对，计划和实施审计工作。注册会计师实施风险评估程序本身并不足以为发表审计意见提供充分、适当的审计证据，注册会计师应当针对评估的财务报表层次重大错报风险确定总体应对措施，并针对评估的认定层次的重大错报风险设计和实施进一步审计程序，包括控制测试（必要时或决定测试时）和实质性程序来应对评估的重大错报风险，以将审计风险降低至可接受的低水平。具体流程可参见图 3-3-1。

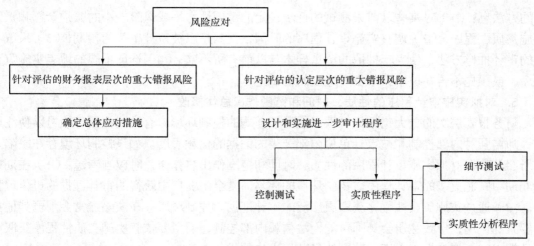

图 3-3-1 风险应对

二、针对财务报表层次重大错报风险的总体应对措施

在财务报表重大错报风险的评估过程中,注册会计师应当确定,识别的重大错报风险是认定层次的,还是财务报表层次的。如果是财务报表层次的,由于它与财务报表整体广泛相关,进而影响多项认定,所以注册会计师应当针对评估的财务报表层次的重大错报风险采取总体应对措施。

(一)总体应对措施

注册会计师针对评估的财务报表层次的重大错报风险确定下列总体应对措施。

1. 向项目组强调在收集和评价审计证据过程中保持职业怀疑态度的必要性

职业怀疑态度,是指注册会计师以质疑的思维方式评价所获取审计证据的有效性,并对相互矛盾的审计证据,以及引起对文件记录或管理层和治理层提供的信息的可靠性产生怀疑的审计证据保持警觉。

2. 分派更有经验或具有特殊技能的审计人员,或利用专家的工作

由于各行业在经营业务、经营风险、财务报告、法规要求等方面具有特殊性,审计人员的专业分工细化成为一种趋势。审计项目组成员中应有一定比例的人员曾经参与过被审计单位以前年度的审计,或具有被审单位所处特定行业的相关审计经验。必要时,要考虑利用信息技术、税务、评估、精算师等方面的专家的工作。

3. 提供更多的督导

对于财务报表层次重大错报风险较高的审计项目,项目组的高级别成员,如项目负责人等经验较丰富的人员,要对其他成员提供更详细、更经常、更及时的指导和监督并加强项目质量复核。

4. 在选择进一步审计程序时,应当注意使某些程序不被管理层预见或事先了解

被审计单位人员,尤其是管理层,如果熟悉注册会计师的审计套路,就可能采取种种规避手段,以掩盖财务报告中的舞弊行为。因此,在设计拟实施审计程序的性质、时间和范围时,注册会计师要考虑使某些程序不让被审计单位管理层预见或事先了解。增加审计程序不可预见性的方法有：（1）对某些以前未测试的低于设定的重要性水平或风险较小的账户余额和认定实施实质性程序；（2）调整实施审计程序的时间，使其超出被审计单位的预期；（3）采取不同的审计抽样方法，使当年抽取的测试样本与以前有所不同；（4）选取不同的地点实施审计程序，或预先不告知被审计单位所选定的测试地点。

5. 对拟实施审计程序的性质、时间和范围作出总体修改

财务报表层次的重大错报风险很可能源于薄弱的控制环境。有效的控制环境可以使注册会计师增强对内部控制和被审计单位内部产生的证据的信赖程度。如果控制环境存在缺陷，注册会计师在对拟实施审计程序的性质、时间和范围作出总体修改时应当考虑：（1）在期末而非期中实施更多的审计程序。控制环境的缺陷通常会削弱期中获得的审计证据的可信赖程度。（2）通过实施实质性程序获取更广泛的审计证据。控制环境存在缺陷通常会削弱其他控制要素的作用，导致注册会计师可能无法信赖内部控制，而主要依赖实施实质性程序获取审计证据。（3）增加拟纳入审计范围的经营地点的数量。

▌ 做中学 3-3-1 ▐

（单选题）下列不属于注册会计师针对评估的财务报表层次重大错报风险确定的总体应对措施的是（　　　　）。

A. 向项目组强调在收集和评价审计证据过程中保持职业怀疑态度的必要性

B. 提供更多的督导

C. 对拟实施审计程序的性质、时间和范围作出部分修改

D. 利用专家的工作

【答案】C

（二）总体应对措施对拟实施进一步审计程序的总体审计方案的影响

财务报表层次重大错报风险难以限于某类交易、账户余额和披露的特点，意味着此类风险可能对财务报表的多项认定产生广泛影响，并相应增加注册会计师对认定层次重大错报风险的评估难度。因此，注册会计师评估的财务报表层次重大错报风险以及采取的总体应对措施，对拟实施进一步审计程序的总体审计方案具有重大影响，如表 3-3-1 所示。

表 3-3-1　　　　重大错报风险和拟实施的总体审计方案的关系

重要账户或交易	识别的重大错报风险									相关控制预期是否有效	相关控制预期是否有效	相关控制预期是否有效	相关控制预期是否有效	相关控制预期是否有效
	重大错报风险水平	是否为特别风险	相关认定							相关控制预期是否有效	总体方案	控制测试	控制测试索引号	实质性程序	实质性程序
			存在/发生	完整性	权利和义务	准确性/计价和分摊	截止	分类	列报					分析程序	细节测试
营业收入	高	是	是			是	是			是	综合性方案	是		是	是
应收账款	高	是	是			是				是		是		是	是
营业收入	高	是	是			是	是			否	实质性方案	否		是	是
应收账款	高	是	是			是				否		否		是	是

拟实施进一步审计程序的总体审计方案包括实质性方案和综合性方案。其中，实质性方案是指注册会计师实施的进一步审计程序以实质性程序为主；综合性方案是指注册会计师在实施进一步审计程序时，将控制测试与实质性程序结合使用。当评估的财务报表层次重大错报风险属于高风险水平（并相应采取更强调审计程序不可预见性以及重视调整审计程序的性质、时间安排和范围等总体应对措施）时，拟实施进一步审计程序的总体方案往往更倾向于实质性方案。

┃ 提示 3-3-1 ┃

总体审计方案，是指注册会计师针对各类交易、账户余额和披露决定采用的总体方案。

┃ 做中学 3-3-2 ┃

（多选题）下列说法中，正确的是（　　　　）。

A. 总体应对措施对拟实施进一步审计程序的总体审计方案会产生影响

B. 注册会计师实施的进一步审计程序是以实质性程序为主的实质性方案

C. 综合性方案将控制测试与实质性程序结合使用

D. 当评估的财务报表层次重大错报风险属于高风险水平时，拟实施进一步审计程序的总体审计方案往往更倾向于综合性方案

【答案】A　B　C

三、针对认定层次重大错报风险的进一步审计程序

进一步审计程序相对于风险评估程序而言，是指注册会计师针对评估的各类交易、账户余额和披露认定层次重大错报风险实施的审计程序，包括控制测试和实质性程序。

（一）进一步审计程序的性质

进一步审计程序的性质，是指进一步审计程序的目的和类型。其中，进一步审计程序的目的包括通过实施控制测试以确定内部控制运行的有效性，通过实施实质性程序以发现认定层次的重大错报；进一步审计程序的类型包括检查、观察、询问、函证、重新计算、重新执行和分析程序等。

在确定进一步审计程序的性质时，注册会计师首先需要考虑的是认定层次重大错报风险的评估结果。评估的认定层次重大错报风险越高，对通过实质性程序获取的审计证据的相关性和可靠性的要求越高，从而可能影响进一步审计程序的类型及其综合运用。此外，注册会计师还应当考虑评估的认定层次重大错报风险产生的原因，包括考虑各类交易、账户余额和披露的具体特征以及内部控制。例如，注册会计师可能判断某特定类别的交易即使在不存在相关控制的情况下发生重大错报的风险仍较低，此时注册会计师可能认为仅实施实质性程序就可以获取充分、适当的审计证据。对于经由被审计单位信息系统日常处理和控制的某类交易，如果注册会计师预期此类交易在内部控制运行有效的情况下发生重大错报的风险较低，且拟在控制运行有效的基础上设计实质性程序，注册会计师就会决定先实施控制测试。

做中学 3-3-3

（单选题）以下说法中，不恰当的是（　　　）。

A. 进一步审计程序的类型不包括重新执行

B. 进一步审计程序的性质，是指进一步审计程序的目的和类型

C. 如果风险评估的结果是"仅实施实质性程序不能获取认定层次充分、适当的审计证据"，则应当了解内部控制

D. 进一步审计程序包括控制测试和实质性程序

【答案】A

（二）进一步审计程序的时间

进一步审计程序的时间，是指注册会计师何时实施进一步审计程序，或审计证据适用的期间或时点。即进一步审计程序的时间，在某些情况下指的是审计程序的实施时间，在另一些情况下是指需要获取的审计证据适用的期间或时点。

注册会计师可以在期中或期末实施控制测试或实质性程序。当重大错报风险较高时，注册会计师应当考虑在期末或接近期末实施实质性程序，或采用不通知的方式，或在管理层不能预见的时间实施审计程序。

做中学 3-3-4

（单选题）下列说法中，不正确的是（　　　）。

A. 注册会计师可以在期中或期末实施控制测试或实质性程序

B. 当重大错报风险较高时，注册会计师应当考虑在期末或接近期末实施实质性程序

C. 当重大错报风险较高时，应采用通知管理层的方式实施审计程序

D. 当重大错报风险较高时，应在管理层不能预见的时间实施审计程序

【答案】C

（三）进一步审计程序的范围

进一步审计程序的范围，是指实施进一步审计程序的数量，包括抽取的样本量、对某项控制活动的观察次数等。

在确定审计程序的范围时，注册会计师应当考虑下列因素：（1）确定的重要性水平。确定的重要性水平越低，注册会计师实施进一步审计程序的范围越广。（2）评估的重大错报风险。评估的重大错报风险越高，对拟获取审计证据的相关性、可靠性的要求越高，因此注册会计师实施的进一步审计程序的范围也越广。（3）计划获取的保证程度。计划获取的保证程度越高，对测试结果的可靠性要求越高，注册会计师实施的进一步审计程序的范围越广。

做中学 3-3-5

（多选题）下列说法中，不恰当的有（　　　）。

A. 如果计划从控制测试中获取更高的保证程度，则应当扩大控制测试的范围

B. 如果计划从控制测试中获取更低的保证程度，则应当扩大控制测试的范围

C. 实际执行的重要性水平越高，实施进一步审计程序的范围应当越大

D. 评估的认定层次重大错报风险越高，实施进一步审计程序的范围应当越大

【答案】B　C

四、控制测试

（一）控制测试的含义

控制测试，指的是测试控制运行的有效性。

控制测试与风险评估程序中的了解内部控制不同。了解内部控制包含两层含义：一是评价控制的设计；二是确定控制是否得到执行。了解内部控制的目的是获取审计证据证明针对某认定是否设计了相关内部控制，如果已经设计了相关控制，这些控制是否得到执行。控制测试的目的是获取审计证据证明已经设计并正在运行的某认定相关的内部控制运行是否有效，即是否防止或发现并纠正了财务报表重大错报。

控制测试并非在任何情况下都需要实施。当存在下列情形之一时，注册会计师应当实施控制测试：（1）在评估认定层次重大错报风险时，预期控制的运行是有效的；（2）仅实施实质性程序不足以提供认定层次充分、适当的审计证据。

在测试控制运行的有效性时，注册会计师应当从下列方面获取关于控制是否有效运行的审计证据：（1）控制在所审计期间的相关时点是如何运行的；（2）控制是否得到一贯执行；（3）控制由谁或以何种方式执行。从这三个方面来看，控制运行有效性强调的是控制能够在各个不同时点按照既定设计得以一贯执行。因此，在了解控制是否得到执行时，注册会计师只需抽取少量的交易进行检查或观察某几个时点。但在测试控制运行的有效性时，注册会计师需要抽取足够数量的交易进行检查或对多个不同时点进行观察。

> ┃ 提示 3-3-2 ┃
>
> 测试控制运行有效与确定控制是否得到执行也是完全不同的两个概念：测试控制运行有效属于控制测试范畴；确定控制是否得到执行属于了解内部控制的范畴。

> ┃ 做中学 3-3-6 ┃
>
> （单选题）下列有关控制测试目的的说法中，正确的是（　　　）。
>
> A. 控制测试旨在评价内部控制在防止或发现并纠正认定层次重大错报方面的运行有效性
>
> B. 控制测试旨在发现认定层次发生错报的金额
>
> C. 控制测试旨在验证实质性程序结果的可靠性
>
> D. 控制测试旨在确定控制是否得到执行
>
> 【答案】A

（二）控制测试的性质

控制测试的性质，是指控制测试所使用的审计程序的类型及其组合。虽然控制测试与了解内部控制的目的不同，但两者采用审计程序的类型通常相同，包括询问、观察、检查和穿行测试。此外，控制测试的程序还包括重新执行。

> **提示 3-3-3**
>
> 询问本身并不足以测试控制运行的有效性。因此，注册会计师需要将询问与其他审计程序结合使用。观察提供的证据仅限于观察发生的时点，因此，将询问与检查或重新执行结合使用，可能比仅实施询问和观察获取更高水平的保证。

> **做中学 3-3-7**
>
> （单选题）在控制测试中，可以使用的审计程序有（ ）。
>
> A. 询问 B. 观察和检查 C. 重新执行 D. 穿行测试
>
> 【答案】A B C D

（三）控制测试的时间

控制测试的时间包含两层含义：（1）何时实施控制测试；（2）测试所针对的控制适用的时点或期间。

1. 对期中审计证据的考虑

注册会计师可能在期中实施进一步审计程序。如果已获取有关控制在期中运行有效性的审计证据，并拟利用该证据，注册会计师应当实施下列审计程序：（1）获取这些控制在剩余期间变化情况的审计证据；（2）确定针对剩余期间还需获取的补充审计证据。除了上述的测试剩余期间控制的运行有效性，测试被审计单位对控制的监督也能够作为一项有益的补充证据，以便更有把握地将控制在期中运行有效性的审计证据延伸至期末。

2. 对前期获取的审计证据的考虑

注册会计师在本期审计时可以适当考虑利用以前审计获取的有关控制运行有效性的审计证据。如果控制在本期发生变化，注册会计师应当考虑以前获取的有关控制运行有效性的审计证据是否与本期审计相关。如果拟信赖的控制自上次测试后未发生变化，且不属于旨在减轻特别风险的控制，注册会计师应当运用职业判断确定是否在本期审计中测试其运行有效性，以及本次测试与上次测试的时间间隔，但两次测试的时间间隔不得超过两年，如图 3-3-2 所示。

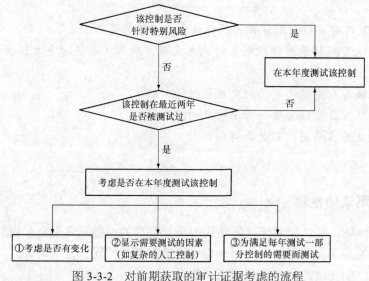

图 3-3-2 对前期获取的审计证据考虑的流程

做中学 3-3-8

（单选题）关于控制测试的时间的说法中，不正确的是（ ）。

A. 注册会计师可能在期中实施进一步审计程序

B. 控制测试的时间包含两层含义：一是何时实施控制测试；二是测试所针对的控制适用的时点或期间

C. 注册会计师在本期审计时可以适当考虑利用以前审计获取的有关控制运行有效性的审计证据

D. 如果拟信赖以前审计获取的某些控制运行有效性的审计证据，注册会计师可以直接实施实质性程序，无须再选取一定数量的控制测试其运行有效性

【答案】D

做中学 3-3-9

（单选题）如果注册会计师拟利用以前年度获取的审计证据时，下列说法中，错误的是（ ）。

A. 对于不属于旨在减轻特别风险的控制，如果在本年未发生变化，且上年经测试运行有效，本次审计中无须测试

B. 对于旨在减轻特别风险的控制，如果在本年未发生变化，可以依赖上年的测试结果

C. 如果拟利用以前审计中实施实质性程序获取的审计证据，注册会计师应在本期实施审计程序，以确定这些审计证据是否具有持续相关性

D. 一般而言，上年通过实质性程序获取的审计证据对本年只有很弱的证据效力或没有证据效力，不足以应对本期的重大错报风险

【答案】B

（四）控制测试的范围

控制测试的范围，是指某项控制活动的测试次数。注册会计师应当设计控制测试，以获取控制在整个拟信赖的期间有效运行的充分、适当的审计证据。

确定控制测试范围时应考虑：（1）在整个拟信赖的期间，被审计单位执行控制的频率。控制执行的频率越高，控制测试的范围越大。（2）在所审计期间，注册会计师拟信赖控制运行有效性的时间长度。拟信赖期间越长，控制测试的范围越大。（3）为证实控制能够防止或发现并纠正认定层次重大错报，所需获取审计证据的相关性和可靠性。对审计证据的相关性和可靠性要求越高，控制测试的范围越大。（4）通过测试与认定相关的其他控制获取的审计证据的范围。针对同一认定，可能存在不同的控制。当针对其他控制获取审计证据的充分性和适当性较高时，测试该控制的范围可适当缩小。（5）在风险评估时拟信赖控制运行有效性的程度。注册会计师在风险评估时对控制运行有效性的拟信赖程度越高，需要实施控制测试的范围越大。（6）控制的预期偏差。控制的预期偏差率越高，需要实施控制测试的范围越大。如果控制的预期偏差率过高，注册会计师应当考虑控制可能不足以将认定层次的重大错报风险降低至可接受的低水平，从而针对某一认定实施的控制测试可能是无效的。

┃ 做中学 3-3-10 ┃

（单选题）下列与控制测试的范围相关的说法中，错误的是（　　　　）。

A. 注册会计师对控制的信赖程度越高，控制测试的范围越大

B. 控制的预期偏差率越高，需要实施控制测试的范围越大

C. 被审计单位控制执行的频率越高，控制测试的范围越小

D. 注册会计师拟信赖控制运行有效性的时间越长，控制测试的范围越大

【答案】C

五、实质性程序

（一）实质性程序的含义

实质性程序，是指用于发现认定层次重大错报的审计程序，包括对各类交易、账户余额和披露的细节测试以及实质性分析程序。

注册会计师实施的实质性程序应当包括下列与财务报表编制完成阶段相关的审计程序：（1）将财务报表与其所依据的会计记录进行核对或调节；（2）检查财务报表编制过程中作出的重大会计分录和其他调整。

由于注册会计师对重大错报风险的评估是一种判断，可能无法充分识别所有的重大错报风险，并且由于内部控制存在固有局限性，无论评估的重大错报风险结果如何，注册会计师都应当针对所有重大的各类交易、账户余额和披露实施实质性程序。如果认为评估的认定层次重大错报风险是特别风险，注册会计师应当专门针对该风险实施实质性程序。如果针对特别风险仅实施实质性程序（不实施控制测试，例如预期控制无效），注册会计师应当使用细节测试，或将细节测试和实质性分析程序结合使用，以获取充分、适当的审计证据。

实质性程序，如表 3-3-2 所示。

表 3-3-2　　　　　　　　　　　　　实质性程序

中和天成会计师事务所

被审计单位：＿＿＿＿＿＿＿＿＿＿			索引号：		页次：	
项目：货币资金实质性程序＿＿＿＿＿			编制人：		日期：	
财务报表截止日/期间：＿＿＿＿＿＿＿			复核人：		日期：	

审计目标	财务报表认定				
	存在	完整性	权利和义务	计价和分摊	列报
……					
计划实施的实质性程序					
评估的重大错报风险水平					
控制测试结果是否支持风险评估结论					
需从实质性程序获取的保证程度					

实质性程序	是否执行	索引号	执行人

（二）实质性程序的性质

实质性程序的性质，是指实质性程序的类型及其组合，包括细节测试和实质性分析程序。注册会计师应当根据各类交易、账户余额和披露的性质选择实质性程序的类型。细节测试适用于对各类交易、账户余额和披露认定的测试，尤其是对存在或发生、计价认定的测试。对在一段时间内存在可预期关系的大量交易，注册会计师可以考虑实施实质性分析程序。

在针对存在或发生认定设计细节测试时，注册会计师应当选择包含在财务报表金额中的项目，并获取相关审计证据（相当于"逆查"）；在针对完整性认定设计细节测试时，注册会计师应当选择有证据表明应包含在财务报表金额中的项目，并调查这些项目是否确实包括在内（相当于"顺查"）。

‖做中学 3-3-11‖

（单选题）在对资产存在认定获取审计证据时，正确的测试方向是（　　　）。

A. 从财务报表到尚未记录的项目　　B. 从尚未记录的项目到财务报表

C. 从会计记录到支持性证据　　　　D. 从支持性证据到会计记录

【答案】C

（三）实质性程序的时间

实质性程序的目的在于更直接地发现重大错报，在期中实施实质性程序时更需要考虑其成本效益的权衡；对于以前审计中通过实质性程序获取的审计证据，需要更加慎重的态度和更严格的限制。

1. 对期中审计证据的考虑

（1）如果在期中实施了实质性程序，注册会计师应当针对剩余期间实施进一步的实质性程序，或将实质性程序和控制测试结合使用，以将期中测试得出的结论合理延伸至期末。

（2）如果拟将期中测试得出的结论延伸至期末，注册会计师应当考虑针对剩余期间仅实施实质性程序是否足够。如果认为实施实质性程序本身不充分，注册会计师还应测试剩余期间相关控制运行的有效性或针对期末实施实质性程序。对于舞弊导致的重大错报风险，被审计单位存在故意错报或操纵的可能性，那么注册会计师更应慎重考虑能否将期中测试得出的结论延伸至期末。

（3）如果在期中检查出某类交易或账户余额存在错报，注册会计师应当考虑修改与该类交易或账户余额相关的风险评估以及针对剩余期间拟实施实质性程序的性质、时间和范围，或考虑在期末扩大实质性程序的范围或重新实施实质性程序。

2. 对以前获取的审计证据的考虑

（1）在以前审计中实施实质性程序获取的审计证据，通常对本期只有很弱的证据效力或没有证据效力，不足以应对本期的重大错报风险。

（2）只有当以前获取的审计证据及其相关事项未发生重大变动时（例如，以前审计通过实质性程序测试过的某项诉讼在本期没有任何实质性进展），以前获取的审计证据才可能用作本期的有效审计证据。

（3）如果拟利用以前审计中实施实质性程序获取的审计证据，注册会计师应当在本期实施审计程序，以确定这些审计证据是否具有持续相关性。

（四）实质性程序的范围

在确定实质性程序的范围时，注册会计师应当考虑评估的认定层次重大错报风险和实施控制测试的结果。注册会计师评估的认定层次的重大错报风险越高，需要实施实质性程序的范围越广。如果对控制测试结果不满意，注册会计师应当考虑扩大实质性程序的范围。

在设计细节测试（见表3-3-3）时，注册会计师除了从样本量的角度考虑测试范围外，还要考虑选样方法的有效性等因素。例如，从总体中选取大额或异常项目，而不是进行代表性抽样或分层抽样。

表 3-3-3 　　　　　　　　　　　　　　细节测试

中和天成会计师事务所

被审计单位：_____　　　索引号：_____　　页次：_____

项目：××细节测试表（一）　　　　　　编制人：_____　　日期：_____

财务报表截止日/期间：_____　　复核人：_____　　日期：_____

细节测试目标	确定测试项目的选取方法	界定总体	抽样单元	样本规模	样本选取方法	界定误差构成条件	预计误差额	总体误差额	实施测试程序	结论
……										

实质性分析程序的范围有两层含义：（1）对什么层次上的数据进行分析，注册会计师可以选择在高度汇总的财务数据层次进行分析，也可以根据重大错报风险的性质和水平调整分析层次。（2）需要对什么幅度或性质的偏差展开进一步调查。实施分析程序可能发现偏差，但并非所有的偏差都值得展开进一步调查。可容忍或可接受的偏差（即预期偏差）越大，作为实质性分析程序一部分的进一步调查的范围就越小。

 拓展阅读

【材料1】 　　　　　　　**了解内部控制和控制测试的区别**

（1）程序所属的类型不同：了解内部控制属于风险评估程序；控制测试属于进一步审计程序。

（2）目的不同：了解内部控制的目的是评价控制的设计、确定控制是否执行；控制测试的目的是评价控制的执行效果。

（3）程序有所不同：穿行测试主要用于了解内部控制；重新执行主要用于控制测试。

（4）必要性不同：了解内部控制是必要程序；控制测试不是必要程序。

（5）程序的范围不同：在了解控制是否得到执行时，只需抽取少量交易检查或观察某几个时点；测试控制运行的有效性时，需要抽取足够数量的交易检查或对多个不同时点观察。

【材料2】　　　　　　　　　**控制测试和实质性程序的区分**

1. 通过程序名称加以区分

（1）函证（实质性程序）。

（2）监盘（控制测试和实质性程序）。

（3）重新计算（实质性程序）。

（4）重新执行（控制测试）。

（5）分析程序（可能是实质性程序，可能是风险评估程序，必然不是控制测试）。

2. 通过程序的实施对象加以区分

（1）检查。检查销售发票内部核查的标记属于控制测试；检查固定资产属于实质性程序。

（2）询问。询问赊销审批情况属于控制测试；询问应收账款收回情况属于实质性程序。

（3）观察。观察职责分工、寄送对账单属于控制测试；观察存货的盘点属于实质性程序。

 自我检测

一、单选题

1. 注册会计师不可以通过（　　　）方式提高审计程序的不可预见性。

    A. 对某些未测试过的低于重要性水平或风险较小的账户余额实施实质性程序

    B. 调整实施审计程序的人员，由助理人员担任关键项目的审计工作

    C. 采取不同的审计抽样方法，使当期抽取的测试样本与以前有所不同

    D. 选取不同的地点实施审计程序，或预先不告知被审计单位所选定的测试地点

2. 在执行奥科公司 2012 年度财务报表的审计业务时，注册会计师冯天海发现奥科公司治理层基本上没有参与公司控制环境的设计，并且通过实施询问程序确认奥科公司管理层没有建立正式的行为守则。针对这些情况，冯天海及项目组成员正在考虑对拟实施审计程序的性质、时间和范围作出总体修改。对此，冯天海提出了如下建议，不恰当的是（　　　）。

    A. 在期中而非期末实施更多的审计程序

    B. 通过实质性程序获取更广泛的审计证据

    C. 修改审计程序的性质，获取更具说服力的审计证据

    D. 增加审计范围中所包括的经营场所的数量

3. 在实施风险评估程序以确定某项控制是否被执行时，注册会计师应当获取（　　　）方面的证据。

    A. 控制在不同时点如何运行　　　B. 控制是否得到一贯执行以及由谁执行

    C. 控制是否存在，是否正在使用　　D. 控制以何种方式运行

4. 控制测试与了解内部控制的目的不同，但两者采用审计程序的类型通常是相同的，但（　　　）程序是个例外，它仅属于控制测试程序。

    A. 询问、观察　　B. 重新执行　　C. 检查文件记录　　D. 穿行测试

5. 在以下关于控制测试程序的说法中，不正确的是（　　　）。

    A. 虽然穿行测试属于控制测试程序之一，但注册会计师可能更多地在了解内部控制时采用穿行测试程序

    B. 在为证实被审计单位不相容职务是否分离而进行的控制测试中，采用观察程序很可能比检查程序更为有效

    C. 为证实被审计单位在开具销售发票后是否由独立人员对发票的数量、单价、金额等进行核对，最有效的控制测试程序是检查

    D. 虽然询问是一种有用的控制测试程序，但必须与其他控制测试程序相结合才能发挥其作用

  6. 注册会计师冯天海在执行奥科公司 2012 年度财务报表审计业务的外勤工作期间，测试了奥科公司的下列内部控制。除了（　　　）以外，仅在外勤工作期间实施控制测试不足以证实相关内部控制的有效性。

    A. 年末存货盘点计划的执行　　　　　　B. 空白支票的保管

    C. 固定资产年度预算编制　　　　　　　D. 销售发票的复核

  7. 在下列各项中，注册会计师通常认为不适合运用实质性分析程序的是（　　　）。

    A. 存款利息收入　　B. 借款利息支出　　　C. 营业外收入　　　　D. 销售费用

  8. 一般而言，实质性分析程序更适宜于针对（　　　）进行测试。

    A. 交易量大的账户　　　　　　　　　　B. 账户余额的认定

    C. 交易量小但金额较大的计价认定　　　D. 存在或发生

  9. 在对奥科公司 2012 年度与固定资产相关的内部控制进行了解、测试后，注册会计师冯天海根据所掌握的情况形成了以下专业判断。其中，不正确的有（　　　）。

    A. 奥科公司建立了比较完善的固定资产处置制度，且 2012 年度发生的处置业务没有对当期损益产生重大影响，冯天海决定不再对固定资产处置业务进行实质性程序

    B. 奥科公司的固定资产没有按类别、使用部门、使用状况等进行明细核算，冯天海决定减少与之相关的控制测试并加大实质性程序样本量

    C. 奥科公司建立了比较完善的固定资产定期盘点制度，于 2012 年 12 月 31 日对固定资产进行了全面盘点，并根据盘点结果进行了相关会计处理，注册会计师决定适当减少抽查奥科公司固定资产的样本量

    D. 奥科公司 2012 年度固定资产的实际增减变化与固定资产年度预算基本一致，冯天海决定减少对固定资产增减变化进行实质性程序的样本量

  10. 对于应收账款的计价和分摊认定，假定注册会计师设计的下列进一步实质性程序均能实施，且款项均已收回，你认为其中最有效的程序是（　　　）。

    A. 向债务人发出询证函　　　　　　　　B. 检查期后收款的情况

    C. 检查应收账款的账龄　　　　　　　　D. 了解欠款客户的信用

二、多选题

  1. 注册会计师在执行财务报表审计业务时，应当执行恰当的审计程序。以下所列程序中，（　　　）是每次审计时均必须实施的。

    A. 将财务报表与其所依据的会计记录相核对

    B. 检查报表编制过程中作出的重大会计分录

    C. 专门针对重大错报风险实施的控制测试

    D. 针对内部控制执行的有效性实施控制测试

2. 在进行控制测试时，注册会计师单独使用（　　）程序获取的证据不足以证实内部控制的有效性。

  A. 询问   B. 检查   C. 重新执行   D. 观察

3. A 材料是奥科公司生产必需的原材料，平均每天发生数十起领料业务。为对奥科公司与领取 A 材料相关内部控制的执行效果进行测试，注册会计师冯天海至少应当同时执行的程序有（　　）。

  A. 选择接近年末发生的领料业务进行控制测试

  B. 从被审计年度选取多个时点实施控制测试

  C. 测试奥科公司对领取 A 材料相关内部控制的监督

  D. 在被审计年度的期中对所属内部控制进行测试

4. 细节测试的对象包括（　　）。

  A. 交易   B. 账户余额   C. 财务报表披露 D. 数据之间的关系

5. 在执行奥科公司 2012 年度财务报表审计业务时，如果存在（　　）情形之一时，注册会计师冯天海应当实施控制测试。

  A. 在了解奥科公司及其环境并评估重大错报风险时，发现奥科公司 2011 年度内部控制并未有效实施，但 2012 年已对相关人员进行了轮换

  B. 在评估认定层次重大错报风险时，冯天海注意到奥科公司的内部控制已连续三年有效实施，没有迹象表明 2012 年内部控制有变化

  C. 奥科公司 2012 年下半年新增 10 笔长期股权投资业务，投资金额均在 100 万～200 万元之间

  D. 奥科公司的销售业务采用电子交易方式，交易笔数达 2 000 万次，且不存在适当的计算机辅助审计技术供注册会计师采用

三、案例题

案例一

【材料】中和天成会计师事务所的注册会计师冯天海和李泽方负责审计奥科公司 2012 年度财务报表。2013 年 1 月，冯天海和李泽方对奥科公司的内部控制进行了初步了解和测试。通过对奥科公司内部控制的了解，冯天海和李泽方注意到下列情况：

（1）奥科公司主要生产和销售机电设备。

（2）奥科公司生产的机电设备全部发往各地办事处和境外销售分公司销售。办事处除自行销售外，还将一部分机电设备寄销在各大城市的五金商城。各月初，办事处将上月的收、发、存的数量汇总后报奥科公司财务部门和销售部门，财务部门作相应财务处理。奥科公司生产的机电设备约有 30% 出口，出口的机电设备先发往境外销售分公司，再分销到世界各地。境外销售分公司历年未经审计，2012 年度也计划不安排审计。

（3）鉴于各年年末均处于机电设备销售旺季，为保证各办事处和境外销售分公司货源，奥科公司本部仓库在各年年末不保留产成品。

通过对奥科公司内部控制的测试，冯天海和李泽方注意到，除下列情况表明存货相关内部控制可能存在缺陷外，其他内部控制均健全、有效：①奥科公司以前年度未对存货实施盘点，但有完整的存货会计记录和仓库记录；②奥科公司发出机电设备时未全部按顺序记录；③奥科公司生产机电设备所需的零星 A 材料（原材料）由中盛公司代管，但奥科公司未对原

材料的变动进行会计记录;④奥科公司每年 12 月 25 日后发出的存货在仓库的明细账上记录,但未在财务部门的会计账上反映;⑤奥科公司发出材料存在不按既定计价方法核算的现象;⑥奥科公司财务部门的会计记录和仓库明细账均反映了代大鹏公司保管的 B 材料(原材料)。

【要求】冯天海和李泽方通过内部控制测试所注意到的各种情况是否实际构成存货内部控制的缺陷? 简要说明理由,并填入表中的相应位置。

情况	是否构成缺陷	简明理由
(1)		
(2)		
(3)		
(4)		
(5)		
(6)		

案例二

【材料】奥科公司主要经营中、小型机电类产品的生产和销售,采用手工会计系统,产品销售以奥科公司仓库为交货地点。注册会计师冯天海负责审计奥科公司 2012 年度财务报表,于 2013 年 1 月 5 日至 1 月 15 日对奥科公司的采购与付款业务循环、销售与收款业务循环的内部控制进行了解、测试与评价。

冯天海计划实施以下程序以了解相关内部控制:(1)询问奥科公司有关人员,并查阅相关内部控制文件;(2)检查内部控制生成的文件和记录。

冯天海拟定的总体审计方案中关于控制测试和评价的部分内容摘录如下:(1)在了解内部控制后,如认为奥科公司内部控制设计合理且得到执行,则对相关内部控制进行测试;(2)选择 2012 年 1 月 1 日至 2012 年 11 月 20 日作为控制测试样本总体的所属期间;(3)在控制测试的基础上,形成对奥科公司 2012 年度内部控制有效性的最终评价。

【要求】(1)假定不考虑其他条件,请指出冯天海还可以选择实施哪些审计程序以了解相关内部控制。

(2)假定不考虑其他条件,请指出冯天海拟订的总体审计方案中关于控制测试和评价的内容存在什么缺陷,并提出改进建议。

模块四　各类交易和账户余额的审计

 案例导入

2013 年 1 月 11 日,项目合伙人冯天海和注册会计师李泽方、王晓慧、朱国栋,以及审计助理李英祥开展了一次项目组内部讨论,主题是解决他们发现的奥科公司存货监盘中的问题:(1)注册会计师李泽方和王晓慧抽点一号仓库,发现奥科公司存货盘点严重有误;(2)奥科公司的产品 A 存放在全国 60 个城市的五金商城。对于第(1)事项,经过激烈讨论,冯天海决定建议奥科公司重新盘点一号仓库的存货,并记录相关的情况,同时测试抽查日或重新盘点日至资产负债表日之间发生的存货交易。对于第(2)事项,李英祥显得特别兴奋,他觉得自己有机会去好多城市了,冯天海和注册会计师们哈哈大笑,告诉他可以在评价 60

个城市的五金商场内部控制的前提下，选择一定数目的商店进行监盘。李英祥也尴尬地笑了。

 相关知识

一、销售与收款业务循环的审计

销售与收款业务循环是由同客户交换商品或劳务，以及收到现金收入等有关业务活动组成的。从审计的范围来看，销售与收款业务循环的审计包括两部分的内容：（1）对销售与收款业务循环活动本身的合理、合法性进行审查；（2）对销售与收款业务循环所涉及的主要凭证和会计记录进行审查。

（一）涉及的主要凭证

1. 客户订购单

客户订购单即客户提出的书面购货要求。企业可以通过销售人员或其他途径，如采用电话、信函和向现有的及潜在的客户发送订购单等方式接受订货，取得客户订购单。

2. 销售单

销售单是列示客户所订商品的名称、规格、数量以及其他与客户订购单有关信息的凭证，作为销售方内部处理客户订购单的凭证。

3. 发运凭证

发运凭证是在发运货物时编制的，反映发出商品的规格、数量和其他有关内容的凭据。发运凭证的一联寄送给客户，其余联（一联或数联）由企业保留。这种凭证可用作向客户开具账单的依据。

4. 销售发票

销售发票是一种用来表明已销售商品的名称、规格、数量、价格、销售金额、运费和保险费、开票日期、付款条件等内容的凭证。销售发票的一联寄送给客户，其余联（一联或数联）由企业保留。

5. 商品价目表

商品价目表是列示已经授权批准的、可供销售的各种商品的价格清单。

6. 贷项通知单

贷项通知单是一种用来表示由于销售退回或经批准的折让而引起的应收货款减少的凭证。这种凭证的格式通常与销售发票的格式相同，只不过它不是用来证明应收账款的增加，而是用来证明应收账款的减少。

7. 应收账款账龄分析表

应收账款账龄分析表一般按月编制，反映月末尚未收回的应收账款总额和账龄，并详细反映每个客户月末尚未偿还的应收账款数额和账龄。

8. 应收账款明细账

应收账款明细账是用来记录每个客户各项赊销、还款、销售退回及折让的明细账。各应收账款明细账的余额合计数应与应收账款总账的余额相等。

9. 主营业务收入明细账

主营业务收入明细账是一种用来记录销售交易的明细账。它通常记载和反映不同类别商

品或服务的营业收入的明细发生情况和总额。

10. 折扣与折让明细账

折扣与折让明细账是一种用来核算企业销售商品时，按销售合同规定为了及早收回货款而给予客户的销售折扣和因商品品种、质量等原因而给予客户的销售折让情况的明细账。当然，企业也可以不设置折扣与折让明细账，而将该类业务直接记录于主营业务收入明细账。

11. 汇款通知书

汇款通知书是一种与销售发票一起寄给客户，由客户在付款时再寄回销售单位的凭证。这种凭证注明了客户的姓名、销售发票号码、销售单位开户银行账号以及金额等内容。

12. 库存现金日记账和银行存款日记账

库存现金日记账和银行存款日记账是用来记录应收账款的收回或现销收入以及其他各种现金、银行存款收入和支出的日记账。

13. 坏账审批表

坏账审批表是一种用来批准将某些应收款项注销为坏账，仅在企业内部使用的凭证。

14. 客户月末对账单

客户月末对账单是一种按月定期寄送给客户的用于购销双方定期核对账目的凭证。客户月末对账单上应注明应收账款的月初余额、本月各项销售交易的金额、本月已收到的货款、各贷项通知单的数额以及月末余额等内容。

15. 转账凭证

转账凭证是指记录转账业务的记账凭证，它是根据有关转账业务（即不涉及现金、银行存款收付的各项业务）的原始凭证编制的。

16. 收款凭证

收款凭证是指用来记录现金和银行存款收入业务的记账凭证。

（二）涉及的主要业务活动（见图3-4-1）

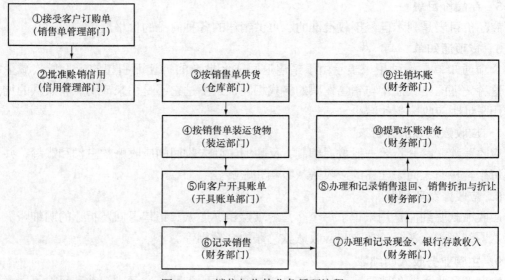

图 3-4-1　销售与收款业务循环流程

┫做中学 3-4-1┣

（单选题）销售与收款业务循环主要凭证和记录按业务顺序依次为（　　　）。

A. 订货单、贷项通知单、现金日记账

B. 订货单、销货单、销货合同、发运单、发票

C. 销货日记账、发票、贷项通知单、收款凭证

D. 发货单、销货合同、订货单

【答案】B

（三）销售与收款业务循环的控制测试（见表3-4-1）

表 3-4-1　　　　　　　　　　　销售与收款业务循环的控制测试

主要业务活动	控制目标	被审计单位的控制活动
销售	仅接受在信用额度内的订单	管理层审核批准信用额度
	管理层核准销售订单的价格、条件	管理层必须审批所有销售订单，超过特定金额或毛利异常的销售应取得较高管理层核准
	已记录的销售订单的内容准确	由不负责输入销售订单的人员比较销售订单数据与支持性文件是否相符
	销售订单均已得到处理	销售订单、销售发票已连续编号、编号连续性已被核对
记录应收账款	已记录的销售均确已发出货物	销售发票需与出库单证核对，如有不符应及时调查和处理
	已记录的销售交易计价准确	定期与顾客对账，如有差异应及时进行调查和处理
	与销售货物相关的权利均已记录至应收账款	销售订单、销售发票已连续编号、编号连续性已被核对
	销售货物交易均已记录于适当期间	检查资产负债表日前、后发出的货物，以确保记录于适当期间
	已记录的销售退回、折扣与折让均为真实发生的	管理层制定有关销售退回、折扣与折让的政策和程序，并监督其执行
	已发生的销售退回、折扣与折让均确已记录	定期与顾客对账，如有差异应及时进行调查和处理
	已发生的销售退回、折扣与折让均记录于恰当期间	用以记录销售退回、折扣与折让事项的表单连续编号，顺序已被记录
	已发生的销售退回、折扣与折让均确已准确记录	管理层复核和批准对应收账款的调整
	准确计提坏账准备和核销坏账，并记录于恰当期间	管理层复核坏账准备费用，包括考虑是否记录于适当期间
收款	收款是真实发生的	管理层复核收款记录
	准确记录收款	管理层复核收款记录
	收款均已记录	定期将日记账中的收款记录与银行对账单进行核对
	收款均已记录于恰当期间	定期将日记账中的收款记录与银行对账单进行核对
	监督应收账款及时收回	定期编制与分析应收账款账龄报告

主要业务活动	控制目标	被审计单位的控制活动
维护顾客档案	对顾客档案变更均为真实有效的	核对顾客档案变更记录和原始授权文件，确定已正确处理
	对顾客档案变更均为准确的	核对顾客档案变更记录和原始授权文件，确定已正确处理
	对顾客档案变更均已于适当期间进行处理	变更顾客档案申请应连续编号，编号顺序已被记录
	确保顾客档案数据及时更新	管理层定期复核顾客档案的正确性并确保其及时更新

做中学 3-4-2

（多选题）下列说法中，正确的有（　　　　）。

A. 将销售发票与出库单证核对，以确保已记录的销售均已发出货物

B. 检查管理层审核批准信用额度，目的是确保被审计单位仅接受在信用额度内的订单

C. 核对管理层审批的所有销售订单，以确定收款均已记录于恰当期间

D. 检查管理层复核收款记录，以确保准确记录收款

【答案】A　B　D

做中学 3-4-3

（多选题）注册会计师对销售与收款业务循环进行内部控制测试的内容有（　　　　）。

A. 发函询证应收账款

B. 检查是否按期编制应收账款账龄分析表

C. 实地观察不相容职务划分情况

D. 审查销售发票是否经过授权批准

【答案】B　C　D

（四）销售与收款业务循环常用交易的实质性程序（见表3-4-2）

表 3-4-2　　　　　　　　　　销售与收款业务循环常用交易的实质性程序

内部控制目标	常用交易的实质性程序
1. 登记入账的销售交易确系已经发货给真实的客户（营业收入/发生，应收账款/存在）	（1）复核主营业务收入总账、明细账以及应收账款明细账中的大额或异常项目 （2）追查主营业务收入明细账中的分录至销售单、销售发票副联及发运凭证 （3）将发运凭证与存货永续记录中的发运分录进行核对
2. 所有销售交易均已登记入账（营业收入/完整性，应收账款/完整性）	将发运凭证与相关的销售发票和主营业务收入明细账及应收账款明细账中的分录进行核对
3. 登记入账的销售数量确系已发货的数量，已正确开具账单并登记入账（营业收入/准确性，应收账款/计价和分摊）	（1）复算销售发票上的数据 （2）追查主营业务收入明细账中的分录至销售发票 （3）追查销售发票上的详细信息至发运凭证、经批准的商品价目表和客户订购单

内部控制目标	常用的交易实质性程序
4. 销售交易的分类恰当（营业收入/分类）	检查证明销售交易分类正确的原始证据
5. 销售交易的记录及时（营业收入/截止）	比较核对销售交易登记入账的日期与发运凭证的日期
6. 销售交易已经正确地记入明细账，并经正确汇总（营业收入/准确性，应收账款/计价和分摊）	将主营业务收入明细账加总，追查其至总账的过账

┃ 做中学 3-4-4 ┃

（单选题）以下对销售与收款业务循环相关控制活动与相关认定的对应关系的陈述中，不恰当的是（　　　）。

A. 销售发票连续编号的控制能够有效降低营业收入完整性认定错报风险

B. 确保每张入账的销售发票都有与之对应的发运凭证和销售单能够有效控制营业收入发生认定的错报风险

C. 将发运凭证的商品总数与销售发票上的商品总数核对能够控制营业收入准确性错报风险

D. 注销坏账授权控制与应收账款计价和分摊认定相关

【答案】C

┃ 做中学 3-4-5 ┃

（单选题）注册会计师根据主营业务收入明细账中的记录抽取部分销售发票，追查销货合同、发货单等资料，其目的是（　　　）。

A. 证实主营业务收入的完整性　　　　B. 证实主营业务收入的发生

C. 证实主营业务收入的总体合理性　　D. 证实主营业务收入的披露充分性

【答案】B

┃ 做中学 3-4-6 ┃

（单选题）如果注册会计师冯天海需要针对奥科公司 2012 年度销售交易的完整性获取审计证据，下列实质性程序最相关的是（　　　）。

A. 复算销售发票上的数据

B. 追查销售发票上的详细信息至发运凭证、经批准的商品价目表和顾客订购单

C. 将发运凭证与相关的销售发票和营业收入明细账及应收账款明细账中的分录进行核对

D. 追查营业收入明细账中的会计分录至销售单、销售发票副联及发运凭证

【答案】C

┃ 做中学 3-4-7 ┃

（单选题）如果需要针对奥科公司 2012 年度销售交易中登记入账金额是否正确获取审计证据，下列实质性程序最相关的是（　　　）。

A. 追查销售发票上的详细信息至发运凭证、经批准的商品价目表和顾客订货单

B. 将发运凭证与相关的销售发票和营业收入明细账及应收账款明细账中的分录进行核对

C. 复核营业收入总账、明细账以及应收账款明细账中的大额或异常项目

D. 将发运凭证与存货永续记录中的发运分录进行核对

【答案】A

做中学 3-4-8

（案例题）注册会计师李泽方在审计工作底稿中记录了其了解到的奥科公司针对销售与收款业务循环的内部控制。

（1）接受客户订单后，由销售部门的职员王佳豪根据客户订单编制销售单，交给审批赊销的信用管理部门职员胡金叶，胡金叶在职权范围内进行审批，如果超过职权范围内的赊销业务，全部交给信用管理部门经理李泳豪进行审批。

（2）销售部门职员方媛媛在核对商品装运凭证和相应的经批准的销售单后，开具销售发票。具体程序为：根据已授权批准的商品价目表填写销售发票的金额，根据商品装运凭证上的数量填写销售发票的数量；销售发票一联交财务部职员钱晓艳据以登记与销售业务相关的总账和明细账。

（3）开具账单部门在收到发运单并与销售单核对无误后，编制预先连续编号的销售发票，并将其连同发运单和销售单及时送交会计部门。会计部门在核对无误后确认销售收入并登记应收账款账簿。会计部门定期向顾客催收款项并寄送对账单，对顾客提出的异议进行专门追查。

（4）公司的应收账款账龄分析由专门的"应收账款账龄分析计算机系统"完成，该系统由独立的信息部门负责维护管理。会计部门相关人员负责在系统中及时录入所有与应收账款交易相关的基础数据。为了便于及时更正录入的基础数据可能存在的差错，信息部门拥有修改基础数据的权限。

【要求】假定不考虑其他条件，指出奥科公司针对销售与收款业务循环的内部控制中存在哪些薄弱环节，说明理由并提出改进建议。

【答案】（1）"如果超过职权范围内的赊销业务，全部交给信用管理部门的经理进行审批"不恰当。对超过销售政策和信用政策规定的赊销业务，应当实行集体决策审批。

（2）"销售发票一联交财务部职员钱小艳据以登记与销售业务相关的总账和明细账"不恰当。登记总账和明细账属于不相容职务，应当予以分离。

（3）"会计部门定期向顾客催收款项并寄送对账单，对顾客提出的异议进行专门追查"不恰当。销售部门应当负责应收账款的催收，财会部门应当督促销售部门加紧催收。

（4）"为了便于及时更正录入的基础数据可能存在的差错。信息部门拥有修改基础数据的权限"不恰当。如果信息部门可以更正会计部门送交的数据资料，将增加相关数据资料在会计部门不知道的情况下被人为修改的风险，降低相关数据分析结果的可靠性。

（五）应收账款的审计

1. 应收账款的审计目标

应收账款的审计目标一般包括：（1）确定资产负债表中记录的应收账款是否存在；（2）确定所有应当记录的应收账款是否均已记录；（3）确定记录的应收账款是否为被审计单位拥

有或控制；（4）确定应收账款是否可收回，坏账准备的计提方法和比例是否恰当，计提是否充分；（5）确定应收账款及其坏账准备期末余额是否正确；（6）确定应收账款及其坏账准备是否已按照企业会计准则的规定在财务报表中作出恰当列报。

2. 应收账款的实质性程序

（1）取得或编制应收账款明细表。

① 复核加计正确，并与总账数和明细账合计数核对是否相符；结合坏账准备科目与报表数核对是否相符。应当注意，应收账款报表数反映企业因销售商品、提供劳务等应向购买单位收取的各种款项，减去已计提的相应的坏账准备后的净额。因此，其报表数应同应收账款总账数和明细账数分别减去与应收账款相应的坏账准备总账数和明细账数后的余额核对相符。

② 复检查非记账本位币应收账款的折算汇率及折算是否正确。对于用非记账本位币（通常为外币）结算的应收账款，注册会计师应检查被审计单位外币应收账款的增减变动是否采用交易发生日的即期汇率将外币金额折算为记账本位币金额，或者采用按照系统合理的方法确定的、与交易发生日即期汇率近似的汇率折算，选择采用汇率的方法前后各期是否一致；期末外币应收账款余额是否采用期末即期汇率折合为记账本位币金额；折算差额的会计处理是否正确。

③ 分析有贷方余额的项目，查明原因，必要时，建议作重分类调整。

④ 结合其他应收款、预收款项等往来项目的明细余额，调查有无同一客户多处挂账、异常余额或与销售无关的其他款项（如代销账户、关联方账户或员工账户）。如有，应作出记录，必要时提出调整建议。

（2）检查涉及应收账款的相关财务指标。

① 复核应收账款借方累计发生额与主营业务收入关系是否合理，并将当期应收账款借方发生额占销售收入净额的百分比与管理层考核指标比较和被审计单位相关赊销政策比较，如存在异常应查明原因。

② 计算应收账款周转率、应收账款周转天数等指标，并与被审计单位相关赊销政策、被审计单位以前年度指标、同行业同期相关指标对比分析，检查是否存在重大异常。

（3）检查应收账款账龄分析是否正确。

① 获取或编制应收账款账龄分析表。注册会计师可以通过获取或编制应收账款账龄分析表来分析应收账款的账龄，以便了解应收账款的可收回性。

应收账款的账龄，通常是指资产负债表中的应收账款从销售实现、产生应收账款之日起，至资产负债表日止所经历的时间。编制应收账款账龄分析表时，可以考虑选择重要的客户及其余额列示，而将不重要的或余额较小的汇总列示。应收账款账龄分析表的合计数减去已计提的相应坏账准备后的净额，应该等于资产负债表中的应收账款项目余额。

② 测试应收账款账龄分析表计算的准确性，并将应收账款账龄分析表中的合计数与应收账款总账余额相比较，并调查重大调节项目。

③ 检查原始凭证，如销售发票、运输记录等，测试账龄划分的准确性。

（4）向债务人函证应收账款。函证应收账款的目的在于证实应收账款账户余额的真实性、正确性，防止或发现被审计单位及其有关人员在销售交易中发生的错误或舞弊行为。通过函证应收账款，可以比较有效地证明被询证者（即债务人）的存在和被审计单位记录的可靠性。

注册会计师应当考虑被审计单位的经营环境、内部控制的有效性、应收账款账户的性质、被询证者处理询证函的习惯做法及回函的可能性等，以确定应收账款函证的范围、对象、方式和时间。

表 3-4-3 为应收账款函证的结果汇总表。

表 3-4-3 　　　　　　　　　　　　**应收账款函证的结果汇总表**

被审计单位：_____ 　　　　索引号：ZD4 　　　页次：_____

项目：应收账款函证结果汇总表 　　　编制人：_____ 　日期：_____

财务报表截止日/期间：_____ 　复核人：_____ 　日期：_____

一、应收账款函证情况列表

项目 / 单位	询证函编号	函证方式	函证日期 第一次	函证日期 第二次	回函日期	账面金额	回函金额	经调节后是否存在差异	调节表索引号
甲									
乙									
丙									
……									

二、对误差的分析

项　目	金　额
1. 已识别的误差	
2. 推断出的总体误差（扣除已识别的误差）	

审计说明：

┃ 做中学 3-4-9 ┃

（单选题）下列选项中审查应收账款是否真实、准确，最重要和具有决定意义的方法是（　　　）。

A．调节法　　　　　　B．审阅法　　　　　　C．函证　　　　　　D．分析复核法

【答案】C

┃ 做中学 3-4-10 ┃

（单选题）注册会计师使用函证程序审查应收账款时，最难发现的错弊是（　　　）。

A．应收账款提前入账　　　　　　B．应收账款金额记录错误

C．漏记应收账款　　　　　　　　D．虚列应收账款

【答案】C

二、采购与付款业务循环的审计

采购与付款业务循环包括购买商品、劳务和固定资产，以及企业在经营活动中为获取收入而发生的直接或间接的支出。采购与付款业务循环的审计要关注"请购→订货→验收→付款"各个阶段的程序。

（一）涉及的主要凭证

1. 请购单

请购单是由产品制造、资产使用等部门的有关人员填写，送交采购部门，申请购买商品、劳务或其他资产的书面凭证。

2. 订购单

订购单，又称采购订单，是由采购部门填写，向另一企业购买订购单上所指定的商品、劳务或其他资产的书面凭证。

3. 验收单

验收单是收到商品、资产时所编制的凭证，列示从供应商处收到的商品、资产的种类和数量等内容。

4. 供应商发票

供应商发票，也称卖方发票，是供应商开具的，交给买方以载明发运的货物或提供的劳务、应付款金额和付款条件等事项的凭证。

5. 付款凭单

付款凭单是采购方企业的应付凭单部门编制的，载明已收到的商品、资产或接受的劳务、应付款金额和付款日期的凭证。付款凭单是采购方企业内部记录和支付负债的授权证明文件。

6. 转账凭证

转账凭证是指记录转账交易的记账凭证，它是根据有关转账交易（即不涉及库存现金、银行存款收付的各项交易）的原始凭证编制的。

7. 付款凭证

付款凭证包括现金付款凭证和银行存款付款凭证，是指用来记录库存现金和银行存款支出交易的记账凭证。

8. 应付账款明细账

应付账款明细账是用来记录企业因购买材料、商品和接受劳务供应等而应付给供应单位款项的明细账。各应付账款明细账的余额合计数应与应付账款总账的余额相等。

9. 库存现金日记账和银行存款日记账

库存现金日记账和银行存款日记账是用来记录应收账款的收回或现销收入以及其他各种现金、银行存款收入和支出的日记账。

10. 供应商对账单

供应商对账单是由供应商按月编制的，标明期初余额、本期购买、本期支付给供应商的款项和期末余额的凭证。供应商对账单是供应商对有关交易的陈述，不考虑买卖双方在收发货物上可能存在的时间差等因素，其期末余额通常应与采购方相应的应付账款期末余额一致。

（二）涉及的主要业务活动（见图3-4-2）

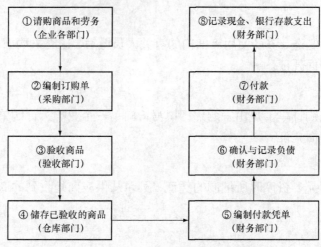

图 3-4-2　采购与付款业务循环流程图

（三）采购与付款业务循环的控制测试（见表3-4-4）

表 3-4-4　　　　　　　　　　　　采购与付款业务循环的控制测试

主要业务活动	控制目标	被审计单位的控制活动
采购	只有经过核准的订购单才能发给供应商	管理层必须核准所有订购单，对非经常性和超过特定金额的采购，以及其他特殊的采购事项，应取得较高层次管理层的核准，并适当记录
	已记录的订购单内容准确	由不负责输入订购单的人员比较订购单数据与支持性文件（如请购单）是否相符
	订购单均已得到处理	订购单连续编号，订购单的顺序已被记录
记录应付账款	已记录的采购均确已收到物品	对供应商发票与验收单不符的事项进行调查；如果付款金额与供应商发票金额不符，应经适当层次管理层核准
	已记录的采购均确已接受劳务	对不符事项进行调查，并经适当层次管理层核准；对已接受劳务的发票进行授权并附有适当的支持性文件
	已记录的采购交易计价正确	定期与供应商对账，如有差异应及时进行调查和处理
	与采购物品相关的义务均已记录至应付账款	定期与供应商对账，如有差异应及时进行调查和处理
	与接受劳务相关的义务均已记录至应付账款	定期与供应商对账，如有差异及时进行调查和处理
	采购物品交易均于适当期间进行记录	定期与供应商对账，如有差异及时进行调查和处理
	接受劳务交易均于适当期间进行记录	检查资产负债表日前、后已接受的劳务以确保其完整并记录于适当期间
付款	仅对已记录的应付账款办理支付	管理层在核准付款前复核支持性文件。在签发支票后注销相关文件
	准确记录付款	管理层在核准付款前复核支持性文件。在签发支票后注销相关文件
	付款均已记录	定期将日记账中的付款记录与银行对账单进行核对
	付款均于恰当期间进行记录	定期将日记账中的付款记录与银行对账单进行核对

主要业务活动	控制目标	被审计单位的控制活动
维护供应商档案	对供应商档案的变更均为真实和有效的	核对供应商档案变更记录和原始授权文件，确定已正确处理
	供应商档案变更均已进行处理	对供应商档案变更应连续编号，编号顺序已被记录
	对供应商档案变更均为准确的	核对供应商档案变更记录和原始授权文件，确定已正确处理
	对供应商档案变更均已于适当期间进行处理	对供应商档案变更应连续编号，编号顺序已被核对
	确保供应商档案数据及时更新	管理层定期复核供应商档案的正确性并确保其及时更新

（四）采购与付款业务循环常用交易的实质性程序（见表3-4-5）

表 3-4-5　　　　　　　　采购与付款业务循环常用交易的实质性程序

内部控制目标	常用的交易实质性程序
1. 所记录的采购都确已收到物品或已接受劳务（管理费用/发生、存货/存在、固定资产/存在、应付账款/存在）	（1）复核采购明细账、总账及应付账款明细账，注意是否有大额或异常的金额。 （2）检查供应商发票、验收单、订购单和请购单的合理性和真实性。 （3）追查存货的采购至存货永续盘存记录。 （4）检查取得的固定资产
2. 已发生的采购交易均已记录（管理费用/完整性、存货/完整性、固定资产/完整性、应付账款/完整性）	（1）从验收单追查至采购明细账。 （2）从供应商发票追查至采购明细账
3. 所记录的采购交易估价正确（管理费用/准确性、存货/计价、固定资产/计价、应付账款/计价）	（1）将采购明细账中记录的交易同供应商发票、验收单和其他证明文件比较。 （2）复算包括折扣和运费在内的供应商发票填写的准确性
4. 采购交易的分类正确（分类）	参照供应商发票，比较会计科目表上的分类
5. 采购交易按正确的日期记录（截止）	将验收单和供应商发票上的日期与采购明细账中的日期进行比较
6. 采购交易被正确记入应付账款和存货等明细账中，并被正确汇总（管理费用/准确性、存货/计价、固定资产/计价、应付账款/计价）	通过加计采购明细账，追查记入采购总账和应付账款、存货明细账的数额是否正确，用以测试过账和汇总的正确性

┨ 做中学 3-4-11 ┠

（单选题）以下对采购与付款业务循环相关控制活动与相关认定的对应关系的陈述中，不恰当的是（　　）。

A. 连续编号的验收单与应付账款的存在认定最有关

B. 支票预先顺序编号能够确保支出支票存根的完整性和作废支票处理的恰当性

C. 订购单的连续编号控制能够有效降低应付账款完整性认定错报风险

D. 确定供应商发票计算的正确性能够降低应付账款的计价和分摊认定、相关费用的准确性认定的错报风险

【答案】A

做中学 3-4-12

（多选题）测试固定资产存在认定的实质性程序有（　　　　）。

A. 复核采购明细账、总账及应付账款明细账，注意是否有大额或异常的金额

B. 检查供应商发票、验收单、订购单和请购单的合理性和真实性

C. 追查存货的采购至存货永续盘存记录

D. 检查取得的固定资产

【答案】A　B　C　D

做中学 3-4-13

（多选题）以下控制活动中，能够控制应付账款完整性认定错报风险的有（　　　　）。

A. 应付凭单均经事先连续编号并确保已付款的交易登记入账

B. 订购单均经事先连续编号并确保已完成的采购交易登记入账

C. 验收单、供应商发票上的日期与采购明细账中的日期已经核对一致

D. 验收单均经事先连续编号并确保已验收的采购交易登记入账

【答案】A　B　D

（五）应付账款的审计

1. 应付账款的审计目标

应付账款的审计目标一般包括：（1）确定资产负债表中记录的应付账款是否存在；（2）确定所有应当记录的应付账款是否均已记录；（3）确定资产负债表中记录的应付账款是否为被审计单位应当履行的现时义务；（4）确定应付账款是否以恰当的金额包括在财务报表中，与之相关的计价调整是否已恰当记录；（5）确定应付账款是否已按照企业会计准则的规定在财务报表中作出恰当的列报。

2. 应付账款的实质性程序

（1）获取或编制应付账款明细表。

① 复核加计是否正确，并与报表数、总账数和明细账合计数核对是否相符；

② 检查非记账本位币应付账款的折算汇率及折算是否正确；

③ 分析出现借方余额的项目，查明原因，必要时，建议做重分类调整；

④ 结合预付账款、其他应付款等往来项目的明细余额，调查有无同挂的项目、异常余额或与购货无关的其他款项（如关联方账户或雇员账户），如有，应作出记录，必要时建议作调整。

（2）根据被审计单位实际情况，选择以下方法对应付账款执行实质性分析程序。

① 将期末应付账款余额与期初余额进行比较，分析波动原因。

② 分析长期挂账的应付账款，要求被审计单位作出解释，判断被审计单位是否缺乏偿债能力或利用应付账款隐瞒利润，并注意其是否可能无须支付。对确实无须支付的应付账款的会计处理是否正确，依据是否充分；关注账龄超过三年的大额应付账款在资产负债表日后是否偿付，检查偿付记录、单据及披露情况。

③ 计算应付账款与存货的比率、应付账款与流动负债的比率，并与以前年度相关比率

对比分析，评价应付账款整体的合理性。

④ 分析存货和营业成本等项目的增减变动，判断应付账款增减变动的合理性。

（3）函证应付账款。一般情况下，并非必须函证应付账款，这是因为函证不能保证查出未记录的应付账款，况且注册会计师能够取得供应商发票等外部凭证来证实应付账款的余额。但如果控制风险较高，如某应付账款明细账户金额较大，则应考虑进行应付账款的函证（如表 3-4-6 所示）。

表 3-4-6 　　　　　　　　　　　　**消极的询证函**

应付账款的函证

编号：

××公司：

　　本公司聘请的中和天成会计师事务所正在对本公司 20×× 年度财务报表进行审计，按照中国注册会计师审计准则的要求，应当询证本公司与贵公司的往来账项等事项。下列信息出自本公司账簿记录，如与贵公司记录相符，则无需回复；如有不符，请直接回函寄至中和天成会计师事务所，并在空白处列明贵公司认为正确的信息。

回函地址：山东省济南市经二路 75 号华新大厦 1023 室　　邮编：250000

电话：0531—28282882　　传真：0531—28282882　　联系人：朱国栋

1. 本公司与贵公司的往来账项列示如下：

单位：元

截止日期	贵公司欠	欠贵公司	备　注

2. 其他事项

本函仅为复核账目之用，并非催款结算。若款项在上述日期之后已经付清，仍请及时函复为盼。

（被审计单位盖章）

中和天成会计师事务所

20××年×月×日

上面的信息不正确，差异如下：

（公司盖章）

经办人：

20××年×月×日

　　进行函证时，注册会计师应选择较大金额的债权人，以及那些在资产负债表日金额不大，甚至为零，但为被审计单位重要供应商的债权人，作为函证对象。函证最好采用积极函证方式，并具体说明应付金额。与应收账款的函证一样，注册会计师必须对函证的过程进行控制，要求债权人直接回函，并根据回函情况编制与分析函证结果汇总表，对未回函的，应考虑是否再次函证。

　　如果存在未回函的重大项目，注册会计师应采用替代审计程序。比如，可以检查决算日后应付账款明细账及库存现金和银行存款日记账，核实其是否已支付，同时检查该笔债务的相关凭证资料，如合同、发票、验收单，核实应付账款的真实性。

　　（4）检查应付账款是否计入了正确的会计期间，是否存在未入账的应付账款。

　　① 检查债务形成的相关原始凭证，如供应商发票、验收报告或入库单等，查找有无未及时入账的应付账款，确认应付账款期末余额的完整性。

　　② 检查资产负债表日后应付账款明细账贷方发生额的相应凭证，关注其购货发票的日期，确认其入账时间是否合理。

　　③ 获取被审计单位与其供应商之间的对账单，并将对账单和被审计单位财务记录之间的差异进行调节（如在途款项、在途商品、付款折扣、未记录的负债等），查找有无未入账的应付账款，确定应付账款金额的准确性。

　　④ 针对资产负债表日后付款项目，检查银行对账单及有关付款凭证（如银行汇款通知、供应商发票等），询问被审计单位内部或外部的知情人员，查找有无未及时入账的应付账款。

　　⑤ 结合存货监盘程序，检查被审计单位在资产负债日前后的存货入库资料（验收报告或入库单），检查是否有大额货到单未到的情况，确认相关负债是否计入了正确的会计期间。

　　如果注册会计师通过这些审计程序发现某些未入账的应付账款，应将有关情况详细记入审计工作底稿，并根据其重要性确定是否需建议被审计单位进行相应的调整。

　　（5）针对已偿付的应付账款，追查至银行对账单、银行付款单据和其他原始凭证，检查其是否在资产负债表日前真实偿付。

　　（6）针对异常或大额交易及重大调整事项（如大额的购货折扣或退回、会计处理异常的交易、未经授权的交易，或缺乏支持性凭证的交易等），检查相关原始凭证和会计记录，以分析交易的真实性、合理性。

　　（7）被审计单位与债权人进行债务重组的，检查不同债务重组方式下的会计处理是否正确。

　　（8）标明应付关联方［包括持5%以上（含5%）表决权股份的股东］的款项，执行关联方及其交易审计程序，并注明合并报表时应予抵消的金额。

　　（9）检查应付账款是否已按照企业会计准则的规定在财务报表中作出恰当列报。一般来说，"应付账款"项目应根据"应付账款"和"预付账款"科目所属明细科目的期末贷方余额的合计数填列。

　　如果被审计单位为上市公司，则通常在其财务报表附注中应说明有无欠持有5%以上（含5%）表决权股份的股东账款；说明账龄超过三年的大额应付账款未偿还的原因，并在期后事项中反映资产负债表日后是否偿还。

▌做中学 3-4-14 ▌

（单选题）如果需要针对奥科公司 2012 年度应付账款存在认定获取审计证据，下列实质性程序最相关的是（　　　）。

　　A. 以应付账款明细账为起点，追查至采购相关的原始凭证，如订购单、供应商发票和入库单等

　　B. 检查订购单文件以确定是否预先连续编号

　　C. 从订购单、供应商发票和入库单等原始凭证，追查至应付账款明细账

　　D. 向采购供应商函证零余额的应付账款

【答案】A

三、生产与存货业务循环的审计

（一）涉及的主要凭证

1. 生产指令

生产指令，又称生产任务通知单，是企业下达制造产品等生产任务的书面文件，用以通知供应部门组织材料发放，生产车间组织产品制造，会计部门组织成本计算。广义的生产指令也包括用于指导产品加工的工艺规程，如机械加工企业的"路线图"等。

2. 领发料凭证

领发料凭证是企业为控制材料发出所采用的各种凭证，如材料发出汇总表、领料单、限额领料单、领料登记簿、退料单等。

3. 产量和工时记录

产量和工时记录是登记工人或生产班组出勤内完成产品数量、质量和生产这些产品所耗费工时数量的原始记录。产量和工时记录的内容与格式是多种多样的，在不同的生产企业中，甚至在同一企业的不同生产车间中，由于生产类型不同而采用不同格式的产量和工时记录。常见的产量和工时记录主要有工作通知单、工序进程单、工作班产量报告、产量通知单、产量明细表、废品通知单等。

4. 工薪汇总表及工薪费用分配表

工薪汇总表是为了反映企业全部工薪的结算情况，并据以进行工薪结算总分类核算和汇总整个企业工薪费用而编制的，它是企业进行工薪费用分配的依据。工薪费用分配表反映了各生产车间各产品应负担的生产工人工薪及福利费。

5. 材料费用分配表

材料费用分配表是用来汇总反映各生产车间各产品所耗费的材料费用的原始记录。

6. 制造费用分配汇总表

制造费用分配汇总表是用来汇总反映各生产车间各产品所应负担的制造费用的原始记录。

7. 成本计算单

成本计算单是用来归集某一成本计算对象所应承担的生产费用，计算该成本计算对象的总成本和单位成本的记录。

（二）涉及的主要业务活动（见图3-4-3）

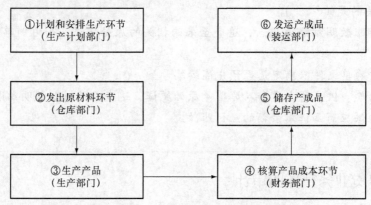

图 3-4-3　生产与存货业务循环流程

（三）生产与存货业务循环的控制测试（见表3-4-7）

表 3-4-7　　　　　　　　　　　生产与存货业务循环的控制测试

主要业务活动	控制目标	被审计单位的控制活动
材料验收与仓储	已验收材料均确附有有效订购单	验收单与订购单应进行核对
	已验收材料均确已准确记录	管理层定期复核以确保记录的正确性
	已验收材料均已记录	验收单均预先连续编号并已记录
	已验收材料均已于适当期间进行记录	定期由不负责日常存货保管或存货记录的人员来盘点实地存货，如有差异应及时调查和处理
计划与安排生产	管理层授权进行生产	生产指令应经适当管理层批准
生产与发运	发出材料均已准确记录	管理层定期复核以确保记录的正确性
	发出材料均于适当期间进行记录	定期由不负责日常存货保管或存货记录的人员来盘点实地存货，发现差异应予以调整
	已记录的生产成本均为真实发生且与实际成本一致	管理层定期复核以确保生产成本与其支持性文件一致
	已发生的生产成本均已进行记录	管理层定期复核以确保生产成本与其支持性文件一致
	已发生的生产成本均于适当期间进行记录	管理层定期复核以确保生产成本与其支持性文件一致
	存货流转已完整准确地记录于适当期间	管理层定期复核以确保生产成本与其支持性文件一致
	完工产成品均于适当期间进行准确记录	验收单均预先连续编号并已记录入账
	产成品发运均确已记录	出库单均事先连续编号并已记录入账
	产成品发运均已准确记录	管理层定期复核以确保记录的正确性
	已发运产成品均附有有效销售订单	货物发运之前应由独立人员核对销售订单和发运货物
	产成品发运均已于适当期间进行记录	定期由不负责日常存货保管或存货记录的人员来盘点实地存货，发现差异应予以调整

续表

主要业务活动	控制目标	被审计单位的控制活动
存货管理	适当保管存货	适当保管存货并限制无关人员接近
	准确记录存货价值	对存货货龄进行分析
	存货价值调整已于适当期间进行记录	管理层复核并批准存货价值调整
	存货价值调整是真实发生的	管理层复核并批准存货价值调整
	存货价值调整均已记录	管理层复核并批准存货价值调整

（四）生产与存货业务循环常用交易的实质性程序（见表3-4-8）

表 3-4-8　　　　生产与存货业务循环常用交易的实质性程序

内部控制目标	常用交易的实质性程序
1. 生产业务是根据管理层一般或特定的授权进行的（存货/存在、营业成本/发生）	注册会计师不执行实质性程序，而是通过控制测试获取审计证据表明生产业务进行了授权
2. 记录的成本为实际发生的而非虚构的（存货/存在、营业成本/发生）	（1）对成本实施分析程序（实质性分析程序）。（2）将成本明细账与生产通知单、领发料凭证、产量和工时记录、工薪费用分配表、材料费用分配表、制造费用分配表相核对（细节测试的"逆查"方法）
3. 所有耗费和物化劳动均已反映在成本中（存货/完整性、营业成本/完整性）	（1）对成本实施分析程序（实质性分析程序）。（2）将生产通知单、领发料凭证、产量和工时记录、工薪费用分配表、材料费用分配表、制造费用分配表与成本明细账相核对（细节测试的"顺查"方法）
4. 成本以正确的金额，在恰当的会计期间及时记录于适当的账户（存货/存在、完整性、计价和分摊、营业成本/发生、完整性、准确性）	（1）对成本实施分析程序（实质性分析程序）。（2）抽查成本计算单，检查各种费用的归集和分配以及成本的计算是否正确（细节测试的"逆查"方法）。（3）对重大在产品项目进行计价测试（重新计算方法）
5. 对存货实施保护措施，保管人员与记录、批准人员相互独立（存货/存在、完整性）	注册会计师不执行实质性程序，而是通过控制测试获取审计证据表明存货管理过程中的不相容职务是否有效实施了分离控制
6. 账面存货与实际存货定期核对相符（存货/存在、计价和分摊、营业成本/发生、准确性）	对存货实施监盘程序。在存货监盘中，注册会计师应当对被审计单位已盘点的存货"执行抽盘"，确认存货实物与存货盘点记录是否相符

做中学 3-4-15

（单选题）以下对生产与存货业务循环相关控制活动与其相关认定的对应关系的陈述中，不恰当的是（　　）。

A. 产成品发运通知单进行连续编号控制，与营业成本的完整性认定最相关

B. 生产通知单经过授权审批控制，与存货的完整性、营业成本的完整性认定最相关

C. 产成品验收单进行连续编号控制，与存货的完整性、营业成本的完整性认定最相关

D. 原材料出库单进行连续编号控制，与存货的完整性、营业成本的完整性认定最相关

【答案】B

（五）存货的监盘

1. 存货监盘的目标

存货监盘针对的主要是存货的存在认定、完整性认定以及权利和义务认定。注册会计师对存货监盘的目标包括：（1）检查存货以确定其是否存在，评价存货状况，并对存货盘点结果进行测试；（2）观察管理层指令的遵守情况，以及用于记录和控制存货盘点结果的程序的实施情况；（3）获取有关管理层存货盘点程序可靠性的审计证据。

这些程序用作控制测试还是实质性程序，取决于注册会计师的风险评估结果、审计方案和实施的特定程序。需要说明的是，尽管实施存货监盘，获取有关期末存货数量和状况的充分、适当的审计证据是注册会计师的责任，但这并不能取代被审计单位管理层定期盘点存货、合理确定存货的数量和状况的责任。

如果存货盘点在财务报表日以外的其他日期进行，注册会计师除实施存货监盘相关审计程序外，还应当实施其他审计程序，以获取审计证据，确定存货盘点日与财务报表日之间的存货变动是否已得到恰当的记录。

2. 存货监盘的程序

在存货盘点现场实施监盘时，注册会计师应当实施下列审计程序。

（1）评价管理层用以记录和控制存货盘点结果的指令和程序。

（2）观察管理层制定的盘点程序（如对盘点时及其前后的存货移动的控制程序）的执行情况。

（3）检查存货。在监盘过程中检查存货，虽然不一定确定存货的所有权，但有助于确定存货的存在，以及识别过时、毁损或陈旧的存货。注册会计师应当把所有过时、毁损或陈旧存货的详细情况记录下来，这既便于进一步追查这些存货的处置情况，也能为测试被审计单位存货跌价准备计提的准确性提供证据。

（4）执行抽盘。在对存货盘点结果进行测试时，注册会计师可以从存货盘点记录中选取项目追查至存货实物，以及从存货实物中选取项目追查至盘点记录，以获取有关盘点记录准确性和完整性的审计证据。需要说明的是，注册会计师应尽可能避免让被审计单位事先了解将抽盘的存货项目。

（5）特别关注存货盘点的范围。在被审计单位盘点存货前，注册会计师应当观察盘点现场，确定应纳入盘点范围的存货是否已经适当整理和排列，并附有盘点标示，防止遗漏或重复盘点。对未纳入盘点范围的存货，注册会计师应当查明未纳入的原因。对所有权不属于被审计单位的存货，注册会计师应当取得其规格、数量等有关资料，确定是否已单独存放、标明，且未被纳入盘点范围。

（6）存货监盘结束时的工作。在被审计单位存货盘点结束前，注册会计师应当：①再次观察盘点现场，以确定所有应纳入盘点范围的存货是否均已盘点；②取得并检查已填用、作废及未使用盘点表单的号码记录，确定其是否连续编号，查明已发放的表单是否均已收回，并与存货盘点的汇总记录进行核对；③如果存货盘点日不是资产负债表日，注册会计师应当实施适当的审计程序，确定盘点日与资产负债表日之间存货的变动是否已得到恰当的记录。

（7）特殊情况的处理。

① 在存货盘点现场实施存货监盘不可行。这可能是由存货性质和存放地点等因素造成的，注册会计师应当实施替代审计程序（如检查盘点日后出售盘点日之前取得或购买的特定存货的文件记录），以获取有关存货的存在和状况的充分、适当的审计证据。如果不能实施替代审计程序，或者实施替代审计程序可能无法获取有关存货的存在和状况的充分、适当的审计证据，注册会计师发表非无保留意见。

② 因不可预见的情况导致无法在存货盘点现场实施监盘。有时，由于不可预见情况而可能导致无法在预定日期实施存货监盘，两种比较典型的情况包括：一是注册会计师无法亲临现场，即由于不可抗力导致其无法到达存货存放地实施存货监盘；二是气候因素，即由于恶劣的天气导致注册会计师无法实施存货监盘程序，或由于恶劣的天气无法观察存货，如木材被积雪覆盖。如果由于不可预见的情况无法在存货盘点现场实施监盘，注册会计师应当另择日期实施监盘，并对间隔期内发生的交易实施审计程序。

③ 由第三方保管或控制的存货。如果由第三方保管或控制的存货对财务报表是重要的，注册会计师应当实施下列一项或两项审计程序，以获取有关该存货存在和状况的充分、适当的审计证据：向持有被审计单位存货的第三方函证存货的数量和状况；实施检查或其他适合具体情况的审计程序。根据具体情况（如获取的信息使注册会计师对第三方的诚信和客观性产生疑虑），注册会计师可能认为实施其他审计程序是适当的。其他审计程序可以作为函证的替代程序，也可以作为追加的审计程序。

（8）存货计价的测试。为验证财务报表上存货余额的真实性，还必须对存货的计价进行审计，即确定存货实物数量和永续盘存记录中的数量是否经过正确的计价和汇总。具体程序包括以下几个方面。

① 样本的选择。存货计价审计的样本，应从存货数量已经盘点、单价和总金额已经计入存货汇总表的结存存货中选择。选择样本时应着重选择结存余额较大且价格变化比较频繁的项目，同时考虑所选样本的代表性。抽样方法一般采用分层抽样法，抽样规模应足以推断总体的情况。

② 计价方法的确认。存货的计价方法多种多样，被审计单位应结合企业会计准则的基本要求选择符合自身特点的方法。注册会计师除应了解掌握被审计单位的存货计价方法外，还应对这种计价方法的合理性与一贯性予以关注，没有足够理由，计价方法在同一会计年度内不得变动。

③ 计价测试。进行计价测试时，注册会计师首先应对存货价格的组成内容予以审核，然后按照所了解的计价方法对所选择的存货样本进行计价测试。测试时，应尽量排除被审计单位已有计算程序和结果的影响，进行独立测试。测试结果出来后，应与被审计单位账面记录对比，编制对比分析表，分析形成差异的原因。如果差异过大，应扩大测试范围，并根据审计结果考虑是否应提出审计调整建议。在存货计价审计中，由于被审计单位对期末存货采用成本与可变现净值孰低的方法计价，所以注册会计师应充分关注其对存货可变现净值的确定及存货跌价准备的计提。

经过以上存货监盘程序后，所形成的存货监盘报告如表 3-4-9 所示。

表 3-4-9 　　　　　　　　　 存货监盘报告

被审计单位：_____　　索引号：ZI5-1　　页次：_____

项目：存货监盘报告_____　　编制人：_____　　日期：_____

财务报表截止日/期间：_____　　复核人：_____　　日期：_____

一、盘点日期：　　　年　　　月　　　日

二、　盘点仓库名称：_____

仓库负责人：_____

仓库记账员：_____　　仓库保管员：_____

仓库概况：（描述仓库共____间，各仓库的特点）

_____

_____

_____

三、监盘参加人员

监盘人员（_____事务所）注册会计师：_____

监盘人员（_____事务所）注册会计师：_____

监盘人员（××公司财务处）：_____

监盘人员（××公司供销处）：_____

××公司盘点负责人：_____

××公司盘点人员：_____

上述人员在监盘过程中，除_____外，自始至终未离开现场。

四、监盘开始前的工作

项　　目	是或否	工作底稿编号
1. 索取《期末存货盘点计划》		
2. 索取该仓库《存货收发存月报表》		
3. 索取存货的《盘点清单》		
4. 索取盘点前该仓库收料、发料的最后一张单证		
5. 存货是否已停止流动		
6. 废品、毁损物品是否已分开堆放		
7. 货到单未到的存货是否已暂估入账		
8. 发票未开，客户已提走的存货是否已单独记录		
9. 发票已开，客户未提走的存货是否已单独记录（或单独堆放）		
10. 存货是否已按存货的型号、规格排放整齐		
11. 外单位寄存的货物是否已分开堆放		
12. 代外单位保管的货物是否已分开堆放		
13. 外单位代销的货物是否已分开堆放		
14. 其他非本公司的货物是否已分开堆放		
15. 委托外单位加工的存货、存放外单位的存货，是否收到外单位的书面确认书		
16. 最近一次盘点存货的日期		
17. 最近一次对计量用具（地秤、秤量器和其他计量器）的校对		
18. 是否有存货的记录位置或存放图		
19. ……		

续表

五、监盘进行中的工作

1. 监盘从_____点开始，共分_____个监盘小组，每个小组_____人，

（1）_____一人点数并报出型号、规格

（2）_____一人记录《盘点清单》

（3）_____一人_____

2. 核对仓库报表结存数量与仓库存货账结存数量是否相符；仓库存货账结存数量与仓库存货卡数量是否相符；填制《存货表、账、卡核对记录表》

3. 盘点结束，索取《盘点清单》及《存货盘盈（盘亏）汇总表》

六、复盘

1. 盘点结束后，选择数额较大、收发频繁的存货项目进行复盘

2. 复盘人员为：_____

3. 复盘记录详见《存货监盘结果汇总表》（附后）

4. 复盘统计

品种、型号共_____种，复盘_____种，占_____%

金额共_____元，复盘达_____元，占_____%

5. 计算复盘正确率

复盘共_____种，其中复盘正确的有_____种，占_____%

复盘金额共_____元，其中复盘正确的有_____元，占_____%

6. 确定存货中属于残次、毁损、滞销积压的存货及其对当年损益的影响

存货中属于残次、毁损、滞销积压的存货的金额

其中：原材料：_____元		
在产品：_____元		
产成品：_____元		
_____：_____元		
合 计：_____元		

七、盘点结束后的工作

1. 再次观察现场并检查盘点表单

2. 复核盘点结果汇总记录

3. 关注盘点日与资产负债表日之间存货的变动情况

4. 关注存货盘点结果与永续盘存记录之间出现重大差异的处理

5. 关注被审计单位盘点方式及其结果无效时的处理，如果认为被审计单位的盘点方式及其结果无效，注册会计师应当提请被审计单位重新盘点

6. 参加复盘人员在《存货监盘结果汇总表》上签字

7. 索取由仓库人员填写的《复盘差异说明》（请用文字说明，并加盖单位公章）

八、对盘点及复盘的评价

1. 仓库管理人员对存货很（一般、不）熟悉

2. 盘点工作及复盘工作很（一般、不）认真

3. 对会计师需要的资料很（一般、不）配合

4. 监盘结果总体评价：……

监盘人员签名：_____

▌做中学 3-4-16 ▌

（单选题）在下列做法中，不正确的是（　　）。

A. 对未纳入盘点范围的存货，注册会计师应当查明未纳入的原因

B. 注册会计师应尽可能避免让被审计单位事先了解将抽盘的存货项目

C. 存货监盘针对的主要是存货的存在认定、完整性认定以及权利义务认定

D. 被审计单位相关人员完成存货盘点后，注册会计师进入存货存放地点对已盘点存货实施检查程序

【答案】D

▌做中学 3-4-17 ▌

（单选题）如果由于天气原因，注册会计师无法现场监盘存货，下列应对措施中，优先考虑实施替代程序的是（　　）。

A. 如果替代程序无法获取有关存货存在和状况的充分、适当的审计证据，则考虑是否发表非无保留意见

B. 另择日期进行监盘，并对间隔期内的交易实施审计程序

C. 评价被审计单位有关存货盘点的内部控制，判断是否信赖被审计单位的存货盘点结果

D. 在审计报告中说明审计范围因不可预见的情况受到限制

【答案】B

▌做中学 3-4-18 ▌

（案例题）冯天海在审计工作底稿中记录了所了解的有关生产与存货业务循环的控制，部分内容摘录如下。

（1）仓库管理员刘金山将原材料领用申请单编号、领用数量、规格等信息输入存货信息系统，经仓储经理齐天翔复核并以电子签名方式确认后，系统自动更新材料明细台账。

（2）系统每月月末根据汇总的产成品销售数量及各产成品的加权平均单位成本自动计算主营业务成本，自动生成结转主营业务成本的会计分录并过入相应的账簿。

（3）每月月末进行存货盘点，仓库管理员王旭涛根据盘点中发现的毁损、陈旧、过时及残次存货编制不良存货明细表，交采购经理张龙海和销售经理李致齐分析该存货的可变现净值，如需要计提存货跌价准备的，由会计主管刘晓莉编制存货价值调整表，并安排相关人员进行账务处理。

【要求】针对（1）—（3）项，假定不考虑其他条件，逐项判断上述控制在设计上是否存在缺陷。如果存在缺陷，分别予以指出，并简要说明理由，提出改进建议。将答案直接填入相应表格内。

序号	是否存在缺陷	缺陷描述	理由	改进建议
（1）				
（2）				
（3）				

【答案】

序号	是否存在缺陷	缺陷描述	理由	改进建议
（1）	否			
（2）	否			
（3）	是	① 每月月末存货盘点时，才根据发现的存货状况编制不良存货明细表； ② 直接将不良存货明细表提交给其他部门经理进行分析； ③ 确定需要调整存货价值时，会计主管直接安排人员进行调整	① 每月月末进行存货盘点，才考虑编制不良存货明细表，对于存货价值反映不及时，容易出现存货价值已经发生损失，而没有及时反映到财务报表中； ② 将没有经过审核的不良存货明细表，直接交给其他部门的经理进行分析，缺乏审核制度，容易出现错误，也容易出现本身存货没有毁损，但是管理员多报损毁，贪污存货的情况； ③ 存货价值的调整需要经过复核和审批，没有经过复核可能存在错误，没有经过审批，容易出现舞弊	① 建议增加在非盘点时如果发现存货毁损，仓库管理员也编制不良存货明细表，以便随时反映存货状况的内部控制； ② 建议增加审核制度，对于仓库管理员编制的不良存货明细表，经过仓库经理审批后交给其他相关部门经理进行分析； ③ 建议增加财务经理对存货价值调整的复核，并确定董事会审批的控制

四、货币资金业务循环的审计

（一）涉及的主要凭证

1. 现金盘点表

现金盘点表是一张重要的财产清查原始凭证，它起到了"盘存单"与"实存账存对比表"的双重作用。盘点库存现金的目的是证实资产负债表中所列现金是否存在。

2. 银行对账单

银行对账单是指银行客观记录企业资金流转情况的记录单。银行对账单是银行和企业核对账务的联系单，也是证实企业业务往来的记录，也可以作为企业资金流动的依据，还有最重要的是可以认定企业某一时段的资金规模。

3. 银行存款余额调节表

银行存款余额调节表可作为银行存款科目的附列资料保存。该表主要目的在于核对企业账目与银行账目的差异，也用于检查企业与银行账目的差错。

4. 有关科目的记账凭证

有关科目的记账凭证主要是指涉及的库存现金、银行存款的收、付款凭证。

5. 有关会计账簿

有关会计账簿包括现金日记账、银行存款日记账和其他有关科目的总账及明细账。

（二）涉及的主要业务活动（见图3-4-4）

（三）货币资金业务循环的控制测试

1. 货币资金的管理

（1）企业应当定期和不定期地进行现金盘点，确保现金账面余额与实际库存相符。发现

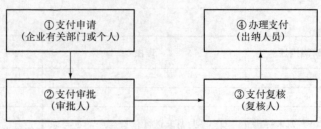

图 3-4-4　货币资金支付流程

不符，及时查明原因，作出处理。盘点库存现金通常包括对已收到但未存入银行的现金、零用金、找换金等所进行的盘点。在什么时间盘点，有哪些人员参与盘点，应视被审计单位的具体情况而定，但必须有出纳员和被审计单位会计主管人员参加，并由注册会计师进行盘点。

（2）企业应当加强现金库存限额的管理，超过库存限额的现金应及时存入银行。结合本企业的实际情况，确定本企业现金的开支范围。不属于现金开支范围的业务应当通过银行办理转账结算。企业现金收入应当及时存入银行，不得用于直接支付企业自身的支出。因特殊情况需坐支现金的，应事先报经开户银行审查批准。

（3）企业应当指定专人定期核对银行账户（每月至少核对一次），编制银行存款余额调节表，使银行存款账面余额与银行对账单调节相符。如调节不符，应查明原因，及时处理。

（4）企业应当加强银行预留印鉴的管理。财务专用章应由专人保管，个人名章必须由本人或其授权人员保管。严禁一人保管支付款项所需的全部印章。按规定需要有关负责人签字或盖章的经济业务，必须严格履行签字或盖章手续。

（5）企业对于重要货币资金支付业务，应当实行集体决策和审批，并建立责任追究制度，防范贪污、侵占、挪用货币资金等行为。严禁未经授权的机构或人员办理货币资金业务或直接接触货币资金。

2．库存现金的控制测试

（1）抽取并检查收款凭证。如果现金收款内部控制不强，很可能会发生贪污舞弊或挪用等情况。为测试现金收款的内部控制，注册会计师应按现金的收款凭证分类，选取适当的样本量，作如下检查：①核对现金日记账的收入金额是否正确；②核对现金收款凭证与应收账款明细账的有关记录是否相符；③核对实收金额与销货发票是否一致。

（2）抽取并检查付款凭证。为测试现金付款内部控制，注册会计师应按照现金付款凭证分类，选取适当的样本量，作如下检查：①检查付款的授权批准手续是否符合规定；②核对现金日记账的付出金额是否正确；③核对现金付款凭证与应付账款明细账的记录是否一致；④核对实付金额与购货发票是否相符。

（3）抽取一定期间的库存现金日记账与总账核对。注册会计师应抽取一定期间的库存现金日记账，检查其加总是否正确无误，库存现金日记账是否与总分类账核对相符。

（4）检查外币现金的折算方法是否符合有关规定，是否与上年度一致。对于有外币现金的被审计单位，注册会计师应检查外币库存现金日记账及"财务费用"、"在建工程"等账户的记录，确定企业有关外币现金的增减变动是否采用交易发生日的即期汇率将外币金额折算为记账本位币金额，或者采用按照系统合理的方法确定的、与交易发生日即期汇率近似的汇率折算为记账本位币，选择采用汇率的方法前后各期是否一致；检查企业的外币现金的期末余额是否采用期末即期汇率折算为记账本位币金额；折算差额的会计处理是否正确。

3. 银行存款的控制测试

（1）抽取并检查银行存款收款凭证。注册会计师应选取适当的样本量，作如下检查：①核对银行存款收款凭证与存入银行账户的日期和金额是否相符；②核对银行存款日记账的收入金额是否正确；③核对银行存款收款凭证与银行对账单是否相符；④核对银行存款收款凭证与应收账款明细账的有关记录是否相符；⑤核对实收金额与销货发票是否一致等。

（2）抽取并检查银行存款付款凭证。为测试银行存款付款内部控制，注册会计师应选取适当的样本量，作如下检查：①检查付款的授权批准手续是否符合规定；②核对银行存款日记账的付出金额是否正确；③核对银行存款付款凭证与银行对账单是否相符；④核对银行存款付款凭证与应付账款明细账的记录是否一致；⑤核对实付金额与购货发票是否相符等。

（3）抽取一定期间的银行存款日记账与总账核对。注册会计师应抽取一定期间的银行存款日记账，检查其有无计算错误，并与银行存款总分类账核对。

（4）抽取一定期间银行存款余额调节表，查验其是否按月正确编制并经复核。为证实银行存款记录的正确性，注册会计师必须抽取一定期间的银行存款余额调节表，将其同银行对账单、银行存款日记账及总账进行核对，确定被审计单位是否按月正确编制并复核银行存款余额调节表。

（5）检查外币银行存款的折算方法是否符合有关规定，是否与上年度一致。对于有外币银行存款的被审计单位，注册会计师应检查外币银行存款日记账及"财务费用"、"在建工程"等账户的记录，确定有关外币银行存款的增减变动是否采用交易发生日的即期汇率将外币金额折算为记账本位币金额，或者采用按照系统合理的方法确定的、与交易发生日即期汇率近似的汇率折算为记账本位币，选择采用汇率的方法前后各期是否一致；检查企业的外币银行存款的余额是否采用期末即期汇率折算为记账本位币金额；折算差额的会计处理是否正确。

做中学 3-4-19

（单选题）被审计单位的下述做法中，注册会计师认可的是（　　）。

A. 出纳兼任应收账款账目的登记工作

B. 出纳负责银行存款日记账的登记

C. 出纳定期核对银行账户，编制银行存款余额调节表

D. 为提高支付效率，由出纳一人保管支付款项所需的全部印章

【答案】B

做中学 3-4-20

（单选题）以下事项中可能表明奥科公司货币资金内部控制存在重大缺陷的是（　　）。

A. 奥科公司的财务专用章由财务负责人本人或其授权人员保管，出纳员个人名章由其本人保管

B. 对重要货币资金支付业务，奥科公司实行集体决策授权控制

C. 奥科公司现金收入及时存入银行，特殊情况下，经开户银行审查批准方可坐支现金

D. 奥科公司指定出纳员每月必须核对银行账户，针对每一银行账户分别编制银行存款余额调节表，使银行存款账面余额与银行对账单调节相符

【答案】D

做中学 3-4-21

（案例题）中和天成会计师事务所的注册会计师冯天海和李泽方接受委托，审计奥科公司2012年度的财务报表。在对相关内部控制进行了解和测试时，冯天海和李泽方发现以下情况。

（1）关于银行存款的内部控制。财务总监葛锦林负责支票的签署，外出时其职责由副总监孙涛代为履行；副总监孙涛负责银行预留印鉴的保管和财务专用章的管理，外出时其职责由财务总监葛锦林代为履行；财务人员陈大明负责空白支票的管理，仅在出差期间交由财务总监葛锦林管理。负责签署支票的财务总监的个人名章由葛锦林本人亲自掌管，仅在出差期间交由副总监孙涛临时代管。

（2）关于货币资金支付的规定。部门或个人用款时，应提前向审批人提交申请，注明款项的用途、金额、支付方式、经济合同或相关证明；对于金额在20万元以下的用款申请，必须经过财务副总监孙涛的审批，金额在20万元以上的用款申请，应经过财务总监葛锦林的审批；出纳人员根据已经批准的支付申请，按规定办理货币资金支付手续，及时登记现金和银行存款日记账；货币资金支付后，应由专职的复核人员进行复核，复核货币资金的批准范围、权限、程序、手续、金额、支付方式、时间等，发现问题后及时纠正。

（3）出纳员路秀云担任现金收付、银行结算以及货币资金的日记账核算工作，同时兼任会计档案保管工作。

（4）出纳员王伶俐记录现金、银行存款日记账的同时，负责收入明细账和总账的登记工作。

【要求】指出内部控制中存在的问题并提出改进建议。

【答案】（1）印鉴保管有严重缺陷：如果财务总监与财务人员同时出差，则空白支票、签署支票的个人名章、财务专用章、银行预留印鉴将全部落入副总监之手。同样地，如果副总监与财务人员同时出差，空白支票、签署支票的个人名章、财务专用章、银行预留印鉴将全部落入财务总监之手，这就违反了签发支票的全部印鉴不能由一人掌管的规定，难以防止银行存款重大错报的情况。

建议：财务总监、副总监外出期间，分别指定与货币资金支付无关的专门人员掌管印鉴。

（2）货币资金的支付制度存在严重缺陷：一是未对财务总监的审批权限规定任何限制，违反了"对重要货币资金支付业务，应当实行集体决策"的要求，无法防范贪污、侵占、挪用货币资金的行为；二是货币资金支付在前，复核在后，至多能及时发现问题，而无法防止问题的发生。

建议：经董事会指定财务总监的审批权限，对超过权限的货币资金支付业务，实行集体决策；支付货币资金之前，应由专职的复核人员进行复核，复核货币资金的批准范围、权限、程序、手续、金额、支付方式、支付单位等是否妥当，复核无误后交由出纳员办理支付业务。

（3）存在缺陷。出纳员不能兼任会计档案保管工作。

建议：最好由专人负责保管会计档案。

（4）存在缺陷。出纳员不得兼任收入明细账与总账的登记工作。

建议：将出纳员的职责与登记收入明细账、总账的职责分离，由相对独立的人员负责编制收入明细账、总账。

（四）货币资金业务循环常用交易的实质性程序（见表3-4-10）

表 3-4-10　　　　　　　货币资金业务循环常用交易的实质性程序

（一）库存现金

1. 核对库存现金日记账与总账的金额是否相符，检查非记账本位币库存现金的折算汇率及折算金额是否正确。

2. 监盘库存现金：

（1）制订监盘计划，确定监盘时间；

（2）将盘点金额与现金日记账余额进行核对，如有差异，应要求被审计单位查明原因并作适当调整，如无法查明原因，应要求被审计单位按管理权限批准后作出调整；

（3）在非资产负债表日进行盘点时，应调整至资产负债表日的金额；

（4）若有充抵库存现金的借条、未提现支票、未作报销的原始凭证，需在盘点表中注明，如有必要应作调整，特别关注数家公司混用现金保险箱的情况。

3. 抽查大额库存现金收支。检查原始凭证是否齐全、记账凭证与原始凭证是否相符、账务处理是否正确、是否记录于恰当的会计期间等项内容。

4. 根据评估的舞弊风险等因素增加的其他审计程序。

（二）银行存款

5. 获取或编制银行存款余额明细表：

（1）复核加计是否正确，并与总账数和日记账合计数核对是否相符；

（2）检查非记账本位币银行存款的折算汇率及折算金额是否正确。

6. 计算银行存款累计余额应收利息收入，分析比较被审计单位银行存款应收利息收入与实际利息收入的差异是否恰当，评估利息收入的合理性，检查是否存在高息资金拆借，确认银行存款余额是否存在，利息收入是否已经完整记录。

7. 检查银行存单：编制银行存单检查表，检查是否与账面记录金额一致，是否被质押或限制使用，存单是否为被审计单位所拥有。

（1）对已质押的定期存款，应检查定期存单，并与相应的质押合同核对，同时关注定期存单对应的质押借款有无入账；

（2）对未质押的定期存款，应检查开户证实书原件；

（3）对审计外勤工作结束日前已提取的定期存款，应核对相应的兑付凭证、银行对账单和定期存款复印件。

8. 取得并检查银行存款余额调节表：

（1）取得被审计单位的银行存款余额对账单，并与银行询证函回函核对，确认是否一致，抽样核对账面记录的已付票据金额及存款金额是否与对账单记录一致；

（2）获取资产负债表日的银行存款余额调节表，检查调节表中加计数是否正确，调节后银行存款日记账余额与银行对账单余额是否一致；

（3）检查调节事项的性质和范围是否合理：

1）检查是否存在跨期收支和跨行转账的调节事项。编制跨行转账业务明细表，检查跨行转账业务是否同时对应转入和转出，未在同一期间完成的转账业务是否反映在银行存款余额调节表的调整事项中；

2）检查大额在途存款和未付票据。

① 检查在途存款的日期，查明发生在途存款的具体原因，追查期后银行对账单存款记录日期，确定被审计单位与银行记账时间差异是否合理，确定在资产负债表日是否需审计调整；

② 检查被审计单位的未付票据明细清单，查明被审计单位未及时入账的原因，确定账簿记录时间晚于银行对账单的日期是否合理；

③ 检查被审计单位未付票据明细清单中有记录，但截止资产负债表日银行对账单无记录且金额较大的未付票据，获取票据领取人的书面说明。确认资产负债表日是否需要进行调整；

④ 检查资产负债表日后银行对账单是否完整地记录了调节事项中银行未付票据金额；

（4）检查是否存在未入账的利息收入和利息支出；

（5）检查是否存在其他跨期收支事项；

（二）银行存款

（6）（当未经授权或授权不清支付货币资金的现象比较突出时）检查银行存款余额调节表中支付给异常的领款（包括没有载明收款人）、签字不全、收款地址不清、金额较大票据的调整事项，确认是否存在舞弊。

9. 函证银行存款余额，编制银行函证结果汇总表，检查银行回函：

（1）向被审计单位在本期存过款的银行发函，包括零账户和账户已结清的银行；

（2）确定被审计单位账面余额与银行函证结果的差异，对不符事项作出适当处理。

10. 检查银行存款账户存款人是否为被审计单位，若存款人非被审计单位，应获取该账户户主和被审计单位的书面声明，确认资产负债表日是否需要调整。

11. 关注是否存在质押、冻结等对变现有限制或存在境外的款项。是否已作必要的调整和披露。

12. 对不符合现金及现金等价物条件的银行存款在审计工作底稿中予以列明，以考虑对现金流量表的影响。

13. 抽查大额银行存款收支的原始凭证，检查原始凭证是否齐全、记账凭证与原始凭证是否相符、账务处理是否正确、是否记录于恰当的会计期间等项内容。检查是否存在非营业目的的大额货币资金转移，并核对相关账户的进账情况；如有与被审计单位生产经营无关的收支事项，应查明原因并作相应的记录。

14. 检查银行存款收支的截止是否正确。选取资产负债表日前后＿＿＿张、＿＿＿金额以上的凭证实施截止测试，关注业务内容及对应项目，如有跨期收支事项，应考虑是否应进行调整。

15. 根据评估的舞弊风险等因素增加的其他审计程序。

（五）库存现金的监盘

1. 库存现金审计的目标

库存现金的审计目标一般应包括：①确定被审计单位资产负债表的货币资金项目中的库存现金在资产负债表日是否确实存在；②确定被审计单位所有应当记录的现金收支业务是否均已记录完毕，有无遗漏；③确定记录的库存现金是否为被审计单位所拥有或控制；④确定库存现金以恰当的金额包括在财务报表的货币资金项目中，与之相关的计价调整已恰当记录；⑤确定库存现金是否已按照企业会计准则的规定在财务报表中作出恰当列报。

2. 库存现金监盘的程序

（1）制订监盘计划，确定监盘时间。对库存现金的监盘最好实施突击性的检查，时间最好选择在上午上班前或下午下班时，盘点的范围一般包括被审计单位各部门经管的现金。在进行现金盘点前，应由出纳员将现金集中起来存入保险柜。必要时可加以封存，然后由出纳员把已办妥现金收付手续的收付款凭证登入库存现金日记账。如被审计单位库存现金存放部门有两处或两处以上的，应同时进行盘点。

（2）审阅库存现金日记账并同时与现金收付凭证相核对。一方面检查库存现金日记账的记录与凭证的内容和金额是否相符；另一方面了解凭证日期与库存现金日记账日期是否相符或接近。

（3）由出纳员根据库存现金日记账加计累计数额，结出现金结余额。

（4）盘点保险柜内的现金实存数，同时由注册会计师编制"库存现金监盘表"，分币种、面值列示盘点金额。

（5）将盘点金额与库存现金日记账余额进行核对，如有差异，应要求被审计单位查明原因，必要时应提请被审计单位作出调整；如无法查明原因，应要求被审计单位按管理权限批准后作出调整。

（6）若有冲抵库存现金的借条、未提现支票、未作报销的原始凭证，应在"库存现金监盘表"中注明，必要时应提请被审计单位作出调整。

（7）在非资产负债表日进行盘点和监盘时，应调整至资产负债表日的金额（见表 3-4-11）。

表 3-4-11　　　　　　　　　　　货币资金监盘表

被审计单位：_____　　　索引号：_ZA1-1_　　　页次：_____

项目：库存现金盘点表_____　　　编制人：_____　　　日期：_____

财务报表截止日/期间：_____　　　复核人：_____　　　日期：_____

检查盘点记录				实有库存现金盘点记录				
项目	项次	人民币	美元	面额	人民币		美元	
					张	金额	张	金额
上一日账面库存余额	①			1 000 元				
盘点日未记账传票收入金额	②			500 元				
盘点日未记账传票支出金额	③			100 元				
盘点日账面应有金额	④=①+②-③			50 元				
盘点日实有库存现金数额	⑤			20 元				
盘点日应有与实有差异	⑥=④-⑤			10 元				
差异原因分析	白条抵库（张）			5 元				
				2 元				
				1 元				
				0.5 元				
				0.2 元				
				0.1 元				
				合计				
追溯调整	报表日至审计日库存现金付出总额							
	报表日至审计日库存现金收入总额							
	报表日库存现金应有余额							
	报表日账面汇率							
	报表日余额折合本位币金额							
本位币合计								

出纳员：　　会计主管人员：　　监盘人：　　检查日期：

审计说明：

做中学 3-4-22

（单选题）注册会计师冯天海负责审计奥科公司 2012 年财务报表。2013 年 1 月 5 日对奥科公司全部库存现金进行监盘后，确认实有现金数额为 11 000 元。截至 2013 年 1 月 4 日，奥科公司库存现金账面余额为 12 000 元，1 月 5 日发生的现金收支全部未登记入账，其中收入金额为 33 000 元、支出金额为 34 000 元，2013 年 1 月 1 日至 1 月 4 日库存现金收入总额为 165 200 元、现金支出总额为 165 500 元，则冯天海确认奥科公司 2012 年 12 月 31 日的库存现金实有数是（　　　）元。

A．11 300　　　　B．12 300　　　　C．9 700　　　　D．12 700

【答案】B

做中学 3-4-23

（单选题）下列与现金业务有关的职责可以不分离的是（   ）。

A. 现金支付的审批与执行　　　　　B. 现金保管与现金日记账的记录

C. 现金的会计记录与审计监督　　　D. 现金保管与现金总分类账的记录

【答案】B

 拓展阅读

【材料1】　　　　　　　　**销售与收款业务循环的不相容职务**

（1）登记主营业务收入的人员与记录应收账款的职员应当分开（借贷分离）。

（2）不负责账簿记录的职员定期调节总账和明细账（记账与调节分离）。

（3）登记账簿的职员不得经手货币资金（账钱分离）。

（4）赊销批准职能与销售职能的分离（A审批与B执行）。

（5）销售、发货、收款三项业务的部门应分别设立（采购、验收、付款分别设立）。

（6）销售合同订立前，与顾客就销售价格、信用政策、发货及收款方式等具体事项谈判的人员至少应有两人以上，并与订立合同的人员相分离（防止协议外协议）。

（7）编制销售发票通知单（销售单、发运凭证）的人员与开具销售发票的人员相互分离。

（8）销售人员应当避免接触销货现款（防止回扣）。

（9）应收票据的取得和贴现必须经由保管票据以外的主管人员的书面批准（控制与调度）。

【材料2】　　　　　　　　**采购与付款业务循环的不相容职务**

（1）请购（请购部门）与审批（应付凭单部门）（A申请与B审批）。

（2）询价与确定供应商（防止吃回扣）。

（3）采购合同的订立与审批（防止协议外协议）。

（4）采购与验收（假借采购实施贪污）。

（5）采购、验收与相关会计记录（账—实之间相互制约）

（6）付款审批与付款执行（A审批与B执行）。

【材料3】　　　　　　**应收账款函证和应付账款函证的异同点**

应收账款函证是指向被审计单位的客户函证，应付账款函证是指向被审计单位的供应商函证。应收账款、应付账款的认定包括存在、完整、权利和义务、计价和分摊四种。

1. 存在

函证足以证实应收账款、应付账款的存在认定的错报。

2. 完整性

常规的函证程序是依据账簿记录实施的，所以难以发现未入账的错误，不适用于完整性认定。注册会计师可以通过实施具有不可预见性的函证程序，例如，向被审计单位最近三年内有过往来的所有客户或供应商函证以发现完整性认定的错报。

3. 计价和分摊

函证可以发现被函证项目账面余额的错报。

应收账款的计价和分摊认定包括账面余额和坏账准备两个部分。向被审计单位的客户函证可以发现前一方面存在的错报，不能发现后一方面存在的错报。因此，函证程序只能部分证实应收账款计价和分摊认定的错报。应付账款计价和分摊认定主要与其账面余额相关，所以函证能证实应付账款计价和分摊认定的错报。

4. 权利和义务

向客户或供应商函证有助于但不足以完全证实应收账款及应付账款的权利和义务认定。

【有助于证实】如果客户回函表明尚未收到商品，可能表明被审计单位尚未取得收取货款的权利，违反了权利和义务认定；如果供应商回函表明有半年的试用期，可能表明被审计单位尚未产生支付货款的义务，违反了权利和义务认定。

【不足以完全证实】应收账款的贴现、抵借；供应商未按期发货导致的纠纷。这些信息无法通过向客户或供应商函证获得，可能需要向银行或律师事务所函证获得。

【材料4】　　　　　企业是如何通过应付账款隐瞒利润的

隐瞒利润的途径之一是高估营业成本。这就需要高估存货成本，尤其是高估直接材料。高估直接材料是难以被发现的，因为直接材料是已经消耗的材料。

假如企业一年采购了某种材料100万元，但是高估了直接材料后当年发生的直接材料费用为120万元，很明显说不过去，为了掩饰高估的材料费用，只能高估或虚构材料采购业务。高估或虚构的材料采购业务是不可能付款的，所以虚构的只能是赊购，那就只能虚构应付账款。虚构的应付账款并不需要支付，故只有两种结果：舞弊或长期挂账。舞弊是指实际支付到一个账号，该账号可能是企业管理人员的，这属于贪污；长期挂账容易暴露虚构这一事实，故在一段时间后企业可能从应付账款转移到预付账款（借应付、贷预付），这属于"两面同挂"。

【材料5】　　　　　出纳不能兼任的职务

出纳从事的业务是货币资金的收、付与记录，所以不能兼任与货币资金收、付、记录相关的业务。只要与货币资金相关的工作，出纳员都应当"避嫌"。具体来说，出纳员不能兼任下列职务。

（1）债权、债务、收入、费用等账目的登记工作。这些账目都可能以库存现金或银行存款科目为对方科目。例如，出纳员同时负责登记应收账款明细账，很可能发生循环挪用货款的情况。

（2）会计档案的保管工作。会计档案中包括货币资金相关的凭证、账簿。例如，出纳员保管作废的支票，很可发生重复付款的舞弊。

（3）货币资金收、付凭证的审批、付款凭证的复核等工作。出纳是货币资金收、付业务的具体执行者。一般而言，对一项业务的审批、执行、复核进行职责分离属于内部控制的基本要求。

自我检测

一、单选题

1. 为了确保所有发出的货物均已开具发票，注册会计师应从本年度的（　　　）中抽取样本，与相关的发票核对。

　　A. 货运文件　　　　B. 销售合同　　　　C. 销售订单　　　D. 销售记账凭证

2. 为了确保销售收入截止的正确性，注册会计师最希望被审计单位（　　　）。

　　A. 建立严格的赊销审批制度　　　　　　B. 发运单连续编号并顺序签发

　　C. 经常与顾客对账核对　　　　　　　　D. 年初及年末停止销售业务

3. 采购和付款交易通常要依次经过（　　　）几个业务活动。

　　A. 请购商品和劳务、编制订购单、验收商品、储存已验收商品、编制付款凭单、确认与记录负债、付款、记录现金与银行存款支出

　　B. 编制订购单、请购商品和劳务、验收商品、储存已验收商品、编制付款凭单、确认与记录负债、付款、记录现金与银行存款支出

　　C. 编制订购单、请购商品和劳务、编制付款凭单、储存已验收商品、验收商品、确认与记录负债、付款、记录现金与银行存款支出

　　D. 请购商品和劳务、编制付款凭单、验收商品、储存已验收商品、编制订购单、确认与记录负债、付款、记录现金与银行存款支出

4. 下列不属于注册会计师对被审计单位的采购与付款业务实施的控制测试的是（　　　）。

　　A. 检查有无长期挂账的应付账款，注意其是否可能无需支付

　　B. 检查采购与付款业务授权批准手续是否健全，有无存在越权审批行为

　　C. 检查采购与付款业务相关岗位及人员设置情况，有无不相容职务混岗的现象

　　D. 检查凭证的登记、领用、传递、保管、注销手续是否健全，使用和保管制度是否存在漏洞

5. 注册会计师李泽方在审查奥科公司 2012 年度应付账款项目时，发现奥科公司应付账款明细账中存在确实无法支付的巨额应付账款。对此，李泽方应提请奥科公司管理层作（　　　）的会计处理。

　　A. 借记"应付账款"，贷记"营业外收入"

　　B. 借记"坏账准备"，贷记"营业外收入"

　　C. 借记"应付账款"，贷记"资本公积"

　　D. 借记"坏账准备"，贷记"资本公积"

6. 通过向生产和销售人员询问是否存在过时或周转缓慢的存货，最可能证实的是（　　　）。

　　A. 计价和分摊　　　B. 权利和义务　　　C. 存在　　　D. 完整性

7. 关于生产与存货业务循环的内部控制，下列表述中错误的是（　　　）。

　　A. 包括存货的内部控制

　　B. 包括成本会计制度的内部控制

　　C. 包括费用类内部控制

　　D. 存货的内部控制可概括为数量和计价两个关键因素的控制

8. 注册会计师冯天海接受委托审计奥科公司 2012 年财务报表，在对生产与存货业务循环的审计过程中，冯天海想要证实存货的成本以正确的金额在恰当的会计期间及时记录于适当的账户，此时不可以实施的实质性程序是（　　　）。

    A. 对成本实施分析程序

    B. 对重大在产品项目进行计价测试

    C. 测试是否按照规定的成本核算流程和账务处理流程进行核算和财务处理

    D. 抽查成本计算单，检查各种费用的归集和分配以及成本的计算是否正确

9. 银行存款函证的对象是（　　　）。

    A. 存款余额不为零的银行　　　　　　　B. 所有银行

    C. 存款余额为零的银行　　　　　　　　D. 所有存过款的银行

10. 以下项目中，属于现金完整性目标的是（　　　）。

    A. 已收到的现金确实为企业所有　　　B. 已入账的现金收入确实为企业实际收到的现金

    C. 收到的现金收入已全部登记入账　　D. 现金收入在资产负债表上的披露正确

二、多选题

1. 被审计单位在销售与收款业务循环中的主要业务活动有（　　　）。

    A. 批准赊销　　　　　　　　　　　　B. 按销售单装运货物

    C. 办理和记录现金收入　　　　　　　D. 办理和记录销货退回、销货折扣与折让

2. 下列各项控制程序中，能够保证已发生的采购业务均已记录的有（　　　）。

    A. 请购单均经事先编号并已登记入账

    B. 订货单均经事先编号并已登记入账

    C. 验收单均经事先编号并已登记入账

    D. 对购货发票、验收单、订货单和请购单进行内部核查

3. 注册会计师在对被审计单位的应付账款进行审计时，一般应选择的函证对象有（　　　）。

    A. 较大金额的债权人

    B. 所有的债权人

    C. 在资产负债表日金额不大、甚至为零的债权人，而且不是企业重要供货人的债权人

    D. 在资产负债表日金额不大、甚至为零，但为企业重要供货人的债权人

4. 如果注册会计师采用以控制测试为主的方式进行存货监盘，并准备信赖被审计单位存货盘点的控制措施与程序，则其实施的绝大部分审计程序将限于（　　　）。

    A. 询问　　　　B. 重新执行　　　　C. 观察　　　　D. 抽查

5. 注册会计师实施的下列各项审计程序中，能够证明银行存款是否存在的有（　　　）。

    A. 函证银行存款余额　　　　　　　　B. 检查银行存款收支的正确截止

    C. 检查银行存款余额调节表　　　　　D. 分析定期存款占银行存款的比例

三、案例题

案例一

【材料】中和天成会计师事务所接受委托对奥科公司 2012 年度财务报表进行审计，注册会计师冯天海担任审计项目合伙人。为了推出一款新产品，奥科公司于 2012 年 12 月 31 日从

杭州定制了一批原材料，该材料由奥科公司负责运输，截至盘点日货物尚在运输途中。奥科公司在 2013 年 1 月 8 日对存货实施盘点，注册会计师李泽方和朱国栋于同日实施存货监盘程序，有关部分监盘计划和监盘工作如下。

（1）存货监盘目标：检查奥科公司 2012 年 12 月 31 日存货数量是否真实完整。

（2）存货监盘范围及时间安排：2013 年 1 月 8 日对奥科公司仓库库存的所有存货实施监盘。

（3）注册会计师在制订存货监盘计划时与奥科公司沟通确定存货检查重点。

（4）在检查存货盘点结果时，注册会计师仅从存货实物中选取项目追查至存货盘点记录，目的是测试存货盘点记录的准确性和完整性。

（5）观察管理层制定的盘点程序的执行情况，对于正在加工中的存货，应当获取资产负债表日前后存货收发及移动的凭证，检查库存记录与会计记录期末截止的正确性。

（6）对实施抽盘程序发现的盘盈或盘亏的存货，由仓库保管员将存货实物数量和仓库存货记录调节相符。

（7）在奥科公司存货盘点结束前，注册会计师还应当再次观察盘点现场，并取得和检查已填用、作废及未使用盘点表单的号码记录，不再实施其他审计程序，进一步确定盘点范围是否正确以及复核存货盘点结果汇总记录并评估是否正确反映实际盘点结果。

【要求】针对上述监盘计划和监盘工作有无不妥当之处？如有，请简述理由。

案例二

【材料】在对奥科公司 2012 年度财务报表进行审计时，注册会计师朱国栋负责审计货币资金项目。奥科公司在总部和营业部均设有出纳部门。为顺利监盘库存现金，朱国栋在监盘前一天通知奥科公司会计主管人员作好监盘准备。考虑到出纳日常工作安排，对总部和营业部库存现金的监盘时间分别定在上午十点和下午三点。监盘时，出纳把现金放入保险柜，并将已办妥现金收付手续的交易登入现金日记账，结出现金日记账余额；然后，朱国栋当场盘点现金，在与现金日记账核对后填写"库存现金盘点表"，并在签字后形成审计工作底稿。

【要求】请指出上述库存现金监盘工作中有哪些不当之处，并提出改进建议。

模块五　完成审计工作和编制审计报告

 案例导入

2013 年 2 月 16 日，审计项目组对奥科公司的审计业务进入尾期，返回中和天成会计师事务所进行最后的终结工作。注册会计师冯天海和李泽方作为该项目的签字注册会计师，在拟出具审计意见类型时存在了一点不同意见。经审计，他们发现奥科公司从 2011 年度开始对投资性房地产采用公允模式计量的会计政策。在 2011 年度的审计中，上任会计师事务所——圣职恒远会计师事务所发现奥科公司的投资性房地产并不存在活跃市场，按照公允价值模式计量并不恰当，所以建议其调整，但是奥科公司拒绝调整，故圣职恒远会计师事务所出具了非无保留意见的审计报告。在 2012 年度的财务报表审计中，该事项仍然存在，并对本期也有重大影响。基于该事项的存在，中和天成会计师事务所应出具什么类型的审计报告呢？基于事实，冯天海和李泽方决定在 2012 年度审计报告的说明段中清楚说明未解决事项对比较数据和本期数据的重大影响，出具保留或否定意见的审计报告。

 相关知识

完成阶段是注册会计师审计工作的最后一个阶段。注册会计师按业务循环完成各财务报表项目的审计测试和一些特殊项目的审计工作后，在完成阶段应汇总审计测试结果，进行更具综合性的审计工作，如评价审计中的重大发现、汇总审计差异、评价独立性和道德问题、考虑被审计单位的持续经营假设的合理性、关注或有事项和期后事项对财务报表的影响、撰写审计总结、复核审计工作底稿和财务报表等。在此基础上，应评价审计结果，在与客户沟通以后，获取管理层声明，确定应出具审计报告的意见类型和措辞，进而编制并致送审计报告，终结审计工作。

一、完成审计工作

（一）评价审计中的重大发现

在完成阶段，项目合伙人和审计项目组要对审计中的重大发现和事项及已进行的审计程序进行评估。注册会计师评估的审计差异的重要性和对审计计划阶段进行的重要性的判断是不同的。如果在完成阶段确定的修订的重要性水平远远低于计划阶段确定的重要性水平，注册会计师应当重新评估已经获取的审计证据的充分性和适当性。重要性的任何变化都要求注册会计师重新评估重大错报上限和审计策略。如果审计项目组内部、审计项目组与被咨询者之间以及项目合伙人与项目质量复核人员之间存在意见分歧，审计项目组应当遵循事务所的政策和程序进行妥善解决。

（二）汇总审计差异

在完成按业务循环进行的控制测试、交易与财务报表项目的实质性程序以及特殊项目的审计后，对审计项目组成员在审计中发现的被审计单位的会计处理方法与企业会计准则的不一致（即审计差异），项目负责人应根据审计重要性原则初步确定并汇总审计差异，同时建议被审计单位进行调整，以便使经审计的财务报表所记载的信息能够公允地反应被审计单位的财务状况、经营成果和现金流量。该过程主要是通过编制审计差异调整表、调整分录和试算平衡表来完成。

1. 编制审计差异调整表

审计差异内容按是否需要调整账户记录可分为核算错误和重分类错误。核算错误是因企业对经济业务进行了不正确的会计核算而引起的错误，用审计重要性原则来衡量每一项核算错误，又可把这些核算错误区分为建议调整的不符事项和不建议调整的不符事项（即未调整不符事项）；重分类错误是因企业未按企业会计准则列报财务报表而引起的错误。注册会计师确定了建议调整的不符事项和重分类错误后，应以书面方式及时征求被审计单位对需要调整财务报表事项的意见。若被审计单位予以采纳，应取得被审计单位同意调整的书面确认；若被审计单位不予采纳，应分析原因，并根据未调整不符事项的性质和重要程度，确定是否在审计报告中予以反映，以及如何反映。

2. 编制审计调整分录

审计调整的对象是存在错报的财务报表项目，也就是对错报所造成的最后结果进行调整。需要编制调整分录的误差一般包括错报和漏报两类：（1）对错报的调整方法包括正误对照分析法和推倒重来法。①正误对照分析法是指先检查企业原账面记录（错误分录），然后自己作出正确的分录，再将错误和正确的分录均记录在草稿上，最后比较这两个分录，分析哪些项目多计或少计进而编制相应的调整分录。②推倒重来法直接作与原来相反的分录冲销，然后再作正确的会计处理，最后把这两个分录合并。推倒重来法一般只在业务比较复杂时使用。（2）对漏报的调整是指存在漏记了相关业务时，直接进行补记。

3. 重分类分录的编制

重分类错误的会计核算是正确的，只是编制的资产负债表分类不符合会计准则、会计制度的规定，这类误差，是由账项的分类与报表分类不一致所造成的。因此注册会计师不要求被审计单位调整账簿，而是直接调整财务报表。

4. 编制试算平衡表

注册会计师应将调整的不符事项、重分类错误以及未调整不符事项分别汇总至"账项调整分录汇总表"、"重分类调整分录汇总表"与"未更正错报汇总表"。

试算平衡表的钩稽关系要点包括：（1）试算平衡表中的"期末未审数"和"审计前金额"列，应根据被审计单位提供的未审计财务报表填列；（2）试算平衡表中的"账项调整"和"调整金额"列，应根据经被审计单位同意的"账项调整分录汇总表"填列；（3）试算平衡表中的"重分类调整"列，应根据经被审计单位同意的"重分类调整分录汇总表"填列。

做中学 3-5-1

（单选题）以下说法中，不恰当的是（　　　）。

A. 审计差异汇总过程主要是通过编制审计差异调整表、调整分录和试算平衡表来完成

B. 审计差异内容按是否需要调整账户记录可分为核算错误和重分类错误

C. 对重分类错误，注册会计师必须要求被审计单位调整账簿

D. 审计调整的对象是存在错报的财务报表项目

【答案】C

（三）复核财务报表

（1）在审计结束或临近结束时，注册会计师运用分析程序的目的是确定经审计调整后的财务报表整体是否与对被审计单位的了解一致，是否具有合理性。注册会计师应当围绕这一目的运用分析程序。在运用分析程序进行总体复核时，如果识别出以前未识别的重大错报风险，注册会计师应当重新考虑对全部或部分各类交易、账户余额和披露评估的风险是否恰当，并重新评价之前计划的审计程序是否充分，是否有必要追加审计程序。

（2）注册会计师评价审计结果，主要是为了确定审计意见的类型以及在整个审计工作中

是否遵循了审计准则。为此，注册会计师必须完成两项工作：一是对重要性和审计风险进行最终的评价；二是对被审计单位已审计财务报表形成审计意见并草拟审计报告。对重要性和审计风险进行最终评价，是注册会计师决定发表何种类型审计意见的必要过程。在对审计意见形成最后决定之前，会计师事务所通常要与被审计单位召开沟通会。

（四）复核审计工作底稿

会计师事务所一般应当建立由项目负责人、部门负责人和审计机构的负责人或专职的复核机构或复核人员对审计工作底稿进行逐级复核的一种复核制度。

（五）评价独立性和道德问题

项目合伙人应当考虑项目组成员是否遵守职业道德规范，在整个审计过程中对项目组成员违反职业道德规范的迹象保持警惕，并就审计业务的独立性是否得到遵守形成结论。为此，项目合伙人应该：

（1）从会计师事务所获取相关信息，以识别、评价对独立性产生不利影响的情形。

（2）评价已识别的违反会计师事务所独立性政策和程序的情况，以确定是否对审计业务的独立性产生不利影响。

（3）采取适当的防护措施以消除对独立性产生的不利影响，或将其降至可接受的水平。对未能解决的事项，项目合伙人应当立即向事务所报告，以便事务所采取适当的行动。

（4）记录与独立性有关的结论，以及事务所内部支持这一结论的相关讨论情况。

在签署审计报告前，项目合伙人必须确信审计过程中产生的所有独立性和道德问题已经得到圆满解决，并与《中国注册会计师审计准则第 1121 号——对财务报表审计实施的质量控制》和《中国注册会计师职业道德守则》的独立性要求一致。

（六）考虑被审计单位的持续经营假设的合理性

1. 管理层的责任和注册会计师的责任

（1）管理层的责任。管理层应当根据企业会计准则的规定，对持续经营能力作出评估，考虑运用持续经营假设编制财务报表的合理性。

（2）注册会计师的责任。注册会计师对持续经营假设进行审计是为了确定被审计单位以持续经营假设为基础编制财务报表是否合理。注册会计师应当按照审计准则的要求，实施必要的审计程序，获取充分、适当的审计证据，确定可能导致对持续经营能力产生重大疑虑的事项或情况是否存在重大不确定性，并考虑对审计报告的影响。

2. 计划审计工作与实施风险评估程序

在计划审计工作和实施风险评估程序时，注册会计师应当考虑是否存在可能导致对持续经营能力产生重大疑虑的事项或情况（财务、经营和其他方面）及相关的经营风险，评价管理层对持续经营能力作出的评估，并考虑已识别的事项或情况对重大错报风险评估的影响。

如果被审计单位存在资不抵债、无法偿还到期债务等事项或情况，这可能表明被审计单位存在因持续经营问题导致的重大错报风险，该项风险是与财务报表整体广泛相关，从而影响多项认定。

3. 评价管理层对持续经营能力作出的评估

管理层应当定期对其持续经营能力作出分析和判断，确定以持续经营假设为基础编制财务报表的适当性。管理层对持续经营能力的评估是注册会计师考虑持续经营假设的一个重要组成部分。注册会计师应当评价管理层对持续经营能力作出的评估。

管理层对持续经营能力的合理评估期间应是自资产负债表日起的下一个会计期间；如果管理层没有对持续经营能力作出初步评估，注册会计师应当与管理层讨论运用持续经营假设的理由。

做中学 3-5-2

（单选题）注册会计师对被审计单位 2012 年 1 月至 6 月财务报表进行审计，并于 2012 年 8 月 31 日出具审计报告。下列各项中，管理层在编制 2012 年 1 月至 6 月财务报表时，评估其持续经营能力应当涵盖的最短期间是（　　　）。

A. 2012 年 7 月 1 日至 2013 年 6 月 30 日　　B. 2012 年 9 月 1 日至 2013 年 8 月 31 日

C. 2012 年 7 月 1 日至 2012 年 12 月 31 日　　D. 2012 年 7 月 1 日至 2013 年 12 月 31 日

【答案】A

（七）关注或有事项

注册会计师对或有事项进行审计所要达到的审计目标一般包括：（1）确定或有事项是否存在和完整；（2）确定或有事项的确认和计量是否符合企业会计准则的规定；（3）确定或有事项的列报或披露是否恰当。

在审计或有事项时，注册会计师尤其要关注财务报表反映的或有事项的完整性。针对或有事项完整性的审计程序通常包括：（1）了解被审计单位与识别或有事项有关的内部控制；（2）审阅截至审计工作完成日被审计单位历次董事会纪要和股东大会会议记录，确定是否存在未决诉讼或仲裁、未决索赔、税务纠纷、债务担保、产品质量保证、财务承诺等方面的记录；（3）向与被审计单位有业务往来的银行函证，或检查被审计单位与银行之间的借款协议和往来函件，以查找有关票据贴现、背书、应收账款抵借、票据背书和担保；（4）检查与税务征管机构之间的往来函件和税收结算报告，以确定是否存在税务争议；（5）向被审计单位的法律顾问和律师进行函证，分析被审计单位在审计期间发生的法律费用，以确定是否存在未决诉讼、索赔等事项；（6）向被审计单位管理层获取书面声明，声明其已按照企业会计准则的规定，对全部或有事项作了恰当反映；（7）确定或有事项的确认、计量和列报是否符合《企业会计准则第 13 号——或有事项》的规定。

在对被审计单位期后事项和或有事项等进行审计时，注册会计师往往要向被审计单位的法律顾问和律师进行函证，以获取与资产负债表日业已存在的，以及资产负债表日至复函日这一时期内存在的期后事项和或有事项等有关的审计证据。被审计单位律师对函证问题的答复和说明，就是律师声明书。对律师的函证，通常以被审计单位的名义，通过寄发审计询证函的方式实施。律师声明书所用的格式和措辞并没有定式。

注册会计师应根据该律师的职业水准和声誉情况来确定律师声明书的可靠性。如果注册会计师对代理被审计单位重大法律事务的律师并不熟悉，则应查询诸如该律师的职业背景、声誉及其在法律界的地位等情况，并考虑从律师协会获取信息。如果律师声明书表明或暗示律师拒绝提供信息，或隐瞒信息，注册会计师应将其视为审计范围受到限制。

做中学 3-5-3

（单选题）注册会计师审计或有事项时应关注证实或有事项的（　　　）。

A. 存在　　　　　　　B. 列报　　　　　C. 完整性　　　　　D. 分类和可理解性

【答案】C

（八）关注期后事项

1. 期后事项的含义

期后事项，是指资产负债表日至审计报告日之间发生的事项以及审计报告日后发现的事实。审计报告日是注册会计师完成审计工作的日期。

由于持续经营假设和会计分期假设的影响，注册会计师在审计被审计单位某一会计年度的财务报表时，为了保证一个会计期间的财务报表的真实性和完整性，除了对所审会计年度内发生的交易和事项实施必要的审计程序外，还必须考虑所审会计年度之后发生和发现的事项（即期后事项）对所审年度财务报表和审计报告的影响。

做中学 3-5-4

（单选题）注册会计师于 2013 年 2 月 19 日完成了对奥科公司 2012 年度财务报表外勤审计工作，3 月 7 日写出审计报告，则审计报告日为（　　　）。

A. 2013 年 3 月 7 日　　　　　　　　B. 2012 年 12 月 31 日

C. 2013 年 2 月 19 日　　　　　　　　D. 2013 年 4 月 30 日

【答案】A

---

2. 期后事项的分段（见图3-5-1）

按时段，期后事项可以划分为三段：第一个时段是资产负债表日后至审计报告日，把在这一期间发生的事项称为"第一时段期后事项"；第二个时段是审计报告日后至财务报表报出日，可以把这一期间发现的事实称为"第二时段期后事项"；第三个时段是财务报表报出日后，可以把这一期间发现的事实称为"第三时段期后事项"。

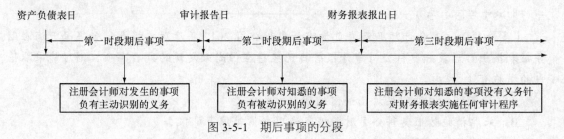

图 3-5-1　期后事项的分段

3. 注册会计师对期后事项的处理

（1）主动识别第一时段期后事项。对于这一时段的期后事项，注册会计师负有主动识别的义务，应当设计专门的审计程序来识别这些期后事项，并根据这些事项的性质判断其对财务报表的影响。如果知悉财务报表有重大影响的期后事项属于调整事项，注册会计师应当考虑被审计单位是否已对财务报表作出适当的调整。如果所知悉的对财务报表有重大影响的期后事项属于非调整事项，注册会计师应当考虑被审计单位是否在财务报表附注中予以充分披露。

（2）被动识别第二时段期后事项。在审计报告日后，注册会计师没有义务针对财务报表实施任何审计程序。审计报告日后至财务报表报出日前发现的事实属于"第二时段期后事项"，注册会计师针对被审计单位的审计业务已经结束，要识别可能存在的期后事项比较困难，因而无法承担主动识别第二时段期后事项的审计责任。

在审计报告日后至财务报表报出日前，如果知悉可能对财务报表产生重大影响的事实，注册会计师应当考虑是否需要修改财务报表，并与管理层讨论，同时根据具体情况采取适当措施。如果注册会计师认为期后事项的影响足够重大，确定需要修改财务报表的，管理层修改了财务报表，注册会计师应当根据具体情况实施必要的审计程序以验证管理层根据期后事项所作出的财务报表调整或披露是否符合企业会计准则和相关会计制度的规定，并推迟审计报告日。也还需要根据管理层是否同意修改财务报表，或审计报告是否已经提交等具体情况采取适当措施。

如果注册会计师认为应当修改财务报表而管理层没有修改，并且审计报告尚未提交给被审计单位，注册会计师应当出具保留意见或否定意见的审计报告。

如果注册会计师认为应当修改财务报表而管理层没有修改，并且审计报告已提交给被审计单位，注册会计师应当通知治理层不要将财务报表和审计报告向第三方报出。

如果财务报表仍被报出，注册会计师应当采取措施防止财务报表使用者信赖该审计报告。例如，针对上市公司，注册会计师可以利用证券传媒，刊登必要的声明，防止财务报表使用者信赖审计报告。注册会计师采取的措施取决于自身的权利和义务以及所征询的法律意见。

（3）没有义务识别第三时段的期后事项。财务报表报出日后发现的事实属于第三时段期后事项，注册会计师没有义务针对财务报表实施任何审计程序。但是，并不排除注册会计师通过媒体等其他途径获悉可能对财务报表产生重大影响的期后事项的可能性。如果知悉在审计报告日已存在的、可能导致修改审计报告的事实，注册会计师应当考虑是否需要修改财务报表，并与管理层进行讨论。同时，注册会计师还需要根据管理层是否修改财务报表、是否采取必要措施确保所有收到原财务报表和审计报告的人士了解这一情况、是否临近公布下一期财务报表等具体情况采取适当措施。

▍做中学 3-5-5 ▍

（多选题）注册会计师冯天海负责审计奥科公司 2012 年度财务报表。如果冯天海在财务报表报出日后获知奥科公司审计报告日已经存在但尚未发现的期后事项，则可能采取恰当的措施有（　　　　）。

A. 与奥科公司管理层讨论如何处理

B. 采取措施防止奥科公司财务报表使用者信赖该审计报告

C. 提请奥科公司管理层修改财务报表

D. 重新出具审计报告

【答案】A B C D

审计工作完成情况核对表的具体内容如表 3-5-1 所示。

表 3-5-1　　　　　　　　　　　　**审计工作完成情况核对表**

审计工作完成情况核对表

被审计单位：_____　　　索引号：EP _____

项目：审计工作完成情况核对表 _____　财务报表截止日/期间：_____

编制：_____　　　　　　复核：_____

日期：_____　　　　　　日期：_____

审计工作	是/否/不适用	备注	索引号
1. 是否执行业务承接或保持的相关程序			
2. 是否签订审计业务约定书			
3. 是否制定总体审计策略			
4. 审计计划制订过程中，是否了解被审计单位及其环境并评估重大错报风险，包括舞弊风险			
5. 是否召开项目组会议			
6. 审计计划是否经适当人员批准			
7. 是否与被审计单位就审计计划进行沟通			
8. 计划的审计程序是否得到较好执行，对计划的修改是否得到记录			
9. 是否已获取所有必要的来自银行、律师、债权人、债务人、持有存货的第三方等外部机构的询证函的回函或确认函			
10. 所有重要实物资产是否均已实施监盘			
11. 当涉及利用其他注册会计师的工作时，对其他注册会计师的工作结果是否满意			
12. 计划执行的各项审计程序是否全部执行完毕，未能执行的审计程序是否实施了替代审计程序			
13. 审计范围是否受到限制			
14. 计划确定的重大错报风险，包括舞弊导致的重大错报风险是否仍旧恰当，是否需要追加审计程序			
15. 是否恰当应对在审计过程中识别的舞弊导致的重大错报风险			
16. 是否审查期后事项，并考虑对财务报表的影响			
17. 是否审查或有事项，并考虑对财务报表的影响			
18. 是否审查关联方及关联方交易，并考虑对财务报表的影响			
19. 是否审查对被审计单位持续经营能力具有重大影响的事项			
20. 是否及时查阅了与已审财务报表相关的其他信息，并充分考虑了其他信息对已审计财务报表的影响			
21. 是否已就审计中发现的重大错报及其他对财务报表产生重大影响的重大事项与适当层次的管理层或治理层沟通			
22. 是否在审计结束时或临近结束时对财务报表进行总体复核			
23. 是否召开项目组会议，并确定建议调整事项和试算平衡表草表			
24. 是否编制重大事项概要，是否所有重大事项均已得到满意解决			
25. 是否与被审计单位召开总结会，就建议调整事项进行沟通，形成总结会会议纪要，并经被审计单位确认			

续表

审计工作	是/否/不适用	备注	索引号
26. 是否获取被审计单位对所有调整事项的确认			
27. 是否累计所有未更正错报,包括错误和推断差异,并评估未更正错报对财务报表的影响			
28. 未更正错报汇总表是否经被审计单位确认			
29. 董事会或管理层是否接受已审计财务报表			
30. 项目负责人是否已复核工作底稿			
31. 项目合伙人是否已复核工作底稿			
32. 是否已完成项目质量控制复核(必要时)			
33. 是否已取得经签署的管理层声明书原件,并确定其签署日期与审计报告日期一致			
34. 是否完成审计总结			

二、编制审计报告

(一)审计报告的含义和特征

审计报告,是注册会计师根据中国注册会计师审计准则的规定,在实施审计工作的基础上对被审计单位财务报表发表审计意见的书面文件。

审计报告具有以下特征:(1)按照审计准则的规定执行审计工作;(2)在实施审计工作的基础上才能出具审计报告;(3)通过对财务报表发表意见来履行审计业务约定书的责任;(4)以书面形式出具审计报告。

(二)审计意见的形成

注册会计师应当就财务报表是否在所有重大方面按照适用的财务报告编制基础编制并实现公允反映形成审计意见。为了形成审计意见,针对财务报表整体是否不存在由于舞弊或错误导致的重大错报,注册会计师应当得出结论,确定是否已就此获取合理保证。在得出结论时,注册会计师应当考虑下列方面:(1)按照《中国注册会计师审计准则第 1231 号——针对评估的重大错报风险采取的应对措施》的规定,是否已获取充分、适当的审计证据;(2)按照《中国注册会计师审计准则第 1251 号——评价审计过程中识别出的错报》的规定,未更正错报单独或汇总起来是否构成重大错报;(3)评价财务报表是否在所有重大方面按照适用的财务报告编制基础编制;(4)评价财务报表是否实现公允反映;(5)评价财务报表是否恰当提及或说明适用的财务报告编制基础。

(三)审计报告的类型

审计报告分为标准审计报告和非标准审计报告,如图 3-5-2 所示。

1. 标准审计报告

标准审计报告,是指不含有说明段、强调事项段、其他事项段或其他任何修饰性用语的无保留意见的审计报告。

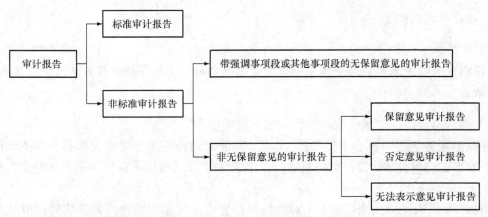

图 3-5-2　审计报告的类型

无保留意见，是指当注册会计师认为财务报表在所有重大方面按照适用的财务报告编制基础编制并实现公允反映时发表的审计意见。包含其他报告责任段，但不含有强调事项段或其他事项段的无保留意见的审计报告也被视为标准审计报告。

如果认为财务报表符合下列所有条件，注册会计师应当出具无保留意见的审计报告：（1）财务报表已经按照适用的会计准则和相关会计制度的规定编制，在所有重大方面公允反映了被审计单位的财务状况、经营成果和现金流量；（2）注册会计师已经按照中国注册会计师审计准则的规定计划和实施审计工作，在审计过程中未受到限制。

当出具无保留意见的审计报告时，注册会计师应当以"我们认为"作为意见段的开头，并使用"在所有重大方面"、"公允反映"等术语。无保留意见的审计报告意味着，注册会计师通过实施审计工作，认为被审计单位财务报表的编制符合合法性和公允性的要求，合理保证财务报表不存在重大错报。

做中学 3-5-6

（单选题）奥科公司原采用直线法计提固定资产折旧，但自 2012 年 1 月 1 日起，对新购入的、技术更新快的固定资产采用加速折旧法。如果该公司在 2012 年度的会计报表附注中披露了采用加速折旧的理由及影响，则注册会计师应当发表（　　）。

A. 无保留意见　　B. 保留意见　　C. 否定意见　　D. 拒绝表示意见

【答案】A

2. 非标准审计报告

非标准审计报告，是指带强调事项段或其他事项段的无保留意见的审计报告和非无保留意见的审计报告。非无保留意见的审计报告包括保留意见的审计报告、否定意见的审计报告和无法表示意见的审计报告。

（1）带强调事项段或其他事项段的无保留意见的审计报告和非无保留意见的审计报告。

① 强调事项段和其他事项段的含义。强调事项段，是指审计报告中含有的一个段落，该段落提及已在财务报表中恰当列报或披露的事项，根据注册会计师的职业判断，该事项对财务报表使用者理解财务报表至关重要。

其他事项段，是指审计报告中含有的一个段落，该段落提及未在财务报表中列报或披露的事项，根据注册会计师的职业判断，该事项与财务报表使用者理解审计工作、注册会计师的责任或审计报告相关。

▎提示 3-5-1 ▎

　　强调事项段用来强调财务信息，位于意见段之后；其他事项段用来说明审计信息，位置灵活。

　　② 强调事项符合的条件和增加强调事项段的情形。

　　强调事项应当同时符合下列条件：（Ⅰ）可能对财务报表产生重大影响，但被审计单位进行了恰当的会计处理，且在财务报表中作出充分披露；（Ⅱ）不影响注册会计师发表的审计意见。

　　增加强调事项段的情形：（Ⅰ）对持续经营能力产生重大疑虑。如果认为被审计单位在编制财务报表时运用持续经营假设是适当的，但存在可能导致对持续经营能力产生重大疑虑的事项或情况，而财务报表已作出充分披露，不影响已发表的审计意见时，注册会计师应当在审计意见段之后增加强调事项段对此予以强调，并提醒财务报表使用者注意财务报表附注中对有关事项的披露。（Ⅱ）重大不确定事项。不确定事项是指其结果依赖于未来行动或事项，不受被审计单位的直接控制，但可能影响财务报表的事项。当存在可能对财务报表产生重大影响的不确定事项（持续经营问题除外）、但不影响已发表的审计意见时，注册会计师应当考虑在审计意见段之后增加强调事项段对此予以强调。

▎提示 3-5-2 ▎

　　除上述两种情形以及其他审计准则规定的增加强调事项段的情形外，注册会计师不应在审计报告的审计意见段之后增加强调事项段或任何解释性段落，以免财务报表使用者产生误解。

▎做中学 3-5-7 ▎

　　（单选题）下列事项中，不会导致注册会计师在审计报告中增加强调事项段的是（　　）。

　　A. 在允许的情况下，提前应用对财务报表有广泛影响的新会计准则

　　B. 所审计财务报表采用特殊编制基础编制

　　C. 含有已审计财务报表的文件中的其他信息与财务报表存在重大不一致，并且需要对其他信息作出修改，但管理层拒绝修改

　　D. 存在已经或持续对被审计单位财务状况产生重大影响的特大灾难

　　【答案】C

　　（2）非无保留意见的审计报告。非无保留意见的审计报告包括保留意见的审计报告、否定意见的审计报告和无法表示意见的审计报告。

　　当存在下列情形之一时，如果认为对财务报表的影响是重大的或可能是重大的，注册会计师应当出具非无保留意见的审计报告：①注册会计师与管理层在被审计单位会计政策的选用、会计估计的作出或财务报表的披露方面存在分歧；②审计范围受到限制。

　　当出具非无保留意见的审计报告时，注册会计师应当在注册会计师的责任段之后、审计意见段之前增加说明段。审计报告的说明段是指审计报告中位于审计意见段之前用于描述注册会计师对财务报表发表保留意见、否定意见或无法表示意见理由的段落。注册会计师应清

楚地说明导致所发表意见或无法发表意见的所有原因，并在可能情况下，指出其对财务报表的影响程度。

①　保留意见的审计报告。如果认为财务报表整体是公允的，但还存在下列情形之一，注册会计师应当出具保留意见的审计报告。

Ⅰ．会计政策的选用、会计估计的作出或财务报表的披露不符合适用的会计准则和相关会计制度的规定，虽影响重大，但不至于出具否定意见的审计报告；

Ⅱ．因审计范围受到限制，不能获取充分、适当的审计证据，虽影响重大，但不至于出具无法表示意见的审计报告。

当出具保留意见的审计报告时，注册会计师应当在审计意见段中使用"除……的影响外"等术语。如果因审计范围受到限制，注册会计师还应当在注册会计师的责任段中提及这一情况。

做中学 3-5-8

（单选题）当审计范围受到局部限制时，注册会计师应出具（　　　）。

A. 无保留意见的审计报告　　　　B. 保留意见的审计报告

C. 否定意见的审计报告　　　　D. 无法表示意见的审计报告

【答案】B

②　否定意见的审计报告。如果认为财务报表没有按照适用的会计准则和相关会计制度的规定编制，未能在所有重大方面公允反映被审计单位的财务状况、经营成果和现金流量，注册会计师应当出具否定意见的审计报告。

当出具否定意见的审计报告时，注册会计师应当在审计意见段中使用"由于上述问题造成的重大影响"、"由于受到前段所述事项的重大影响"等术语。

③　无法表示意见的审计报告。如果审计范围受到限制可能产生的影响非常重大和广泛，不能获取充分、适当的审计证据，以至于无法对财务报表发表审计意见，注册会计师应当出具无法表示意见的审计报告。

当出具无法表示意见的审计报告时，注册会计师应当删除注册会计师的责任段，并在审计意见段中使用"由于审计范围受到限制可能产生的影响非常重大和广泛"、"我们无法对上述财务报表发表意见"等术语。

提示 3-5-3

只有当审计范围受到限制可能产生的影响非常重大和广泛，不能获取充分、适当的审计证据，以至于无法确定财务报表的合法性与公允性时，注册会计师才应当出具无法表示意见的审计报告。无法表示意见不同于否定意见，它通常仅仅适用于注册会计师不能获取充分、适当的审计证据。如果注册会计师发表否定意见，必须获得充分、适当的审计证据。无论是无法表示意见还是否定意见，都只有在非常严重的情形下采用。

做中学 3-5-9

（多选题）下列说法中，正确的有（　　　）。

A. 如果被审计单位运用持续经营假设适当但存在重大不确定性，且财务报表附注已作充分披露，应当发表无保留意见，并在审计报告中增加强调事项段

B. 如果存在多项对财务报表整体具有重要影响的重大不确定性，且财务报表附注已作充分披露，在极少数情况下，可能认为发表无法表示意见是适当的

C. 如果存在可能导致对被审计单位持续经营能力产生重大疑虑的事项和情况，且财务报表附注未作充分披露，应当发表保留意见

D. 如果管理层编制财务报表时运用持续经营假设不适当，应当发表否定意见

【答案】A B D

▌做中学 3-5-10 ▌

（单选题）当多数重要事项无法取得审计证据时，注册会计师应出具（   ）。

A. 无保留意见的审计报告　　　　　　　B. 保留意见的审计报告
C. 否定意见的审计报告　　　　　　　　D. 无法表示意见的审计报告

【答案】D

▌做中学 3-5-11 ▌

（单选题）以下事项中，（   ）既可能导致注册会计师出具保留意见，又可能导致否定意见，但一般不导致无法表示意见。

A. 审计范围受到客观条件的限制
B. 被审计单位的律师拒绝对注册会计师的询问作必要的答复
C. 管理层拒绝提供注册会计师认为必要的声明
D. 被审计单位对重大事项的处理不符合《企业会计准则》的规定，并拒绝调整

【答案】D

（四）审计报告的要素

1. 标题

审计报告的标题应当统一规范为"审计报告"。

2. 收件人

审计报告的收件人是指注册会计师按照业务约定书的要求致送审计报告的对象，一般是指审计业务的委托人。审计报告应当载明收件人的全称。

注册会计师应当与委托人在业务约定书中约定致送审计报告的对象，以防止在此问题上发生分歧或审计报告被委托人滥用。一般情况下，审计报告的致送对象通常为被审计单位的全体股东或董事会。

3. 引言段

审计报告的引言段应当说明被审计单位的名称和财务报表已经过审计，并包括下列内容：（1）指出构成整套财务报表的每张财务报表的名称；（2）提及财务报表附注；（3）指明财务报表的日期和涵盖的期间。

根据企业会计准则规定，整套财务报表的每张财务报表的名称分别为资产负债表、利润表、所有者（股东）权益变动表和现金流量表。此外，由于附注是财务报表不可或缺的重要组成部分，因此，也应提及财务报表附注。财务报表有反映时点的，有反映期间的，注册会

计师应在引言段中指明财务报表的日期或涵盖的期间。

4. 管理层对财务报表的责任段

管理层对财务报表的责任段应当说明，按照适用的会计准则和相关会计制度的规定编制财务报表是管理层的责任，这种责任包括：（1）按照企业会计准则的规定编制财务报表，并使其实现公允反映；（2）设计、执行和维护必要的内部控制，以使财务报表不存在由于舞弊或错误导致的重大错报。

在审计报告中指明被审计单位管理层的责任，有利于区分管理层和注册会计师的责任，降低财务报表使用者误解注册会计师责任的可能性。

5. 注册会计师的责任段

审计报告应当包含标题为"注册会计师的责任"的段落。注册会计师的责任段应当说明下列内容。

（1）注册会计师的责任是在执行审计工作的基础上对财务报表发表审计意见。

（2）注册会计师按照中国注册会计师审计准则的规定执行了审计工作。中国注册会计师审计准则要求注册会计师遵守中国注册会计师职业道德守则，计划和执行审计工作以对财务报表是否不存在重大错报获取合理保证。

（3）审计工作涉及实施审计程序，以获取有关财务报表金额和披露的审计证据。选择的审计程序取决于注册会计师的判断，包括对由于舞弊或错误导致的财务报表重大错报风险的评估。在进行风险评估时，注册会计师考虑与财务报表编制和公允列报相关的内部控制，以设计恰当的审计程序，但目的并非对内部控制的有效性发表意见。审计工作还包括评价管理层选用会计政策的恰当性和作出会计估计的合理性，以及评价财务报表的总体列报。

（4）注册会计师相信获取的审计证据是充分、适当的，为其发表审计意见提供了基础。如果结合财务报表审计对内部控制的有效性发表意见，注册会计师应当删除上述第（3）项中"但目的并非对内部控制的有性发表意见"的措辞。

6. 审计意见段

根据财务报表审计的目标，当注册会计师完成审计工作，获取了充分、适当的审计证据，应当在意见段就下述内容对财务报表发表审计意见：（1）财务报表是否按照适用的会计准则和相关会计制度的规定编制；（2）财务报表是否在所有重大方面公允反映了被审计单位的财务状况、经营成果和现金流量。

7. 注册会计师的签名和盖章

审计报告应当由两名具备相关业务资格的注册会计师签名并盖章，以利于明确法律责任。

（1）合伙制会计师事务所出具的审计报告，应当由一名对审计项目负最终复核责任的合伙人和一名负责该项目的注册会计师签名盖章。

（2）有限责任会计师事务所出具的审计报告，应当由会计师事务所主任会计师或其授权的副主任会计师和一名负责该项目的注册会计师签名盖章。

8. 会计师事务所的名称、地址和盖章

审计报告应当载明会计师事务所的名称和地址，并加盖会计师事务所公章。

注册会计师承办业务，由其所在的会计师事务所统一受理并与委托人签订委托合同。因此，审计报告除了应由注册会计师签名并盖章外，还应载明会计师事务所的名称和地址，并

加盖会计师事务所公章。

9. 报告日期

审计报告应当注明报告日期。审计报告的日期不应早于注册会计师获取充分、适当的审计证据（包括管理层认可对财务报表的责任且已批准财务报表的证据），并在此基础上对财务报表形成审计意见的日期。

注册会计师在确定审计报告日期时，应当考虑：（1）应当实施的审计程序已经完成；（2）应当提请被审计单位调整的事项已经提出，被审计单位已经作出调整或拒绝作出调整；（3）管理层已经正式签署财务报表。

标准无保留意见的审计报告范例如表 3-5-2 所示。

表 3-5-2 　　　　　　　　　　审计报告（标准无保留意见）

审 计 报 告

中和天成审字［2013］第 12 号

奥科股份有限公司全体股东：

我们审计了后附的奥科股份有限公司（以下简称奥科公司）财务报表，包括 2012 年 12 月 31 日的资产负债表、2012 年度的利润表、股东权益变动表和现金流量表以及财务报表附注。

（一）管理层对财务报表的责任

编制和公允列报财务报表是奥科公司管理层的责任，这种责任包括：（1）按照企业会计准则的规定编制财务报表，并使其实现公允反映；（2）设计、执行和维护必要的内部控制，以使财务报表不存在由于舞弊或错误导致的重大错报。

（二）注册会计师的责任

我们的责任是在执行审计工作的基础上对财务报表发表审计意见。我们按照中国注册会计师审计准则的规定执行了审计工作。中国注册会计师审计准则要求我们遵守中国注册会计师职业道德守则，计划和执行审计工作以对财务报表是否不存在重大错报获取合理保证。

审计工作涉及实施审计程序，以获取有关财务报表金额和披露的审计证据。选择的审计程序取决于注册会计师的判断，包括对由于舞弊或错误导致的财务报表重大错报风险的评估。在进行风险评估时，注册会计师考虑与财务报表编制和公允列报相关的内部控制，以设计恰当的审计程序，但目的并非对内部控制的有效性发表意见。审计工作还包括评价管理层选用会计政策的恰当性和作出会计估计的合理性，以及评价财务报表的总体列报。

我们相信，我们获取的审计证据是充分、适当的，为发表审计意见提供了基础。

（三）审计意见

我们认为，奥科公司财务报表在所有重大方面按照企业会计准则的规定编制，公允反映了奥科公司 2012 年 12 月 31 日的财务状况以及 2012 年度的经营成果和现金流量。

中和天成会计师事务所	中国注册会计师：冯天海
（盖章）	（签名并盖章）
	中国注册会计师：李泽方
	（签名并盖章）
中国济南市	二〇一三年三月七日

带强调事项的审计报告如表 3-5-3 所示。

表 3-5-3 　　　　　　　　　　审计报告（带强调事项段）

审 计 报 告

中和天成审字［2013］第 12 号

奥科股份有限公司全体股东：

我们审计了后附的奥科股份有限公司（以下简称奥科公司）财务报表，包括 2012 年 12 月 31 日的资产负债表、2012 年度的利润表、现金流量表和股东权益变动表以及财务报表附注。

（一）管理层对财务报表的责任

编制和公允列报财务报表是奥科公司管理层的责任，这种责任包括：（1）按照企业会计准则的规定编制财务报表，并使其实现公允反映；（2）设计、执行和维护必要的内部控制，以使财务报表不存在由于舞弊或错误导致的重大错报。

（二）注册会计师的责任

我们的责任是在执行审计工作的基础上对财务报表发表审计意见。我们按照中国注册会计师审计准则的规定执行了审计工作。中国注册会计师审计准则要求我们遵守中国注册会计师职业道德守则，计划和执行审计工作以对财务报表是否不存在重大错报获取合理保证。

审计工作涉及实施审计程序，以获取有关财务报表金额和披露的审计证据。选择的审计程序取决于注册会计师的判断，包括对由于舞弊或错误导致的财务报表重大错报风险的评估。在进行风险评估时，注册会计师考虑与财务报表编制和公允列报相关的内部控制，以设计恰当的审计程序，但目的并非对内部控制的有效性发表意见。审计工作还包括评价管理层选用会计政策的恰当性和作出会计估计的合理性，以及评价财务报表的总体列报。

我们相信，我们获取的审计证据是充分、适当的，为发表保留意见提供了基础。

（三）导致保留意见的事项

奥科公司于 2012 年 12 月 31 日资产负债表中反映的交易性金融资产为 × 元，奥科公司管理层对这些交易性金融资产未按照公允价值进行后续计量，而是按照其历史成本进行计量，这不符合企业会计准则的规定。如果按照公允价值进行后续计量，奥科公司 2012 年度利润表中公允价值变动损失将增加 × 元，2012 年 12 月 31 日资产负债表中交易性金融资产将减少 × 元，相应的，所得税、净利润和股东权益将分别减少 × 元、× 元和 × 元。

（四）保留意见

我们认为，除 "（三）导致保留意见的事项" 段所述事项产生的影响外，奥科公司财务报表在所有重大方面按照企业会计准则的规定编制，公允反映了奥科公司 2012 年 12 月 31 日的财务状况以及 2012 年度的经营成果和现金流量。

（五）强调事项

我们提醒财务报表使用者关注，如财务报表附注 × 所述，截至财务报表批准日，中盛公司对奥科公司提出的诉讼尚在审理当中，其结果具有不确定性。本段内容不影响已发表的审计意见。

中和天成会计师事务所	中国注册会计师：冯天海
（盖章）	（签名并盖章）
	中国注册会计师：李泽方
	（签名并盖章）
中国济南市	二〇一三年三月七日

附保留意见的审计报告如表 3-5-4 所示。

表 3-5-4　　　　　　　　　　审计报告（保留意见）

审 计 报 告

中和天成审字［2013］第 12 号

奥科股份有限公司全体股东：

我们审计了后附的奥科股份有限公司（以下简称奥科公司）财务报表，包括 2012 年 12 月 31 日的资产负债表、2012 年度的利润表、现金流量表和股东权益变动表以及财务报表附注。

（一）管理层对财务报表的责任

编制和公允列报财务报表是奥科公司管理层的责任，这种责任包括：（1）按照企业会计准则的规定编制财务报表，并使其实现公允反映；（2）设计、执行和维护必要的内部控制，以使财务报表不存在由于舞弊或错误导致的重大错报。

（二）注册会计师的责任

我们的责任是在执行审计工作的基础上对财务报表发表审计意见。我们按照中国注册会计师审计准则的规定执行了审计工作。中国注册会计师审计准则要求我们遵守职业道德守则，计划和执行审计工作以对财务报表是否不存在重大错报获取合理保证。

审计工作涉及实施审计程序，以获取有关财务报表金额和披露的审计证据。选择的审计程序取决于注册会计师的判断，包括对由于舞弊或错误导致的财务报表重大错报风险的评估。在进行风险评估时，注册会计师考虑与财务报表编制和公允列报相关的内部控制，以设计恰当的审计程序，但目的并非对内部控制的有效性发表意见。审计工作还包括评价管理层选用会计政策的恰当性和作出会计估计的合理性，以及评价财务报表的总体列报。

我们相信，我们获取的审计证据是充分、适当的，为发表保留意见提供了基础。

（三）导致保留意见的事项

如财务报表附注×所述，奥科公司于 2012 年取得了彩美公司 30%的股权，因能够对彩美公司施加重大影响，故采用权益法核算该项股权投资，于 2012 年度确认对彩美公司的投资收益×元，截至 2012 年 12 月 31 日该项股权投资的账面价值为×元。由于我们未被允许接触彩美公司的财务信息、管理层和执行彩美公司审计的注册会计师，我们无法就该项股权投资的账面价值以及奥科公司确认的 2012 年度对彩美公司的投资收益获取充分、适当的审计证据，也无法确定是否有必要对这些金额进行调整。

（四）保留意见

我们认为，除"（三）导致保留意见的事项"段所述事项可能产生的影响外，奥科公司财务报表在所有重大方面按照企业会计准则的规定编制，公允反映了奥科公司 2012 年 12 月 31 日的财务状况以及 2012 年度的经营成果和现金流量。

中和天成会计师事务所	中国注册会计师：冯天海
（盖章）	（签名并盖章）
	中国注册会计师：李泽方
	（签名并盖章）
中国济南市	二〇一三年三月七日

否定意见的审计报告如表 3-5-5 所示。

表 3-5-5 审计报告（否定意见）

审 计 报 告

中和天成审字［2013］第 12 号

奥科股份有限公司全体股东：

我们审计了后附的奥科股份有限公司（以下简称奥科公司）的合并财务报表，包括 2012 年 12 月 31 日的合并资产负债表、2012 年度的合并利润表、合并现金流量表和合并股东权益变动表以及财务报表附注。

（一）管理层对合并财务报表的责任

编制和公允列报合并财务报表是奥科公司管理层的责任，这种责任包括：（1）按照企业会计准则的规定编制合并财务报表，并使其实现公允反映；（2）设计、执行和维护必要的内部控制，以使合并财务报表不存在由于舞弊或错误导致的重大错报。

（二）注册会计师的责任

我们的责任是在执行审计工作的基础上对合并财务报表发表审计意见。我们按照中国注册会计师审计准则的规定执行了审计工作。中国注册会计师审计准则要求我们遵守职业道德守则，计划和执行审计工作以对合并财务报表是否不存在重大错报获取合理保证。

审计工作涉及实施审计程序，以获取有关合并财务报表金额和披露的审计证据。选择的审计程序取决于注册会计师的判断，包括对由于舞弊或错误导致的合并财务报表重大错报风险的评估。在进行风险评估时，注册会计师考虑与合并财务报表编制和公允列报相关的内部控制，以设计恰当的审计程序，但目的并非对内部控制的有效性发表意见。审计工作还包括评价管理层选用会计政策的恰当性和作出会计估计的合理性，以及评价合并财务报表的总体列报。

我们相信，我们获取的审计证据是充分、适当的，为发表否定意见提供了基础。

（三）导致否定意见的事项

如财务报表附注×所述，2012 年奥科公司通过非同一控制下的企业合并获得对东田公司的控制权，因未能取得购买日东田公司某些重要资产和负债的公允价值，故未将东田公司纳入合并财务报表的范围，而是按

续表

成本法核算对东田公司的股权投资。奥科公司的这项会计处理不符合企业会计准则的规定。如果将东田公司纳入合并财务报表的范围，奥科公司合并财务报表的多个报表项目将受到重大影响，但我们无法确定未将东田公司纳入合并范围对财务报表产生的影响。

（四）否定意见

我们认为，由于"（三）导致否定意见的事项"段所述事项的重要性，奥科公司的合并财务报表没有在所有重大方面按照企业会计准则的规定编制，未能公允反映奥科公司及其子公司 2012 年 12 月 31 日的财务状况以及 2012 年度的经营成果和现金流量。

中和天成会计师事务所	中国注册会计师：冯天海
（盖章）	（签名并盖章）
	中国注册会计师：李泽方
	（签名并盖章）
中国济南市	二〇一三年三月七日

无法表示意见的审计报告如表 3-5-6 所示。

表 3-5-6　　　　　　　　　　　审计报告（无法表示意见）

审 计 报 告

中和天成审字［2013］第 12 号

奥科股份有限公司全体股东：

我们接受委托，审计后附的奥科股份有限公司（以下简称奥科公司）财务报表，包括 2012 年 12 月 31 日的资产负债表、2012 年度的利润表、现金流量表和股东权益变动表以及财务报表附注。

（一）管理层对财务报表的责任

编制和公允列报财务报表是奥科公司管理层的责任，这种责任包括：（1）按照中国财务报告准则的规定编制财务报表，并使其实现公允反映；（2）设计、执行和维护必要的内部控制，以使财务报表不存在由于舞弊或错误导致的重大错报。

（二）注册会计师的责任

我们的责任是在按照中国注册会计师审计准则的规定执行审计工作的基础上对财务报表发表审计意见。但由于"（三）导致无法表示意见的事项"段中所述事项，我们无法获取充分、适当的审计证据以为发表审计意见提供基础。

（三）导致无法表示意见的事项

我们于 2012 年 12 月接受奥科公司的审计委托，因而未能对奥科公司 2012 年年初金额为×元的存货和年末金额为×元的存货实施监盘程序。此外，我们也无法实施替代审计程序获取充分、适当的审计证据。并且，奥科公司于 2012 年 9 月采用新的应收账款电算化系统，由于存在系统缺陷导致应收账款出现大量错误。截至审计报告日，管理层仍在纠正系统缺陷并更正错误，我们也无法实施替代审计程序，以对截至 2012 年 12 月 31 日的应收账款总额×元获取充分、适当的审计证据。因此，我们无法确定是否有必要对存货、应收账款以及财务报表其他项目作出调整，也无法确定应调整的金额。

（四）无法表示意见

由于"（三）导致无法表示意见的事项"段所述事项的重要性，我们无法获取充分、适当的审计证据以为发表审计意见提供基础，因此，我们不对奥科公司财务报表发表审计意见。

中和天成会计师事务所	中国注册会计师：冯天海
（盖章）	（签名并盖章）
	中国注册会计师：李泽方
	（签名并盖章）
中国济南市	二〇一三年三月七日

（五）审计报告的编制步骤（见图3-5-3）

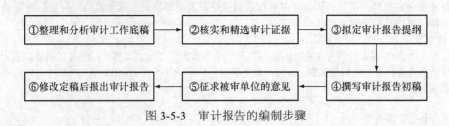

图 3-5-3　审计报告的编制步骤

（六）管理建议书

管理建议书，是指注册会计师针对审计过程中注意到的、可能导致被审计单位会计报表产生重大错报的内部控制重大缺陷提出的书面建议。表 3-5-7 为管理建议书的一个范例。

表 3-5-7　　　　　　　　　　　　　管理建议书

管 理 建 议 书

××公司管理当局：

我们接受委托，对××公司（以下简称"贵公司"）2012 年度的会计报表进行了审计。我们的责任是对贵公司 2012 年的会计报表发表审计意见。我们提供的这份管理建议书，是我们基于为贵公司服务的目的，根据审计过程中发现的内部控制问题及需要提请贵公司关注的重大事项而提出的。因为我们主要从事的是对贵公司年度会计报表的审计，所实施的审计范围是有限的，不可能全面了解贵公司所有的内部控制，所以，管理建议书中包括的内部控制重大缺陷及应关注的重大事项，仅是我们注意到的，不应被视为对内部控制发表的鉴证意见，所提建议不具有强制性和公证性。

在审计过程中，我们了解了贵公司内部控制中有关会计制度、会计工作机构和人员职责、财产管理制度、内部审计制度等有关方面的情况，并作了分析研究。我们注意到贵公司【可根据实际情况进行描述，如"较为重视"等】内部控制制度建设，努力创造良好的控制环境、完善的会计系统和有效的控制程序。我们认为，贵公司现有的内部控制和会计核算制度总体上是【健全的、有效的/薄弱的/或】。但是【可根据公司时情况，描述其工作方针、目标、思路不断深化及国有资产管理的进一步加强等情况，如随着贵公司提出的"××"方针和"××"工作思路的不断深化以及国有资产管理的进一步加强】，在某些方面依然存在一定的缺陷。现将我们发现的内部控制方面的某些问题及改进建议提供给你们，希望引起你们的注意，以便完善内部控制。

一、【关于会计制度方面问题的评价及建议】

【根据公司情况进行描述，如："会计科目设置欠妥"、"会计凭证不全"、"银行存款清查不及时"】

【针对上述问题，我们对贵公司提出如下管理建议：】

……

二、【会计工作机构、人员职责及内部稽核制度】

【根据公司情况进行描述】

【针对上述问题，我们对贵公司提出如下管理建议：】

……

三、【财产管理制度】

【根据公司情况进行描述】

针对上述问题，我们对贵公司提出如下管理建议：

……

四、【内部审计方面】

【根据公司情况进行描述】

续表

针对上述问题，我们对贵公司提出如下管理建议：

……

等等。

对于上述内部控制问题，我们已经与有关管理部门或人员交换过意见，他们已经确认上述问题的真实性。

本管理建议书仅供贵公司管理当局内部参考。因使用本管理建议书不当造成的后果，与注册会计师及其所在会计师事务所无关。

中和天成会计师事务所

2013 年××月××日

注册会计师对审计过程中注意到的内部控制重大缺陷，应当告知被审计单位管理当局。可以以口头或其他适当方式向被审计单位有关人员提出，必要时，可出具管理建议书。管理建议书提及的内部控制重大缺陷，仅为注册会计师在审计过程中注意到的，并非内部控制可能存在的全部缺陷。通过管理建议书，促使被审计单位注意完善内部控制。管理建议书不影响审计人员针对财务报表发表的意见，也不应被视为注册会计师对被审计单位内部控制整体发表的意见，更不能减轻或免除被审计单位管理当局建立健全内部控制的责任。

注册会计师应将注意到的内部控制缺陷以及与被审计单位的沟通情况，记录于审计工作底稿。除有特别规定外，注册会计师在征得被审计单位管理当局同意之前，不得将管理建议书的内容泄露给任何第三者。

（七）审计报告签发流程（见图3-5-4）

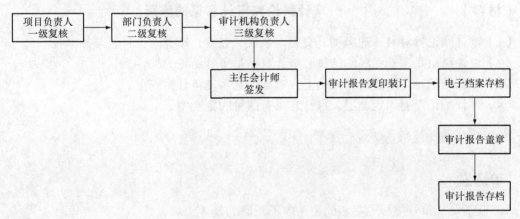

图 3-5-4　审计报告签发流程图

做中学 3-5-12

（案例题）注册会计师李泽方在对以下被审计单位的 2012 年度财务报表进行审计时，遇到以下情况。

（1）东信公司在被审计期间的一笔 500 万元的重大销售在审计报告日之后至会计报表公布日之前被退回，李泽方提请东信公司修订会计报表，东信公司予以拒绝。

（2）彩美公司因涉嫌侵权于 2012 年 2 月 1 日被起诉，且原告要求赔偿 3 亿元，至 2012 年 12 月 31 日法院尚未宣判，彩美公司 2012 年 12 月 31 日审计后的净资产为 2 亿元。注册会计师向彩美公司的律师进行了函证，但其律师回函表示基于对委托人负责不能对该案的结果作出任何评价。

（3）中盛公司在 2012 年度向其子公司以市场价格销售产品 5 000 万元，成本为 3 800 万元，中盛公司当年向其关联方的销售占到全部收入的 35%，中盛公司已在会计报表附注中进行了适当披露。

【要求】请根据上述情况，假定所有事项均为重大，说明注册会计师李泽方应出具何种审计意见？并简要说明理由。

【答案】（1）应出具保留意见或否定意见。东信公司的销售在审计报告日之后至会计报表公布日之前被退回，属于能为资产负债表日已存在情况提供补充证据的重大期后事项，李泽方应提请东信公司调整会计报表，东信公司拒绝调整，则视为审计差异，发表保留意见或否定意见。

（2）应出具无法表示意见。彩美公司的律师拒绝提供关于诉讼的有关问题，李泽方应认为审计范围受到了严重限制，且一旦败诉对彩美公司影响巨大，则李泽方应出具无法表示意见的审计报告。

（3）应出具标准无保留意见的审计报告。中盛公司与关联方的交易价格公允，关联方关系及交易披露适当，符合企业会计准则和相关制度的规定。

 拓展阅读

【材料】　　　　　　　　　**审计结论和审计意见的区别**

（1）审计结论针对具体的事项、交易、余额、披露，审计意见针对财务报表。
（2）审计结论是审计程序的结果，审计意见是审计结论的综合。
（3）审计结论写在审计工作底稿上，审计意见写在审计报告上。
（4）审计结论没有固定类型，审计意见有四种固定类型。

 自我检测

一、单选题

1. 以下关于审计差异调整表的说法中不正确的是（　　　）。
   A. 账项调整分录汇总表用来汇总因对经济业务进行了不正确的会计核算而引起的错误
   B. 重分类调整分录汇总表用来汇总会计核算正确但未能在财务报表中正确列报的错报
   C. 未更正错报汇总表用来汇总被审计单位因各种原因拒绝调整的核算错误和重分类错误
   D. 未更正错报汇总表用来汇总那些因注册会计师认为不重要而无须建议调整的错误

2. 注册会计师在对或有事项进行审计时，下列审计程序中最无效的是（　　　）。
   A. 审核银行存款询证函的回函　　　　　B. 审核应收票据询证函的回函
   C. 审核律师声明书　　　　　　　　　　D. 审核长期股权投资询函证回函

3. 奥科公司于 2011 年度根据中级人民法院判决结果，对其担保责任计提了 3 000 万元预计负债。2012 年 5 月，经高级人民法院终审裁定奥科公司应承担赔偿责任总额为 1 000 万元，奥科公司据此确认为营业外收入 2 000 万元。对此注册会计师的审计结论应当是（　　）。

  A．无需建议奥科公司进行调整 B．建议奥科公司借记营业外收入 2 000 万元

  C．建议奥科公司进行适当调整 D．建议奥科公司借记预计负债 2 000 万元

  4．注册会计师在外勤审计工作结束，离开被审计单位奥科公司之后，获悉奥科公司发生了重大的火灾，损失严重，因此及时返回奥科公司实施追加审计。在实施了必要的审计程序后，注册会计师认为尽管火灾造成的损失很大但绝大部分损失已由保险公司赔偿因而对奥科公司并未造成重大的实际影响。对此，注册会计师应当（　　）。

  A．在审计报告意见段后增加强调事项段

  B．更改审计报告的日期

  C．要求奥科公司在财务报表附注中披露

  D．不改变审计报告的日期

  5．由于未能取得充分、适当的审计证据，注册会计师对被审计单位财务报表整体不能发表意见，应当（　　）。

  A．拒绝接受委托 B．拒绝提供审计报告

  C．出具无法表示意见的审计报告 D．出具否定意见的审计报告

  6．注册会计师出具无保留意见的审计报告，如果认为必要，可以在（　　）增加强调事项段，对重大事项加以说明。

  A．引言段之后 B．意见段之前 C．意见段之后 D．审计报告附注中

  7．如果被审计单位限制注册会计师监盘构成总资产 50%的存货，尽管对财务报表的其他项目都取得了满意的证据，但无法对存货运用替代审计程序，则注册会计师应出具（　　）审计报告。

  A．标准 B．带强调事项段的无保留意见

  C．保留意见 D．无法表示意见

  8．注册会计师在出具非无保留意见的审计报告时，应在（　　）增加说明段，说明所持意见的理由。

  A．意见段之前 B．意见段之后 C．引言段之前 D．引言段之后

  9．无法表示意见的审计报告不应包括（　　）。

  A．意见段 B．注册会计师责任段

  C．引言段 D．注册会计师签章

  10．注册会计师李泽方在编写审计报告时，在意见段中使用了"由于上述问题造成的重大影响"术语，这种审计报告是（　　）。

  A．标准无保留意见的审计报告 B．保留意见的审计报告

  C．否定意见的审计报告 D．无法表示意见的审计报告

二、多选题

  1．同时符合下列（　　）条件时，注册会计师应当出具无保留意见的审计报告。

  A．注册会计师已经按照中国注册会计师审计准则的规定计划和实施审计工作，在审计过程中未受到限制

  B．财务报表已经按照适用的会计准则和相关会计制度的规定编制，在所有方面公允反映了被审计单位期末的财务状况、经营成果和现金流量

  C．注册会计师已经按照中国注册会计师审计准则的要求计划和实施审计工作，在审

计过程中未受到限制

  D. 财务报表已经按照适用的会计准则和相关会计制度的规定编制，在所有重大方面公允反映了被审计单位的财务状况、经营成果和现金流量

 2. 遇到下列（ ）情况时，注册会计师可能对东信公司的财务报表出具无法表示意见的审计报告。

  A. 在存在疑虑的情况下，注册会计师不能就东信公司持续经营假设的合理性获取必要的审计证据

  B. 未能就影响东信公司财务报表公允反映的重大关联方交易事项获取充分、适当的审计证据

  C. 东信公司财务报表整体上没有按照企业会计准则进行编制

  D. 东信公司管理层拒绝向注册会计师出具管理层声明书

 3. 下列属于标准无保留意见的审计报告应该包括的基本内容有（ ）。

  A. 财务报表批准报出日   B. 注册会计师的责任段

  C. 注册会计师的签名和盖章   D. 强调事项段

 4. 审计报告分为标准审计报告和非标准审计报告。非无保留意见审计报告包括（ ）。

  A. 否定意见的审计报告   B. 带强调事项段的无保留意见审计报告

  C. 无法表示意见的审计报告   D. 带强调事项段的保留意见审计报告

 5. 下列情况中，注册会计师应当发表保留意见或无法表示意见的有（ ）。

  A. 因审计范围受到被审计单位限制，注册会计师无法就可能存在的对财务报表产生重大影响的错误与舞弊，获取充分、适当的审计证据

  B. 因审计范围受到被审计单位限制，注册会计师无法就对财务报表可能产生重大影响的违反或可能违反法规行为，获取充分适当的审计证据

  C. 注册会计师无法确定已发现的错误与舞弊对财务报表的影响程度

  D. 被审计单位管理层拒绝就对财务报表具有重大影响的事项，提供必要的书面声明，或拒绝就重要的口头声明予以书面确认

三、案例题

案例一

 【材料】 中和天成会计师事务所接受委托对奥科公司 2012 年度的会计报表进行审计，注册会计师冯天海负责此项审计业务。于 2013 年 2 月 16 日结束外勤审计工作，整理审计工作底稿时发现以下问题。

 （1）一些应收账款账户余额的积极的询证函没收到回函，但已运用替代审计程序进行了验证。

 （2）该公司 2012 年度存货发出的计价方法由先进先出法变更为加权平均法，使其会计核算更能符合实际，并在报表附注中作了说明。

 （3）该公司管理费用错报额为 5 000 元，注册会计师评估的重要性水平为 8 000 元。

 （4）资产负债表项目应付账款漏记 40 000 元，注册会计师建议奥科公司补记，奥科公司根据要求进行了调整。

 【要求】（1）请指出该注册会计师冯天海应出具哪种意见类型的审计报告？为什么？

 （2）请代冯天海草拟一份审计报告。

案例二

【材料】奥科公司会计记录显示，2012 年度奥科公司以现金支付的 A 材料（原材料）采购额为 5 000 万元，A 材料期末余额为 200 万元。假定 2012 年 1 月 1 日奥科公司管理层更换后，管理混乱，缺乏可以信赖的现金支出内部控制，并且没有保留以现金采购的 A 材料的采购单据。审计项目组成员无法实施替代审计程序，确定营业成本、存货、所得税费用及应交税费等诸多财务报表项目的真实金额。

假定注册会计师冯天海和李泽方在审计计划中制定的奥科公司 2012 年度财务报表层次的重要性水平为 150 万元；未审利润总额为 5 000 万元。假定冯天海和李泽方于 2013 年 3 月 7 日完成审计工作，当日奥科公司管理层正式签署了 2012 年度财务报表。

【要求】假定不考虑其他条件，代注册会计师冯天海和李泽方判断应出具何种类型的审计报告，并续写审计报告。在下划线处续写，如果部分下划线不适用，填写"不适用"。

审　计　报　告

中和天成审字〔2013〕第 12 号

奥科股份有限公司全体股东：
　　一、管理层对财务报表的责任
　　（略）
　　二、注册会计师的责任
　　（略）
　　三、_____
　　_____
　　_____
　　四、_____
　　_____
　　_____
　　五、_____
　　_____

中和天成会计师事务所　　　　　　中国注册会计师：冯天海
（盖章）　　　　　　　　　　　　（签名并盖章）
　　　　　　　　　　　　　　　　中国注册会计师：李泽方
　　　　　　　　　　　　　　　　（签名并盖章）
中国济南市　　　　　　　　　　　二〇一三年三月七日

附录 A

项目综合检测

项目一　综合检测

一、单选题

1. 下列关于注册会计师审计的起源、形成和发展的说法中，不正确的是（　　　）。
   A. 注册会计师审计起源于企业所有权和经营权的分离
   B. 18 世纪，英国注册会计师审计的重点是查错防弊
   C. 注册会计师审计起源于 18 世纪的英国
   D. 16 世纪，注册会计师审计的目标是保护企业资产的安全和完整

2. 下列关于 18 世纪英国注册会计师审计的说法中，错误的是（　　　）。
   A. 注册会计师审计的法律地位得到确认
   B. 审计的目的是查错防弊
   C. 审计的重点是检查企业的资产负债表和利润表
   D. 审计报告使用人主要是企业股东

3. 注册会计师职业诞生的标志是（　　　）。
   A. 英国《公司法》的颁布　　　　　　　　B. 爱丁堡会计师协会的成立
   C. 美国会计师协会的成立　　　　　　　　D. 美国《证券法》的颁布

4. 对我国审计监督制度作出规定的最高层次法律是（　　　）。
   A.《中华人民共和国宪法》　　　　　　　B.《中华人民共和国注册会计师法》
   C.《中华人民共和国审计法》　　　　　　D.《中华人民共和国公司法》

5. 从检查被审计单位内部控制入手，根据内部控制测评结果，确定实质性审查的范围、数量和重点的审计取证模式是（　　　）。
   A. 账项基础审计　　B. 制度基础审计　　C. 风险导向审计　　D. 数据基础审计

6. 下列各项中，属于注册会计师审计业务范围的是（　　　）。

 A. 对未来事项可实现程度作出保证　 B. 代行被审计单位的部分管理层职责

 C. 验证企业资本，出具验资报告　　 D. 对被审计单位违反会计准则的事项进行处罚

7. 下列关于注册会计师法律责任的说法中，正确的是（　　　）。

 A. 法律责任主体包括被审计单位及其有关的直接责任人和注册会计师

 B. 适用于各类审计主体

 C. 以行政责任为主，也包括民事责任

 D. 以行政责任为主，不包括刑事责任、民事责任

8. 下列有关审计准则的表述中，正确的是（　　　）。

 A. 审计准则是注册会计师在实施审计过程中必须遵守的行为规范

 B. 审计准则是注册会计师为证明审计事项而收集的证明材料

 C. 审计准则是衡量和评价审计事项是非优劣的标准

 D. 审计准则是审计机关进行处罚的唯一依据

9. 目前注册会计师财务报表审计方法是（　　　）。

 A. 账项基础审计方法　　　　　　　 B. 制度基础审计方法

 C. 财务基础审计方法　　　　　　　 D. 风险导向审计方法

10. 以下有关注册会计师审计作用的说法中，不正确的是（　　　）。

 A. 注册会计师的意见可以提高信息的可靠性或可信度

 B. 经审计的财务报表可以确认或纠正市场早先收到的信息

 C. 注册会计师审计可以消除财务信息的所有重大错报

 D. 经过审计的财务报表可以阻止不准确信息传播

11. （　　　）是注册会计师欺诈的重要特征，也是欺诈与过失的主要区别。

 A. 具有不良动机　　　　　　　　　 B. 未能保持应有的职业谨慎

 C. 违反审计准则　　　　　　　　　 D. 没有发现重大错报

12. 下列各项对注册会计师法律责任认定的分类中，正确的是（　　　）。

 A. 违约、过失、欺诈　　　　　　　 B. 违约、重大过失、欺诈

 C. 过失、重大过失、欺诈　　　　　 D. 违约、普通过失、欺诈

13. 有关注册会计师的以下法律责任中，（　　　）主要是指赔偿受害人的经济损失。

 A. 行政责任　　 B. 民事责任　　 C. 刑事责任　　 D. 经济责任

14. 注册会计师是否出具了不实报告，是判定其法律责任的重要依据。判断审计报告的真实性，应以（　　　）为主要依据。

 A. 审计意见是否与客观事实相符

 B. 出具审计报告是否符合执业准则和规则要求的程序

 C. 审计报告是否提供了绝对保证

 D. 审计报告是否指出了财务报表中存在的所有重大错报

15. 以下有关过失的各种说法中，不正确的是（　　　）。

 A. 过失程度高低是指过失是普通过失还是重大过失

 B. 因过失而出具不实报告不承担连带责任

 C. 过失程度高低取决于过失所造成的后果是否重大

    D. 补充赔偿的金额取决于过失程度的高低

16. 存在下列（　　）情况，法院应当认定会计师事务所与被审计单位承担连带责任。

    A. 未能合理运用执业准则所要求的重要性原则

    B. 未采用必要的调查方法获取充分的审计证据

    C. 未依据执业准则、规则执行必要的审计程序

    D. 未拒绝被审计单位示意的作不实报告的要求

17. 在对利害关系人承担补充责任时，（　　）应当承担第一位责任。

    A. 会计师事务所　　　B. 被审计单位　　C. 注册会计师　　　　D. 企业出资人

18. 下列各项中，不能免除会计师事务所民事责任的是（　　）。

    A. 已经遵守执业准则、规则确定的工作程序并保持必要的职业谨慎，但仍未能发现被审计单位的会计资料错误

    B. 审计业务所必须依赖的金融机构等单位提供虚假或不实的证明文件，会计师事务所在保持必要的职业谨慎下仍未能发现虚假和不实

    C. 已对被审计单位的舞弊迹象提出警告并在审计报告中予以指明

    D. 已在审计报告中注明"本报告仅供办理工商年检时使用"

19. 注册会计师可能因出具不实报告给利害关系人造成损失被追究补充责任的是（　　）。

    A. 注册会计师与被审计单位恶意串通

    B. 被审计单位示意作不实报告，而不予拒绝

    C. 明知被审计单位对重要事项的财务会计处理与国家有关规定相抵触，而不予指明

    D. 注册会计师没有按照审计准则的要求实施必要的审计程序而出具不实报告

20. 下列说法中，错误的是（　　）。

    A. 如果会计师事务所能够证明自己没有过错，则不用承担责任

    B. 会计师事务所过错责任的举证适用谁主张谁举证的模式

    C. 如果会计师事务所存在过错，需要事务所自己来提出证明

    D. 如果会计师事务所能够证明利害关系人的损失是由审计报告以外因素引起的，可以推定不实报告与损失不存在因果关系

21. 下列观点中，不恰当的是（　　）。

    A. 会计师事务所的业务活动与审计客户存在利益冲突，应该避免该冲突，解除业务约定

    B. 接受客户关系前，注册会计师应当考虑客户的主要股东、关键管理人员和治理层是否诚信

    C. 注册会计师执行审阅业务应当具备胜任能力，否则可能因外在压力影响其独立性

    D. 会计师事务所可以利用网络平台招聘员工，但不得对其能力进行广告宣传以招揽业务

22. 在执行审计业务过程中，如果项目合伙人接受了客户财务负责人赠送的红包，则主要从（　　）方面对职业道德产生不利影响。

    A. 自我评价　　　B. 过度推介　　　　C. 密切关系　　　　D. 自身利益

23. 注册会计师在提供专业服务时存在的下列行为中，不违背相关职业道德的是（　　）。

    A. 贬低或无根据地比较其他注册会计师的工作

    B. 为招揽业务对自己的专业胜任能力进行真实的广告宣传

C. 夸大宣传所提供的服务、拥有的资质或经验

D. 在签约前向客户专门介绍事务所的专业能力

24. 会计师事务所通常确定的收费基础是（　　）。

A. 审计报告类型　　　　　　　B. 完成审计工作的时间多少

C. 承担审计工作的责任大小　　D. 每一专业人员适当的小时收费标准或日收费标准

25. 如果项目组不具备或不能获得执行业务所必需的胜任能力，将对专业胜任能力和应有的关注原则产生不利影响。为消除不利影响，在会计师事务所采取的下列防范措施中，最可能无效的是（　　）。

A. 向项目组分派足够多的员工　　B. 必要时利用专家的工作

C. 就执行业务的时间安排与客户达成一致意见

D. 了解相关监管要求或报告要求

26. 注册会计师在执业过程应特别注意无意泄密，以下不属于无意泄密的对象的是（　　）。

A. 注册会计师的岳父　　　　　　B. 注册会计师的表姐

C. 注册会计师关系密切的伙伴

D. 注册会计师正在审计其年报客户所在行业的竞争对手

27. 职业道德基本原则中，（　　）原则是对注册会计师专业工作过程中内心状态的要求。

A. 诚信　　　　　　　　　　　　B. 独立

C. 专业胜任能力和应有的关注　　D. 客观与公正

28. 下列选项中，会计师事务所违反保密义务的是（　　）。

A. 接受委托后，后任注册会计师在取得了被审计单位口头授权后向前任注册会计师请求查阅审计工作底稿，前任注册会计师向后任注册会计师提供了支持

B. 某一利害关系人向法院起诉会计师事务所，要求会计师事务所承担民事赔偿责任，会计师事务所未经被审计单位授权，向法院提交相关工作底稿作为抗辩的证据

C. 未经被审计单位授权，注册会计师向监管机构报告发现的违反法规行为

D. 接受注册会计师协会依法进行的质量检查，并提供所要求的工作底稿，但未取得客户授权

29. 在承接业务的过程，下列不会对职业道德基本原则产生不利影响的是（　　）。

A. 在推介自身和工作时，将自己的工作与其他会员的工作进行比较

B. 由于对提供的服务比较熟悉，报价低于同行的水平

C. 根据事务所的规定，向介绍本业务的个人支付 20% 的业务介绍费

D. 在审计过程中，客户委托注册会计师开展信息服务，由于专业有限，注册会计师将该业务介绍给一软件公司，并向软件公司收取了少量的业务介绍费

30. 下列有关职业道德概念框架的运用的描述中，正确的是（　　）。

A. 注册会计师只要考取了注册会计师证书，就说明其具备了专业胜任能力

B. 会计师事务所推介审计客户的股份将产生外在压力导致的不利影响

C. 后任注册会计师在与前任注册会计师讨论客户事项前，应当征得客户的书面同意

D. 会计师事务所的商业利益或活动可能与客户存在利益冲突，注册会计师应该拒绝接受委托或解除业务约定

31. 下列对于诉讼当事人的列置的陈述不恰当的是（　　　）。

A. 被审计单位是第一被告

B. 会计师事务所是第二被告

C. 利害关系人拒不起诉被审计单位的而直接对会计师事务所提起诉讼的，人民法院应当通知被审计单位作为共同被告参加诉讼

D. 利害关系人坚持不对被审计单位提起诉讼而直接对会计师事务所提起诉讼的，人民法院只有受理此案

32. 如果会计师事务所的合伙人或员工兼任审计客户的董事或高级管理人员，则（　　　）。

A. 可以采取适当的防范措施，将对独立性的不利影响降低至可接受的水平

B. 可以承接业务

C. 没有防范措施能够将其降低至可接受的水平

D. 可以请项目组以外成员复核其工作

33. 下列情况中，不影响注册会计师独立性的事项有（　　　）。

A. 注册会计师 1 年前曾在审计客户任会计主管

B. 注册会计师的校友在审计客户有较小金额的投资

C. 注册会计师常年担任审计客户的会计顾问

D. 注册会计师的哥哥是审计客户的董事

34. 2012 年 5 月 6 日，东信公司董事闫三强离开东信公司加入了中和天成会计师事务所，在 2013 年 1 月 10 日，中和天成会计师事务所拟承接东信公司 2012 年度财务报表审计业务，则这种情况下（　　　）。

A. 可以将闫三强纳入审计项目组，但不安排闫三强对 2012 年 5 月 6 日之前东信公司的交易和事项进行审计

B. 可以将闫三强纳入审计项目组，但需要请项目组的注册会计师复核闫三强所执行的工作

C. 可以将闫三强纳入审计项目组，但需要闫三强对保持独立性进行承诺

D. 中和天成会计师事务所不应安排闫三强作为审计项目组成员

35. 审计项目组成员的主要近亲属从审计客户购买商品或服务，下列说法不正确的是（　　　）。

A. 如果按照正常的商业程序公平交易，通常不会对独立性产生不利影响

B. 如果交易性质特殊或金额较大，则可能因自身利益产生不利影响

C. 会计师事务所不能承接该业务

D. 会计师事务所应当评价不利影响的严重程度，并在必要时采取防范措施以消除不利影响或将其降低至可接受的水平

36. 在下列情况下，注册会计师可被视为具有独立性的是（　　　）。

A. 被审计单位为银行，项目组的注册会计师在该机构按正常程序开立了存款账户

B. 参与审计业务的注册会计师具有律师资格，并同时担任被审计单位的法律顾问

C. 被审计单位已连续两年积欠审计费用，至今尚未偿还，会计师事务所仍承接本年审计业务

D. 注册会计师向被审计单位大量购买其生产的产品，并享受特别优惠

37．下列情况中，中和天成会计师事务所可能承接审计业务的是（　　）。

A．中和天成会计师事务所与东信公司共同出资 1 000 万元成立和信公司，东信公司拟委托中和天成会计师事务所审计其 2012 年度财务报表

B．中和天成会计师事务所为盛大公司提供关于财务系统的内部审计服务，盛大公司拟委托中和天成会计师事务所审计其 2012 年度财务报表

C．中和天成会计师事务所前任项目合伙人离职三个月后加入凯特公司，凯特公司拟委托中和天成会计师事务所审计其 2012 年度财务报表

D．中和天成会计师事务所代编了彩美公司的 2012 年度财务报表，彩美公司拟委托中和天成会计师事务所审计其 2012 年度财务报表

38．东信公司持有盛大公司 75% 的股份，中和天成会计师事务所与东信公司为亲密合作伙伴，东信公司拟委托中和天成会计师事务所审计其 2012 年度的财务报表。下列说法中，正确的是（　　）。

A．中和天成会计师事务所应拒绝接受委托

B．中和天成会计师事务所可以接受委托，但是需要由其他事务所来复核

C．该种情况并不会对独立性产生不利影响，所以中和天成会计师事务所可以承接该业务

D．只要防范措施适当，还是可以承接该业务的

39．以下不属于会计师事务所层面的防范措施的有（　　）。

A．轮换项目组合伙人和高级员工

B．建立惩戒机制，保障相关政策和程序得到遵守

C．指定高级管理人员负责监督质量控制系统是否有效运行

D．制定有关政策和程序，防止项目组以外的人员对业务结果施加不当影响

40．中和天成会计师事务所负责对东亮公司 2012 年度财务报表进行审计，注册会计师李泽方担任关键审计合伙人。下列事项中，一定会影响独立性的是（　　）。

A．注册会计师王晓慧的叔叔持有东亮公司 100 股股票，现市值为 1 000 元人民币，接受委托前已经全部处置

B．注册会计师张恺祥将要成为东亮公司的职员，中和天成会计师事务所将其调离审计项目组

C．注册会计师齐海超持有东亮公司 1 000 股股票，现市值为 10 000 元人民币

D．注册会计师周国强三年前是东亮公司的出纳员，现由其审计东亮公司固定资产项目

二、多选题

1．以下关于注册会计师审计业务的说法中，正确的有（　　）。

A．注册会计师的业务范围包括审计、审阅、其他鉴证业务和相关服务，审计业务是核心业务

B．注册会计师提供的审计服务可以分为财务报表审计、经营审计和合规性审计

C．经营审计中，注册会计师的目的是评价被审计单位经营活动的效率和效果

D．经营审计的对象仅限于会计信息

2．注册会计师的普通过失和重大过失的主要区别在于（　　）。

A．在多大程度上没有保持应有的职业谨慎　　　B．在多大程度上没有遵循执业准则

C．未发现的错报的金额是否重大　　　D．未发现的错报的性质是否严重

3. 当满足（　　）时应认定为不实报告。

A. 违反法律法规、执业准则和规则以及诚信公允原则

B. 损害了利害关系人的经济利益

C. 具有虚假记载、误导性陈述或者重大遗漏

D. 影响了报告使用者的经济决策

4. 利害关系人，是指同时具备以下（　　）特征的自然人、法人或者其他组织。

A. 合理信赖或使用了会计师事务所出具的报告

B. 与被审计单位进行了交易或从事与被审计单位的股票、证券等相关交易活动

C. 在交易或交易活动中遭受了实际经济损失

D. 与被审计单位签订了相关交易协议、合同

5. 以下情况中，（　　）能表明注册会计师存在过失。

A. 制订的审计计划存在明显的疏漏　　　B. 审计收费的金额明显高于往年

C. 错误判断和评价获取的审计证据　　　D. 审计报告的日期明显晚于往年

6. 法院在审理针对注册会计师的侵权责任诉讼时，需要考虑侵权责任的法律构成要件，具体包括（　　）。

A. 行为人违法　　　　　　　　　　　B. 行为人主观过错

C. 实际损失的大小　　　　　　　　　D. 过错与损失之间的因果关系

7. 诚信原则要求注册会计师不得与（　　）发生牵连。

A. 严重虚假或误导性陈述　　　　　　B. 缺乏根据的陈述

C. 含糊其辞的信息　　　　　　　　　D. 金额重大或关键性信息

8. 下列有关注册会计师职业道德的表述中，正确的有（　　）。

A. 注册会计师在执业时应将委托人的利益放在第一位

B. 注册会计师履行职责时，应保持合理的职业谨慎

C. 注册会计师应当保持专业胜任能力

D. 注册会计师对于在执业过程中得知的商业秘密，负有保密责任

9. 下列各项中，符合注册会计师职业道德要求的有（　　）。

A. 保守审计过程中知悉的被审计单位的商业秘密

B. 保持独立性

C. 以职业身份代行被审计单位管理层职责

D. 参加教育和培训，保持专业胜任能力

10. 下列有关审计独立性的表述中，正确的有（　　）。

A. 独立性是审计区别于其他管理活动的本质特征

B. 经济来源的独立是审计保持独立性的物质基础

C. 组织机构的独立是审计独立性的保障

D. 注册会计师要保持形式上和实质上的独立

11. 一般情况下，会计师事务所不应向属于上市公司的审计客户提供（　　）。

A. 与财务报表相关的内部审计服务　　B. 与财务报表相关的工资服务

C. 编制将要发表意见的财务报表　　　D. 编制财务报表依据的财务信息

12. 中和天成会计师事务所接受东信公司委托审计其 2012 年度财务报表，项目组成员

王晓慧曾在 2011 年之前担任东信公司的独立董事，此时可能因（　　　）产生不利影响。

　　A. 自身利益　　　B. 过度推介　　　C. 自我评价　　　D. 密切关系

13. 下列事项中，注册会计师李泽方与审计客户东信公司形成间接经济利益的是（　　　）。

　　A. 李泽方的父亲持有东信公司价值 2 000 元股票

　　B. 李泽方的大学同学持有东信公司价值 10 000 元股票

　　C. 李泽方的妹妹持有东信公司价值 1 000 元股票

　　D. 李泽方持有东信公司价值 1 000 元的股票

14. 注册会计师是指（　　　）。

　　A. 项目合伙人　　　B. 项目组其他成员　　　C. 会计师事务所　　　D. 高级合伙人

15. 以下有关审计方法的表述中，正确的有（　　　）。

　　A. 风险导向审计以重大错报风险的识别、评估与应对为重心

　　B. 账项基础审计以发现和防止资产负债表错弊为重心

　　C. 制度基础审计以内部控制为基础的抽样审计为重心

　　D. 风险导向审计以审计风险的防止或发现并纠正为重心

三、案例题

案例一

【资料】中和天成会计师事务所在执业过程中，遇到了关于注册会计师法律责任的问题。

【要求】请针对下列事项，代为作出一个正确的选择。

（1）关于诉讼当事人列置的问题，下列说法中正确的是（　　　）。

　　A. 利害关系人未对被审计单位提起诉讼而直接对会计师事务所提起诉讼的，人民法院可以告知其对会计师事务所和被审计单位一并提起诉讼

　　B. 利害关系人拒不起诉被审计单位的，人民法院应当通知被审计单位作为共同被告参加诉讼

　　C. 利害关系人对会计师事务所的分支机构提起诉讼的，人民法院应当将该会计师事务所列为共同被告参加诉讼

　　D. 利害关系人提出被审计单位的出资人虚假出资或出资不实、抽逃资金，且事后未补足的，人民法院应当将该出资人列为第三人参加诉讼

（2）下列情形，应当认定会计师事务所与被审计单位承担连带责任的是（　　　）。

　　A. 普通过失　　　B. 重大过失　　　C. 会计师事务所违约　　　D. 欺诈

（3）下列不能作为免责事由的是（　　　）。

　　A. 会计师事务所在出具的验资报告中明确指明验资报告仅供工商登记使用

　　B. 已经遵守执业准则、规则确定的工作程序并保持必要的职业谨慎，但仍未能发现被审计单位的会计资料错误

　　C. 审计业务所必须依赖的金融机构等单位提供虚假或者不实的证明文件，会计师事务所在保持必要的职业谨慎下仍未能发现其虚假或者不实

　　D. 审计计划存在明显漏洞

（4）人民法院受理了利害关系人提起的诉讼，初步判断中和天成会计师事务所因存在过失应承担相应的责任。下列有关赔偿责任的说法中不正确的是（　　　）。

　　A. 如果利害关系人存在过错，应当减轻中和天成会计师事务所的赔偿责任

B. 中和天成会计师事务所应当对一切合理依赖或使用其出具的不实审计报告而受到损失的利害关系人承担赔偿责任

C. 中和天成会计师事务所承担的赔偿责任应以其收取的审计费用为限

D. 被审计单位应当对利害关系人承担第一顺位赔偿责任

（5）下列说法中，正确的是（　　　）。

A. 中和天成会计师事务所能够证明自己没有过错，也应承担一定的赔偿责任

B. 中和天成会计师事务所能够证明利害关系人的损失是由审计报告以外因素引起的，可以推定不实报告与损失之间不存在因果关系

C. 奥科公司故意编制虚假财务报表，中和天成会计师事务所不必承担责任

D. 奥科公司的无意行为导致财务报表存在错报，中和天成会计师事务所不必承担责任

案例二

【资料】奥科公司是上市公司，由中和天成会计师事务所负责对奥科公司 2012 年度财务报表进行审计，冯天海担任项目合伙人。

【要求】在考虑执业过程中遇到下列有关职业道德问题时，请代为作出一个正确的专业选择。

（1）下列各项中，注册会计师违反职业道德基本原则的是（　　　）。

A. 拥有专业胜任能力，并在审计过程中时刻保持应有的关注

B. 注册会计师对审计过程中知悉的商业秘密保密，不利用其为自己或他人谋取利益

C. 除有关法规许可，会计师事务所不以或有收费形式为客户提供各种审计服务

D. 在审计报告涵盖的期间内，冯天海曾经是审计客户的董事

（2）如果注册会计师被要求提供第二次意见，应当评价威胁的重要程度并在必要时采取防范措施消除不利影响或将其降低至可接受的水平。下列防范措施中不恰当的是（　　　）。

A. 征得奥科公司的同意后与现任注册会计师进行沟通

B. 在与奥科公司的沟通函件中阐述注册会计师意见的局限性

C. 向前任注册会计师提供第二次意见的复印件

D. 直接与前任注册会计师进行沟通，并向前任注册会计师提供第二次意见的复印件

（3）下列情形对注册会计师保密原则产生不利影响的是（　　　）。

A. 警惕向其主要近亲属无意泄密

B. 不利用所获知的涉密信息为自己或第三方谋取利益

C. 在终止与审计客户的关系以后，不再对其在商业关系中获知的信息保密

D. 在终止与客户关系以后仍然对其在执业关系中获知的信息保密

（4）为应对超出可接受的水平的不利影响，会计师事务所层面的防范措施是（　　　）。

A. 制定有关政策和程序，实施项目质量控制，监督业务质量

B. 向客户治理层说明提供服务的性质和收费的范围

C. 向客户审计委员会、监管机构或注册会计师协会咨询

D. 轮换审计业务项目合伙人和高级员工

（5）如果中和天成会计师事务所对职业道德基本原则产生不利影响的事项采取防范措施仍不足以消除不利影响或将其降低至可接受的水平时，应当（　　　）。

A. 以或有收费形式收取审计费用　　　B. 对该报表发表否定意见

C. 对该报表发表保留意见　　　D. 拒绝承接业务或解除业务约定

案例三

【资料】中和天成会计师事务所首次接受委托，承办凌齐公司 2013 年度财务报表审计业务，并于 2012 年年底与凌齐公司签订了审计业务约定书。假定存在以下情况。

（1）审计项目组成员李泽方与凌齐公司办公室主任林晓海毕业于同一所财经院校。林晓海将凌齐公司职工集资建房的指标转让给李泽方，李泽方按照凌齐公司职工的付款标准交付了集资款。

（2）审计项目组成员张恺祥与凌齐公司财务经理杜威鹏在十年前是同一军区的战友。

（3）审计项目组成员周国强的表姐在凌齐公司担任人力资源部经理。

（4）审计项目组成员朱国栋的父亲担任凌齐公司基建处处长，负责凌齐公司工业园基础设施的筹建工作。

（5）审计项目组成员王晓慧的丈夫接受其母亲赠予，获得凌齐公司市值 10 000 元的债券。

【要求】请针对上述（1）～（5）种情况，分别指出是否会对中和天成会计师事务所或相关注册会计师的独立性产生不利影响，并简要说明理由。

案例四

【资料】中和天成会计师事务所接受委托，对正宇公司 2012 年度财务报表实施审计。正宇公司是上市公司，2012 年度未经审计的利润表列示的利润总额为 500 万元。

审计项目组获取的审计证据显示，正宇公司因一厂房市价上涨而于 2012 年年末冲回了以前年度计提的 600 万元的固定资产减值准备。对此，项目合伙人刘凯琳（注册会计师）已与正宇公司管理层进行了沟通。正宇公司财务负责人李慧珍赠予刘凯琳市值 10 万元的股票，最终出具了标准审计报告。

2013 年 6 月，股民张晓强向证监会举报正宇公司违反会计准则、弄虚作假，将亏损粉饰为盈利，同时揭发刘凯琳收受正宇公司财物，与正宇公司串通舞弊，出具不实报告，要求正宇公司与中和天成会计师事务所赔偿其因购买正宇公司股票而造成的损失。

【要求】（1）如果张晓强要求法院认定刘凯琳出具了不实报告，除了指控刘凯琳违反审计准则以外，还应提出哪些指控？

（2）对于张晓强的指控，刘凯琳在辩护时要求张晓强提供能证明审计报告是不实报告的具体证据，法院是否应当支持？简要说明理由。

（3）根据上述情况，指出刘凯琳是否存在过失或欺诈行为，简要说明理由，并指出中和天成会计师事务所是否应当承担以及应当承担何种类型的赔偿责任。

（4）针对上述情况，如果认定刘凯琳存在欺诈行为，刘凯琳可能会承担何种刑事责任？

案例五

【资料】中和天成会计师事务所通过招投标程序接受委托，负责审计拟上市公司正宇公司 2012 年度财务报表，并委派注册会计师张治先为项目负责人。中和天成会计师事务所遇到下列与职业道德有关的事项。

（1）应邀投标时，中和天成会计师事务所在其投标书中说明，如果中标，需与前任注册会计师沟通后，才能与正宇公司签订审计业务约定书。

（2）签订审计业务约定书时，中和天成会计师事务所根据有关部门的要求，与正宇公司商定按六折收取审计费用，据此，审计项目组计划相应缩小审计范围，并就此事与正宇公司治理层达成一致意见。

（3）正宇公司与中和天成会计师事务所签订协议，由正宇公司向其客户推荐中和天成会计师事务所的服务。每次推荐成功后，由中和天成会计师事务所向正宇公司支付少量的业务介绍费。

（4）签订审计业务约定书后，中和天成会计师事务所发现正宇公司与本所另一常年审计客户东信公司存在直接竞争关系。中和天成会计师事务所未将这一情况告知正宇公司和东信公司。

（5）正宇公司是一珠宝公司的赞助商，送给张治先价值 20 000 元的珠宝券。张治先将这些珠宝券分给了审计项目组成员。

【要求】针对上述（1）～（5）项，分别指出中和天成会计师事务所是否违反注册会计师职业道德基本原则，并简要说明理由。

案例六

中和天成会计师事务所接受委托执行下列客户 2012 年度财务报表审计业务。在承接业务前及执业过程中，分别遇到下列与职业道德有关的事项。

（1）承接大胜公司审计业务前，中和天成会计师事务所向客户管理层作了如下情况介绍：本所 2011 年出具了 300 多份审计报告，从不对客户发表非标准审计意见。

（2）东信公司要求重新审计其已经其他事务所审计的财务报表，中和天成会计师事务所在签订审计业务约定书时要求写明：审计完成后向前任注册会计师提供审计意见的副本。

（3）与凯特公司就审计收费达成如下协议：基本收费为 30 万元，如出具保留意见，按八折收费；如出具否定意见或无法表示意见，按四折收费。

（4）法院指定中和天成会计师事务所对嘉盛公司违约金额直接进行计量和提交报告，并按审定违约金额的 1%收费。项目合伙人认为不违背职业道德，无需采取防范措施。

（5）天华公司财务经理是著名的注册税务师，项目合伙人在重大涉税事项上不得不屈从于对方的判断，但认为没有必要采取其他防范措施。

（6）法院指定中和天成会计师事务所代管富华公司被冻结的股票和债券。保管期间，股价大幅下跌，但中和天成会计师事务所以未接到法院要求为由，拒绝代为出售所代管的股票。

【要求】针对上述（1）～（6）项，不考虑其他情况，分别指出中和天成会计师事务所是否符合相关的职业道德基本原则。如认为不符合的，请简要说明理由。

案例七

【资料】中和天成会计师事务所首次接受委托对天华公司 2012 年度财务报表实施审计，并于 2012 年年底与天华公司签订了审计业务约定书。注册会计师张恺祥和刘家迪参与该项目的审计。假定存在以下情况。

（1）签约前，中和天成会计师事务所通过与前任事务所和当地同规模的其他事务所比较，向天华公司承诺在审计中更好地遵循审计准则。

（2）签约后，张恺祥受聘兼任天华公司独立董事。为保持独立性，中和天成会计师事务所在执行该项业务前，将张恺祥调离审计项目组。

（3）中和天成会计师事务所聘用律师协助开展工作，要求该律师书面承诺按照职业道德规范的要求提供服务。

（4）天华公司要求中和天成会计师事务所在出具审计报告的同时，对本公司与财务报告相关的内部控制实施审计并出具报告。双方为此另行签订了业务约定书。

（5）前任注册会计师对天华公司 2011 年度财务报表出具了标准审计报告，中和天成会计师事务所在审计过程中发现该财务报表存在重大错报，因认为事实已经非常清楚，所以直接更正了 2011 年度财务报表中的错报。

（6）在审计过程中，刘家迪发现天华公司拟定的针对东星公司的竞争策略严重损害东星公司利益，在提交审计报告后向其担任东星公司总经理的大学同学田晓亮透露了天华公司的竞争策略。

【要求】分别针对上述每种情况，判断中和天成会计师事务所的做法是否符合注册会计师相关职业道德基本原则，简要说明理由。如认为不符合相关职业道德基本原则，请具体指明不符合职业道德基本原则中的哪一项。

案例八

【资料】中和天成会计师事务所负责审计上市公司东信公司 2012 年度财务报表，并委派注册会计师冯天海担任项目合伙人。在审计过程中，审计项目组遇到下列与职业道德有关的事项。

（1）东信公司已连续两年积欠审计费用，至今尚未偿还，东信公司承诺审计后付清，中和天成会计师事务所决定继续承接本年东信公司的审计业务。

（2）冯天海在审计中还发现，中和天成会计师事务所的主任会计师高志宏的妻子是东信公司的高管，持有该公司 5% 的股票期权。但高志宏不是该项目的合伙人。

（3）由于冯天海在执行业务过程中表现出高超的专业素质，东信公司聘请冯天海作为税务纠纷的辩护人。冯天海接受这项工作。

（4）审计过程中，适逢东信公司招聘副总经理，冯天海应东信公司的要求对可能录用人员的证明文件进行检查，并就是否录用形成书面意见。

（5）中和天成会计师事务所的办公用房是从东信公司优惠租用的。

【要求】针对上述（1）～（5）项，逐项指出中和天成会计师事务所及其人员是否违反注册会计师职业道德基本原则，并简要说明理由。

案例九

【材料】东信公司是中和天成会计师事务所的常年审计客户。注册会计师冯天海 2013 年首次担任东信公司审计项目组负责人。在开展初步业务活动时，冯天海注意到下列与独立性有关的问题。

（1）项目组成员赵海亮出资 1 500 万元与东信公司共同成立了东亮公司，对东亮公司实施共同控制。

（2）东信公司因为产品质量问题与雨润公司发生经济纠纷，项目组成员徐东升担任东信公司的辩护人。

（3）项目组成员孙刚的妻子在东信公司财务部担任出纳。

【要求】根据上述资料以及注册会计师职业道德基本原则的规定，逐项判断是否对审计项目组的独立性产生影响，并简要说明理由。

案例十

【材料】2013 年，浩翔公司（系上市公司）管理层通过伪造销售发票、出库单、销售单等原始凭证，虚构营业收入。中和天成会计师事务所负责对浩翔公司 2013 年度财务报表进行审计，注册会计师冯天海实施了检查销售发票、函证客户等必要审计程序，并且在审计过程中遵守执业准则、规则确定的工作程序并保持必要的职业谨慎后，认为浩翔公司 2013 年度财务报表不存在重大错报，出具了标准意见审计报告。

大股东杨光明在阅读 2013 年度已审计财务报表后，认为浩翔公司股票会大涨，大量购入了浩翔公司股票。随后因为管理层内部的纠纷，浩翔公司虚构营业收入的案件曝光，其股票价格大幅下跌。为此，大股东杨光明向法院起诉中和天成会计师事务所和注册会计师冯天海，要求其赔偿损失。

中和天成会计师事务所和注册会计师冯天海认为已经遵守执业准则、规则确定的工作程序并保持必要的职业谨慎，要求免于承担民事责任。

【要求】（1）为了支持诉讼请求，大股东杨光明应当向法院提出哪些理由？

（2）指出中和天成会计师事务所和注册会计师冯天海提出的免责理由是否正确？并简要说明理由。

（3）在哪些情形下，中和天成会计师事务所和注册会计师冯天海可以免于承担民事责任？

项目二　综合检测

一、单选题

1. 注册会计师执行审计工作的前提是（　　）。
   A. 财务报表是被审计单位管理层在治理层监督下编制的
   B. 管理层和治理层认可与财务报表相关的责任
   C. 注册会计师可以不受限制地接触与审计相关的资料
   D. 被审计单位不存在因管理层舞弊导致的重大错报风险

2. 审计的固有限制导致注册会计师不能（　　）。
   A. 将检查风险降低为零　　　　B. 实施恰当的审计程序
   C. 获取具有说服力的审计证据　　D. 获取充分、适当的审计证据

3. 奥科公司存在的以下各种情形中，（　　）导致其 2012 年度营业收入违背发生认定。
   A. 将 2013 年年初实现的销售收入提前到 2012 年入账
   B. 将金额为 10 万元的销售业务按 12 万元入账
   C. 将一笔 3 万元的营业外收入列到营业收入项目中
   D. 将一笔 5 万元的营业收入重复计入营业收入账户

4. 注册会计师计划测试奥科公司 2012 年度主营业务收入的完整性。以下各项审计程序中，通常难以实现上述目标的是（　　）。
   A. 抽取 2012 年 12 月 31 日开具的销售发票，检查相应的发运单和账簿记录
   B. 抽取 2012 年 12 月 31 日的发运单，检查相应的销售发票和账簿记录
   C. 从主营业务收入明细账中抽取 2012 年 12 月 31 日的明细记录，检查相应的记账凭证、发运单和销售发票
   D. 从主营业务收入明细账中抽取 2013 年年初的明细记录，检查相应的记账凭证、发运单和销售发票的日期

5. 针对奥科公司将对现销客户的折让比例由原先的 5% 提高到 10% 这一情况，注册会计

师最应关注由此导致营业收入项目（　　　）认定的重大错报风险。

　　A. 截止　　　　　　B. 发生　　　　　　　C. 完整性　　　　　　D. 准确性

　　6. 如果奥科公司对存货疏于看管，则最可能导致其资产负债表中存货项目的（　　　）认定的重大错报风险上升。

　　A. 存在　　　　　　B. 完整性　　　　　　C. 权利和义务　　　D. 计价和分摊

　　7. 如果奥科公司的存货跌价准备计提不足，则其资产负债表的存货项目违背了（　　　）认定。

　　A. 存在　　　　　　B. 权利和义务　　　　C. 准确性　　　　　D. 计价和分摊

　　8. 在以下有关期末存货的监盘程序中，与测试存货盘点记录的完整性不相关的是（　　　）。

　　A. 从存货盘点记录中选取项目追查至存货实物

　　B. 从存货实物中选取项目追查至存货盘点记录

　　C. 在存货盘点过程中关注存货的移动情况

　　D. 在存货盘点结束前再次观察盘点现场

　　9. 下列关于重大错报风险的说法中，错误的是（　　　）。

　　A. 重大错报风险是指如果存在某一错报，该错报单独或连同其他错报可能是重大的，注册会计师为将审计风险降至可接受的低水平而实施程序后没有发现这种错报的风险

　　B. 重大错报风险包括财务报表层次和各类交易、账户余额和披露认定层次的重大错报风险

　　C. 财务报表层次的重大错报风险可能影响多项认定，此类风险通常与控制环境有关，但也可能与其他因素有关

　　D. 认定层次的重大错报风险可以进一步细分为固有风险和控制风险

　　10. 关于可接受的检查风险水平与评估的认定层次重大错报风险之间的关系，下列说法中，正确的是（　　　）。

　　A. 在既定的审计风险水平下，两者存在反向关系

　　B. 在既定的审计风险水平下，两者存在正向关系

　　C. 在既定的审计风险水平下，两者之和等于 100

　　D. 在既定的审计风险水平下，两者没有关系

　　11. 确定的可接受检查风险水平越低，注册会计师选择的进一步审计程序的性质越不可能仅仅包含（　　　）。

　　A. 分析程序　　　　B. 交易的细节测试　　C. 余额的细节测试　　D. 控制测试

　　12. 下列有关重要性的说法中，错误的是（　　　）。

　　A. 注册会计师应当从定量和定性两个方面考虑重要性

　　B. 注册会计师应当在制订具体审计计划时确定财务报表整体的重要性

　　C. 注册会计师应当在每个审计项目中确定财务报表整体的重要性、实际执行的重要性和明显微小错报的临界值

　　D. 注册会计师在确定实际执行的重要性时需要考虑重大错报风险

　　13. 关于特定类别的交易、账户余额或披露的重要性水平，下列说法中，错误的是（　　　）。

　　A. 只有在适用的情况下，才需要确定特定类别的交易、账户余额或披露的重要性水平

　　B. 确定特定类别的交易、账户余额或披露的重要性水平时，可将与被审计单位所处

行业相关的关键性披露作为一项考虑因素

  C. 特定类别的交易、账户余额或披露的重要性水平应低于财务报表整体的重要性

  D. 不需确定特定类别的交易、账户余额或披露的实际执行的重要性

14. 对财务报表整体的重要性与实际执行的重要性之间的关系，下列说法中，正确的是（ ）。

  A. 实际执行的重要性总是小于财务报表整体的重要性

  B. 实际执行的重要性可以等于财务报表整体的重要性

  C. 实际执行的重要性应当等于财务报表整体的重要性的 50%

  D. 实际执行的重要性应当等于财务报表整体的重要性的 75%

15. 下列关于错报的说法中，错误的是（ ）。

  A. 明显微小的错报不需要累积   B. 错报可能是由于错误或舞弊导致的

  C. 错报仅指某一财务报表项目金额与按照会计准则应当列示的金额之间的差异

  D. 判断错报是指由于管理层对会计估计作出不合理的判断或不恰当地选择和运用会计政策而导致的差异

16. 下列各项中，不属于注册会计师收集审计证据方法的是（ ）。

  A. 询问   B. 听证   C. 函证   D. 监盘

17. 下列有关审计证据相关性的说法中，错误的是（ ）。

  A. 审计证据应与审计事项的某一具体审计目标密切相关

  B. 审计证据的相关性是指审计证据的数量要足以证明审计事项的真相以及支持审计意见和审计决定

  C. 审计证据与证实某一审计目标的其他证据有相互印证关系时，能够产生联合证明力

  D. 审计证据与审计目标或其他证据的内在联系越强，审计证据的质量越好

18. 下列有关审计方法的表述中，错误的是（ ）。

  A. 顺查法是指从检查原始凭证入手的审计方法

  B. 顺查法一般适用于业务规模较小、会计资料较少的被审计单位

  C. 逆查法是指从分析检查财务报表入手的审计方法

  D. 逆查法一般适用于存在问题较多的被审计单位

19. 下列有关审计分析程序的表述，正确的是（ ）。

  A. 分析程序仅运用于审计实施阶段

  B. 分析程序仅包括财务数据之间关系的分析

  C. 分析程序可以帮助注册会计师发现异常变动项目

  D. 重新计算是财务报表审计常用的方法

20. 在下列情况下，注册会计师一定要使用分析程序的是（ ）。

  A. 了解被审计单位及其环境，识别重大错报风险

  B. 用作实质性程序，识别重大错报

  C. 执行控制测试，测试内部控制的运行有效性

  D. 对舞弊等特别风险实施的程序

21. 为证实某笔应收账款确已收回，下列审计证据中可靠性最高的是（ ）。

  A. 询问记录 B. 销售合同   C. 应收账款明细表 D. 银行对账单

22. 注册会计师冯天海对奥科公司一应收账款账户进行函证，多次发出积极的询证函后均未收到回复时，注册会计师应该（　　　）。

　　A. 审查相关合同、订单、销货发票等文件　B. 认定该账户对应的客户不存在

　　C. 放弃对该账户余额的审查　　　　　　　D. 认定该账户余额全额为坏账

23. 信赖不足风险影响的是（　　　）。

　　A. 审计效率　　　　B. 审计效果　　　　C. 审计质量　　　　D. 审计结论

24. 信赖过度风险影响的是（　　　）。

　　A. 审计效率　　　　B. 审计效果　　　　C. 审计质量　　　　D. 审计结论

25. 下列抽样风险中，抽样结果表明总体金额存在重大错误而实际上不存在重大错误的可能性是（　　　）。

　　A. 信赖过度风险　　B. 误拒风险　　　　C. 误受风险　　　　D. 信赖不足风险

26. 注册会计师从总体规模为 1 000 个、账面价值为 300 000 元的存货项目中选取 200 个项目（账面价值 50 000 元）进行检查，确定其审定金额为 50 500 元。如果采用比率估计抽样，注册会计师推断的存货总体错报为（　　　）元。

　　A. 500　　　　　　B. 2 500　　　　　　C. 3 000　　　　　　D. 47 500

27. 以下有关函证的表述中恰当的是（　　　）。

　　A. 函证银行存款仅可以了解银行存款余额正确与否

　　B. 对于零余额账户无须函证

　　C. 对于本期内注销的账户无须函证

　　D. 银行存款余额无论大小都必须函证

28. 确定样本规模时，注册会计师需要考虑影响样本规模的因素，下列表述中，错误的是（　　　）。

　　A. 可接受的抽样风险与样本规模成反比

　　B. 在既定的可容忍误差下，预计总体误差越大，表明审计风险越高，所需的样本规模越大

　　C. 总体变异性越高，样本规模越小

　　D. 除非总体非常小，一般而言，总体规模对样本规模的影响几乎为零

29. 下列有关审计工作底稿的表述，错误的是（　　　）。

　　A. 审计工作底稿是控制审计工作质量的手段

　　B. 审计工作底稿可以作为追究注册会计师责任的依据

　　C. 审计工作底稿应当真实完整地反映审计全过程

　　D. 审计工作底稿是注册会计师审计收费的基础

30. 下列关于审计工作底稿的表述中，错误的是（　　　）。

　　A. 审计工作底稿是注册会计师在审计过程中形成的与审计事项有关的工作记录

　　B. 审计工作底稿是撰写审计报告的基础

　　C. 审计工作底稿要经过被审计单位复核

　　D. 审计工作底稿是考核注册会计师工作质量的依据

31. 注册会计师编制的每一张审计工作底稿，都应使（　　　）清楚地了解实施的审计程

序、获取的审计证据和形成的审计结论。

    A. 未曾接触该项审计工作的有经验的专业人士

    B. 项目合伙人

    C. 未参与该项审计业务的项目质量控制复核人

    D. 项目组成员

32. 根据审计工作底稿的性质，注册会计师应将下列（   ）纳入审计工作底稿。

    A. 与被审计单位就重大事项的往来函件   B. 管理层进行重大调整之前的财务报表

    C. 注册会计师对重要性初步思考的记录   D. 因印刷错误或其他错误而作废的文本

33. 在编制审计工作底稿时，注册会计师不应将下列（   ）作为重大事项。

    A. 引起特别风险的事项   B. 导致难以实施必要审计程序的情形

    C. 导致出具非标准审计报告的事项   D. 支持管理层认定的事项

34. 注册会计师对被审计单位 2012 年度财务报表进行审计，于 2013 年 3 月 31 日出具审计报告，相关审计工作底稿于 2013 年 5 月 20 日归档。关于审计工作底稿的保存期限，下列说法中，正确的是（   ）。

    A. 自 2012 年 12 月 31 日起至少 10 年   B. 自 2012 年 12 月 31 日起至少 7 年

    C. 自 2013 年 3 月 31 日起至少 10 年   D. 自 2013 年 3 月 31 日起至少 7 年

35. 在进行控制测试时，注册会计师如认为抽样结果无法达到预期信赖程度，则应当（   ）。

    A. 增加样本量或执行替代审计程序   B. 增加样本量或执行追加审计程序

    C. 增加样本量，扩大测试范围   D. 增加样本量或修改实质性程序

36. 注册会计师在存货的审计过程中，由被审计单位分类和可理解性认定不能推出的审计目标是（   ）。

    A. 存货主要种类和计价基础已揭示   B. 存货的抵押或转让已揭示

    C. 存货项目的总计数与总账一致

    D. 存货已恰当的分为原材料、在产品和产成品

37. 在下列各项中，注册会计师通常认为不适合运用实质性分析程序的是（   ）。

    A. 存款利息收入   B. 借款利息支出   C. 营业外支出   D. 房屋租赁收入

38. 下列与重大错报风险相关的表述中，正确的是（   ）。

    A. 重大错报风险是因样本规模确定的较小而产生的

    B. 重大错报风险是假定不存在相关内部控制，某一认定发生重大错报的可能性

    C. 重大错报风险独立于财务报表审计而存在

    D. 重大错报风险是财务报表存在重大错报的可能性

39. 在细节测试中使用非统计抽样方法时，注册会计师主要关注（   ）。

    A. 误受风险   B. 误拒风险   C. 信赖过度风险   D. 信赖不足风险

40. 注册会计师在完成最终审计档案的归整工作后，如果发现有必要修改，如原审计工作底稿中列明的存货余额为 300 万元，现改为 220 万元，其正确的做法是（   ）。

    A. 在原工作底稿中直接对原记录信息予以涂改

    B. 对原记录信息不予删除，在原工作底稿中增加新的注释的方式予以修改

    C. 在原工作底稿中直接将原记录信息删除，再增加一项新的记录信息

    D. 在原工作底稿中直接将正确信息覆盖错误信息

二、多选题

1. 下列关于管理层、治理层和注册会计师对财务报表的责任的表述中，不正确的是（　　）。
    A. 管理层对编制财务报表负有直接责任
    B. 管理层对设计、执行和维护内部控制负有责任
    C. 经审计后的财务报表出现重大错报，管理层可以相应减轻责任
    D. 注册会计师对出具的审计报告负责
2. 在财务报表审计中，下列有关管理层对财务报表的责任的说法中，正确的有（　　）。
    A. 管理层应当允许注册会计师查阅与编制财务报表相关的所有文件
    B. 管理层应当负责按照适用的财务报告编制基础编制财务报表
    C. 管理层应当允许注册会计师接触所有必要的相关人员
    D. 管理层应当负责设计、执行和维护必要的内部控制
3. 关于注册会计师在计划和执行审计工作时保持职业怀疑的作用，下列说法中，正确的有（　　）。
    A. 降低检查风险　　　　　　　　　　B. 降低审计成本
    C. 避免过度依赖管理层提供的书面声明　　D. 恰当识别、评估和应对重大错报风险
4. 在评价自身作出的职业判断是否适当时，注册会计师认为应当考虑的有（　　）。
    A. 作出的判断是否反映了对审计准则和会计准则的适当运用
    B. 作出的判断是否有具体事实和情况所支持
    C. 作出的判断是否与截至审计报告日知悉的事实一致
    D. 作出的判断是否可以用来降低重大错报风险
5. 下列关于重要性、审计风险和审计证据之间关系的表述中正确的有（　　）。
    A. 审计证据和可接受的审计风险之间呈反向关系
    B. 重要性与可接受的审计风险之间呈正向关系
    C. 重要性和审计证据之间呈反向关系
    D. 重要性不影响审计证据的数量，即两者没有关系
6. 下列有关审计风险基本特征的表述中，正确的有（　　）。
    A. 审计风险是客观存在的　　　　　　B. 审计风险是可以控制的
    C. 审计风险是可以消除的　　　　　　D. 审计风险具有潜在性
7. 下列有关审计风险的表述，正确的有（　　）。
    A. 对于不可控的审计风险，注册会计师应该提高风险承受能力
    B. 审计风险仅存在于审计活动的计划和证据收集阶段
    C. 审计风险是客观存在的，但具有潜在性
    D. 审计风险可以控制，但不能完全消除
8. 注册会计师通过实施"检查外来账单与本单位有关账目的记录是否相符"这一程序，可能证实被审计单位管理层对财务报表的认定包括（　　）。
    A. 存在　　　　B. 完整性　　　　C. 截止　　　　D. 计价和分摊
9. 下列表述中，正确的有（　　）。
    A. 询问主要适用于内部控制失效、会计基础工作较差的被审计单位

B. 通过检查记录或文件获得的审计证据的可靠性取决于记录或文件的来源和性质

C. 询问必须作成书面记录，并由答询人签字或盖章

D. 观察有形资产可以为其权利和义务认定提供可靠的审计证据

10. 下列有关审计证据可靠性的表述中，正确的有（　　）。

A. 不同来源且能相互印证的审计证据比单独来源的审计证据更可靠

B. 从外部独立来源获取的审计证据比从内部获取的审计证据更可靠

C. 从复印件获取的审计证据比从原件获取的审计证据更可靠

D. 直接获取的审计证据比推论得出的审计证据更可靠

11. 下列有关函证控制的说法中正确的有（　　）。

A. 将询证函中列示的账户余额或其他信息与被审计单位有关资料核对

B. 在询证函中指明直接向接受审计业务委托的会计师事务所回函

C. 询证函经被审计单位盖章后由其直接发出

D. 将发出询证函的情况形成审计工作记录

12. 下列有关函证银行存款余额的说法中，正确的有（　　）。

A. 银行存款余额为零的开户银行可以不函证

B. 对已获得银行对账单的开户银行可以不函证

C. 函证银行存款余额的同时，应一并收集贷款信息

D. 应向账户已结清，但被审计单位在本期存过款的银行发函

13. 下列各项中，属于传统变量抽样法的有（　　）。

A. 均值估计抽样　　　　B. 差额估计抽样　　　　C. 比率估计抽样　　　　D. 属性抽样

14. 下列对函证结果的处理方法中，正确的有（　　）。

A. 对由于寄送地址不详导致询证函退回的应收账款，全额确认为坏账

B. 对询证函的回函认可的金额予以确认

C. 积极的询证函若未能在规定时期内答复，则放弃函证

D. 询证函的回函认可的金额与账面金额有差异的，应查明产生差异的原因

15. 相对于详查法，抽查法的优点有（　　）。

A. 提高审计效率　　　　　　　　　　　　B. 节约审计资源

C. 更有效地查出会计资料中存在的差错　　　D. 更容易发现发生频率不高的错弊

16. 与非统计抽样法相比，统计抽样法的优点有（　　）。

A. 采用随机原则进行样本选择，减少了主观随意性

B. 注册会计师能够将抽样风险量化，并加以控制

C. 完全依赖注册会计师的实践经验和判断能力

D. 可以科学地确定样本量，避免样本过多或过少

17. 注册会计师编制的审计工作底稿，应当实现下列（　　）主要目的。

A. 提供条件，便于相关机构按规定检查执业质量

B. 提供充分、适当的记录，作为出具审计报告的基础

C. 提供证据，证明注册会计师已按规定计划和执行了审计工作

D. 记录对未来审计工作持续产生重大影响的事项

18. 在审计工作归档之后，项目合伙人需要变动审计工作底稿的情形有（　　）。
    A. 项目组成员未能将审计报告日前获取的银行询证函的回函附在工作底稿之后
    B. 在审计报告日后获知法院已在审计报告日前对被审计单位的诉讼作出最终判决
    C. 项目组成员在审计报告日后观察业务活动并形成了详细的观察记录
    D. 在财务报表报出后获知法院已在报出当日对被审计单位的索赔作出最终判决
19. 通常情况下，注册会计师需要对特定项目实施函证的有（　　）。
    A. 金额较小的项目　　　　　　　　　　　　B. 账龄较长的项目
    C. 可能存在争议以及产生重大舞弊或错误的交易
    D. 重大或异常的交易
20. 下列有关函证实施过程的控制的说法中，恰当的有（　　）。
    A. 注册会计师应当亲自负责询证函的收发
    B. 询证函应当以被审计单位的名义寄发
    C. 询证函经被审计单位盖章后，可以由被审计单位相关人员寄发，但是询证函应直接寄至会计师事务所
    D. 发出询证函的情况要形成审计工作记录

三、案例题

案例一

【资料】注册会计师冯天海负责审计奥科公司 2012 年度财务报表。

【要求】（单选题）在获取审计证据时，冯天海遇到下列事项，请代为作出正确的专业选择。

（1）对于下列应收账款认定，通过实施函证程序，冯天海认为最可能证实的是（　　）。
    A. 计价和分摊　　　　B. 准确性　　　　C. 存在　　　　D. 完整性
（2）对于下列存货认定，通过向生产和销售人员询问是否存在过时或周转缓慢的存货，冯天海认为最可能证实的是（　　）。
    A. 计价和分摊　　　　B. 分类　　　　C. 存在　　　　D. 完整性
（3）对于下列销售收入认定，通过比较资产负债表日前后几天的发货单日期与记账日期，冯天海认为最可能证实的是（　　）。
    A. 发生　　　　B. 完整性　　　　C. 截止　　　　D. 分类
（4）奥科公司认为其在资产负债表中列作非流动负债的各项负债一年内均不会到期，这说明其管理层对相关负债项目作出的认定是（　　）。
    A. 分类和可理解性　　B. 计价和分摊　　　C. 存在　　　D. 权利和义务
（5）注册会计师通过向奥科公司财务负责人询问有价证券的持有目的，有助于发现投资交易的（　　）认定存在错报。
    A. 计价和分摊　　　　B. 分类和可理解性　　C. 存在　　　D. 完整性

案例二

【资料】注册会计师冯天海负责对奥科公司 2012 年度财务报表进行审计。在编制和归整审计工作底稿时，冯天海遇到下列事项。

【要求】（多选题）请代为作出正确的专业选择。

（1）在归整或保存审计工作底稿时，下列表述中正确的有（　　）。
    A. 在完成最终审计档案的归整工作后，不得修改现有审计工作底稿或增加新的审

计工作底稿

  B．如果未能完成审计业务，审计工作底稿也应进行归档，归档期限为审计业务中止后的 60 天内

  C．在审计报告日后将审计工作底稿归整为最终审计工作档案是审计工作的组成部分，可能涉及实施新的审计程序或得出新的审计结论

  D．如果注册会计师完成了审计业务，会计师事务所应当自审计报告日起，对审计工作底稿至少保存 10 年

  （2）以下关于审计档案的表述恰当的有（ ）。

  A．对每项具体审计业务，注册会计师均应当将审计工作底稿归整为审计档案

  B．永久性档案是指那些记录内容相对稳定，具有长期使用价值，并对以后审计工作具有重要影响和直接作用的审计档案

  C．当期档案是指那些记录内容经常变化，主要供当期和下期审计使用的审计档案

  D．永久性档案需要永久保存，当期档案保存 15 年

  （3）以下对审计工作底稿复核的陈述中，不恰当的有（ ）。

  A．注册会计师需要在每一张工作底稿上记录执行人、复核人和项目质量控制复核人以及他们各自完成工作的时间

  B．项目组内部复核最终由项目合伙人负责

  C．项目组内部复核是在出具审计报告前，对项目组作出的重大判断和在准备审计报告时得出的结论进行客观评价的过程

  D．项目组内部复核要求不同人员交叉复核，并且做到客观、公正

案例三

  【资料】中和天成会计师事务所接受委托审计奥科公司 2012 年度财务报表，冯天海任项目合伙人。

  【要求】（单选题）冯天海遇到了以下关于审计工作底稿的问题，请代为作出正确的专业选择。

  （1）下列注册会计师在归档期间对审计工作底稿做出的变动中，不正确的做法是（ ）。

  A．对审计工作底稿进行分类、整理和交叉索引

  B．删除或废弃被取代的审计工作底稿

  C．对审计档案归整工作的完成核对表签字认可

  D．在审计报告日获取的、与审计项目组相关成员进行讨论并取得一致意见的相关审计证据予以删除

  （2）下列通常应作为审计工作底稿保存的文件是（ ）。

  A．审计业务约定书   B．财务报表草表

  C．重复的文件记录   D．对收入项目的初步判断结论

  （3）冯天海在归档工作底稿时，作出了以下处理，其中不正确的是（ ）。

  A．对编制的固定资产折旧分析表中存在涂改和写错的地方，冯天海安排审计助理李英祥重新抄写一份，并将原分析表销毁

  B．对审计工作中需要核对的工作底稿没有签字的，由冯天海统一代签

  C．对审计档案归档工作的完成核对表（李泽方负责核对），冯天海签字认可

D. 补记录在审计报告日前已经获取的、与审计项目组相关成员进行讨论并取得一致意见的审计证据

（4）在下列关于 2012 年度财务报表审计业务归档日期的说法中，错误的是（　　　）。

A. 冯天海于 2013 年 2 月 28 日完成了审计工作，并于 2013 年 3 月 10 日实际编写完成了对奥科公司 2012 年度财务报表的审计报告，所形成的审计工作底稿应当于 2013 年 4 月 28 日之前归档

B. 冯天海于 2013 年 2 月 28 日完成了对奥科公司 2012 年度财务报表的审计工作，并于 3 月 6 日出具了否定意见审计报告。3 月 9 日，会计师事务所根据新的重大情况撤销了审计报告并不再实施进一步审计，相关的审计工作底稿已于 2013 年 5 月 1 日归档

C. 按照时间预算的规划，审计项目组应于 2013 年 3 月 1 日至 10 日实施对奥科公司 2012 年度财务报表的审计工作。3 月 6 日，会计师事务所因发现奥科公司存在重大舞弊事项后会计师事务所决定终止该项审计业务，此时，将已形成的审计工作底稿全部作废

D. 冯天海于 2013 年 2 月 1 日完成奥科公司 2012 年度财务报表审计业务，2013 年 2 月 2 日将相关工作底稿整理归档

案例四

【资料】中和天成会计师事务所指派冯天海担任奥科公司 2012 年度财务报表审计业务的项目合伙人。冯天海正在编制奥科公司的审计计划。相关资料如下。

（1）根据中和天成会计师事务所质量控制政策和程序的要求，冯天海将奥科公司年度财务报表审计的可接受检查风险水平确定为 5%。

（2）冯天海通过实施风险评估程序，评估了财务报表下列项目的重大错报风险。

财务报表项目	应收账款	存货	固定资产
评估的重大错报风险	80%	20%	5%

（3）上年度审计工作底稿显示，奥科公司应收账款、存货项目的可接受检查风险水平依次为 15%、20%。

【要求】（1）根据情况（1）和（2），代冯天海确定应收账款、存货、固定资产项目的可接受检查风险水平，写出计算公式。

（2）指出可接受检查风险水平与所需审计证据数量之间的关系；并根据情况（3）和要求（1）的结果（不考虑其他情况），指出注册会计师应如何根据 2011 年度应收账款、存货项目审计证据的数量相应调整（增加或减少）本期所需审计证据数量。

（3）根据要求（1），指出冯天海是否可以仅对固定资产项目实施控制测试而不实施实质性程序，简要说明理由。

案例五

【资料】注册会计师冯天海是中和天成会计师事务所指派的奥科公司 2012 年度财务报表审计业务的项目合伙人。在制订审计计划、实施风险评估时，冯天海需要考虑与重要性相关的问题。具体情况如下。

（1）基于重要性与重大错报风险的反向关系，冯天海决定在制定总体审计策略时，首先评估重大错报风险，然后据以确定财务报表整体的重要性水平。

（2）确定财务报表整体的重要性水平时，冯天海特别考虑了作为奥科公司最大股东的蓝

海公司的决策需要，以确保金额在重要性水平以下的错报不影响蓝海公司的经济决策。

（3）为防止未发现错报和不重大错报汇总后构成重大错报，冯天海实际执行的重要性水平相当于计划重要性的90%。

（4）奥科公司的一部分原材料可能在地震中毁损，因而无法进行现场评估，难以确定需要计提的存货跌价准备金额，冯天海据此调低了评估的重要性水平。

（5）为便于实施审计程序，冯天海将财务报表整体的重要性水平的1%作为界定明显微小错报的界限。凡是金额低于这个界限的错报，都无需建议奥科公司调整。

（6）因审计范围受限而无法针对某类交易获取足够数量的审计证据，冯天海利用重要性与审计证据数量的反向关系，调高了该类交易的重要性水平。

【要求】逐一考虑上述每种情况，指出冯天海的观点或做法是否存在或可能存在不当之处。如认为存在或可能存在不当之处，请简要说明理由。

案例六

【资料】注册会计师冯天海对奥科公司2012年度财务报表进行审计。奥科公司的相关资料如下：奥科公司是一家生产、销售机电设备的企业，其产品除直接向终端客户销售外，还向经销商销售。其中向终端客户的销售均为现销，而向经销商销售均为赊销，并按合同的约定的日期收回款项。由于2012年的销售形势不太乐观，奥科公司在2012年延长了收款的时间。2012年，奥科公司的销售收入为1亿元人民币，比2011年增长了25%（董事会制定的2011年预算目标是增长24%），应收账款账面余额为4 000万元（2011年为3 000万元）；奥科公司采用账龄分析法计提坏账准备，坏账准备的账面余额200万元（2011年为210万元）。假定奥科公司2012年的税后利润为3 000万元，财务报表整体重要性水平为税后利润的10%，即300万元。

【要求】假定你是注册会计师冯天海，请根据上述资料，回答以下问题。

（1）对此项审计业务，你认为销售收入和应收账款账户哪些认定会存在着重大错报风险？

（2）如何设计应收账款函证的程序？对没有回函的应收账款，应当如何执行替代审计程序？没有进行函证的应收账款，是否就没有验证其存在的必要了？

案例七

【资料】注册会计师冯天海负责对奥科公司2012年度财务报表进行审计，在对应收账款实施控制测试时，冯天海决定采用统计抽样方法，冯天海的观点如下。

（1）在所有的控制测试过程中注册会计师均可采用审计抽样。

（2）由于总体变异性较大，冯天海将总体分为三层。

（3）在使用随机数表选择样本项目时，由于所选中的1张凭证已经丢失，无法测试，直接用随机数表另选1张凭证代替。

（4）在对某项控制进行测试时，确定样本规模为80，测试后发现4例偏差。在此情况下，推断2012年度该项控制总体偏差率的最佳估计为5%。

（5）愿意接受的抽样风险越低，需要的样本规模越大。

（6）当总体偏差率上限低于但接近可容忍偏差率时，总体可以直接接受。

【要求】针对上述（1）～（6）项，逐项指出冯天海的观点是否存在不当之处。如果存在不当之处，简要说明理由。

案例八

【资料】注册会计师冯天海负责审计奥科公司 2012 年度财务报表。奥科公司 2012 年度银行存款账户数一直为 60 个。奥科公司财务制度规定,每月月末由与银行存款核算不相关的财务人员胡月华针对每个银行存款账户编制银行存款余额调节表。冯天海决定运用统计抽样方法测试该项控制在全年的运行有效性。相关事项如下。

(1)冯天海计算了各银行存款账户在 2012 年 12 月 31 日余额的标准差,作为确定样本规模的一个因素。

(2)在确定样本规模后,冯天海采用随机数表的方式选取样本。选取的一个银行存款账户余额极小,冯天海另选了一个余额较大的银行存款账户予以代替。

(3)在对选取的样本项目进行检查时,冯天海发现其中一张银行存款余额调节表由奥科公司出纳员刘晓莉代为编制,冯天海复核后发现该表编制正确,不将其视为控制偏差。

(4)在对选取的样本项目进行检查后,冯天海将样本中发现的偏差数量除以样本规模得出的数值作为该项控制运行总体偏差率的最佳估计。

(5)假设冯天海确定的可接受的信赖过度风险为 10%,样本规模为 45。测试样本后,发现 1 例偏差。当信赖过度风险为 10%、样本中发现的偏差率为 1 时,控制测试的风险系数为 3.9。

【要求】(1)计算确定总体规模,并简要回答在运用统计抽样方法对某项手工执行的控制运行有效性进行测试时,总体规模对样本规模的影响。

(2)针对事项(1)~(4),假设上述事项互不关联,逐项指出冯天海的做法是否正确。如不正确,简要说明理由。

(3)针对事项(5),计算总体偏差率上限。

案例九

【资料】注册会计师冯天海负责审计奥科公司 2012 年度财务报表。在针对销售费用的发生认定实施细节测试时,冯天海决定采用传统变量抽样方法实施统计抽样,相关事项如下。

(1)冯天海将抽样单元界定为销售费用总额中的每个货币单元。

(2)冯天海将总体分成两层,使每层的均值大致相等。

(3)冯天海在确定样本规模时不考虑销售费用账户的可容忍错报。

(4)冯天海采用系统选样的方式选取样本项目进行检查。

(5)在对选中的一个样本项目进行检查时,冯天海发现所附发票丢失,于是另选一个样本项目代替。

(6)奥科公司 2012 年度销售费用账面金额合计为 75 000 000 元。冯天海采用差额估计抽样方法确定的总体规模为 4 000,样本规模为 200,样本账面金额合计为 4 000 000 元,样本审定金额合计为 3 600 000 元。

【要求】(1)针对上述(1)~(5)项,逐项指出冯天海的做法是否存在不当之处。如果存在不当之处,简要说明理由。

(2)在不考虑上述(1)~(5)项的情况下,针对上述第(6)项,推断销售费用错报的金额。

案例十

【资料】奥科公司 2012 年 12 月 31 日应收账款账户借方余额共计 280 万元,由 1 600 个借方账户组成。注册会计师冯天海拟通过非统计抽样方法和函证程序测试奥科公司 2012 年 12 月 31 日应收账款余额的存在认定。审计工作底稿记载的其他相关情况如下。

（1）确定的抽样总体是 2012 年 12 月 31 日应收账款明细表中列示的全部借方余额明细账户，抽样单元是每个应收账款明细账账户。

（2）根据测试目标，冯天海界定的错报包括：虚构应收账款、收到款项后不作账务处理和串户登记、虚减账龄等。

（3）总体中金额最大的前 400 个明细账户余额合计为 140 万元，基于此，冯天海拟对总体进行分层，并将这 400 个账户作为第一层，分配给该层四分之一的样本规模。

（4）在确定样本规模时，因模型"样本规模$=\dfrac{\text{总体账面金额}}{\text{可容忍错报}}\times\text{保证系数}$"中不含总体变异性及预计总体错报等因素，冯天海认为无需考虑这些因素。

（5）冯天海从第一层抽取了合计余额为 7 万元的 20 个明细账户实施函证程序，确认的高估金额为 0.35 万元，使用比率估计抽样推断第一层错报金额为 4.8 万元。

（6）估计的两层错报金额合计数为 13.99 万元，低于但接近可容忍错报额，冯天海决定扩大函证的范围，以获取进一步的证据。

【要求】逐一考虑上述每种情况，指出冯天海的抽样决策和过程是否妥当，如认为不妥当，请简要说明原因。

项目三　综合检测

一、单选题

1. 下列各项中，不属于审计项目初步业务活动的是（　　）。
   A. 针对接受或保持客户关系和业务委托的评估程序
   B. 确定项目组成员及拟利用的专家
   C. 评价遵守职业道德基本原则的情况
   D. 签署审计业务约定书

2. 中和天成会计师事务所首次接受委托，审计奥科公司 2012 年度财务报表，委派注册会计师冯天海担任审计项目合伙人。下列不属于冯天海开展初步业务活动内容的是（　　）。
   A. 对期初余额执行审计程序
   B. 在征得奥科公司同意的前提下，与前任注册会计师沟通
   C. 与奥科公司签订业务约定书
   D. 评价项目组是否具备胜任能力

3. 在确定总体审计策略中的（　　）时，注册会计师需要考虑与内部控制相关的信息。
   A. 审计范围　　　B. 审计时间安排　　　C. 审计方向　　　D. 审计资源

4. 以下有关具体审计计划的说法中，正确的是（　　）。
   A. 制订具体审计计划是为了确定审计范围、时间安排和方向
   B. 具体审计计划的核心内容是确定进一步审计程序的性质、时间安排和范围
   C. 注册会计师可以根据具体情况决定是否制订具体审计计划
   D. 具体审计计划中制定的审计程序包括风险评估程序、进一步审计程序两类

5. 下列关于项目组内部讨论的观点中，不正确的是（　　）。

A. 项目组内部讨论在审计计划阶段非常有必要，因为其可以就相关问题的处理统一口径，在审计的其他阶段，则无须组织项目组讨论

B. 项目组内部讨论为项目组成员提供了交流信息和分享见解的机会

C. 如果聘请了机电设备方面的专家，专家也应该参与讨论

D. 项目组内部讨论可以为项目组指明审计方向，强调在审计过程中保持职业怀疑的重要性，不应将管理层当成完全诚实，也不应将其作为罪犯对待

6. 下列各项中，不属于审计质量控制措施的是（　　）。

A. 对审计工作底稿进行分级复核　　　　B. 对注册会计师进行定期培训

C. 对审计报告进行复核　　　　　　　　D. 对被审计单位提出完善内部控制的建议

7. 下列各项中，属于注册会计师审计特有的程序是（　　）。

A. 签订审计业务约定书　　　　　　　　B. 进行内部控制测试

C. 实施实质性程序　　　　　　　　　　D. 确定重要性水平

8. 下列各项中，不属于内部控制调查方法的是（　　）。

A. 查阅被审计单位的各项管理制度和相关文件

B. 询问被审计单位的管理人员和其他相关人员

C. 检查内部控制过程中生成的文件和记录

D. 审查财务报表项目余额

9. 注册会计师在针对评估的重大错报风险设计进一步审计程序时，确保审计程序的（　　）最为重要。

A. 不可预见性　　　B. 性质　　　　C. 时间安排　　　　D. 范围

10. 以下因素中，与进一步审计程序的范围呈反向关系的是（　　）。

A. 评估的认定层次的重大错报风险　　　B. 所测试的事项发生的频率

C. 注册会计师拟获取的保证程度　　　　D. 确定的可接受检查风险水平

11. 如果注册会计师拟信赖旨在应对由于舞弊导致的重大错报风险的人工控制，假设该控制没有发生变化，下列有关测试该控制运行有效性的时间间隔的说法中，正确的是（　　）。

A. 每年测试一次　　　　　　　　　　　B. 每两年至少测试一次

C. 每三年至少测试一次　　　　　　　　D. 每四年至少测试一次

12. 控制测试的范围与下列（　　）因素呈反向关系。

A. 控制的执行频率　　　　　　　　　　B. 对控制的信赖程度

C. 可容忍偏差率　　　　　　　　　　　D. 所需证据的可靠性

13. 下列各项中，属于业务授权控制的是（　　）。

A. 客户赊销限额的批准　　　　　　　　B. 表、账、证之间的定期核对

C. 原材料采购和会计记录职责的分离　　D. 财产物资的专人保管制度

14. 下列有关实质性程序的表述中，正确的是（　　）。

A. 财务报表审计必须执行实质性程序

B. 实质性程序必须采用详查法

C. 分析程序是实质性程序中必须使用的方法

D. 注册会计师只有在实施实质性程序时才需要编制审计工作底稿

15. 注册会计师在财务报表审计中对内部控制进行初评后，认为应该测试内部控制有效性的情况是（   ）。

    A. 内部控制的设置极不健全　　　　　　B. 内部控制风险较低

    C. 内部控制风险很高　　　　　　　　　D. 难以对内部控制的健全性作出评价

16. 被审计单位内部控制设置比较健全，但未予有效执行，导致大部分经济业务失控，应将其内部控制风险评估为（   ）。

    A. 低水平　　　　　　B. 中等水平　　　　　C. 高水平　　　　　　D. 无风险

17. 在销售与收款业务循环内部控制中，发送商品与记账职责相互分离主要是为了防止（   ）。

    A. 盗窃商品并通过篡改记录加以掩饰

    B. 贪污客户所付款项并通过篡改记录加以掩饰

    C. 贪污已做坏账处理后又收回的应收账款

    D. 放宽信用标准而导致企业信用风险增加

18. 注册会计师审查年度资产负债表日前后的营业收入记录，并核对相关销售发票、运单等原始凭证，其主要目的是（   ）。

    A. 证实营业收入的合理性　　　　　　　B. 证实营业收入的完整性

    C. 证实营业收入的合法性　　　　　　　D. 证实营业收入的截止期

19. 注册会计师实施营业收入截止期测试的主要目的是（   ）。

    A. 检查销售折扣、折让比例的合理性　　B. 审查销售退回原因的合理性

    C. 检查营业收入记录时间的正确性　　　D. 评价应收票据的可兑现程度

20. 为判断应收账款回收的可能性，确定应收账款的可回收金额，注册会计师应当取得或编制（   ）。

    A. 应收账款对账单　　　　　　　　　　B. 应收账款明细表

    C. 应收账款账龄分析表　　　　　　　　D. 主要客户平均应收账款余额表

21. 销售与收款业务循环中，用来表示由于销售退回或经批准折让而引起的应收账款减少的凭证是（   ）。

    A. 销货合同　　　　　　B. 销货单　　　　　C. 贷项通知单　　　　　D. 客户订货单

22. 注册会计师审查应付账款时，发现应付某公司账款 210 万元，账龄已有 2 年。但通过审阅凭证、询问有关人员，均未能取得证据来证实该项应付账款的存在性。注册会计师应（   ）。

    A. 作出账实不符结论　　B. 核对账表　　　C. 函证债权人　　　　D. 直接调整账项

23. 下列各项中，不能用以判断被审计单位固定资产折旧计提合理性的分析方法是（   ）。

    A. 将本年度的折旧费用与上年度的折旧费用相比较

    B. 计算本年度固定资产原值与全年总产量之比，将该比率与上年度相比较

    C. 计算本年度计提折旧额占固定资产原值的比例，并与上年度相比较

    D. 将本年度应计提折旧的固定资产原值乘以折旧率，并与本年度计提的折旧额相比较

24. 在生产与存货业务循环中，下列各项中不属于生产成本控制措施的是（   ）。

    A. 审核领料凭证　　　　　　　　　　　B. 控制厂部办公经费开支

C. 制订成本计划　　　　　　　　　　D. 编制成本预算

25. 下列各项中，属于生产成本业务实质性程序的是（　　）。

A. 审查有关凭证是否经过适当审批　　B. 检查产成品入库验收手续是否齐备

C. 对成本项目实施分析程序　　　　　D. 检查不相容职责是否分离

26. 在对被审计单位存货进行监盘时，注册会计师应当（　　）。

A. 指挥盘点工作的进行　　　　　　　B. 作为盘点小组成员进行盘点

C. 监督盘点工作的进行　　　　　　　D. 亲自编制盘点表

27. 下列有关存货实质性程序的表述中，正确的是（　　）。

A. 通过监盘证实存货的完整性和所有权

B. 通过计算存货周转率检查存货的真实性

C. 结合营业外支出账户对存货跌价准备进行审查

D. 结合生产成本和制造费用等账户审查成本计算的正确性

28. 下列与现金业务有关的职责中，可以由一人同时承担的是（　　）。

A. 支票与印章的保管　　　　　　　　B. 现金的收付与库存现金日记账的登记

C. 现金的支付与报销单据的审批

D. 银行存款日记账的登记和银行存款总账的登记

29. 下列有关现金监盘的表述，正确的是（　　）。

A. 现金监盘应当在会计主管不在场的情况下进行

B. 现金监盘一般应在营业时间开始前或结束后进行

C. 现金监盘后应当由注册会计师编制库存现金盘点表

D. 出纳人员保险柜内库存现金实有数额小于现金日记账当日余额，即应确认为重要违规问题

30. 下列资产负债表日后事项中，注册会计师认为应当作为调整事项处理的是（　　）。

A. 以资本公积转增资本　　　　　　　B. 出资购买其他公司的股票

C. 竞争对手以涉嫌侵犯知识产权为由，向法院起诉要求赔偿

D. 在资产负债表日已确认销售收入的一批货物发生销售退回

31. 下列各项中，符合货币资金业务内部控制职责分工要求的是（　　）。

A. 出纳员编制银行存款余额调节表

B. 出纳员根据审核后的凭证登记现金日记账

C. 出纳员签发支票　　　　　　　　　D. 出纳员登记应收账款明细账

32. 注册会计师审查库存现金时，发现账面结存 4 298.20 元，实际库存 3 028.20 元，另有已支付的 150 元劳务费和已报销的 520 元差旅费单据未入账。注册会计师由此可以得出的结论是（　　）。

A. 库存现金短缺 1 270 元　　　　　　B. 库存现金短缺 670 元

C. 库存现金短缺 600 元　　　　　　　D. 库存现金溢余 600 元

33. 当财务报表已经按照适用的会计准则和相关会计制度的规定编制，在所有重大方面公允反映了被审计单位的财务状况、经营成果和现金流量情况，且注册会计师已按照审计准则的规定计划和实施了审计工作，审计范围未受到限制，则应出具（　　）。

A. 带强调事项段的无保留意见的审计报告

B. 无保留意见的审计报告

C. 保留意见的审计报告   D. 无法表示意见的审计报告

34. 以下有关函证的表述中恰当的是（   ）。

A. 函证银行存款仅可以了解银行存款余额正确与否

B. 对于零余额账户无需函证

C. 对于本期内注销的账户无需函证

D. 银行存款余额无论大小都必需函证

35. 下列关于总体审计策略和具体审计计划的说法中，不正确的是（   ）。

A. 注册会计师应当在总体审计策略中清楚地说明审计资源的规划和调配，包括确定执行审计业务所必需的审计资源的性质、时间安排和范围

B. 总体审计策略用以确定审计范围、时间安排和方向，并指导具体审计计划的制订

C. 具体审计计划应当包括风险评估程序、计划实施的进一步审计程序和计划的其他审计程序

D. 计划审计工作是审计业务的一个孤立阶段，一经确定不能更改

36. 会计师事务所开展初步业务活动，下列目的中，属于确保在计划审计工作时执行审计工作的注册会计师具备的要求的是（   ）。

A. 按适当的方式收费   B. 对客户的商业机密保密

C. 独立性和专业胜任能力   D. 合理利用专家的工作

37. 在风险评估阶段，项目组内部讨论为项目组成员提供了交流信息和分享见解的机会。项目组应当讨论的内容不包括（   ）。

A. 被审计单位面临的经营风险

B. 财务报表容易发生错报的领域以及发生错报的方式

C. 针对财务报表层次的重大错报风险拟采取的总体应对措施

D. 由于舞弊导致重大错报的可能性

38. 下列各项看法中，正确的是（   ）。

A. 期后事项需要在审计临近结束时专门进行审计

B. 或有事项需要在审计临近结束时专门进行审计

C. 期后事项必然引起对相关财务报表项目金额的调整

D. 或有事项不会对财务报表相关项目产生影响，最多需要披露

39. 在审计结束或临近结束时，注册会计师运用分析程序的目的是（   ）。

A. 确定更加合理的重要性水平

B. 确定审计调整后的财务报表整体是否与其对被审计单位的了解一致

C. 确定可接受的检查风险水平

D. 确定是否将重大错报风险降低至可接受的低水平

40. 在询问关联方关系时，下列组织或人员中，注册会计师的询问对象不包括（   ）。

A. 内部审计人员 B. 董事会成员   C. 证券监管机构 D. 内部法律顾问

二、多选题

1. 下列有关内部控制的表述，正确的有（   ）。

A. 内部控制是指被审计单位制定的一系列相关政策、程序和措施

B. 保证会计及其他信息资料的真实可靠是内部控制的作用之一

C. 内部控制的设置和运行受成本效益原则的影响

D. 如果被审计单位内部控制健全有效，注册会计师就无需开展实质性程序

2. 根据内部控制相关要求，下列各项中不能由销售部门承担的职责有（　　　）。

A. 记录营业收入明细账　　　　　　　B. 批准赊销信用

C. 签订销售合同　　　　　　　　　　D. 收取销售贷款

3. 在确定实质性分析程序的范围时，注册会计师最应当考虑的两个方面有（　　　）。

A. 对什么层次的数据进行分析　　　　B. 对什么幅度或性质的偏差展开进一步调查

C. 对什么样的期望值进行估计　　　　D. 对什么特征的交易进行分析

4. 下列控制措施中，属于销售与收款业务循环实物控制措施的有（　　　）。

A. 货物的发出必须有经批准的销货单

B. 销售退回的货物要进行验收并填写验收报告和入库单

C. 限制非授权人员接近销售发票等各种记录和文件

D. 由专人调查每个客户的信用状况

5. 注册会计师通过直接向应收账款债务人进行积极的函证，可以证实的内容有（　　　）。

A. 应收账款债务人是否存在　　　　　B. 应收账款业务内部控制是否健全

C. 应收账款余额是否正确　　　　　　D. 应收账款在财务报表附注中的披露是否恰当

6. 某批货物在本报告期销售并发运，被审计单位将销售成本在本期结转，而将销售收入计入下一个报告期，注册会计师应该得出的结论有（　　　）。

A. 本期营业收入被低估　　　　　　　B. 本期营业收入被高估

C. 本期营业成本被低估　　　　　　　D. 本期营业利润被低估

7. 销售与收款业务循环所使用的凭证和记录有（　　　）。

A. 客户订货单　　B. 销货单　　　　C. 销售合同　　　D. 销售发票

8. 注册会计师运用抽样方法对应付款项期末余额的真实性进行核实，决定样本量大小的因素有（　　　）。

A. 应付款项的付款条件　　　　　　　B. 应付款项的重要性

C. 以前年度的审计结果　　　　　　　D. 应付款项的明细账户数量

9. 为查找资产负债表日未入账的应付款项，注册会计师可实施的审计程序有（　　　）。

A. 审查资产负债表日后货币资金支出凭证

B. 追踪资产负债表日后若干天的购货发票，审查相应的收货记录

C. 取得卖方对账单，并与应付款项明细表相核对

D. 核对应付款项明细账与总账

10. 下列有关固定资产计提折旧的表述中，注册会计师认为正确的有（　　　）。

A. 闲置的固定资产不需计提折旧　　　B. 当月增加的固定资产当月不计提折旧

C. 当月减少的固定资产当月需计提折旧

D. 经营租出的固定资产不需计提折旧

11. 奥科公司 2012 年 12 月 30 日采购一批货物并验收入库，2013 年 1 月收到购货发票，2013 年 2 月支付货款，企业在收到购货发票前未作账务处理。注册会计师可以据此判断该企业（　　　）。

A. 2012 年年末货币资金被高估　　　　B. 2012 年年末存货被低估

C. 2012 年年末负债被低估　　　　　　D. 2012 年度营业收入被高估

12. 注册会计师对被审计单位的材料采购业务实施实质性程序，审查的内容有（　　）。
   A. 材料采购费用的分配比例是否合理　　B. 材料采购成本的构成项目是否完整
   C. 材料计价方法是否保持前后期一致　　D. 材料采购的业务处理流程是否合理

13. 下列各项中，属于生产与存货业务循环中成本控制措施的有（　　）。
   A. 制订成本计划和费用预算　　B. 设置会计账簿核算成本费用
   C. 严格审核原始凭证控制成本支出　　D. 进行生产与存货成本分析

14. 对库存材料实施监盘时，注册会计师应当（　　）。
   A. 采取突击的方式进行　　B. 随时抽查盘点记录
   C. 注意审查存货质量　　D. 如果账实相符，可认定库存材料计价正确

15. 下列审计程序中，属于对货币资金业务内部控制测评的有（　　）。
   A. 审阅被审计单位货币资金相关制度规定
   B. 抽查银行存款余额调节表上编制人签章是否为出纳员以外的人
   C. 检查货币资金收付凭证的管理情况
   D. 向与被审计单位有业务往来的银行进行函证

16. 下列各项中，属于货币资金业务内部控制测试程序的有（　　）。
   A. 抽取付款凭证审查有无审批签字
   B. 检查银行存款余额调节表的编制是否及时正确
   C. 观察支票与印章的保管是否分离
   D. 分析每个月银行存款变动趋势是否存在异常

17. 在现金收付业务的审查中，检查库存现金日记账的要点有（　　）。
   A. 验算总额，检查是否存在差错
   B. 审阅摘要栏，检查现金收付业务是否合法
   C. 检查发生额，检查现金收付金额是否过大
   D. 检查每日余额，看其是否超出了规定的限额

18. 注册会计师对银行存款进行审查时，应实施的审计程序有（　　）。
   A. 检查银行存款余额调节表　　B. 核实银行存款收支的截止期
   C. 审查有关银行存款收付业务的合法性
   D. 将银行存款收付凭证全部登记入账，并结出余额

19. 注册会计师的责任段应当说明的内容包括（　　）。
   A. 注册会计师的责任是在执行审计工作的基础上对财务报表发表审计意见
   B. 审计工作涉及实施审计程序，以获取有关财务报表金额和披露的审计证据
   C. 注册会计师相信已获取的审计证据是充分、适当的，为其发表审计意见提供了基础
   D. 注册会计师审计的目的是对内部控制的有效性发表意见

20. 在审计工作完成阶段，注册会计师需要评价审计结果，主要为了确定将要发表的审计意见的类型以及在整个审计工作中是否遵循了审计准则，此阶段注册会计师必须完成的两项工作是（　　）。
   A. 对被审计单位已审计财务报表形成审计意见并草拟审计报告
   B. 实施控制测试
   C. 修改审计计划阶段确定的财务报表层次重要性水平
   D. 对重要性和审计风险进行最终的评价

三、案例题（不定项选择题，既包括单选也包括多选）

案例一

【资料】2013 年 1 月，中和天成会计师事务所注册会计师冯天海和李泽方对奥科公司 2012 年度财务报表进行审计，有关采购与付款业务循环审计的情况和资料如下。

（1）注册会计师在对采购与付款业务内部控制进行调查的过程中了解到：

① 仓储部门根据库存原材料变化情况提出采购申请，填写请购单；

② 采购部门依据经批准的请购单签发订购单，送交供应商；

③ 仓库保管人员对采购材料的数量和质量进行验收；

④ 出纳人员登记银行存款日记账和应付账款明细账。

（2）该公司按要求提供了应付账款明细表，注册会计师对该明细表进行了审核。

（3）注册会计师在审核应付账款明细表时，发现一笔账龄已达四年，金额 150 万元的应付账款。注册会计师向该公司相关人员了解情况和查阅凭证，均未能取得充分证据证明该笔应付账款的真实性。

（4）该公司应付账款总账余额为 3 700 万元。应付账款明细表反映有贷方余额的明细科目数量为 30 个，贷方余额合计为 4 000 万元；有借方余额的明细科目数量为 4 个，借方余额合计为 300 万元。该公司财务报表中列示的应付账款期末余额为 3 700 万元。

（5）注册会计师了解到，2012 年以来该公司所生产的产品市场需求持续下降，产品订单大幅减少。该公司调减了生产规模，也相应减少了材料采购的数量。但注册会计师注意到，该公司 2012 年末应付账款余额却比 2011 年增加了 15%。

【要求】根据上述资料，为下列问题从备选答案中选出正确的答案。

（1）"资料（1）"中，违反内部控制要求的有（　　　　）。

　　A．仓储部门根据库存原材料变化情况提出采购申请，填写请购单

　　B．采购部门根据经批准的请购单签发订购单，送交供应商

　　C．仓库保管人员对采购材料的数量和质量进行验收

　　D．出纳人员登记银行存款日记账和应付账款明细账

（2）"资料（2）"中，属于对应付账款明细表的审核内容有（　　　　）。

　　A．审核明细表的金额计算是否正确

　　B．审核明细表与总账和明细账是否一致

　　C．审核有无其他流动负债项目记入明细表　　D．审核有无过期未付的应付账款

（3）针对"资料（3）"，注册会计师应当进一步采取的措施是（　　　　）。

　　A．向债权人函证　　　　　　　　　　　　　B．直接认定账实不符

　　C．要求该公司将该笔应付账款转为营业外收入

　　D．要求该公司将该笔应付账款转为资本公积

（4）针对"资料（4）"，如果不考虑其他情况，注册会计师认为该公司的做法对财务报表造成的影响有（　　　　）。

　　A．少列报应付账款 300 万元　　　　　　　　B．少列报预付款项 300 万元

　　C．少列报预收款项 300 万元　　　　　　　　D．少列报应收账款 300 万元

（5）针对"资料（5）"中 2012 年末应付账款余额比 2011 年有所增加的情况，注册会计

师分析可能存在的原因有（　　　）。

    A. 该公司流动资金周转困难　　　　B. 未能及时记录相关采购业务

    C. 部分应付账款未经审批即进行支付

    D. 应记作其他流动负债的项目被记入应付账款

案例二

【资料】2013 年 1 月，中和天成会计师事务所注册会计师冯天海和李泽方对奥科公司 2012 年度财务报表进行审计，有关生产与存货业务循环的审计情况和资料如下。

（1）注册会计师运用分析方法检查存货总体合理性时，对近三年的存货周转率进行了测算和对比分析，发现存货周转率变动幅度较大。

（2）注册会计师对奥科公司的存货实施了监盘，具体工作要点包括：参与制订盘点计划；自始至终在现场监督盘点的进行；在监盘过程中，对过期、毁损的存货单独作出记录；将盘点结果与明细账余额核对。

（3）注册会计师审查奥科公司 2012 年年末存货盘点记录后发现：A 材料的盘点结果为 800 公斤，而该材料账面记录为 1 000 公斤。据奥科公司相关人员解释，多记的 200 公斤材料当时尚在运输途中，该在途材料于 2013 年 1 月 2 日到货并办理入库手续。

（4）注册会计师重点抽查了 B 产品的明细记录，2012 年 12 月份 B 产品的相关明细记录反映：12 月 1 日，结存 5 000 件，总成本为 350 万元；12 月 15 日，入库 3 000 件，单位产品成本为 750 元；12 月 20 日，销售 6 000 件，结转营业成本 435 万元；12 月 31 日，结存 2 000 件，总成本 140 万元。

奥科公司产成品按照实际生产成本入账，发出时采用先进先出法核算。

（5）奥科公司对产成品进行审查时，采取了如下审计程序：审查产成品计价方法的合理性；审查是否按规定计提存货跌价准备；审查资产负债表日前后若干天产成品的入库单和验收单；审查资产负债表日前后若干天产成品的销售发票副本和提货单。

【要求】根据上述资料，为下列问题从备选答案中选出正确的答案。

（1）针对"资料（1）"，注册会计师认为可能导致近三年存货周转率变动的原因有（　　　）。

    A. 存货储备变动　　　　　　　　　B. 销售情况变动

    C. 存货发出计价方法变更　　　　　D. 存货跌价准备计提基础变动

（2）"资料（2）"中，注册会计师实施监盘工作的要点中正确的有（　　　）。

    A. 参与制订盘点计划　　　　　　　B. 自始至终在现场监督盘点的进行

    C. 在监盘过程中，对过期毁损的存货单独作出记录

    D. 将盘点结果与明细账余额核对

（3）"资料（3）"中，针对 200 公斤的在途材料，注册会计师应采取的措施有（　　　）。

    A. 直接认定账实不符　　　　　　　B. 请该公司提供材料采购的证明文件

    C. 直接要求该公司调减 2012 年财务报表中的存货余额

    D. 审查该公司 2013 年 1 月 2 日的收货及入库记录

（4）针对"资料（4）"，注册会计师核查后应要求奥科公司进行的调整是（　　　）。

    A. 调增产成品 10 万元，调减营业成本 10 万元

    B. 调减产成品 10 万元，调增营业成本 10 万元

    C. 调增产成品 5 万元，调减营业成本 5 万元

    D. 调减产成品 5 万元，调增营业成本 5 万元

（5）"资料（5）"中，注册会计师对产成品所采取的审计程序中，可用于截止期测试的程序有（　　　）。

    A. 审查产成品计价方法的合理性　　　　B. 审查是否按规定计提存货跌价准备

    C. 审查资产负债表日前后若干天产成品的入库单和验收单

    D. 审查资产负债表日前后若干天产成品的销售发票副本和提货单

案例三

【资料】2013 年 1 月，中和天成会计师事务所注册会计师冯天海和李泽方对奥科公司 2012 年度财务报表进行审计。有关情况和资料如下。

（1）每月末，由日常负责到银行取送单据的出纳员编制银行存款余额调节表。

（2）注册会计师对库存现金实施了监盘，具体安排是：注册会计师提前一天将有关监盘要求告知出纳员；监盘时间安排在当日营业终了后；监盘时要求会计主管、出纳员在场；由注册会计师亲自清点现金和相关票据，并填制库存现金盘点表。

（3）2012 年 5 月至 7 月，由于会计人员休假，存货明细账由仓库保管员代记。

（4）2012 年 12 月 31 日，应收账款余额为 4 000 万元，由 60 笔赊销业务形成，注册会计师按照时间顺序将这 60 笔赊销业务连续编号为 001 至 060，并随机抽取 15 笔进行审查。这 15 笔赊销业务账面余额为 625 万元，经审定实际应为 600 万元。

【要求】根据上述资料，为下列问题从备选答案中选出正确的答案。

（1）"资料（1）"所述情况违反了货币资金内部控制的要求，具体是（　　　）。

    A. 实物控制　　　B. 业务授权控制　　　C. 职责分工控制　　　D. 凭证与记录控制

（2）"资料（2）"中，注册会计师在对库存现金实施监盘时，正确的安排有（　　　）。

    A. 监盘时间安排在当日营业终了后　　　　B. 监盘时要求会计主管、出纳员在场

    C. 提前一天告知出纳员有关监盘要求

    D. 注册会计师亲自清点现金和相关票据，并填制库存现金盘点表

（3）"资料（3）"所述情况违反存货内部控制的要求，具体是（　　　）。

    A. 业务批准与执行相分离　　　　　　　B. 资产保管与账实核对相分离

    C. 各种会计责任之间相分离　　　　　　D. 资产保管与会计记录相分离

（4）"资料（4）"中，注册会计师随机抽取 15 笔赊销业务时，可以采用的方法有（　　　）。

    A. 系统选样法　　　B. 属性抽样法　　　C. 随机数表选样法　　　D. 发现抽样法

（5）若采用差额估计抽样法推断，在不考虑精确区间的情况下，该公司应收账款的账面余额是（　　　）。

    A. 2 500 万元　　　B. 2 400 万元　　　C. 4 100 万元　　　D. 3 900 万元

案例四

【资料】2013 年 1 月，中和天成会计师事务所注册会计师冯天海和李泽方对奥科公司 2012 年度财务报表进行审计，有关销售与收款业务循环审计的情况和资料如下。

（1）注册会计师在对销售与收款业务内部控制进行调查的过程中了解到：销售部门负责赊销信用的审查和批准；仓储部门负责发送货物并填制发货凭证；出纳员负责记录主营业务收入明细账；主管会计负责批准坏账的核销。

（2）注册会计师针对营业收入采取了如下审计程序：比较各月营业收入的变动情况，了解有无异常变化；计算主要产品的毛利率并与 2011 年进行对比，分析有无明显变化；抽取 12 月开具的发货凭证，审查相关业务是否全部登记入账；抽取金额较大的销货发票，与销售合同和主营业务收入明细账相核对。

（3）注册会计师在审查主营业务收入明细账时，发现有多笔销售退回业务，追查至记账凭证，未发现相关退货的原始凭证。注册会计师进一步查实相关销售业务实际并未发生。

（4）注册会计师对 2012 年营业收入进行分析程序时，发现 2012 年营业收入明显比 2011 年减少，而据销售部门反映，该公司 2012 年产品销售情况好于往年。注册会计师抽查了 2012 年 11 月和 12 月的会计凭证，发现部分"应付账款"记账凭证所附的原始凭证是销售发票。

（5）注册会计师在审查应收账款明细账时，发现一笔应收账款金额较大且账龄已超过 2 年。

【要求】根据上述资料，为下列问题从备选答案中选出正确的答案。

（1）"资料（1）"中，违反内部控制要求的有（　　　　）。

    A. 销售部门负责批准赊销信用　　　　B. 仓储部门负责发送货物并填制发货凭证

    C. 出纳员负责记录主营业务收入明细账　　D. 主管会计负责批准坏账的核销

（2）"资料（2）"中，属于分析程序的有（　　　　）。

    A. 比较各月营业收入的变动情况，了解有无异常变化

    B. 计算主要产品的毛利率并与上年进行对比，分析有无明显变化

    C. 抽取 12 月开具的发货凭证，审查相关业务是否全部登记入账

    D. 抽取金额较大的销货发票，与销售合同和主营业务收入明细账相核对

（3）针对"资料（3）"，注册会计师认为可能存在的问题有（　　　　）。

    A. 隐匿营业收入　　B. 虚增利润　　　　C. 偷逃税金　　D. 虚增营业收入

（4）针对"资料（4）"，为进一步查明主营业务收入记录是否完整，注册会计师可以采取的措施有（　　　　）。

    A. 询问相关当事人　　　　　　　　B. 向债权人函证

    C. 核对销售发票与主营业务收入明细账　D. 审阅预付账款总账

（5）针对"资料（5）"，为查明该笔应收账款是否真实存在，注册会计师可实施的审计程序有（　　　　）。

    A. 向债务单位函证该笔应收账款　　　　B. 查阅与该笔应收账款有关的销售合同

    C. 计算该笔应收账款占应收账款期末余额的百分比

    D. 要求被审计单位全额计提坏账准备

案例五

【资料】2013 年 1 月，中和天成会计师事务所注册会计师冯天海和李泽方对奥科公司 2012 年度财务报表进行审计，相关情况和资料如下。

（1）注册会计师在抽查记账凭证时发现，部分记账凭证上的审核与编制为同一人。经进一步了解，财会部门未建立表、账、证之间的定期核对制度。

（2）注册会计师抽取了 2012 年不同月份的若干张客户订货单，检查销售业务的授权审批情况。

（3）注册会计师对财会部门编制的应收账款明细表进行了复算，并与应收账款总账和报

表进行了核对。

（4）注册会计师对应收账款进行了函证，根据回函内容，编制了应收账款函证汇总分析表。

（5）注册会计师对银行存款业务进行审计时，对支出金额在 10 万元以上的业务逐项审查；对支出金额在 5 万元至 10 万元之间的，随机抽取 20%的业务进行审查；对支出金额在 5 万元以下的，随机抽取 1%的业务进行审查。

【要求】根据上述资料，为下列问题从备选答案中选出正确的答案。

（1）"资料（1）"中，违反相关内部控制要求的控制活动有（　　　）。

　　A. 业务授权控制　　　B. 职责分工控制　　C. 凭证与记录控制　　D. 实物控制

（2）"资料（2）"中，注册会计师所实施的内部控制测试属于（　　　）。

　　A. 余额测试　　　　　B. 业务测试　　　　C. 功能测试　　　　　D. 实质性程序

（3）"资料（3）"中，注册会计师使用的审计取证方法（　　　）。

　　A. 检查　　　　　　　B. 计算　　　　　　C. 观察　　　　　　　D. 分析程序

（4）"资料（4）"中，注册会计师编制的应收账款函证汇总分析表按来源进行分类应该属于（　　　）。

　　A. 实物证据　　　　　B. 口头证据　　　　C. 亲历证据　　　　　D. 环境证据

（5）"资料（5）"中，注册会计师采取的样本选取方法有（　　　）。

　　A. 简单随机选样法　　B. 系统选样法　　D. 分层选样法　　　　D. 非随机选样法

案例六

【资料】2013 年 1 月，中和天成会计师事务所注册会计师冯天海和李泽方对奥科公司 2012 年度财务报表进行审计，有关采购与付款业务循环审计的情况和资料如下。

（1）注册会计师在对采购与付款业务内部控制进行调查的过程中了解到：大宗采购由采购部门经理直接指定供应商；各部门提出采购申请，由本部门经理批准后，向供应商发出订单；由专职人员按月从供应商处取得对账单，并与应付账款明细账相核对；指定会计人员定期核对采购日记账和总账。

（2）该公司 2012 年生产经营状况和所处经济环境相对稳定，但 2012 年末应付账款余额与 2011 年末相比下降幅度较大，注册会计师怀疑该公司可能存在未入账的应付账款。

（3）注册会计师在复核供应商南海公司对账单时发现。2012 年 12 月南海公司以货到付款方式销售给奥科公司的 30 万元的材料已发出并入账，但奥科公司 12 月 31 日尚未收到材料和购货发票，因而未入账，也未在报表附注中予以说明。

（4）注册会计师抽查奥科公司年度资产负债表日前后的原材料验收单时，发现该公司 2012 年 12 月 29 日验收入库的一批原材料（供应商为黄河公司）未进行账务处理，原因是年底前未收到购货发票也未支付货款。该批原材料年底未出库。

（5）该公司 2012 年度财务报表反映，应付账款年末余额为 5 400 万元。经查，该公司应付账款明细账中共设置 25 个账户。

有关账户的情况如下：账户 A 的期末贷方余额为 1 000 万元；账户 B 的期末贷方余额为 500 万元，该余额已连续结转 2 年，期间一直无业务发生；账户 C 的期末借方余额为 250 万元；账户 D 的期末贷方余额为 50 万元。

其他 21 个账户均为 50 万元以下的贷方余额，共计 4 100 万元。

【要求】根据上述资料，为下列问题从备选答案中选出正确的答案。

（1）"资料（1）"中，符合内部控制要求的有（　　　）。

  A. 大宗采购由采购部门经理直接指定供应商

  B. 各部门提出采购申请，由本部门经理批准后，向供应商发出订单

  C. 由专职人员按月从供应商处取得对账单，并与应付账款明细账相核对

  D. 指定会计人员定期核对采购日记账和总账

（2）"资料（2）"中，为证实奥科公司是否存在未入账的应付账款，注册会计师可使用的方法有（　　　）。

  A. 抽查应付账款明细账并与会计凭证相核对

  B. 审查年度资产负债表日后的货币资金支出凭证

  C. 审核供应商对账单，追查应付账款明细表

  D. 结合材料、物资和劳务费用业务进行审查

（3）"资料（3）"中，对于奥科公司的做法，审计的认定是（　　　）。

  A. 正确　　　　　　　　　　　　B. 不正确，应按供货商对账单进行账务处理

  C. 不正确，应按购货合同进行账务处理

  D. 不完全正确，可不做账务处理，但应在报表附注中加以说明

（4）"资料（4）"中，奥科公司的做法造成的影响是（　　　）。

  A. 少计资产　　B. 少计负债　　C. 多计收入　　　　D. 少计利润

（5）根据"资料（5）"，若不考虑其他因素的影响，该公司 2012 年度财务报表应付账款的期末余额应为（　　　）。

  A. 5 400 万元　　B. 4 650 万元　　C. 5 150 万元　　D. 5 650 万元

案例七

【资料】2013 年 1 月，中和天成会计师事务所注册会计师冯天海和李泽方对奥科公司 2012 年度财务报表进行审计，有关货币资金业务审计的情况和资料如下。

（1）注册会计师在对货币资金业务相关内部控制进行调查时了解到：出纳员同时负责现金日记账和银行存款日记账的记录；为便于及时支付款项，支票和印章由出纳员统一保管；3 万元以下的付款业务，会计人员可以直接办理，3 万元以上的付款业务，则需会计主管审批后方可办理；会计主管定期核对银行存款日记账与银行对账单，并编制银行存款余额调节表。

（2）通过调查了解内部控制并进行相关测试，注册会计师确定货币资金业务审计的重点为证实货币资金业务的真实性、截止期和收付业务的合法性。

（3）注册会计师对该公司库存现金进行监盘，并采取了以下程序：2013 年 1 月 16 日临近下班时进行监盘；事先未通知财务部门；要求出纳员清点现金，会计主管和注册会计师在旁监督；库存现金盘点表由出纳员、会计主管和注册会计师共同签字后，作为审计工作底稿留存。

（4）通过现金监盘，审阅现金日记账及有关收付款凭证，注册会计师发现：

① 1 月 7 日现金日记账余额为 7 693.30 元，实际库存现金监盘数为 2 243.30 元。

② 注册会计师在保险柜中发现一些单据：一是职工王克勤差旅费借款单一张，金额为 3 000 元；二是已付款的报销凭证 3 张，金额合计 4 050 元；三是已经收到款的现金销售凭证 2 张，金额合计 2 200 元。

（5）注册会计师发现该公司 2012 年 12 月银行对账单余额与银行存款日记账余额不符，

决定采取进一步审计程序进行追踪。

【要求】根据上述资料，为下列问题从备选答案中选出正确的答案。

（1）"资料（1）"中，违反内部控制相关要求的有（　　）。

A. 出纳员同时负责现金日记账和银行存款日记账的记录

B. 支票和印章由出纳员统一保管

C. 会计人员直接办理 3 万元以下的付款业务

D. 会计主管定期编制银行存款余额调节表

（2）"资料（2）"中，为了证实货币资金收支截止期的正确性，注册会计师应重点审查的收付款业务期间是（　　）。

A. 整个会计期间　　　　　　　　B. 年度资产负债表日当天

C. 上一个会计期间　　　　　　　D. 年度资产负债表日前后数天

（3）"资料（3）"中，注册会计师对库存现金进行监盘的程序正确的有（　　）。

A. 临近下班时进行监盘　　　　　B. 采用突击方式

C. 出纳员清点现金　　　　　　　D. 库存现金盘点表的签字和留存

（4）"资料（4）"中，该公司 1 月 16 日现金日记账余额应是（　　）。

A. 2 243.30 元　　　B. 2 843.30 元　　　C. 7 693.30 元　　　D. 12 543.30 元

（5）"资料（5）"中，注册会计师应进一步采取的最有效的审计程序是（　　）。

A. 重新调查了解相关内部控制

B. 对当年各月份银行存款余额进行趋势分析

C. 随机抽取部分银行存款日记账记录并加以审核

D. 审查被审计单位编制的银行存款余额调节表

案例八

【资料】为实现奥科公司 2012 年度财务报表的审计目标，项目合伙人冯天海根据审计准则和职业判断实施恰当的审计程序。

【要求】对审计过程中遇到的下列事项，请代冯天海作出正确的专业选择。

（1）冯天海的下列做法中，正确的是（　　）。

A. 获取相关可靠的审计证据，消除财务报表中存在的重大错报风险

B. 在应对认定层次重大错报风险时，优先考虑合理确定审计程序的时间

C. 如果将特定重大账户重大错报风险评估为低水平，且控制测试支持这一评估结果，则不实施实质性程序

D. 不因获取审计证据的困难和成本高低减少不可替代的审计程序

（2）管理层和治理层的责任不包括（　　）。

A. 按照适用的财务报告框架编制财务报表，包括使其实现公允反映（如适用）

B. 设计、执行和维护必要的内部控制，使得编制的财务报表不存在由于舞弊或错误导致的重大错报

C. 向注册会计师提供必要的工作条件

D. 限制注册会计师在获取审计证据时接触内部人员和其他相关人员

（3）冯天海执行的下列审计程序中，其不属于应实施的审计范围为（　　）。

A. 对奥科公司的有价证券进行监盘

B. 以询问奥科公司相关人员的方式，获取财务信息和非财务信息

C. 直接通过电话询问客户获得信息，验证奥科公司往来账目认定的完整性

D. 冯天海采取分析程序对奥科公司财务数据之间以及财务数据与非财务数据之间的关系，并作出相关评价

（4）冯天海实施的下列控制测试程序中，通常能够获取最可靠审计证据的是（　　）。

A. 询问　　　　　　B. 观察　　　　　　C. 检查　　　　　　D. 重新执行

（5）冯天海从权衡成本效益的角度考虑，在通常情况下应采用的进一步审计程序的总体审计方案是（　　）。

A. 实质性方案　　B. 综合性方案　　C. 控制测试为主　　D. 风险评估程序为主

案例九

【资料】中和天成会计师事务所项目合伙人冯天海负责对奥科公司 2012 年度财务报表进行审计。

【要求】在针对奥科公司进行风险评估时，冯天海遇到下列事项，请代为作出正确的专业选择。

（1）对奥科公司财务报表审计中，追加的控制测试主要在期中工作期间执行，而实质性程序则主要在期末工作时执行，双重目的的测试是指（　　）。

A. 在对内部控制取得了解的同时执行控制测试

B. 在控制测试的同时实施细节测试

C. 在对内部控制取得了解的同时执行实质性程序

D. 在对内部控制取得了解的同时实施穿行测试

（2）内部控制无论如何设计和执行只能对财务报告的可靠性提供合理保证，其原因是（　　）。

A. 建立和维护内部控制是奥科公司管理层的职责

B. 内部控制的成本不应超过预期带来的收益

C. 在决策时人为判断可能出现错误

D. 对资产和记录采取适当的安全保护措施是奥科公司管理层应当履行的责任

（3）在了解内部控制时，注册会计师通常不实施的审计程序是（　　）。

A. 了解内部控制的设计　　　　　　B. 记录了解的内部控制

C. 了解控制活动是否得到执行　　　　D. 寻找内部控制运行中的缺陷

（4）在确定特别风险时，注册会计师的下列做法不正确的是（　　）。

A. 直接假定奥科公司收入确认存在特别风险

B. 将奥科公司管理层舞弊导致的重大错报风险确定为特别风险

C. 直接假定奥科公司固定资产存在特别风险

D. 将奥科公司管理层凌驾于控制之上的风险确定为特别风险

（5）下列各项中，与奥科公司财务报表层次重大错报风险评估最相关的是（　　）。

A. 奥科公司存货周转率呈明显下降趋势

B. 奥科公司持有大量高价值且易被盗窃的资产

C. 奥科公司的投资核算过程复杂

D. 奥科公司控制环境薄弱

案例十

【资料】注册会计师冯天海在审计奥科公司 2012 年度财务报表时，需要考虑期后事项对财务报表和审计报告的影响。

【要求】请代为作出正确的专业选择。

（1）下列有关期后事项的概念中，不正确的有（　　　）。

  A. 期后事项是指财务报表日至审计报告日之间发生的事项

  B. 期后事项是指财务报表日至财务报表报出日之间发生的事项

  C. 期后事项是指财务报表日至审计报告日之间发生的，以及审计报告日后发生的事项

  D. 期后事项是指财务报表日至审计报告日之间发生的事项，以及注册会计师在审计报告日后知悉的事实

（2）下列期后事项，需要在财务报表中披露的非调整事项有（　　　）。

  A. 期前商品销售发生的销售退回　　　　B. 银行同意借款展期 2 年

  C. 董事会通过股利分配预案　　　　　　D. 期末的未决诉讼法院判决赔偿侵权损失

（3）对于截至审计报告日发生的期后事项，下列做法中，正确的有（　　　）。

  A. 设计专门的审计程序识别这些期后事项

  B. 尽量在接近财务报表日时实施针对期后事项的专门审计程序

  C. 尽量在接近审计报告日时实施针对期后事项的专门审计程序

  D. 没有义务针对财务报表实施审计程序

（4）在审计报告日后至财务报表报出日前，如果知悉可能对财务报表产生重大影响的事实，注册会计师实施审计程序后认为需要修改财务报表，管理层拒绝修改财务报表，并且审计报告已提交给被审计单位，以下处理不正确的有（　　　）。

  A. 通知治理层不要将财务报表和审计报告向第三方报出

  B. 如果不修改财务报表仍被报出，在考虑自身的权利和义务以及所征询的法律意见后采取适当的措施

  C. 修改审计报告

  D. 在下次审计时考虑对审计报告的影响

（5）下列说法中，正确的是（　　　）。

  A. 对第一时段期后事项，注册会计师负有主动识别的义务

  B. 对第二阶段期后事项，注册会计师负有被动识别的义务

  C. 对第三阶段期后事项，注册会计师有义务针对财务报表实施任何审计程序

  D. 对第三阶段期后事项，注册会计师不负有识别的义务

附录 B

期末综合检测

试卷一

题 号	一	二	三	总分
应得分	30	30	40	
实得分				

一、单选题（每题1分，共30分）

1. 按照审计主体的不同，我国审计监督体系分为（   ）。
   A. 政府审计、内部审计和注册会计师审计
   B. 详细审计、制度基础审计和风险导向审计
   C. 财务报表审计、经营审计和合规性审计
   D. 资产负债表审计、验资和特殊目的审计

2. 根据审计风险的概念，在以下情形中属于审计风险规定的情形的是（   ）。
   A. 财务报表实际上存在重大错报，注册会计师发表了无保留意见
   B. 由于没有完全遵循审计准则，注册会计师形成了错误的结论，提出了错误的意见
   C. 注册会计师遵循了审计准则，发表的意见符合被审计单位的实际情况
   D. 注册会计师完全确实遵守了审计准则，但却提出了错误的审计意见

3. 被审计单位未能向注册会计师提供编制纳税申报表所必要的信息。后来又控告注册会计师未能妥当地编制纳税申报表，这种情况可能使法院判定被审计单位有（   ）责任。
   A. 普通过失　　　B. 重大过失　　　C. 违约　　　D. 共同过失

4. 以下各项不属于职业道德基本原则的是（   ）。
   A. 诚信　　　　　　　　　　　B. 保密
   C. 专业胜任能力和应有的关注　　D. 成本效益

5. 以下事项属于密切关系对职业道德产生的不利影响的是（　　）。

   A. 审计客户威胁将起诉会计师事务所

   B. 注册会计师在评价所在会计师事务所以往提供的专业服务时，发现了重大错误

   C. 会计师事务所与审计客户存在长期业务关系

   D. 审计客户表示，如果会计师事务所不同意对某项交易的会计处理，则不再委托其承办拟议中的非鉴证业务

6. 中和天成会计师事务所委派注册会计师冯天海担任浩翔股份有限公司（以下简称浩翔公司）审计项目合伙人已连续五年，在浩翔公司成为上市公司之后，冯天海还可以继续提供服务的年限为（　　）。

   A. 1 年 　　　　　B. 2 年 　　　　　C. 3 年 　　　　　D. 5 年

7. 会计师事务所、审计项目组成员或其主要近亲属与审计客户或其高级管理人员之间，由于商务关系或共同的经济利益而存在密切的商业关系，可能对独立性产生的不利影响因素有（　　）。

   A. 自身利益 　　　B. 自我评价 　　　C. 外在压力 　　　D. 良好职业行为

8. 注册会计师冯天海在审查浩翔公司销售部门的销货合同时，发现与兰拓公司有一笔 200 万元销售未入账，通过函证兰拓公司，检查该笔销货记录，证实兰拓公司实际已购货且欠款 200 万元。那么，冯天海认为管理层对主营业务收入账户的（　　）认定存在问题。

   A. 发生 　　　　　B. 完整性 　　　　C. 准确性 　　　　D. 计价和分摊

9. 注册会计师对财务报表的责任不包括（　　）。

   A. 相信已获取的审计证据是充分、适当的，为其发表审计意见提供了基础

   B. 评价管理层选用会计政策的恰当性和作出会计估计的合理性

   C. 计划和实施审计工作以对财务报表是否不存在重大错报获取有限保证

   D. 对出具的审计报告负责

10. 在控制检查风险时，注册会计师应当采取的有效措施是（　　）。

    A. 调高重要性水平 　　　　　　　　B. 测试内部控制的有效性，以降低控制风险

    C. 进行穿行测试，以降低固有风险 　D. 合理设计和有效实施实质性程序

11. 在既定的审计风险水平下，下列表述不正确的是（　　）。

    A. 评估的认定层次重大错报风险越低，可接受的检查风险越高

    B. 可接受的检查风险与认定层次重大错报风险的评估结果呈正向关系

    C. 评估的认定层次重大错报风险越高，可接受的检查风险越低

    D. 可接受的检查风险与认定层次重大错报风险的评估结果呈反向关系

12. 注册会计师获取的下列以文件记录形式的证据中，可靠性最强的是（　　）。

    A. 银行存款询证函证的回函 　　　　　B. 购货发票

    C. 产品入库单 　　　　　　　　　　　D. 应收账款明细账

13. 以下项目中，必须实施函证的是（　　）。

    A. 固定资产 　　　B. 存货 　　　C. 银行存款 　　　D. 应付账款明细账

14. 下列属于误拒风险是（　　）。

    A. 根据抽样结果对实际存在重大错误的账户余额得出不存在重大错误的结论

    B. 根据抽样结果对实际不存在重大错误的账户余额得出存在重大错误的结论

    C. 根据抽样结果对内控制度的信赖程度低于其实际应信赖的程度

    D. 根据抽样结果对内控制度的信赖程度高于其实际应信赖的程度

15. 在控制测试的统计抽样中，注册会计师对总体作出的结论可以接受的是（   ）。

A. 估计的总体偏差率上限低于可容忍偏差率

B. 样本偏差率大大低于可容忍偏差率

C. 计算的总体错报上限低于可容忍错报

D. 调整后的总体错报远远小于可容忍错报

16. 中和天成会计师事务所于 2013 年 2 月 15 日对浩翔公司 2012 年度财务报表出具了审计报告，在审计过程中所收集的管理层声明书原件作为审计档案应当（   ）。

A. 至少保存至 2014 年 2 月 15 日   B. 至少保存至 2021 年 2 月 15 日

C. 至少保存至 2022 年 2 月 15 日   D. 长期保存

17. 编制审计计划时，注册会计师应对重要性水平作出初步判断以确定（   ）。

A. 所需审计证据的数量   B. 可容忍误差

C. 初步审计策略   D. 审计意见类型

18. 下列事项中，属于注册会计师总体审计策略审核事项的是（   ）。

A. 审计程序能否达到审计目标

B. 审计程序能否适合设计项目的具体情况

C. 对审计重要性的确定和审计风险的评估是否恰当

D. 重点审计程序的制定是否适当

19. 内部控制包括（   ）要素。

A. 控制环境、风险评估、信息系统与沟通、控制活动、控制结构

B. 控制环境、控制活动、控制结构、控制设计、控制执行

C. 风险评估、信息系统与沟通、对控制的监督、控制环境、控制结构

D. 风险评估、对控制的监督、信息系统与沟通、控制活动、控制环境

20. 了解被审计单位及其环境是注册会计师评估被审计单位重大错报风险的依据。以下与此相关的各种说法中，正确的是（   ）。

A. 风险导向审计与制度基础审计的区别在于是否了解被审计单位的内部控制

B. 注册会计师可以通过询问被审计单位管理层及其他内部相关人员来了解被审计单位及其环境

C. 注册会计师在了解被审计单位及其环境时必须实施分析程序

D. 注册会计师需要在了解被审计单位及其环境的每个方面时均实施分析程序

21. 当被审计单位的重大错报风险较高时，为了确定进一步审计程序的时间，注册会计师最好（   ）。

A. 在期初或者期末实施实质性程序   B. 在期末或接近期末实施控制测试

C. 采用不通知的方式实施控制测试   D. 在管理层不能预见的时间更多实施实质性程序

22. 注册会计师针对评估的财务报表层次的重大错报风险，应采取的措施是（   ）。

A. 确定总体应对措施   B. 实施控制测试

C. 实施细节测试   D. 进行实质性分析程序

23. 在审计中，控制测试的性质是指（   ）。

A. 控制测试所使用的审计程序的类型及其组合   B. 控制测试所获取的证据

C. 控制测试所选择的范围   D. 控制测试所选择的时间

24. 为了证实已发生的销售业务是否均已登记入账，有效的做法是（　　　　）。

    A. 只审查销售日记账　　　　　　　　B. 由日记账追查至有关原始凭证

    C. 只审查有关原始凭证　　　　　　　D. 由有关原始凭证追查至销售日记账

25. 在企业内部控制制度比较健全的情况下，下列可以证明有关采购交易的发生认定的凭据之一，同时也是采购交易轨迹的起点的是（　　　　）。

    A. 订购单　　　　　B. 请购单　　　　　C. 验收单　　　　　D. 付款凭单

26. 如果注册会计师了解到被审计单位会计人员经常发生变动，针对这种情况，以下说法中错误的是（　　　　）。

    A. 这可能导致在各个会计期间将费用分配至产品成本的方法出现不一致

    B. 可能引发存货交易和余额的重大错报风险

    C. 可能导致存货项目的可变现净值难以确定

    D. 增加了错误的风险

27. 对企业库存现金进行监盘时，参加人员必须有（　　　　）。

    A. 出纳员或会计部门负责人　　　　　B. 出纳员、会计部门负责人与审计人员同时在场

    C. 会计部门负责人或审计人员　　　　D. 出纳员与审计人员同时在场

28. 浩翔公司一银行账户的银行存款对账单余额与银行存款日记账余额不符，注册会计师应当执行的最有效的审计程序是（　　　　）。

    A. 重新测试相关的内部控制

    B. 审查银行对账单中记录的该账户资产负债表日前后的收付情况

    C. 审查银行存款日记账中记录的该账户资产负债表日前后的收付情况

    D. 审查该账户的银行存款余额调节表

29. 注册会计师冯天海在对浩翔公司 2012 年度财务报表进行审计时，应出具带强调事项段无保留意见审计报告的是（　　　　）。

    A. 资产负债表日的一项未决诉讼，律师认为胜负难料，一旦败诉对企业将产生重大影响，被审计单位拒绝在财务报表附注中进行披露

    B. 资产负债表日的一项未决诉讼，律师认为胜负难料，一旦败诉对企业将产生重大影响，被审计单位已在财务报表附注中进行披露

    C. 2012 年 10 月份转入不需用设备一台，未计提折旧金额为 2 万元（假定重要性水平为 10 万元），浩翔公司未调整

    D. 浩翔公司对于一项以公允价值计量的投资性房地产计提了 500 万元的折旧（假定重要性水平为 10 万元，不考虑其他因素）

30. 以下关于审计报告的叙述中，正确的是（　　　　）。

    A. 审计报告应该由两位注册会计师签名盖章，但其中一名必须是主任会计师

    B. 注册会计师如果出具非无保留意见的审计报告时，应在意见段之前增加说明段

    C. 审计报告的日期是指编写完审计报告的日期

    D. 审计报告的收件人是指被审计单位

二、多选题（每题2分，共30分）

1. 下列关于财务报表审计的说法中，正确的有（　　　　）。

    A. 财务报表审计是注册会计师通过执行审计工作，对财务报表是否按照会计准则和会计制度发表审计意见

    B. 财务报表审计是注册会计师通过执行审计工作，对财务报表是否按照适用的财务报表编制基础发表审计意见

    C. 财务报表通常包括资产负债表、利润表、现金流量表

    D. 政府审计和内部审计有时也会对企业财务报表进行审计

2. 注册会计师的法律责任的种类有（　　　）。

    A. 行政责任　　　　B. 民事责任　　　　C. 刑事责任　　　　D. 违约责任

3. 以下属于近亲属的有（　　　）。

    A. 兄弟姐妹　　　　B. 父母　　　　C. 祖父母　　　　D. 配偶

4. 以下属于直接经济利益的情形有（　　　）。

    A. 浩翔公司直接拥有并控制的经济利益

    B. 浩翔公司授权他人管理但保留控制权的经济利益

    C. 浩翔公司通过投资工具拥有的经济利益，并且有能力控制该投资工具

    D. 浩翔公司通过投资工具拥有的经济利益，但没有能力控制该投资工具

5. 具体审计目标是注册会计师根据被审计单位管理层对财务报表的认定推论得出的，具体审计目标一般包括（　　　）。

    A. 总体合理性与其他审计目标　　　　B. 与各类交易和事项相关的审计目标

    C. 与期末账户余额相关的审计目标　　　　D. 与列报相关的审计目标

6. 注册会计师在汇总评价被审计单位尚未调整的错报或漏报数额时，该汇总数包括（　　　）。

    A. 前期尚未调整的错漏报　　　　B. 本期尚未调整的错漏报

    C. 推断的错漏报　　　　D. 期后事项及或有事项

7. 下列各项审计证据中，属于来自被审计单位内部证据的有（　　　）。

    A. 被审计单位已对外报送的财务报表　　　　B. 被审计单位提供的银行对账单

    C. 被审计单位律师关于未决诉讼的声明书　　　　D. 被审计单位管理层声明书

8. 影响审计效果的抽样风险类型有（　　　）。

    A. 信赖不足风险　　　B. 信赖过度风险　　　C. α风险　　　　D. β风险

9. 下列有关审计工作底稿的表述中，恰当的有（　　　）。

    A. 注册会计师实施的审计程序的性质不同，其工作底稿的格式、要素和范围可能也会不同

    B. 在审计过程中，由于审计使用的工具不同，可能会影响审计工作底稿的格式、要素和范围

    C. 审计工作底稿的形成方式有编制和取得两种

    D. 审计工作底稿一般分为综合类工作底稿、业务类工作底稿和备查类工作底稿三类

10. 注册会计师应当在本期审计业务开始时开展的初步业务活动包括（　　　）。

    A. 针对保持客户关系和具体审计业务实施相应的质量控制程序

    B. 评价遵守职业道德规定的情况，包括评价独立性

    C. 风险评估程序

    D. 就业务约定条款与被审计单位达成一致理解

11. 在了解被审计单位内部控制时，注册会计师通常会（　　　）。

    A. 查阅上年度审计工作底稿

    B. 追踪交易在财务报告信息系统中的处理过程

C. 重新执行某项控制　　　　　　D. 现场观察某项控制的运行

12. 注册会计师通过实施风险评估，察觉到被审计单位管理层因面临实现盈利指标的压力而可能提前确认营业收入，并认为这方面的风险属于特别风险，则在设计针对这一特别风险的实质性程序时，应当满足以下观点或要求（　　　）。

　　A. 在实施函证程序时考虑询证销售协议的细节条款

　　B. 针对销售协议上的变动情况询问被审计单位的非财务人员

　　C. 在实施实质性程序时，必须使用细节测试

　　D. 在实施实质性程序时，必须使用实质性分析程序

13. 销货及收款业务循环中所使用的重要凭证和记录有（　　　）。

　　A. 销货单　　　B. 库存现金日记账　　C. 应收账款明细账　　D. 往来对账单

14. 注册会计师李泽方拟对浩翔公司的货币资金实施实质性程序。以下审计程序中，属于实质性程序的有（　　　）。

　　A. 检查银行预留印鉴是否按照规定保管

　　B. 检查银行存款余额调节表中未达账项在资产负债表日后的进账情况

　　C. 检查库存现金是否妥善保管，是否定期盘点、核对

　　D. 检查外币银行存款年末余额是否按年末汇率折合为记账本位币金额

15. 下列情况中，注册会计师应当发表保留意见或无法表示意见的有（　　　）。

　　A. 因审计范围受到被审计单位限制，注册会计师无法就可能存在的对财务报表产生重大影响的错误与舞弊，获取充分、适当的审计证据

　　B. 因审计范围受到被审计单位限制，注册会计师无法就对财务报表可能产生重大影响的违反或可能违反法规行为，获取充分适当的审计证据

　　C. 注册会计师无法确定已发现的错误与舞弊对财务报表的影响程度

　　D. 被审计单位管理层拒绝就对财务报表具有重大影响的事项，提供必要的书面声明，或拒绝就重要的口头声明予以书面确认

三、案例题（每题10分，共40分）

案例一

【材料】中和天成会计师事务所 2013 年发生了几起诉讼案件，具体情况如下。

（1）注册会计师冯天海按照审计准则实施了审计程序，但因被审计单位与银行串通，银行给会计师事务所出具了记有虚假信息的银行对账单，导致注册会计师出具了不实报告，多数利害关系人遭受了损失并将会计师事务所告上了法庭，中和天成会计师事务所要求免责。

（2）投资人周晓琳了解到中和天成会计师事务所与其被审计单位串通出具了不实报告，但是仍然购买了被审计单位的股票并遭受了重大的经济损失，周晓琳将注册会计师王晓慧告上了法庭，中和天成会计师事务所要求免责。

（3）由于中和天成会计师事务所为浩翔公司出具了不实报告，李海龙购买的浩翔公司的股票严重下跌，李海龙将中和天成会计师事务所告上法庭并要求其承担赔偿责任，但是中和天成会计师事务所以在报告中注明"本报告仅供年检使用"为由要求免责。

【要求】假定不考虑其他事项，请分析以上情形，分别说明中和天成会计师事务所的免责要求是否成立，并简要说明理由（以上各事项均独立存在）。

案例二

【材料】注册会计师冯天海对浩翔公司 2012 年度财务报表进行审计，对浩翔公司营业收

入进行测试的同时，一并对应收账款进行了测试。假定浩翔公司 2012 年 12 月 31 日应收账款明细账显示其有 1 000 个客户，账面余额为 1 000 万元。经过抽取 100 个样本测试其账户账面余额为 150 万元，审定后的余额为 100 万元。

【要求】请采用差额估计抽样法推断浩翔公司 2012 年 12 月 31 日应收账款账面的期末审定金额。

案例三

【材料】注册会计师冯天海和李泽方为识别和评估浩翔公司 2012 年度财务报表的重大错报风险，需要了解浩翔公司及其环境。为此决定专门实施下列风险评估程序：（1）询问被审计单位管理层和内部其他相关人员；（2）观察和检查。

【要求】（1）冯天海和李泽方应当从哪些方面对浩翔公司及其环境进行了解？

（2）在进行风险评估时，除了实施上述两类专门程序外，冯天海和李泽方还可以实施哪些程序？

（3）在了解浩翔公司及其环境，以评估重大错报风险时，冯天海和李泽方可以向浩翔公司管理层和财务负责人询问哪些主要情况或事项？

（4）在了解浩翔公司及其环境，以评估重大错报风险时，冯天海和李泽方实施的观察和检查程序的具体内容包括哪些方面？

案例四

【材料】注册会计师冯天海对浩翔公司 2012 年度财务报表进行审计的过程中，获取的公司 2012 年 12 月 31 日的相关会计记录资料如下（单位：万元）。

项目名称	金额	项目名称	金额
银行存款	5 000	应付账款	34 570
短期投资	600	实收资本（内部职工及社会公众股）	18 000
应收票据	12 000	资本公积	48 750
应收账款（净额）	75 000	主营业务收入净额	675 000
存货	84 000	主营业务利润	67 898
固定资产（净值）	97 800	利息支出	5 464
在建工程	26 300		

【要求】请根据上述资料回答下列问题，并将答案填入表格内：上述项目中适用函证程序的有哪些？接受函证的对象有哪些？可以选用的函证方式是什么？

项目名称	接受函证的对象	函证方式

试卷二

题　号	一	二	三	总分
应得分	30	30	40	
实得分				

一、单选题（每题1分，共30分）

1. 我国审计监督体系中，政府审计、内部审计和注册会计师审计三者的关系是（　　）。

　　A. 政府审计为主，内部审计和注册会计师审计为辅

　　B. 政府审计独立性最强，注册会计师审计和内部审计的独立性弱

　　C. 三者地位是平等的，共同构成了我国的审计监督体系

　　D. 注册会计师审计为主，政府审计和内部审计为辅

2. 注册会计师的法律责任包括行政责任、民事责任和刑事责任三种。因违约和普通过失可能使注册会计师承担（　　）。

　　A. 民事责任　　　　　　　　　　　　B. 民事责任和行政责任

　　C. 民事责任和刑事责任　　　　　　　D. 行政责任和刑事责任

3. 注册会计师由于没有遵守审计准则的要求而发表了错误的审计意见，是指（　　）。

　　A. 控制风险　　　　B. 审计失败　　　　C. 经营失败　　　　D. 经营风险

4. 如果会计师事务所在宣传媒介中夸大自己所拥有的资质和获得的经验，贬低其他事务所的工作，这种行为违反了职业道德中的（　　）原则。

　　A. 诚信　　　　　　　　　　　　　　B. 客观和公正

　　C. 专业胜任能力和应有的关注　　　　D. 良好职业行为

5. 中和天成会计师事务所因为不能满足专业胜任能力的要求，将所承接业务转让给正则信和会计师事务所，为此正则信和事务所向其支付了 2 000 元介绍费，针对该事项以下说法正确的是（　　）。

　　A. 属于事务所之间的正常业务往来，不影响职业道德

　　B. 业务介绍费用较低，不会对职业道德产生不利影响

　　C. 业务介绍费会对职业道德产生不利影响，但可以采取相应防范措施予以消除或降低

　　D. 业务介绍费会对职业道德产生不利影响，没有防范措施消除或降低不利影响

6. 中和天成会计师事务所自 2013 年 1 月 3 日起为安拓公司 2012 年度财务报表实施审计工作，2013 年 1 月 25 日出具审计报告，以下针对业务期间说法正确的是（　　）。

　　A. 2013 年 1 月 3 日至 2013 年 1 月 25 日

　　B. 2013 年 1 月 1 日至 2013 年 1 月 25 日

　　C. 2012 年 1 月 1 日至 2012 年 12 月 31 日

　　D. 2012 年 1 月 1 日至 2013 年 1 月 25 日

7. 会计师事务所、审计项目组成员或其主要近亲属与审计客户或其高级管理人员之间，不得存在下列（　　）商业关系。

　　A. 在与客户或其控股股东、董事、高级管理人员共同开办的企业中拥有经济利益

　　B. 按照协议为客户执行财务报表审计业务和内部控制审计业务

C. 按照协议将会计师事务所的产品或服务与客户的产品或服务结合在一起，并以双方名义捆绑销售

D. 按照协议，会计师事务所销售或推广客户的产品或服务，或者客户销售或推广会计师事务所的产品或服务

8. 在浩翔股份有限公司（以下简称浩翔公司）发生的下列事项中，违反管理层对所属项目的计价和分摊认定的是（　　）。

A. 将经营租赁的固定资产原值 100 万元计入固定资产账户中

B. 将应付天华公司的款项 280 万元计入兰拓公司名下

C. 未将向外单位拆借的 120 万元款项列入所属项目中

D. 将应收账款 460 万元记为 360 万元

9. 在财务报表审计中，管理层对财务报表责任的陈述不恰当的是（　　）。

A. 选择适用的会计准则　　　　　　　B. 选择和运用恰当的会计政策

C. 根据企业的具体情况，作出合理的会计估计

D. 保证财务报表不存在重大错报以减轻注册会计师的责任

10. 在审计过程中利用审计风险模型确定某项认定的检查风险时，所使用的重大错报风险是审计人员的（　　）。

A. 初步评估水平　　B. 再次评估水平　　C. 计划估计水平　　D. 实际水平

11. 注册会计师对重大错报风险和检查风险的估计水平与所需审计证据的数量（　　）。

A. 呈同向变动关系　　B. 呈反向变动关系　　C. 呈比例变动关系　　D. 不存在关系

12. 注册会计师李泽方通过实施下列审计程序获取的与浩翔公司固定资产相关的审计证据中，难以证明固定资产所有权的是（　　）。

A. 检查本期外购办公设备的供应商发票　　B. 检查所有建筑物的产权证明文件

C. 检查融资租入生产设备的租赁合同　　D. 检查所有运输车辆的维护保养记录

13. 注册会计师李泽方向浩翔公司生产负责人询问的以下事项中，最有可能获取审计证据的是（　　）。

A. 固定资产的抵押情况　　　　　　　B. 固定资产的报废或毁损情况

C. 固定资产的投保及其变动情况　　　D. 固定资产折旧的计提情况

14. 存货总金额为 500 万元，重要性水平为 10 万元，根据抽样结果推断的差错额为 6.5 万元，而账户的实际差错额为 12 万元，这时，注册会计师承受了（　　）。

A. 误拒风险　　B. 信赖不足风险　　C. 误受风险　　　　D. 信赖过度风险

15. 在审计抽样中，注册会计师选取的样本包含了存货账面金额的 20%，同时在样本中发现了 300 元的错报，则注册会计师运用比率估计抽样法得出的总体错报最佳估计值是（　　）元。

A. 320　　　　　B. 1 500　　　　　C. 280　　　　　　　D. 15 000

16. 下列审计工作底稿归档后属于当期档案的是（　　）。

A. 审计调整分录汇总表　　　　　　　B. 企业营业执照

C. 公司章程　　　　　　　　　　　　D. 关联方资料

17. 审计计划通常是由（　　）于现场审计工作开始之前起草的。

A. 会计师事务所主要负责人　　　　　B. 审计项目参与人

C. 审计项目负责人　　　　　　　　　D. 会计师事务所的法人代表

18. 关于审计计划的下列说法中，错误的是（　　　）。

　　A. 审计计划是对审计工作的一种预先规划

　　B. 执行过程中可随时根据情况对审计计划作必要的修改、补充

　　C. 注册会计师在整个审计过程中，应按照审计计划执行审计业务

　　D. 在完成外勤审计工作之后，必须再对审计计划作修改

19. 在每次进行项目组内部讨论时，项目组的（　　　）必须参加讨论。

　　A. 全体注册会计师　　　　　　　　　B. 项目负责人

　　C. 助理人员和所聘专家　　　　　　　D. 项目组所有成员

20. 财务报表层次的重大错报风险很可能源自被审计单位薄弱或无效的（　　　）。

　　A. 控制环境　　　B. 控制程序　　　C. 职责分离　　　D. 业务流程

21. 进一步审计程序是相对于风险评估程序而言的，是指注册会计师针对（　　　）的重大错报风险实施的审计程序。

　　A. 财务报表　　　B. 财务报表层次　　　C. 认定层次　　　D. 披露

22. 注册会计师在实施控制测试时，如果将询问、观察和检查等程序结合在一起仍无法获得充分的证据时，需要考虑采用（　　　）程序来证实控制是否有效运行。

　　A. 重新执行　　　B. 重新计算　　　C. 监盘　　　D. 函证

23. 针对特别风险的控制测试，以下说法正确的是（　　　）。

　　A. 每两年至少对控制测试一次　　　　B. 每三年至少对控制测试一次

　　C. 如果控制没有变化，可以不实施控制测试

　　D. 无论控制是否发生变化，都不应依赖以前获取的审计证据

24. 下列内容不属于应收账款实质性程序的是（　　　）。

　　A. 获取或编制应收账款明细表　　　　B. 分析应收账款账龄

　　C. 核对货运文件样本与相关的销售发票　D. 抽查有无不属于结算业务的债权

25. 下列属于付款交易的截止测试的是（　　　）。

　　A. 确定期末最后签署的支票的号码，确保期后的支票支付未被当作本期的交易予以记录

　　B. 选择已记录采购的样本，检查相关的商品验收单，保证交易已计入正确的会计期间

　　C. 确定被审计单位期末用于识别未记录负债的程序，获取相关交易已记入应付账款的证据

　　D. 复核截至审计外勤结束日记录在期后的付款，查找其是否在年底前发生的证据

26. 注册会计师观察被审计单位存货盘点的主要目的是为了（　　　）。

　　A. 查明客户是否漏盘某些重要的存货项目　B. 鉴定存货的质量

　　C. 了解盘点指示是否得到贯彻执行

　　D. 获得存货期末是否实际存在以及其状况的证据

27. 库存现金的盘点一般采用（　　　）。

　　A. 不定期盘点　　　B. 定期盘点　　　C. 通知盘点　　　D. 突击盘点

28. 注册会计师实施的下列各项关于银行存款的实质性程序中，能够证实银行存款是否存在最有效的是（　　　）。

　　A. 分析非银行金融机构的存款占银行存款的比例

　　B. 检查银行存款余额调节表

C. 函证银行存款余额　　　　　　　D. 检查银行存款收支的正确截止

29. 强调事项段是在（　　　　）之后增加的对重大事项予以强调的段落。

A. 引言段　　　　　　　　　　　　B. 管理层对财务报表的责任段

C. 注册会计师的责任段　　　　　　D. 审计意见段

30. 审计报告的收件人应该是（　　　　）。

A. 审计业务的委托人　　　　　　　B. 社会公众

C. 被审计单位的治理层　　　　　　D. 被审计单位管理层

二、多选题（每题2分，共30分）

1. 按审计主体分类，审计可分为（　　　　）。

A. 财务报表审计　　　B. 注册会计师审计　　　C. 内部审计　　　D. 国家审计

2. 如果注册会计师冯天海没有查出浩翔公司财务报表存在的错报，在以下（　　　　）条件同时被满足的情况下，冯天海才可能被判与负重大过失相应的法律责任。

A. 错报是重大的　　　　　　　　　B. 浩翔公司的内部控制无效

C. 冯天海没有运用适当的实质性程序　　D. 冯天海具有不良动机

3. 注册会计师在接受审计业务时应当诚实守信，不得出现的行为有（　　　　）。

A. 夸大宣传所提供的服务　　　　　B. 向公众推介自身和工作

C. 贬低其他注册会计师的工作　　　D. 无根据地比较其他注册会计师的工作

4. 以下（　　　　）事项，将因自身利益产生非常严重的不利影响，导致注册会计师没有防范措施将风险降低至可接受的水平。

A. 项目合伙人因继承，在审计客户中拥有直接经济利益

B. 项目合伙人因投资，在审计客户中拥有重大经济利益

C. 项目合伙人因退休金计划，在审计客户中拥有直接经济利益

D. 项目合伙人因投资，在审计客户中拥有重大间接经济利益

5. 下列各项中，属于注册会计师需要确认的应收账款的计价和分摊认定的审计程序有（　　　）。

A. 应收账款确实为被审计单位拥有　　B. 计提和冲销的坏账准备金额是正确的

C. 应收账款总账与明细账是一致性的　　D. 应收账款均已记录

6. 注册会计师应当合理选用重要性水平的判断基础，采用固定比率、变动比率等确定财务报表层次的重要性水平。常用的判断基础包括（　　　　）。

A. 资产总额　　　B. 净资产　　　　C. 营业收入　　　D. 净利润

7. 通常情况下，注册会计师需要对（　　　　）特定项目实施函证。

A. 金额较小的项目　　　　　　　　B. 账龄较长的项目

C. 可能存在争议以及产生重大舞弊或错误的交易

D. 重大或异常的交易

8. 在抽样风险中，导致注册会计师执行额外的审计程序，降低审计效率的风险有（　　　）。

A. 信赖不足风险　　B. 信赖过度风险　　C. 误拒风险　　　D. 误受风险

9. 下列通常应作为审计工作底稿保存的文件有（　　　　）。

A. 重大事项概要　　　　　　　　　B. 有关重大事项的来往信件

C. 财务报表草表　　　　　　　　　D. 对被审计单位文件记录的复印件

10. 具体审计计划应当包括的内容有（　　　　）。

A. 为了足够识别和评估财务报表重大错报风险，注册会计师计划实施的风险评估程

序的性质、时间和范围

B．针对评估的认定层次的重大错报风险，注册会计师计划实施的进一步审计程序的性质、时间和范围

C．注册会计师拟实施的内部控制有效性测试的范围

D．注册会计师对审计业务需要实施的其他审计程序

11．下列属于了解内部控制步骤的有（　　）。

A．评估内部控制的设计　　　　　　　B．记录相关的内部控制

C．识别需要降低哪些风险以预防财务报表发生重大错报

D．评估控制的执行，主要是实施穿行测试，以确信识别的内部控制实际上确实存在

12．注册会计师在设计进一步审计程序的总体方案时，包括（　　）。

A．实质性方案　　B．不可预见性方案　　C．综合性方案　　D．细节测试方案

13．注册会计师对被审计单位已发生的销货业务是否均已登记入账进行审计时，常用的控制测试程序有（　　）。

A．检查发运凭证连续编号的完整性　　　B．检查赊销业务是否经适当的授权批准

C．检查销售发票连续编号的完整性　　　D．观察已经寄出的对账单的完整性

14．审查应付账款时，注册会计师往往要结合被审计单位的实际情况，选择适当的方法对应付账款进行实质性分析。一般来说，实质性分析的内容包括（　　）。

A．将本期各月应付账款余额进行比较，分析变动的趋势是否正常

B．计算应付账款对存货以及对流动负债的比率，并与以前期间对比分析

C．将本期期末应付账款余额与上期期末进行比较，分析波动的原因

D．根据存货、营业成本的增减变动幅度，判断应付账款增减变动的合理性

15．下列情况中，注册会计师应在审计报告的意见段之后增加强调事项段的有（　　）。

A．资产负债表日后被审计单位发生火灾，损失重大，已在财务报表中进行了适当的披露

B．可能无法偿还将要到期的重大债务，已有相应的措施且已在财务报表中进行了适当的披露

C．可能无法偿还将要到期的重大债务，已有相应的措施，但未在财务报表中进行适当的披露

D．涉及其他注册会计师的工作，但无法复核

三、案例题（每题10分，共40分）

案例一

【材料】中和天成会计师事务所拟指派注册会计师冯天海于 2013 年 3 月 1 日首次承接花海银行（系上市公司）2012 年财务报表审计业务。假设冯天海了解到本所其他合伙人于 2013 年 2 月 14 日为花海银行提供了以下业务。

（1）代花海银行管理层对 2012 年度内部控制设计和运行进行了评价，并为其出具了内部控制评价报告。

（2）对花海银行运行多年的现有内部控制系统进行了优化，新系统在 2013 年 5 月 1 日上线运行。

如果不考虑独立性的其他问题，中和天成会计师事务所承接花海银行 2012 年财务报表审计，双方约定出具审计报告的时间是 2013 年 4 月 20 日。

【要求】请分别说明在（1）和（2）两种情形下，中和天成会计师事务所能否承接花海银行 2012 年财务报表审计业务，并简要说明理由。

案例二

【材料】注册会计师李泽方对浩翔公司 2012 年度财务报表进行审计。在应付票据项目的审计中，为了确定应付票据余额所对应的业务是否真实，会计处理是否正确，李泽方拟从浩翔公司应付票据备查簿中抽取若干笔应付票据业务，检查相关的合同、发票、货物验收单等资料，并检查会计处理的正确性。浩翔公司应付票据备查簿显示，应付票据项目 2012 年 12 月 31 日的余额为 1 500 万元，由 72 笔应付票据业务构成。根据具体审计计划的要求，李泽方需从中选取 6 笔应付票据业务进行检查。

【要求】（1）假定应付票据备查簿中记载的 72 笔应付票据业务是随机排列的，李泽方采用系统选样法选取 6 笔应付票据业务样本，并且确定随机起点为第 7 笔，请判断其余 5 笔应付票据业务分别是哪几笔。

（2）如果上述 6 笔应付票据业务的账面价值为 140 万元，审计后认定的价值为 168 万元，浩翔公司 2012 年 12 月 31 日应付票据账面总值为 1 500 万元，并假定误差与账面价值成比例关系，请运用比率估计抽样法推断浩翔公司 2012 年 12 月 31 日应付票据的总体实际价值。

案例三

【材料】注册会计师冯天海正在对浩翔公司 2012 年度财务报表进行审计。浩翔公司为一般纳税人，增值税率 17%。为了确定浩翔公司的销售业务是否记录在恰当的会计期间，冯天海决定对销售进行截止测试。截至测试的简化审计工作底稿如下。

销售发票号	销售收入	计入销售明细账日期	发运日	发票日	销售成本
7891	10 万元	2012 年 12 月 30 日	12 月 27 日	2 月 27 日	6 万元
7892	15 万元	2012 年 12 月 30 日	1 月 2 日	1 月 3 日	9 万元
7893	8 万元	2012 年 12 月 31 日	1 月 5 日	1 月 6 日	4.8 万元
7894	20 万元	2013 年 1 月 2 日	12 月 31 日	12 月 31 日	12 万元
7895	10 万元	2013 年 1 月 3 日	1 月 2 日	1 月 3 日	6 万元
7896	5 万元	2013 年 1 月 8 日	1 月 7 日	1 月 8 日	3 万元

【要求】（1）请指出冯天海所执行的截止测试的具体方法及其目的。

（2）请分析浩翔公司是否存在提前入账的问题。如果有，请编制调整分录。

（3）请分析浩翔公司是否存在延期入账的问题，并简要说明理由。

案例四

【资料】注册会计师冯天海负责审计浩翔公司 2012 年的财务报表，审计报告日为 2013 年 3 月 15 日，审计报告于 3 月 18 日提交给浩翔公司，财务报表公布日为 3 月 20 日。

资料一：浩翔公司在资产负债表日后有如下事项：浩翔公司内部审计人员于 3 月 21 日发现 2012 年度已审计财务报表存在 300 万元的重大错报，并向公司最高管理层做了汇报。

资料二：2013 年 3 月 28 日，注册会计师在其他信息中识别出重大不一致，经过核实后确定其他信息有错，注册会计师于确定的当日提请管理层进行修改，管理层同意了注册会计师的意见，并采取了恰当的措施。

【要求】（1）假定注册会计师在 2013 年 3 月 22 日获知浩翔公司已审计财务报表中存在

着 300 万元的重大错报，注册会计师实施必要的审计程序后认为，如果该重大错报不修正，将影响财务报表使用者的判断，注册会计师应当采用何种最适当的补救措施？

（2）根据资料二，注册会计师应当如何处理？

（3）假如资料二中的重大不一致情况在审计报告日前识别出，而且管理层拒绝了注册会计师的调整意见，注册会计师应如何处理？

试卷三

题　号	一	二	三	总分
应得分	30	30	40	
实得分				

一、单选题（每题1分，共30分）

1. 注册会计师审计起源于（　　）。

　　A. 企业所有权和经营权的分离　　　　B. 市场经济

　　C. 股份公司　　　　　　　　　　　　D. 资本市场

2. 注册会计师冯天海在对浩翔股份有限公司（以下简称浩翔公司）2013 年度财务报表进行审计时，按照函证具体准则对有关应收账款进行函证，并实施了其他必要的审计程序，但最终仍有应收账款业务中的重大错报未能查出。你认为冯天海的行为属于（　　）。

　　A. 没有过失　　　B. 普通过失　　　C. 重大过失　　　D. 欺诈

3. 注册会计师冯天海严格按照专业标准的要求执业，没有欺诈行为，即使审定后的财务报表中有错报事项，冯天海一般也不会承担（　　）。

　　A. 过失责任　　　B. 行政责任　　　C. 民事责任　　　D. 法律责任

4. 以下有关注册会计师专业胜任能力和应有的关注的陈述，不恰当的是（　　）。

　　A. 注册会计师应当通过教育、培训和执业实践获取和保持专业胜任能力

　　B. 在应用专业知识和技能时，注册会计师无需运用职业判断

　　C. 注册会计师应当采取适当措施确保在其领导下工作的人员得到应有的培训和督导

　　D. 注册会计师在必要时应当使客户以及业务报告的其他使用者了解专业服务的固有局限性

5. 以下针对独立性原则的说法，不正确的是（　　）。

　　A. 独立性原则是针对执业注册会计师而不是对非执业会员提出的要求

　　B. 在执行审计业务时，注册会计师必须保持独立性

　　C. 注册会计师只需要从实质上保持独立性

　　D. 注册会计师既需要从实质上保持独立，也需要从形式上保持独立

6. 中和天成会计事务所自 2012 年 1 月 3 日起为罗盛公司 2011 年度财务报表实施审计工作，2012 年 1 月 25 日出具审计报告，注册会计师应当保持独立性的期间是（　　）。

　　A. 2012 年 1 月 3 日至 2012 年 1 月 25 日　　B. 2012 年 1 月 1 日至 2012 年 1 月 25 日

　　C. 2011 年 1 月 1 日至 2011 年 12 月 31 日　　D. 2011 年 1 月 1 日至 2012 年 1 月 25 日

7. 如果审计项目组成员与审计客户的董事、高级管理人员，或所处职位能够对客户会

计记录或被审计财务报表的编制施加重大影响的员工存在家庭和私人关系，可能对独立性产生的不利影响有（　　　）。

  A．自身利益   B．自我评价   C．密切关系   D．外在压力

8．浩翔公司将 2012 年度的主营业务收入列入 2013 年度的财务报表，则针对 2012 年度财务报表存在错误的认定是（　　　）。

  A．存在   B．发生   C．准确性   D．完整性

9．财务报表审计总目标是注册会计师通过执行审计工作对（　　　）发表审计意见。

  A．会计资料及其他有关资料的真实性、合法性 B．经济活动

  C．财务报表的合法性、公允性   D．财务状况、经营成果及现金流量

10．注册会计师期望的审计风险确定为 4.5%，并认为重大错报风险为 30%，则注册会计师应承担（　　　）的检查风险。

  A．30%   B．1.35%   C．2.7%   D．15%

11．注册会计师在评价审计结果时汇总的错报或漏报不包括（　　　）。

  A．已发现尚未调整的错报或漏报   B．推断的错报或漏报

  C．被审计单位未作适当处理的期后事项

  D．前期发现的被审计单位已做调整的错报或漏报

12．相对而言，函证程序的审计成本高于询问、观察、检查等程序。一般来说，注册会计师之所以选择函证程序获取审计证据，主要是着眼于审计证据的（　　　）。

  A．充分性   B．适当性   C．相关性   D．可靠性

13．根据分析程序的特点，注册会计师不宜采用该程序审查（　　　）。

  A．内部控制的有效性   B．关键的账户余额

  C．前后各期的增减趋势   D．重要财务比率

14．下列各项风险中，对审计工作的效率和效果都产生影响的是（　　　）。

  A．误拒风险   B．信赖不足风险   C．非抽样风险   D．误受风险

15．注册会计师从总体规模为 1 000、账面金额为 1 000 000 元的存货项目中选择了 200 个项目作为样本。在确定了正确的采购价格并重新计算了价格与数量的乘积之后，注册会计师将 200 个样本项目的审定金额加总后除以 200，确定样本项目的平均审定金额为 980 元。那么，运用均值估计抽样推断的总体错报就是（　　　）元。

  A．980   B．980 000   C．40 000   D．20 000

16．中和天成会计师事务所负责审计浩翔公司 2012 年的财务报表，2 月 20 日提交了审计报告，3 月 20 日将相关的审计工作底稿归档，5 月 10 日中和天成会计师事务所由于某些原因替换了原已归档的部分审计工作底稿，则以下说法正确的是（　　　）。

  A．替换部分的审计工作底稿从 5 月 10 日起至少保存 10 年

  B．替换部分的审计工作底稿从 2 月 20 日起至少保存 10 年

  C．替换部分的审计工作底稿从 3 月 20 日起至少保存 10 年

  D．替换部分的审计工作底稿从 5 月 20 日起至少保存 5 年

17．通常情况下，审计计划阶段的主要工作不包括（　　　）。

  A．初步评估被审计单位的内部控制 B．调查了解被审计单位的基本情况

  C．确定重要性，分析审计风险   D．复核审计工作底稿，审计期后事项

18. 在审计计划阶段，利用审计风险模型确定某项认定的计划检查风险水平，所使用的控制风险是审计人员的（　　　）。

    A. 实际估计水平　　　　B. 计划估计水平　　　C. 实际水平　　　D. 计划可接受水平

19. 在进行风险评估时，注册会计师通常采用的审计程序是（　　　）。

    A. 将财务报表与其所依据的会计记录相核对

    B. 实施分析程序以识别异常的交易或事项，以及对财务报表和审计产生影响的金额、比率和趋势

    C. 对应收账款进行函证

    D. 以人工方式或使用计算机辅助审计技术，对记录或文件中的数据计算准确性进行核对

20. 下列各项中，与浩翔公司财务报表层次重大错报风险评估最相关的是（　　　）。

    A. 浩翔公司应收账款周转率成明显下降趋势

    B. 浩翔公司持有大量高价值且易被盗窃的资产

    C. 浩翔公司的生产成本计算过程相当复杂　　　D. 浩翔公司控制环境薄弱

21. 以下关于实质性程序的含义说法正确的是（　　　）。

    A. 实质性程序是注册会计师针对财务报表层次的重大错报设计的审计程序

    B. 实质性程序是注册会计师针对认定层次的重大错报设计的审计程序

    C. 实质性程序是用于测试被审计单位内部控制有效性的审计程序

    D. 实质性程序包括控制测试和细节测试

22. 以下关于实质性程序的性质，说法错误的是（　　　）。

    A. 实质性程序的性质，是指实质性程序的类型及其组合，基本类型包括细节测试和实质性分析程序

    B. 实质性分析程序通常适用于在一段时间内存在可预期关系的大量交易

    C. 细节测试的目的在于直接识别财务报表认定是否存在错报

    D. 针对存在或发生认定，在设计细节测试时，应从相关凭证入手

23. 注册会计师通过对被审计单位内部控制的测试，可以（　　　）。

    A. 确定被审计单位内部控制设计的是否合理

    B. 确定被审计单位内部控制是否得到执行

    C. 确定被审计单位内部控制是否有效运行

    D. 确定被审计单位内部控制是否能够有效防止或发现并纠正重大错报

24. 注册会计师对被审计单位实施销货业务的截止测试，其主要目的是为了检查（　　　）。

    A. 年底应收账款的真实性　　　　　　B. 是否存在过多的销货折扣

    C. 销货业务的入账时间是否正确　　　D. 销货退回是否已经核准

25. 注册会计师如果对应付账款进行函证，通常采用的函证方式为（　　　）。

    A. 积极的函证　　　　　　　　　　B. 消极的函证

    C. 积极的函证和消极的函证相结合　　D. 积极的函证或消极的函证均可

26. 下列有关存货监盘表述中，不正确的是（　　　）。

    A. 存货监盘不仅是监督盘点，还包括适当的检查

    B. 通过存货的监盘，可以同时实现存货的真实性、完整性、权利和义务等多个审计目标

    C. 存货监盘程序主要包括控制测试和实质性程序两种方式

D. 对监盘结果进行适当检查的目的仅是为了证实被审计单位的存货实物总额

27. 下列与现金业务有关的职责可以不分离的是（　　　）。

A. 现金支付的审批与执行　　　　　　　B. 现金保管与现金日记账的记录

C. 现金的会计记录与审计监督　　　　　D. 现金保管与现金总分类账的记录

28. 下列各项中，符合现金监盘要求的有（　　　）。

A. 被审计单位会计主管要回避　　　　　B. 不同存放地点的现金同时进行监盘

C. 监盘时间安排在当日现金收付业务进行过程中

D. 审计人员帮助出纳员进行现金清点

29. 如果被审计单位财务报表就其整体而言是公允的，但因审计范围受到重要的局部限制，无法按照审计准则的要求取得应有的审计证据时，注册会计师应发表（　　　）。

A. 带强调事项段的无保留意见　　　　　B. 保留意见

C. 无法表示意见　　　　　　　　　　　D. 否定意见

30. 如果在审计报告日后至财务报表对外报出日前，注册会计师发现已审计财务报表与其他信息存在重大不一致，经进一步审查，需要修改被审计单位财务报表，且被审计单位同意修改，则注册会计师应当（　　　）。

A. 与被审计单位管理层讨论　　　　　　B. 直接增加补充审计报告

C. 在实施必要审计程序的基础上针对修改后的财务报表重新出具审计报告

D. 不用再进行任何处理

二、多选题（每题2分，共30分）

1. 由于审计环境的变化，注册会计师一直随着审计环境的变化调整着审计方法，审计方法包括（　　　）。

A. 制度基础审计　　B. 报表基础审计　　C. 账项基础审计　　D. 风险导向审计

2. 注册会计师冯天海在审计浩翔公司财务报表时，没有对存货项目实施监盘程序，并出具了无保留意见审计报告。如果注册会计师协会在例行业务抽查中注意到了这一情况，但并没有认定冯天海违反审计准则，原因是（　　　）。

A. 冯天海不知道准则中有关监盘的要求而没有实施监盘

B. 未实施监盘可能是受到浩翔公司的限制，冯天海并无过失

C. 浩翔公司的存货余额占资产总额的比例很低

D. 冯天海可能使用了用以替代监盘的其他满意的替代程序

3. 或有收费可能对职业道德基本原则的遵循产生不利影响，评价不利影响重要程度的决定因素有（　　　）。

A. 业务的性质　　　　　　　　　　　　B. 可能的收费金额区间

C. 确定收费的基础　　　　　　　　　　D. 实施质量控制政策和程序

4. 会计师事务所的合伙人或员工不得兼任审计客户的下列（　　　）职位。

A. 高级管理人员　　　B. 董事　　　C. 董事会秘书　　　　D. 日常行政秘书

5. 注册会计师对财务报表审计是对财务报表的下列内容发表意见（　　　）。

A. 财务报表是否不存在重大错报

B. 财务报表是否按照适用的会计准则和相关会计制度的规定编制

C. 财务报表是否反映了管理层的判断和决策

D. 财务报表是否在所有重大方面公允反映被审计单位的财务状况、经营成果和现金流量

6. 注册会计师应当保持应有的执业谨慎，合理确定重要性水平，（　　　）。

A. 如果确定的重要性水平过低，既影响审计的效率，又影响审计的质量

B. 如果确定的重要性水平过低，会影响审计的效率，但不影响审计效果

C. 如果确定的重要性水平过高，会影响审计的效果

D. 如果确定的重要性水平过高，会影响审计的质量，但不影响审计的效率

7. 下列（　　　）阶段实施分析程序是强制要求的。

A. 实施控制测试　　B. 实施实质性程序　　C. 实施风险评估程序　　D. 总体复核

8. 下列各项中，与注册会计师设计样本时所确定的样本量存在反向变动关系的有（　　　）。

A. 抽样风险　　　B. 可信赖程度　　　C. 可容忍误差　　　D. 预期总体误差

9. 下列有关审计档案的表述中，正确的是（　　　）。

A. 对于已经被取代的审计工作底稿草稿以及重复的文件记录不属于审计档案中应保存的工作底稿

B. 审计工作底稿的保存期限必须是自审计报告日起保存 10 年

C. 在完成最终审计档案的归整工作后，注册会计师不得在规定的保存期届满前删除或废弃审计工作底稿

D. 一般情况下，在审计报告归档之后不需要对审计工作底稿进行修改或增加

10. 总体审计策略的制定应当包括（　　　）。

A. 确定审计业务的特征　　　　　　B. 明确审计业务的报告目标

C. 考虑影响审计业务的重要因素　　D. 考虑初步业务活动的结果

11. 在确定特别风险时，注册会计师冯天海的下列做法正确的有（　　　）。

A. 直接假定浩翔公司收入确认存在特别风险

B. 将浩翔公司管理层舞弊导致的重大错报风险确定为特别风险

C. 直接假定浩翔公司存货存在特别风险

D. 将浩翔公司管理层凌驾于控制之上的风险确定为特别风险

12. 进一步审计程序包括（　　　）。

A. 风险评估程序　　　B. 控制测试　　　C. 分析程序　　　D. 实质性程序

13. 登记入账的销货业务是真实的，对这一目标，注册会计师一般关心的错误类型有（　　　）。

A. 未曾发货却已将销货业务登记入账　　B. 销货业务重复入账

C. 向虚构的顾客发货　　　　　　　　　D. 销货业务发生不入账

14. 注册会计师在审计应付账款过程中，实施的审计程序对查找未入账应付账款有效的有（　　　）。

A. 从供应商发票、验收报告或入库单追查至应付账款明细账

B. 检查资产负债表日后应付账款明细账贷方发生额的相关购货发票等凭证

C. 从财务部门获取被审计单位与其供应商之间的对账单并与应付账款进行核对

D. 针对资产负债表日后付款项目，检查银行对账单及有关付款凭证（如银行划款通知，供应商收据等）

15. 注册会计师应针对下列事项出具带强调事项段审计报告的有（　　）。

A. 可能导致对持续经营能力产生重大疑虑的事项或情况但不影响已发表的审计意见

B. 以前针对上期财务报表出具的审计报告为非无保留意见的审计报告时，虽然导致非无保留意见的事项已经解决，但对本期仍很重要

C. 由于董事会未能达成一致，难以确定未来的经营方向和战略

D. 如果需要修改其他信息（重大不一致）而被审计单位拒绝修改

三、案例题（每题10分，共40分）

案例一

【材料】中和天成会计师事务所接受委托，对浩翔公司2013年度财务报表进行审计。冯天海担任项目合伙人，假定审计项目组存在下列情形。

（1）事务所另一项目合伙人（注册会计师）周国强与冯天海同属于华东分部的不同项目组，周国强的女儿持有浩翔公司债券1 000元。

（2）中和天成会计师事务所与浩翔公司同为华维股份有限公司的股东，目前华维公司属于初创期，股东分别为中和天成会计师事务所、浩翔公司、兰拓公司。

（3）审计项目组成员王晓慧曾在浩翔公司担任成本会计，2012年2月从浩翔公司跳槽到中和天成会计师事务所，为避免产生自我评价的不利影响，审计项目组安排王晓慧负责长期股权投资、交易性金融资产等项目的审计工作。

（4）中和天成会计师事务所接受委托后，项目组成员朱国栋被浩翔公司聘为独立董事。为保持独立性，在审计业务开始前，事务所将其调离项目组。

【要求】针对上述情形，分别判断是否对审计独立性产生不利影响，并简要说明理由。

案例二

【材料】注册会计师李泽方在执行浩翔公司财务报表审计时分别发现下表中的事项，请分别针对每一事项指明浩翔公司违反了哪一项认定。

财务报表审计时发现的事项	浩翔公司违反的认定
本期交易推迟至下期记账，或者将下期应当记录的交易提前到本期记录	
期末少计提累计折旧	
在销售明细账中记录了并没有发生的一笔销售业务	
不存在某顾客，在应收账款明细表中却列入了对该顾客的应收账款	
财务报表附注没有分别对原材料、在产品和产成品等存货成本核算方法作恰当的说明	
将不属于被审计单位的债务记入账内	
将出售某经营性固定资产（并非企业的日常交易事项）所得的收入记录为主营业务收入	
没有将一年内到期的长期负债列为一年内到期的非流动负债	
发生了一项销售交易，但没有在销售明细账和总账中记录	
在销售交易中有如下情况：（1）发出商品的数量与账单上的数量不符；（2）开具账单时运用了错误的销售价格	

【要求】先写出认定的大类，再写出认定的名称，如与各类交易和事项相关的认定：发生。

案例三

【材料】注册会计师朱国栋对浩翔公司的产成品成本进行审查时获得如下资料：2012 年共生产 2 000 批产品，入账成本为 5 900 000 元，朱国栋抽取其中的 200 批产品作为样本，其账面总价值为 600 000 元，审查时发现在 200 批产品中有 52 批产品成本不实，样本的审定价值为 582 000 元。

【要求】分别运用均值估计抽样、比率估计抽样和差额估计抽样（暂不考虑可容忍误差和可信赖程度），估计 2012 年度产品的总成本并推断总体错报。

案例四

【材料】注册会计师李泽方作为中和天成会计师事务所项目负责人，在审计以下单位（均为上市公司）2012 年度财务报表时分别遇到以下情况。

（1）东星公司拥有一项长期股权投资，账面价值 500 万元，持股比例 30%。2012 年 12 月 31 日，东星公司与海胜公司签署投资转让协议，拟以 350 万元的价格转让该项长期股权投资，已收到价款 300 万元，但尚未办理产权过户手续，东星公司以该项长期股权投资正在转让之中为由，不再计提减值准备。

（2）兰拓公司于 2011 年 5 月为金田公司 1 年期银行借款 1 000 万元提供担保，因金田公司不能及时偿还，银行于 2012 年 11 月向法院提起诉讼，要求兰拓公司承担连带清偿责任。2012 年 12 月 31 日，兰拓公司在咨询律师后，根据金田公司的财务状况，计提了 500 万元的预计负债。对上述预计负债，兰拓公司已在财务报表附注中进行了适当披露。截至审计工作完成日，法院未对该项诉讼作出判决。

（3）中盛公司于 2012 年 11 月 20 日发现，2010 年漏记固定资产折旧费用 200 万元。中盛公司在编制 2012 年度财务报表时，对此项会计差错予以更正，追溯重述了相关财务报表项目，并在财务报表附注中进行了适当披露。

（4）彩美公司于 2012 年末更换了大股东，并成立了新的董事会，继任法定代表人以刚上任不了解以前年度情况为由，拒绝签署 2012 年度已审财务报表和提供管理层声明书。原法定代表人以不再继续履行职责为由，也拒绝签署 2012 年度已审计财务报表和提供管理层声明书。

【要求】假定上述情况对各被审计单位 2012 年度财务报表的影响都是重要的，且各被审计单位均拒绝接受注册会计师李泽方提出的审计处理建议（如有）。在不考虑其他因素影响的前提下，请分别针对上述四种情况，判断李泽方应对 2012 年度财务报表出具何种类型的审计报告，并简要说明理由。

参考文献

［1］中国注册会计师协会. 审计. 北京：经济科学出版社，2013.

［2］审计署. 审计理论与实务. 北京：中国时代经济出版社，2013.

［3］刘晓波. 审计实务. 北京：北京理工大学出版社，2012.

［4］李代俊. 审计实务. 北京：中国财政经济出版社，2012.

［5］薛有奎、韦梅东. 审计实务. 北京：航空工业出版社，2013.